JN101277

■10−2訂版■

刑法　特別法

犯罪事実記載例集

土 本 武 司　著

岡 本 貴 幸　改訂増補

東京法令出版

10−2訂版にあたって

　性犯罪を中心とする令和5年刑法改正や特別法の施行から数か月が経過し、事例の集積も進んできたことから、性犯罪を中心とする補訂を小職が引き続き担当しました。

　補訂に当たっては、土本先生が本書を執筆された際の原点であるコンパクトながら必要かつ十分な内容とすることを受け継ぎ、改正法の留意点及び典型的な事案の犯罪事実記載例を掲載しました。

　土本先生の執筆された原点を踏まえて、新たな改正法等を加えるなどした本書が、益々、捜査官を初めとする読者諸兄の実務や学習に貢献することを祈念してやみません。

　　令和6年3月

　　　　　　　　　　　　　　　　　　　　　　　　　　　岡本　貴幸

10訂版にあたって

　「犯罪事実」とは、犯罪構成要件に該当する具体的事実をいいますが、捜査官は、犯罪を対象に捜査することから、捜査の主な第一目標は、自ずと犯罪事実に該当する事実を認定するに足りる証拠収集ということになります。その意味でも捜査官が「犯罪事実」を理解することはとても重要なこととなります。しかし、現場の捜査官は多忙であり、多種多様な犯罪事実をしっかり理解でき、かつ、手軽・身近に扱えるようにするため、土本武司先生が執筆された「犯罪事実記載例集」はそのバイブルともいえ、コンパクトながら必要かつ十分な犯罪事実記載例集として、今日まで約37年にわたり時代に即応した改訂がなされ、その意義が受け継がれてきました。

　今回、土本先生が執筆され好評を博した原点であるコンパクトながら必要かつ十分な内容を受け継ぎつつ、特殊詐欺を初めとする新たな犯罪手口を加え、さらに、裁判員裁判の傾向を踏まえた平易化の観点も踏まえつつ、小職が補訂を担当させていただきました。土本先生の執筆された原点を踏まえて、新たな犯罪手口を加えるなどした本書が、益々、捜査官を初めとする読者諸兄の実務や学習に貢献することを祈念してやみません。

　令和5年6月

岡本　貴幸

九訂にあたって

　近時の犯罪動向は、平成26年に一般刑法犯の検挙人員が戦後最小を記録するなど、大幅に改善されているものの、質においては悪質・巧妙化しており、それに伴って関係法令の改正も相次いでいる。九訂にあたっては、近時の法改正に対応するため、以下のとおり、多数の記載例を追加した。

　刑法編では、「不正指令電磁的記録に関する罪」「集団強姦等の罪」「人身売買に関する罪」の記載例を追加した。

　特別法編では、「インターネット異性紹介事業を利用して児童を誘引する行為の規制等に関する法律」「私事性的画像記録の提供等による被害の防止に関する法律」「医薬品、医療機器等の品質、有効性及び安全性の確保等に関する法律（旧薬事法）」「自動車の運転により人を死傷させる行為等の処罰に関する法律」を新しく登載した。また、「出入国管理及び難民認定法」「公職選挙法」「児童買春、児童ポルノに係る行為等の規制及び処罰並びに児童の保護等に関する法律」「不正アクセス行為の禁止等に関する法律」等の新罰則については、実務での使用頻度の高い記載例を登載した。

　このほかにも、本書を活用してくださっている捜査官の方々からの意見に基づき、従来から登載されている罪名についても、近時の手口に対応した記載例を追加した。また、新判例に基づき、条文の新しい解釈についても、留意点として加筆した。

　これらの大幅な改訂により、第一線の捜査官に必要十分かつアップ・トゥ・デートなものになったと思っている。

　ところで、近時では、犯罪事実の記載についての類書も増え、分冊された大部のものには事欠かない現状にある。

その中にあって、本書は初版発行以来、小型でハンディーなることを
モットーとしている。今回の改訂でも、“必要にして十分”の要請を満
たした犯罪事実、“簡にして要を得た”留意点の解説を心掛け、新立法
への対応とハンディーさを両立させた。

　また、本書は、「記載例集」との書名のとおり、実務の即戦力として
の検索性を重視しているが、他方で、第1編に「犯罪事実の書き方」と
題し、あらゆる犯罪事実に共通の総論として、「何を」「なぜ」書かなけ
ればならないのかを解説している。読者諸兄が、本書を記載例の“ひな
形”として活用するだけでなく、犯罪事実の理論的側面についての理解
を深め、応用能力を高めていただければ、これに過ぐる喜びはない。

　従前同様、本書が実務家に愛用されることを願っている。

　平成29年2月

　　　　　　　　　　　　　　　　　　　　　　　　土本　武司

　増刷に当たり、強姦罪等の構成要件・罪名を改めた「刑法の一部を改正する法
律」（平成29年法律第72号）及び強制わいせつ罪の成立要件として行為者の性的
意図は不要とする最高裁大法廷判決（平成29年11月29日）を踏まえ、関連する記
述に補正を加えるとともに、監護者わいせつ罪等の記載例を新たに登載した。

　平成30年2月

　　　　　　　　　　　　　　　　　　　　　　　　土本　武司

　増刷に当たり、悪質・危険運転者対策（あおり運転対策）を推進する「道路交
通法の一部を改正する法律」（令和2年法律第42号）にいち早く対応した記載例
を新たに登載したほか、小見出し及び解説中で参照している条文についても漏れ
なく改正に対応し、本書が実務家である読者諸兄にとって、引き続き即戦力とな
るよう配意した。

　令和3年2月

　　　　　　　　　　　　　　　　　　　　　　　　土本　武司

八訂にあたって

　近時の犯罪現象は質的な変化が著しく、それに伴って関係法令の改正
も相次いでいる。

　本書の八訂にあたっては、この点に留意し、特別法の分野では「銃砲
刀剣類所持等取締法」、「道路交通法」各違反等の新しい犯罪構成要件に
つき、その記載例を示し、刑法典上の犯罪事実については自動車事故を
めぐる同法典上の法規制の改正に伴った記載例の整理を行った。また、
「児童福祉法」、「ストーカー行為等の規制等に関する法律」については、
実務で使用されている頻度の高いものについて新しく記載例を示した。

　平成20年7月

土本　武司

七訂にあたって

　近時の犯罪動向は、数の点ではやや増勢に歯止めがかかったものの、質においては悪化の一途を辿っており、犯罪類型の多様化・新型化が著しい。平成16年12月は、刑の引上げを中心とする刑法の一部改正がなされたので、われわれはそれについても関心をもたなければならないが、次々に立法される特別法犯を看過してはならない。

　六訂を重ねて新立法に対応してきた本書であるが、ここに、「ストーカー行為等の規制等に関する法律」、「児童買春、児童ポルノに係る行為等の処罰及び児童の保護等に関する法律」、「不正アクセス行為の禁止等に関する法律」各違反のうち、適用頻度の多い犯罪事実を加えて、七訂版とする。

　この作業については、少壮気鋭の東京地検検事である駒方和希、江幡浩行、岡田和人および清水博之の四氏を煩わした。四氏は、その職責上、日常的に犯罪事実の構成に心を砕いておられるだけに、"必要にして十分"の要請を満した珠玉の犯罪事実を示して、本書の価値を高からしめることに貢献して下さった。記して厚く感謝する。

　平成17年2月

土本　武司

六訂にあたって

　平成13年法律138号により、刑法に「危険運転致死傷罪」が208条の２として新設された。飲酒運転や著しい高速度運転等の悪質・危険な自動車運転行為による死傷事犯への対応として、最高刑が懲役５年どまりである業務上過失致死傷罪では不十分であるとして、その行為の実質的危険性に即した犯罪類型を新設し、その刑も懲役15年まで科し得るよう飛躍的に重いものにしたのである。

　広い意味では、これも交通事故の一態様であるが、過失犯ではなく、暴行の結果的加重犯としての傷害罪・傷害致死罪に類似した故意犯として立法されたのであり、したがって、刑法典の中でも、過失傷害の罪の章ではなく、傷害の罪の章に組み込まれた。そういう特殊な構造の犯罪類型であるだけに、犯罪事実の構成上も特別の配慮を要する。

　同条は１項と２項に分かれ、さらに各項ごとに前段と後段に分かれているが、本改訂では、その４つの態様ごとに同罪の特質に即した犯罪事実の記載例を示した。四訂の際、献身的な協力をして下さった大森淳検事は、今広島地方検察庁次席検事の要職にあるが、今回もまた、公務多忙の中、本改訂の中核的作業をしてくださった。記して深く感謝する。

　　平成14年６月

　　　　　　　　　　　　　　　　　　　　　　　土本　　武司

五訂にあたって

　警察が作成する事件送致書、その他各種捜査書類のほか、検察官が作成する起訴状等も横書きが一般化したことを踏まえて、従来、縦書きであった本書の記載例を横書きに改めた。

　その結果、条文中の数字表示は、本来、漢数字（例えば、「懲役三年」、「罰金三十万円」）が用いられているが、アラビア数字（例えば、「懲役３年」、「罰金30万円」）を用いざるを得なくなった。

　また、四訂版以後に変更された地名は、この機会に、新しい地名（例えば、「大宮市」→「さいたま市」）とし、行政改革により変更された省庁名も新しい省庁名（例えば「大蔵省」→「財務省」）とするなど、現代にマッチした記載例とするよう心掛けた。

　従前同様、本書が実務家に愛用されることを願っている。

　平成13年６月

土本　武司

四訂にあたって

　明治40年制定のわが刑法は、漢字とカタカナによる漢文調の古めかしい文語体で書かれており、送り仮名はなく、濁点・半濁点もないため、大学法学部の学生ですら満足に読めたためしがないほど、難読・難解なものであった。

　そこで、かねてより刑法の現代用語化・平易化の必要性が叫ばれ、それと並行して内容面についても改正しようとして、表記・内容の両面にわたる全面改正作業が進められたが、内容面については、改正法案に在野法曹、学界の一部等から激しい批判があったため、内容面の改正は一時棚上げにして、表記面の改正のみを行うこととされ、その刑法〝平易化〟法案が平成7年4月28日「刑法の一部を改正する法律」（法律91号）として成立、同年6月1日から施行された。

　改正の形式は「一部改正」であるが、表記に関するかぎり全面的な改正となっている。そして、昭和48年の最高裁判決によって違憲・無効とされた尊属殺人罪（200条）のほか、尊属傷害致死罪（205条2項）、尊属遺棄罪（218条2項）及び尊属逮捕監禁罪（220条2項）の各尊属加重規定は削除され、また瘖唖者不処罰・減軽規定（40条）も現代では不必要として削除されたものの、それ以外の規定の改正は、専ら、その表現方法を現代用語化し、平易化するという点に狙いがあったのであって、条文の意味内容に変化を与えるものではない。

　とはいうものの、条文の立言形式が異なった以上、犯罪事実の記載の仕方については、新しい条文表現にマッチした記載方法への転換を図らなければならない。そこで、かつて東京地検新任検事指導官であった私のもとで検事としてスタートされ、現在は学識・実務経験ともに卓越した中堅検事として活躍中の大森淳氏（現在は総務庁人事局参事官と併任）の献身的な協力のもと、刑法犯の各犯罪類型ごとに、新規定に副った記

載例を示すべく、全面的な見直しをした。さらに、1992年の三訂版（全訂版）以後現在までに罰則が新設された特別法（銃砲刀剣類所持等取締法、出入国管理及び難民認定法等）の新罰則についても、その記載例を掲げた。このようにして、装いを新たにしたのが四訂版の本書である。

　読者は、条文の解釈上は従前と変わりはなくても、その表現については従前どおりであってはならない罪種があることに留意し、上段に表した新規定になるべく早く慣熟するとともに、それに即した犯罪事実の記載に心掛けられるよう期待して、四訂版刊行の辞とする。

　　平成8年7月

　　　　　　　　　　　　　　　　　　　　　　　　土本　武司

全訂（三訂）にあたって

　犯罪事実は、小説や詩歌におけるフィクションや仮説と異なり、過去の具体的な特定の事実である。そして、それは単なる記録的事実ではなく、国家刑罰権の発生根拠となる事実である。したがって、それは当然に厳格なものでなければならないが、現行刑事訴訟法が訴因制度を採用したことに伴い、犯罪事実の摘示についての法律的・論理的厳密さが旧法時よりもいっそう要求されるに至っている。もちろんそれは、直接的には起訴状に記載する「公訴事実」についてのものであるが、捜査機関の請求によって発せられる逮捕状その他の令状の適否、それによってなしうる強制捜査の限界等は、それら令状の請求書に記載される犯罪事実が根源になるし、送致（付）書に記載される犯罪事実は、司法警察職員が遂げた捜査の結実として直接・間接さまざまな法的効果をもたらすので、起訴段階以外の場においても、犯罪事実の適正な構成・摘示はまことに重要なことである。

　このような犯罪事実摘示の重要性に鑑み、1976年、当時法務総合研究所研修第一部教官の職にあった筆者は、東京地方検察庁に勤務していた同僚検事の協力を得て、十分に理論的であると同時に極力実践的であることを標榜して本書を編んだ。各犯罪類型ごとに練り上げた犯罪事実記載例を示し、上欄に条文を、下欄に最小限必要なコメントを配したのは、実務に直ちに役立つようにとの配慮であるし、冒頭に「第1編　犯罪事実の書き方」と題して、あらゆる犯罪事実に共通の事項として、「何を書かなければならないのか」、「何故書かなければならないのか」を解説したのは、犯罪事実の理論的側面についての理解を深め、本書に記載されていない事例についての応用能力を高めてもらおうという配慮からである。

　幸い好評を得て版を重ねたが、その間、「貸金業の規制等に関する法

律」の立法、それに伴う既存の法令の改正等、特別法分野でかなりの変動があったので、その都度改訂作業をしてきた。さらに、コンピュータ犯罪の増加に伴い、1987年刑法自体の関係規定が改正され、1991年には罰金等臨時措置法の改正により法定刑としての罰金額が引き上げられるという重要改正が相次いだ。そこで、このたび、本書を全面的に改訂し、新設の罰則についての記載例を掲げるとともに、廃止された罰則についての記載例や現代に合致しない記載例はこれを削除し、あわせて、既載の記載例についても全般的に再点検・補正を施し、今日の利用者の需要に応えるべく装いを新たにした。読者のさらなる御活用を期待したい。

　本書が読者の支持を得ている間に、筆者は1988年最高検察庁から筑波大学へ転じた。そして、今はライデン大学・ユトレヒト大学の客員教授として、警察・検察作用を柱にした日欧の刑事司法の比較研究および講義をしている。この時期に、本書の全訂版を世に送るのは感慨ひとしおである。遙かオランダから諸兄の御健闘を祈る。

　　　1992年 2 月　　　　　　　オランダ・ユトレヒトにて

　　　　　　　　　　　　　　　　　　　　　　　土本　武司

改訂（二訂）にあたって

　本書を公刊して以来、すでに10年を経る。その間、部分的な手直しはしてきたが、最近、特別法の分野において大きな改正がなされたので、それに応じた抜本的な改訂が必要となった。

　すなわち、昭和58年法律第32号により、「貸金業の規制等に関する法律」が新設され、それと同時に、同年法律第33号により、出資の受入れ、預り金及び金利等の取締りに関する法律の一部が改正され、上記２法とも同年11月１日施行されたが、これにより、従来、出資の受入れ、預り金及び金利等の取締りに関する法律上の制度であった貸金業が貸金業の規制等に関する法律上の制度に移行し、かつ前者では単に届出制であったものが後者では登録制となって規制が強化され、罰則も「無届貸金業」から「無登録貸金業」に変えられ、それに伴い、取立行為に関する罰則が新設されるなどした。また、昭和59年法律第76号により、風俗営業等取締法が大改正され、同60年２月13日から施行されたが、同改正により、法律名自体が「風俗営業等の規制及び業務の適正化等に関する法律」と改められ、従来の風俗営業のほかに、近時隆盛を極めるに至った個室付浴場営業、性風俗興行業等の性風俗営業を「風俗関連営業」としてとらえこれを規制することを中心とする規制の強化がはかられ、それに伴って新しい罰則もいくつか設けられた。

　そこで、この機会に、上記改正にかかる法律により、廃止された罰則についての記載例を削除するとともに、新設の罰則についてのそれを掲げ、合わせて、既載の記載例についても全般的に再点検をし、記載例、注ともに補正を施した。このようにして、このたびの改訂は、現代の利用者の需要に応えるべく装いを新たにしたものである。

読者諸兄が上記のような改訂の意図を汲み、本書を活用し、執務の糧の一つにしていただければ、これに過ぐる喜びはない。

　昭和60年３月

　　　　　　　　　　　　　　　　　　　　　　　　土本　武司

は　し　が　き

　本書は、現に検察の職にある者の共同作業によって、司法警察職員を初めとする実務家に対し、犯罪事実の記載例を提示し、もって執務の参考に供しようとするものである。

　犯罪事実の記載については類書は少なからず世に出ており、すぐれた大著にも事欠かない現状であるが、大部に過ぎて、持ち運びや検索に不便を感ずるきらいがないでもなかった。その間にあって、本書は、小型でハンディーなることを第1のモットーとし、ポケットにでも入れてたえず手許におき、気軽に目を通すことができることに主眼をおいた。

　上段に条文を備え、中段に犯罪事実の記載例を置き、下段に適宜の判例を加えるという手法は、17年前に「捜査実務研究会」（東京法令出版）の手によって編まれた同名の書に範を得たものである。しかし、罪種については、そのすべてを洗い直し、殊に特別法関係につき、公害関係法規を中心に近年の新立法分を含めて、実務上需要度の高いものを選択して配列し、また、各犯罪事実の記載方法については、650余例を、旧著のそれにとらわれることなく、事例・記載方法ともに全面的に新しくし、さらに、下段の判例の項は「注」にして、判例のみならず、記載上の注意事項も掲記するなど、面目を一新させた。

　犯罪事実の記載については、明文の根拠規定はなく、理論的にも格別の制約はない。しかし、各種令状請求書の犯罪事実にしろ、送致（付）書のそれにしろ、司法警察職員が記載する犯罪事実が勾留請求書の被疑事実、起訴状の公訴事実、判決書の罪となるべき事実等の基礎となっており、上訴、非常救済手続、さらには刑の執行に至るまで影響を与えていること、したがって刑事手続において重大な機能を営んでいることは、

まぎれもない事実である。そういう問題意識に立脚し、われわれは、刑訴４半世紀の間に訴因論の分野で築き上げられた犯罪事実の記載方法についての理論的考察をベースにして、旧来の慣行を尊重しつつも、それに捉われることなく、要をとり、冗を捨て、よってもって論理的に洗練された犯罪事実の構築に意を注いでみた。そういう願いをこめて出来上ったのが本著である。読者諸兄がその辺の意を汲みとって本書を活用していただければこれに過ぐる喜びはない。

　　第２・３編の「記載例」は、中島、中野が分担して執筆し、土本がそのとりまとめと、第１編の「犯罪事実の書き方」を担当した（当時、土本は法務総合研究所教官、中島、中野は東京地方検察庁検事であったが、本著を脱稿したところで、全員が転任となった。したがって、本著は執筆者の東京在任中の記念碑でもある。）。もとより、３名とも繁忙な公務のかたわらの仕事であるので、意に満たない個所もあり、欠点も多い。大方の御叱正を得て他日の補正を期したいと思う。

　　昭和51年５月15日

　　　　　　　　　　　　　　　　　　　　　　　土本　　武司

目　　　次

第1編　犯罪事実の書き方

ページ

第1　犯罪事実……………………………………………………………… 2

第2　犯罪事実の記載方法………………………………………………… 6

第2編　刑　法

第1　公務の執行を妨害する罪……………………………………………20

第2　逃走の罪………………………………………………………………29

第3　犯人蔵匿及び証拠隠滅の罪…………………………………………33

第4　騒乱の罪………………………………………………………………38

第5　放火及び失火の罪……………………………………………………40

第6　出水及び水利に関する罪……………………………………………49

第7　往来を妨害する罪……………………………………………………52

第8　住居を侵す罪…………………………………………………………55

第9　秘密を侵す罪…………………………………………………………57

第10　あへん煙に関する罪…………………………………………………59

第11　飲料水に関する罪……………………………………………………60

第12　通貨偽造の罪…………………………………………………………62

第13　文書偽造の罪…………………………………………………………65

第14　有価証券偽造の罪……………………………………………………77

第15　支払用カード電磁的記録に関する罪………………………………81

第16　印章偽造の罪…………………………………………………………83

第17　不正指令電磁的記録に関する罪……………………………………86

第18　偽証の罪………………………………………………………………88

2

第19　虚偽告訴の罪……………………………………………91

第20　わいせつ、不同意性交等及び重婚の罪……………93

第21　賭博及び富くじに関する罪　……………………125

第22　礼拝所及び墳墓に関する罪　……………………128

第23　汚職の罪……………………………………………132

第24　殺人の罪……………………………………………141

第25　傷害の罪……………………………………………145

第26　過失傷害の罪　……………………………………153

第27　堕胎の罪　…………………………………………156

第28　遺棄の罪　…………………………………………158

第29　逮捕及び監禁の罪　………………………………160

第30　脅迫の罪……………………………………………163

第31　略取、誘拐及び人身売買の罪　…………………167

第32　名誉に対する罪……………………………………173

第33　信用及び業務に対する罪　………………………175

第34　窃盗及び強盗の罪　………………………………179

第35　詐欺及び恐喝の罪　………………………………201

第36　横領の罪……………………………………………233

第37　盗品等に関する罪　………………………………241

第38　毀棄及び隠匿の罪　………………………………245

第3編　特別法

第1章　刑　事

第1　暴力行為等処罰ニ関スル法律違反　………………252

第2　盗犯等ノ防止及処分ニ関スル法律違反　…………255

第3　公職選挙法違反　……………………………………258

第4　政治資金規正法違反　………………………………264

第5　公職にある者等のあっせん行為による利得等の処罰に関する法律違反 ……………………………………………………………265

第6　入札談合等関与行為の排除及び防止並びに職員による入札等の公正を害すべき行為の処罰に関する法律違反 ……………267

第7　補助金等に係る予算の執行の適正化に関する法律違反 …………269

第8　森林法違反 ………………………………………………………270

第9　農地法違反 ………………………………………………………272

第10　自然公園法違反 …………………………………………………273

第11　水産資源保護法違反 ……………………………………………274

第12　弁護士法違反 ……………………………………………………275

第13　有線電気通信法違反 ……………………………………………276

第14　電波法違反 ………………………………………………………277

第15　麻薬及び向精神薬取締法違反 …………………………………278

第16　覚醒剤取締法違反 ………………………………………………280

第17　大麻取締法違反 …………………………………………………284

第18　毒物及び劇物取締法違反 ………………………………………285

第19　麻薬特例法違反 …………………………………………………286

第20　組織的犯罪処罰法違反 …………………………………………289

第21　犯罪収益移転防止法違反 ………………………………………292

第22　銃砲刀剣類所持等取締法違反 …………………………………294

第23　火薬類取締法違反 ………………………………………………300

第2章　生活安全

第1　軽犯罪法違反 ……………………………………………………302

第2　酒に酔つて公衆に迷惑をかける行為の防止等に関する法律違反 ……306

第3　特殊開錠用具の所持の禁止等に関する法律違反 ………………307

第4　性的な姿態を撮影する行為等の処罰及び押収物に記録された性的な姿態の影像に係る電磁的記録の消去等に関する法律違反 …………308

第5　公衆に著しく迷惑をかける暴力的不良行為等の防止に関する条

4

　　　例違反 ……………………………………………………………312

第6　古物営業法違反 ……………………………………………………318

第7　風俗営業等の規制及び業務の適正化等に関する法律違反 …………320

第8　売春防止法違反 ……………………………………………………322

第9　職業安定法違反 ……………………………………………………330

第10　競馬法違反 …………………………………………………………331

第11　児童福祉法違反 ……………………………………………………332

第12　インターネット異性紹介事業を利用して児童を誘引する行為の
　　　規制等に関する法律違反 …………………………………………336

第13　20歳未満ノ者ノ喫煙ノ禁止ニ関スル法律違反 …………………338

第14　20歳未満ノ者ノ飲酒ノ禁止ニ関スル法律違反 …………………339

第15　医薬品、医療機器等の品質、有効性及び安全性の確保等に関す
　　　る法律（旧薬事法）違反 …………………………………………340

第16　爆発物取締罰則違反 ………………………………………………343

第17　動物の愛護及び管理に関する法律違反 …………………………344

第18　鳥獣の保護及び管理並びに狩猟の適正化に関する法律違反 …………345

第19　出資の受入れ、預り金及び金利等の取締りに関する法律違反 ………347

第20　貸金業法違反 ………………………………………………………348

第21　不正競争防止法違反 ………………………………………………349

第22　宅地建物取引業法違反 ……………………………………………350

第23　建築基準法違反 ……………………………………………………352

第24　水質汚濁防止法違反 ………………………………………………353

第25　海洋汚染等及び海上災害の防止に関する法律違反 ……………354

第26　廃棄物の処理及び清掃に関する法律違反 ………………………355

第27　著作権法違反 ………………………………………………………356

第28　商標法違反 …………………………………………………………357

第29　ストーカー行為等の規制等に関する法律違反 …………………358

第30　私事性的画像記録の提供等による被害の防止に関する法律違反 ……363

第31　配偶者からの暴力の防止及び被害者の保護等に関する法律違反 ……364

第32　児童買春、児童ポルノに係る行為等の規制及び処罰並びに児童
　　　の保護等に関する法律違反 ……………………………………………365

第33　不正アクセス行為の禁止等に関する法律違反 …………………370

第34　民事執行法違反 …………………………………………………………371

第3章　警　備

第1　出入国管理及び難民認定法違反 …………………………………………372

第2　国家公務員法違反 …………………………………………………………381

第4章　交　通

第1　道路交通法違反 …………………………………………………………382

第2　自動車の保管場所の確保等に関する法律違反 …………………404

第3　道路運送法違反 …………………………………………………………405

第4　道路運送車両法違反 ……………………………………………………407

第5　自動車の運転により人を死傷させる行為等の処罰に関する法律
　　　違反 …………………………………………………………………………409

■　特別法関係索引 ……………………………………………………………419

凡　例

裁判例の略号は、次のとおりとする。

大審院判決	大判
最高裁判所判決（決定）	最判（決）
東京高等裁判所判決	東京高判
大阪高等裁判所判決	大阪高判
名古屋高等裁判所金沢支部判決	名古屋高金沢支判

第1編

犯罪事実の書き方

第1　犯罪事実

1　犯罪事実とは

「犯罪事実」とは、犯罪の特別構成要件に該当する具体的事実をいう。

犯罪事実は、捜査段階では、また「被疑事実」ともいわれ、逮捕状請求書その他各種の令状請求書にその要旨の記載が必要とされ（刑訴規則142Ⅰ②、147Ⅰ②、155Ⅰ④、158の2Ⅰ②、159Ⅰ③、160Ⅰ③等）、また、逮捕手続書その他各種の手続書や、事件送致の際の送致（送付）の際の送致書（送付書）にも「犯罪事実」を記載しなければならない（司法警察職員捜査書類基本書式例、様式15、17、18、54、55）。犯罪事実は、捜査段階以外の場面でも現われる。すなわち、公訴提起及び公判段階では起訴状の「公訴事実」（刑訴256ⅡⅢ）として、判決段階では判決書「罪となるべき事実」（同335Ⅰ）として。

このうち、公訴事実は、公訴提起の範囲（二重起訴禁止の範囲）、審判の対象の範囲を決定する機能をもち、罪となるべき事実は、判決の効力の客観的範囲（既判力の物的範囲）を決定する機能を有する。これに対し、捜査段階における犯罪事実ないし被疑事実は、上記のような厳格な意味での法的効果は伴わない。例えば、同一事実についての二重起訴は違法な起訴として公訴棄却の判決（同338③）により門前払いされるが、同一事実についての二重送致はそれ自体が違法視されるわけでなく、検察官の事件処理の際考慮されるだけである。しかし、捜査段階における犯罪事実（被疑事実）も、それぞれの手続の目的あるいは結果を表示するものとして重要な意義をもつ。例えば、送致書に記載する犯罪事実は、司法警察員がいかなる犯罪を認定したかを表明するもの、すなわち、司法警察員としての当該事件についての終局的見解を示すものであるが、同時にそれ以後の検察官等の捜査の指標となるものである。そして、捜査は公判の前手続であることから、捜査段階における犯罪事実（被疑事実）は、事実上、その後の全刑事手続の基礎ともなり、目標ともなるのであり、その意味で、捜査段階における犯罪事実は刑事司法手続の中にあって極めて重要な機能をもつ。

2　犯罪事実の概念─訴因との関連において

犯罪事実とは何かについては、法は格別の規定を設けていない。しかし、刑訴256条3項は公訴事実について、

公訴事実は、訴因を明示してこれを記載しなければならない。訴因を明示する

には、できる限り日時、場所及び方法を以て罪となるべき事実を特定してこれ
をしなければならない。

と規定しており、この規定の趣旨は犯罪事実一般に推し及ぼすことができる。な
ぜなら、刑事訴訟における手続及び実体形成の過程にあって、公訴事実は、捜査
段階における犯罪事実と判決段階における罪となるべき事実との中間に位置し、
両者の指導形象としての役割を果たすからである。そこで、犯罪事実の何たるか
を浮彫りにする手立てとして、まず、上記の刑訴256条3項の法意を明らかにし
ておこう。理解しておくべきことは次の諸点である。

　第1に、「公訴事実」と「訴因」との関係である。同条項は、公訴事実記載の
方法として訴因を明示しなければならないとし、「公訴事実」「訴因」という2つ
の概念を用いてはいるが、もともと公訴事実のほかに訴因があるわけではない。
訴因は公訴事実を表示したものである。訴因が記載されることによって公訴事実
が示されたことになるのであり、その意味で、公訴事実と訴因とは、いわば、実
体と表示との関係にある。

　第2に、「訴因」「日時、場所、方法」と「罪となるべき事実」との関係であ
る。同条項は、訴因明示の方法として、日時、場所、方法をもって、罪となるべ
き事実を特定すべきであるとしているが、「訴因」、「日時、場所、方法」、「罪と
なるべき事実」の間の関係については次の3つの考え方がありうる。

　①　訴因＝日時、場所、方法＋罪となるべき事実
　②　訴因＝罪となるべき事実（日時等を含む。）
　③　日時等＋訴因＝罪となるべき事実

　上記3説のうち、①説は、日時等は訴因の要素にはなるが、罪となるべき事実
に当たらず、罪となるべき事実の外にあって、訴因を特定する役割をもつにすぎ
ないとするものであり、②説は、日時等は罪となるべき事実の要素であって、そ
の日時等を含んだ罪となるべき事実が訴因であるとするものであり、また、③説
は、日時等は罪となるべき事実の要素ではあるが、訴因の要素ではなく、訴因の
外にあって、罪となるべき事実を特定する機能をもつものであるとする。

　刑訴256条3項は、訴因の内容として、日時等を記載すべきことを明文をもって
要請しているのであるから③説は誤りである。②説は、日時等は訴因の内容に
なっているのみならず、罪となるべき事実の内容になっているとするのである
が、確かに、罪となるべき事実は現実の事実であるとともに具体的な事実である
から、日時・場所・方法等を抜き去った犯罪事実というものは考えられない。

しかし、罪となるべき事実とは国家の刑罰権がそれによって発生する事実である。そうすると、日時等が犯罪の構成要件となっている場合（例えば、日時につき、風営適正化法34条2項違反等、方法につき、詐欺、恐喝等）以外は、犯罪が行われた日時等のいかんによって、刑罰権に変化が生ずることはありえない（ただ、公訴時効の関係では犯罪日時が問題になりうるが、これは別論）から、日時等は罪となるべき事実そのものではなく、罪となるべき事実に準ずる事実であると考えるのが正当であろう。その意味で、①説が正しい。この①説は、日時等を訴因の中身の1つと考えるから、日時等の変更は、訴因の同一性に影響を及ぼすことになるが、日時等を罪となるべき事実の要素とみないから、それを罪となるべき事実の要素とみる②説ほど日時の変更と訴因の変更とが密接な関係をもつわけではない。

第3に、訴因には、「事実的な側面」と「法律的な側面」があるということである。訴因の概念につき、前者を強調する説を事実記載説といい、後者を強調する説を法律構成説という。両説はその力点の置き所に差異があるだけで、いずれの考えをとっても訴因に事実面と法律面の両者があることは否めない。そうすると、次に、訴因における事実的なものと法的なものとは何であるかを解明しておく必要がある。

まず、訴因における事実的なものとは、次のような意味をもっている。

①　訴因における事実は、歴史的・具体的事実である。事実といってもそれは時間的・空間的に無限の広がりをもつ。そこで、訴因における事実は、時間的・空間的に特定されたものでなければならない。それは、将来のことではなく、過去のものでなければならず、抽象的なもの（例えば犯罪をした）ではなく、具体的なもの（例えば窃盗をした）でなければならない。さらに、それは特定されたものでなければならない。「被告人はかつて他人の財物を窃取した」という事実は、歴史的・具体的事実であっても、特定された事実ではない。それが他の事実と識別できるものでなければならないのである。前述した刑訴256条3項が、訴因はできる限り日時・場所・方法をもって罪となるべき事実を特定して明示することを要求しているのはこの趣旨からである。

②　訴因における事実は、国家の具体的刑罰権の発生根拠としての事実である。その事実が特定の歴史的・具体的事実であっても、それが刑罰権発生の原因とならないものであれば訴因における事実とはいえない。すなわち、刑法的評価の視点から構成された事実、すなわち、犯罪を構成する要件事実でなければなら

ない。刑訴256条３項が、訴因として「罪となるべき事実」を明示することを要求しているのはこの趣旨からである。

　③　訴因における事実は、主張としての事実である。それは、客観的事実ではなく、検察官が具体的刑罰権の発生を求めるための客観的事実である旨の主張としての事実である。

　次に、訴因における法的なものとしては、次のものが挙げられる。

　①事実の構成要件充足性

　②事実の違法性

　③事実の有責性

　④事実の、構成要件の修正形式（未遂・共犯）の充足性

　⑤処罰条件の充足性

　⑥罪数

　以上みてきた訴因についての考察は、司法警察職員が記載する犯罪事実について、ほとんどそのままあてはまる。ただ、訴因ほどの厳格な法的規制ないし効果がないだけである。犯罪事実の記載に当たっては、犯罪事実についての基本的知識として、まず、前記のような諸点を理解しておくことが必要である。

3　六何（八何）の原則

　犯罪事実又は犯罪捜査において、「六何の原則」又は「八何の原則」といわれるものがある。

　六何の原則とは、

　①何人が……………………………………………犯罪の主体

　②何時…………………………………………………犯罪の日時

　③何処で………………………………………………犯罪の場所

　④何に（何人に）……………………………………犯罪の客体

　⑤何んな方法で………………………………………犯罪の手段方法

　⑥何をしたか…………………………………………犯罪行為と結果

をいい、これに

　⑦何人とともに………………………………………共犯

　⑧何故に………………………………………………動機

を加えたものを八何の原則という。

　このうち、①④⑥⑦は、前述した罪となるべき事実の要素であり、②③⑤⑧は、罪となるべき事実に準ずる事実である。つまり、この六何ないし八何の原則

は、犯罪事実の記載要件として必要なものを、おおむね充たしているので、犯罪事実を記載する際、この原則にのっとって書けばいいわけである。

　以下犯罪事実を罪となるべき事実と罪となるべき事実に準ずる事実とに大別し、更に前者を、構成要件該当性、違法性、有責性、未遂、予備、共犯等に分け、後者を、日時、場所、方法、動機等に分けて、犯罪事実の記載要領を概説する。

第2　犯罪事実の記載方法

1　罪となるべき事実

(1)　構成要件該当性

A　犯罪の主体

　犯罪には必ず主体がある。犯罪の主体は必ず人（自然人・法人・法人でない社団・財団）である。そして、行為者責任の原則上、原則として、行為者が犯罪主体である。したがって、犯罪事実を記載する上で、まず、この犯罪主体（行為者）を明示しなければならない。

　単独犯行の場合、この犯罪主体は、犯罪事実に先行して表示する被疑者であることは明らかであるから、

　　　「被疑者は……………………………したものである」

というように表示すれば足り、被疑者の氏名まで記載する必要はない。ただ、同一の送致書等に複数の被疑者を表示して同時に送致する場合などは、特定の犯罪事実の行為者を特定するために被疑者の氏名を記載しなければならない。

　犯罪の中には、行為者の身分が犯罪の構成要件となっていたり、刑の加重要件となっているものがある（身分犯）。例えば、収賄罪（刑197）は、その犯罪主体が「公務員」であることが構成要件要素となっていて公務員でなければ犯せないことになっており、業務上横領罪（刑253）は、「業務上」他人の物を占有するという身分があることが単純横領（刑252）の場合よりも刑が加重される原由になっている。これら構成要件上行為者の属性をその概念要素としているものについては、これらの属性に該当する具体的内容を記載しなければならない。例えば、収賄における「公務員」については、公務員という語自体が非公務員と区別される意味である程度の具体性をもってはいるが、その後に続く職務の内容を明らかにするために、必然的にその具体的な官職を示さなければならず、単に、

「被疑者は公務員であるが……」という表示では不十分であるし、業務上横領における「業務」については、それが身分による加重事由となる業務であることを示す具体的事実を記載しなければならず、単に「被疑者は業務上……」という表現では足りない。

　常習賭博罪等における常習性については、それが行為者の属性か行為の属性かという点についての争いがあるが、それは実体法上の問題であるのでここでは別として、犯罪事実の上にはどの程度具体的に表示すべきか。常習性を立証するための事実の代表的なものは、同種前科であるが、それは常習性認定資料の1つにすぎず、常習性は、前科のほか、被告人の経歴、職業、社会上の地位等もろもろの事項が総合されて認定される。それらを全て記載することは煩雑にすぎ、かえって、犯罪事実の簡素性の要請に反することになる。したがって、常習性については、それを示す具体的内容を記載する必要はなく、「常習の上」というような表現で足る（もちろん、これは犯罪事実の表現上のことであって、証拠としては常習性認定のための具体的資料が必要である。）。ただ、常習累犯窃盗（盗犯等ノ防止及処分ニ関スル法律3条）における前科は、所定期間内の前科それ自体が構成要件要素になっているのであるから、その前科を具体的に表示しなければならないことは当然である。

　以上は、行為者即犯罪主体の場合についての説明であるが、犯罪の中には、犯罪主体が行為者以外の者である場合がある。いわゆる両罰責任の場合であり、行為者責任の原則の例外である。これは、ある者（自然人）が業務主（自然人・法人）の業務に関して違反行為をした場合、その行為者のほか、業務主をも処罰するというもので、このような両罰規定は刑法典にはないが、経済・公害関係等の特別法に多く見られ、適用事例も多い。両罰規定は、通常、

　　法人の代表者又は法人若しくは人の代理人、使用人、その他の従業者が、その
　　法人又は人の業務に関し、○○条の違反行為をしたときは、行為者を罰するほ
　　か、その法人又は人に対しても、各本条の罰金刑を科する

という規定の仕方がされている。そこで、この両罰規定を適用する場合は、事業主と行為者の双方を処罰する場合も、事業主のみを処罰する場合も、犯罪主体についての表示方法として、事業主と行為者との関係及び行為者の違反行為が事業主の業務に関してなされたものである旨を表示しなければならない。例えば、事業主と行為者の両方を処罰する場合は、

　「被疑会社甲株式会社は○○の営業を営むものであり、被疑者Aは被疑会社の

　代表取締役として同社の営業一切を統轄しているものであるが、被疑者Ａは同
　社の業務に関し………」
と表示し、事業主のみを処罰する場合は、
　「被疑会社乙株式会社は〇〇の営業を営むものであるが、同社の従業員である
　Ｂが同社の業務に関し……」
と表示する。事業主が自然人である場合も同じである。
　　Ｂ　行　為
　犯罪は、作為・不作為を含めて人間の「行為」をその要素とするものである
（不作為も行為の一種である。）。その行為を具体化して表現するためには必然的
に「方法」を表現しなければならない。方法のない犯罪行為は考えられないから
である。犯罪事実から方法を抜き去ってしまったのでは、犯罪事実は全く抽象的
な事実となってしまう。つまり、方法は行為と密接不可分の関係にあるわけであ
る。そうすると、行為をどの程度記載すべきかということは、方法をどの程度記
載すべきかということと表裏一体の関係にあることになる。しかし、全ての行為
が方法を示さなければ行為を示したことにならないわけではない。ある犯罪行為
を主張し立証するに当たって、その方法を主張立証しなければ犯罪行為の存在を
明らかにしえないような犯罪についてはその方法を具体的に記載しなければなら
ないが、方法を示さなくても犯罪行為の存在を明らかにしうるときは方法を記載
する必要はない。
　例えば、窃盗罪における窃取行為は、その行為の具体的方法を示さなくても、
窃取行為の存在は判別しうるから、理論的には方法を記載する必要はなく、法文
中の行為を表わす語（窃取した）ないしそれと同義の語をもって記載すれば足
る。これに反し、詐欺における欺罔行為、恐喝罪における恐喝行為、横領罪にお
ける横領行為、暴行・公務執行妨害罪・騒乱罪・強盗罪・強制性交等罪（令和５
年刑法改正において不同意性交等罪）等における暴行行為については、それらの
行為の具体的方法を明らかにしなければそれらの行為の存在を明らかにしえない
から、その具体的方法を記載する必要がある。放火罪における放火行為、殺人罪
における殺害行為は、理論的には前者に属するが、放火行為、殺害行為にも種々
の態様がありうるので、その方法を具体的に表示しなければならない（窃盗罪で
あっても、特殊な態様のもの、例えば、「スリ」、「ひったくり」等はその具体的
方法を表示すべきである。）。
　また、方法を具体的に記載する必要のない場合も、その行為が未遂のときは方

法を示す必要がでてくる。例えば、既遂の場合は「窃取した」という記載で足る窃盗罪において、それが未遂である場合は、着手にまで至っていることを明確にするため窃盗罪の着手に該当する具体的事実を示す必要があり（「現金を窃取する目的で室内を物色したが………」というように。「物色したが」が着手があったことを表わす。）、単に「窃取しようとしたが未遂に終わった」では不十分である。

　なお、消火妨害罪における「火災の際」（刑114）、名誉毀損罪、侮辱罪における「公然」（同230、231）などのように、ある種の構成要件は、行為が一定の情況の下に行われることを要素としているが、その情況も具体的に記載しなければならない。また、不作為犯における不作為、例えば、不退去罪（同130後段）における不退去という不作為もその旨を記載する必要がある。

　　C　客　体

　殺人罪（刑199）や逮捕監禁罪（同220）においては、「人」が、窃盗罪（同235）や強盗罪（同236）においては、「他人の財物」がそれぞれ行為の客体となっている。このように、構成要件上、行為の客体とされているものは、これに該当する具体的事実を記載しなくてはならない。

　「人」については、具体的な特定人を記載すべきである。特定されてさえいれば、必ずしも氏名を表示することを要しない。窃盗、横領における「他人」については、判例は、具体的に特定しなくても、それが被告人以外の他人のものであることさえ分かる程度に示せばよいとしている（窃盗につき最判昭24.12.12刑集3・12・2070等、横領につき大判明44．5．8刑録17・885）。

　「財物」については、現金であれば「約……円」、物であれば「……個位」という表示をもって足るが、金額や個数を全く示さないで単に「現金」とか「商品」とのみ表示するのは許されない。金額や個数は無限の広がりをもつからである。主として財産罪における被害物件の価格は構成要件要素ではないから本来記載する必要がないが、刑の量定に影響を及ぼす事項であるから記載する方が好ましい。なお、判例は、被害物件が多数ある場合には、その種類、数量、価格、所有者又は管理者等を一々詳細に表示する必要はなく、その一部を具体的に表示して、その余は概括的に表示してもさしつかえないとしている（最判昭25．4．14刑集4・4・591等）が、これは判決書における罪となるべき事実の表示についての判示であるので、司法警察員が記載する犯罪事実としては、一覧表の形で、個別的・具体的に表示する方が望ましい。

D　結　果

結果犯については、構成要件に規定された結果を具体的に記載しなければならない。傷害罪については、傷害の部位、程度は情状に関係あるのみで判示不要とする判例（大判明43.11.16刑録16・2016）があるが、具体的な傷害の存在を立証するためには、具体的な傷害の部位、程度等が立証されなければ、傷害の存在は立証されたとはいえないから、「加療約〇〇日を要する〇〇打撲傷の傷害を負わせ………」というように、傷害の部位、程度を具体的に記載する必要がある。

傷害致死（刑205）、強盗致死（傷）（同240）のような結果的加重犯における結果は、基本となる犯罪の構成要件には属さないが、その結果があることによって基本的犯罪と異なる別個の犯罪を成立せしめるものであり、その別個の犯罪の構成要件要素となるものであるから、明確に記載しなければならない。

放火罪における「公共の危険」（刑109Ⅱ等）は、実務上、「……公共の危険を生じさせたものである」というように条文の用語をそのまま用いることが多いが、公共の危険とは、燃焼の結果建造物その他の物件に延焼するおそれのある状態をいう（判例）のであるから、その概念に該当する具体的状態を記載すべきである。

E　因果関係

結果犯については、行為と結果との間に因果関係がなくてはならないから、この因果関係の記載も必要である。特に、詐欺、恐喝において、被欺罔者ないし被恐喝者と交付者とが異なる場合には、欺罔行為ないし恐喝行為と被欺罔ないし被恐喝との間の因果関係だけでなく、被欺罔ないし被恐喝と交付との間の因果関係をも明示する必要があることに注意を要する。通常、「……により……」という語で表現している。

(2)　違法性

違法性は罪となるべき事実に属するが、構成要件は違法類型であり、構成要件には違法性の推定機能がある。したがって、構成要件に該当する事実があれば、原則として違法性があり、かつ、違法性阻却事由（正当行為（刑35）、正当防衛（同36）、緊急避難（同37）等）の不存在は罪となるべき事実に当たらないことを意味する。ゆえに、違法性の存在も、違法性阻却事由の不存在も犯罪事実に記載する必要はない。

銃砲刀剣類所持等取締法違反、火薬類取締法違反、麻薬及び向精神薬取締法違反等の特別法犯、特に行政犯の場合には、一定の事由のある場合を除いてある行

為を禁止し、その違反を犯罪としているものが多いが、これらの犯罪について
は、そういう除外事由が存在することが違法性を阻却することを意味する。そし
て、これらの除外事由の不存在も罪となるべき事実ではないので、理論的には、
除外事由の不存在を明示する必要はないのであるが、実務では、「法定の除外事
由がないのに」という文言で、この違法性阻却事由がないことを表わしている。

　なお、住居侵入罪（刑130）における「正当な理由がないのに」、逮捕監禁罪
（同220）における「不法に」のごとき規範的構成要件要素は、違法性の存在を注
意的に規定したにとどまるから理論的には記載することを要しないが、実務で
は、上記の法律用語をそのまま用いるか、それに代わる語句（「正当な理由がな
いのに」の代わりに「窃盗の目的で」、「不法に」の代わりに「強制的に性交をす
る目的で」というように（㊟改正後は「不同意性交の目的で」が一例である。））
を用いるかして記載するのが慣例になっている。

　⑶　有責性

　違法性と異なって、有責性は構成要件該当性によって当然には推定されず、し
たがって、積極的に主張・立証しなければならない事実ではあるが、これを犯罪
事実に記載すべきか否かは、別の角度から、責任の各要素ごとに検討しなければ
ならない。

　　A　責任能力

　これも罪となるべき事実に属するが、責任能力は原則として存在するから、責
任能力阻却事由（刑事未成年、心神喪失等）の不存在は罪となるべき事実に当た
らず、これを記載する必要はない。

　　B　責任条件

　故意・過失は責任要素であるのか構成要件要素であるのかについては争いがあ
るが、その争いは別として、故意・過失が罪となるべき事実であることは疑問が
ない。

　　　a　故　意

　犯罪として処罰の対象となるのが原則として故意犯であるうえ、外形的な行為
の主張そのものが故意の存在の主張を含んでいるのが一般であるから、原則とし
て、故意の存在を記載する必要はない。このことの裏返しとして外形的な行為の
記載のみでは、特定の犯罪の故意があるかどうかわからない場合には故意の内容
を明示しなければならない。例えば、殺人の訴因において、傷害致死でないこと
を示すため、殺意の存在を明示するなどである。

　また、未遂犯は、故意をもって実行に着手したが故意を遂げなかった場合であ

るのであるから、それを罪となるべき事実として主張するには、常に故意の存在を明示する必要があろう。

なお、文書偽造罪（刑155、159等）における「行使の目的」、背任罪（同247）における「図利加害の目的」のごとき主観的構成要件要素は、故意ではないが、罪となるべき事実の一部であることには変わりはないから記載しなければならない。通常、「行使の目的」は上記の法律用語をそのまま用いるが、「図利加害の目的」は、「自己若しくは第三者の利益を図り又は本人に損害を加える目的」の「自己」、「第三者」、「本人」を具体的に摘示している。

　　　b　過　失

過失犯の構造については、それが有責性だけの問題か構成要件該当性からの問題かについて争いがあるが、過失犯が〝開かれた構成要件〟であり、裁判官による補充を要するものであることは疑問の余地がない。そうすると、過失の内容をなす注意義務違反は、それが客観的注意義務違反であれ、主観的注意義務違反であれ、その内容を具体的に記載しなければならない。具体的注意義務違反の内容を主張し立証しなければ、過失の存否の判断がなしえず、刑罰権も発生しえないからである。

過失の態様について訴因と認定との間に軽微な差異が生じた場合にも、訴因変更を要するとする判例が続出している（東京高判昭45.10.12高刑集23・4・737、最判昭46.6.22判時638・50、最判昭46.11.26最高裁裁判集182、163等）。訴因と認定との微妙な食い違いまで訴因変更の手続でフォローしなければならないとすることには問題があるが、それはともかくとしても、かかる判例の傾向は、基本的には、前述した過失犯の犯罪事実には注意義務違反の内容を具体的に示さなければならないとする見解と軌を一にするものである。したがって、どういう注意義務があったかを記載することなく、ただ「漫然と」というような記載では不十分である。

　　　C　期待可能性

期待可能性も、責任能力と同様、それ自体は罪となるべき事実の一要素であるが、行為の主張は原則として期待可能性の主張を包合しており、期待不可能性の不存在は罪となるべき事実ではないから、記載する必要はない。

　(4)　未　遂

未遂は構成要件の修正形式であり、既遂とは異なる別個の刑罰権発生原因であるから、その旨を記載する必要がある。ところで、未遂には、未遂原因が他の障

害によった場合か犯人の意思によった場合かによって、障害未遂（刑43本文）と中止未遂（同ただし書）とに分かれる。これは未遂を細分したもの、すなわち再修正形式であり、前者は任意的減軽に止まるのに対し、後者は必要的減軽又は免除という形で刑罰権の行使上差異が生じてくるから、当該未遂が障害未遂か中止未遂かが識別しうるような具体的事実を記載しなければならない。例えば、障害未遂の場合は、

　「家人に騒がれたため」

とか、

　「警察官に発見されたため」

というような表現で、障害によって目的を遂げなかった趣旨を表し、中止未遂の場合は、

　「その非を悟って自ら犯行を中止し」

とか、

　「考え直して自ら犯行を中止し」

というような表現で、自己の意思によって犯行を中止した趣旨を表す。

　なお、前述したように、未遂の場合は、常に、故意及び実行の着手を表示しておかなければならない。通常、

　「………をする目的で………したが」

という表現で、故意と着手を表している。

　(5)　予　備

　予備も構成要件の修正形式であり、実行行為着手後に成立する犯罪とは別個の刑罰発生原因であるから、その具体的事実を記載しなければならない。

　そもそも予備とは犯罪の準備行為をいうが、犯罪の準備行為には千差万別、多種多様なものがあるので、予備は、構成要件該当行為と異なり、非定型的・非類型的である。それだけに、何の犯罪の予備であるかを明らかにする必要があるので、未遂と同様、犯意（目的）の表示は不可欠であり、また、その犯意のもとになした準備行為の内容を具体的に摘示する必要がある。通常、予備罪の犯罪事実の摘示としては、

　「被疑者は……（日時、場所）……において、……をする目的で……を用意して（準備し）……をし、もって○○の予備をしたものである。」

という表示の仕方をしている。

　(6)　共　犯

　共犯も構成要件の修正形式であり、単独犯とは別個の刑罰権発生原因であるから、その具体的事実を記載しなければならない。

　　A　共同正犯

　刑法60条の共同正犯には、実行共同正犯と共謀共同正犯とが含まれる（判例）。そこで、共同正犯の表示方法として、実行共同正犯でも共謀共同正犯でも、単に「共謀の上」とのみ記載して、それ以上に、共謀者の氏名・人数、謀議の日時・場所・内容、実行行為の担当者、分担した実行行為の態様等を記載しないのが実務の慣行になっている。

　このような表示方法については、「数人共謀の上共同一体となって犯罪を実行した場合において共謀したという事実自体は犯罪の実行行為に属せず、実行行為から見れば予備的なものであって、時効や管轄に影響のない事柄であり、又、既に犯罪の実行があった以上は、共謀者中、何人が直接実行の衝に当り、且つ具体的に如何なる実行行為を担当したかを問わず、共謀者全員が共同正犯の罪責に任ずべきものであるから、起訴状にかかる犯罪事実の訴因を示すについても、数人共謀の上、共同一体となって具体的犯罪事実を実行した旨を、実行行為について犯罪の日時、場所、行為の態様を特定して記載すれば足り、敢て、共謀者の氏名、共謀の日時、場所、具体的内容、実行行為の担当者、又は各自の分担した実行行為の態様等の点までも明示することを要しないものと解する。」という理由からその正当性が是認されている（東京高判昭32.12.7東高刑時報8・12・443）。この理由によれば、「共謀」は罪となるべき事実に当たらないことになろう。

　しかし、上記の理由は、実行共同正犯にはあてはまるが、共謀共同正犯、特に謀議のみに関与し、実行行為に加功していない共謀共同正犯者については問題があるように思われる。なぜなら、その場合は、謀議自体が犯罪の成否の上で重要な鍵となり、主張、立証の要になるからである。現に最高裁判決は「共謀」又は「謀議は、共謀共同正犯における罪となるべき事実にほかならず、それの認定のためには厳格な証明を要する。」としている（最判昭33.5.28刑集12・8・1718）。しかし、その反面、同判決は「共謀の判示は、謀議の行われた日時、場所又は内容の詳細についてまで具体的に判示することを要しない。」として「共謀の上」的な判示で足るとしている。上記最高裁判決は、判決文について言っているのであるが、同じことは、起訴状の訴因、司法警察員が作成する犯罪事実についても言いうるであろう。したがって、問題はあるが、共謀共同正犯の場合も、事実摘示としては、「共謀の上」という文言で足るということになろう。表示としては

それで十分であっても、共謀の事実は、厳格な証明を要する罪となるべき事実であるから、共謀の中身については具体的・詳細な立証が必要であることはもちろんである。

B　教唆・幇助

学説上の対立は別として、実務上は、教唆あるいは幇助は正犯に従属し、時効、管轄についても全て正犯に従うことになっているから、その表示としては、教唆ないし幇助行為だけの表示では足らず、教唆ないし幇助行為と正犯の実行行為の両者に該当する具体的事実を表示しなければならない。ただ、その両者は相互補強の機能をもつから、その一方についての記載内容に多少具体性を欠くことがあっても、他方についての記載内容と相まって、教唆・幇助の犯罪事実が明示されたと認めうる場合があろう。

教唆の犯罪事実の例

被疑者は、令和○年○月１日、○○○において、乙に対し、「A方には宝石があるから盗んでこい。高く買ってやるから。」と申し向け、乙に窃盗の決意をさせ、同月２日、○○○所在のA方において、A所有の貴金属５点（時価合計○○円相当）を窃取させ、もって窃盗の教唆をしたものである。

2　罪となるべき事実に準ずる事実

(1)　犯罪の日時の記載

犯罪の日時は罪となるべき事実そのものではないが、罪となるべき事実に準ずるものであるから、刑訴256条３項の趣旨に照して、できる限り正確かつ具体的に表示すべきであり、かつ、それをもって足る。したがって、「……頃」という表示でもよい。

問題は、犯罪事実の摘示上どの程度の時間的拡がりをもったものが、犯罪の日時の記載として許されるかという点である。この点を考えるについて参考になるのは、いわゆる "白山丸" 事件に関する裁判例である。

白山丸事件とは、多数の者が中国へ密出国したという密出国事件（出入国管理令違反）であり、その密出国者が引揚船（白山丸もその１つ）で帰国したので、出国した事実帰国した事実及び帰国の日時は明らかであるが、出国の日時が明確でなかった。そこで、検察官は、それらの密出国者が所在不明になった時期から帰国の日までの間に中国に向け出国したという期間表示で起訴した。そのため、その公訴事実の犯罪の日時は、短いもので１年余、長いもので６年余という幅のある表示となった。こういう形で、同種事件が各地の裁判所に係属したところ、

下級審は、上記のような幅広い日時による特定はその間に同種の行為が2回以上行われたかもしれないという合理的疑いが生ずるから訴因の特定に欠けるとしたものと、そのような幅のある表示でも訴因としての特定はあるとするものとに対立した。ところが、この問題につき、最判昭37.11.28（刑集16・11・1633）は、「昭和27年4月ころより同33年6月下旬までの間に出国した」という、6年余の幅のある公訴事実の事案に対し、

　　①犯罪の日時等は罪となるべき事実そのものではないこと

　　②幅のある表示しかできない特殊事情があること

　　③特定の帰国に対応する出国を起訴したとみられること

を理由として、訴因の特定ありと判示し、この問題に終止符を打った。

　上記最高裁判決のいう理由中、③の理由が最も理論的に優れている。なぜなら、起訴状記載の期間内に2回以上の出国の可能性があっても、特定の帰国に対応する出国の事実は理論上1回あるのみであって、2回以上あることはないから、その帰国が最後のそれならば出国も最後のそれでなければならないからである。この考え方は、誠に理論的ではあるが、反面、それだけに観念的な特定方法を容認することになるという欠点があることになる。しかし、上記のような特殊例外的な場合には、このような特定方法が許されてもよかろう。

　上記は起訴状の訴因の記載についてであるが、犯罪事実の記載方法についても上記のような特殊例外的な事件については、ある程度幅のある記載をしてもよいことになる。しかし、いかに幅のある記載方法でもよいといっても、10年も20年も幅のあるものでは「できる限り正確かつ具体的に表示しなければならない。」という基本原則に反してくることになろう。

　⑵　犯罪の場所

　日時と同様、「できる限り」具体的に示すことを要し、かつ、それをもって足る。横領の場所として「○○市内において」としか記載されていなくても、密出国事件において出国の場所が「本邦」としか記載されていなくても、密入国事件において入国の上陸地点が記載されていなくても、訴因の特定は害されないとする判例の見解が参考になろう。

　しかし、上記は全て起訴状の訴因についての特定の限界を示す事例であるので、司法警察員が記載する犯罪事実の上では可及的に正確かつ具体的にすべきである、犯行場所がA地点に始まってB地点に移動したような場合、A地点についてはそれを特定した表示がしてあるが、B地点については「その（A地点）付近

で」程度の表示しかなされておらず、特定が不十分である事例がまま見られるが、現場の見分を尽くすなどした上、できるだけ地番等によって特定した表示をすべきであろう。

(3)　犯罪の方法

日時、場所の記載と基本的考え方は同じである。しかし、前述したように、方法は罪となるべき事実の一要素である構成要件該当の「行為」と表裏一体の関係にあるから、行為の表示として具体性が要求されるときは必然的に方法を具体的に示さなければならない。詳細は、第2、1、(1)、Bを参照されたい。

(4)　その他

犯罪の動機・目的、被告人の経歴・性行・前科・前歴等については、起訴状の訴因の上でそれを表わすことの可否がしばしば問題となる。それは、起訴状には、刑訴256条6項が規定する予断排除の原則が適用され、同原則に抵触する余事記載をすると、公訴提起が無効視される場合があるからである。この点についての判例の傾向を概観すると、一般に、上記の動機、性行、前歴等は、それが犯罪構成要件に当たる事実自体、又はこれと密接不十分で、かつ、訴因を明らかにするため必要な事実であるかどうかによって、その可否が決せられているようである。

しかし、上記は起訴状の訴因についてであって、司法警察職員が記載する犯罪事実には、刑訴256条6項のような制約はないのであるから、動機等の記載について上記のような厳格な態度は必要でないのみならず、当該犯罪事実を明確に浮彫りにするため、むしろ、相当程度記載した方が望ましい場合が多いといえる。

第 2 編

刑　　法

第1 公務の執行を妨害する罪

■95条1項　公務執行妨害

　　公務員が職務を執行するに当たり、これに対して暴行又は脅迫を加えた者は、3年以下の懲役若しくは禁錮又は50万円以下の罰金に処する。

　被疑者は、令和○年○月○日午前○時頃、東京都○○区○○町○丁目○番○号先路上において、付近の住宅出入口をのぞきこむなどしてうろついていたため、制服姿で警ら中の警視庁A警察署勤務の警視庁巡査Bから挙動不審を理由に職務質問を受けた際、その質問に応ぜず突然その場から逃走し、前記警察官から職務質問続行のためその後を追われ、同所から約○○メートル離れた同区○○町○丁目○番○号先路上で、背後からその肩に手をかけられ停止を求められるや、同所において、いきなり同警察官に対し、体当たりをして路上に転倒させ、さらに、その頭部・腹部等を足で蹴るなどし、もって同警察官の前記職務の執行に当たり、これに対して暴行を加えたものである。

　被疑者は、令和○年○月○日午後○時頃、東京都○○区○○町○丁目○番○号先路上において、Aの顔面を拳で数回殴る暴行を加えたが、これを目撃した警視庁B警察署勤務の警視庁巡査Cから前記暴行被疑事件の現行犯人として逮捕されるや、同警察官に対し、その顔面を拳で数回殴り、さらに、その下腹部を数回足で蹴るなどの暴行を加え、もって同警察官の前記職務の執行を妨害するとともに、前記暴行により、同警察官に対し、加療約○週間を要する顔面打撲症の傷害を負わせたものである。

　被疑者は、令和○年○月○日午前○時頃、神奈川県○○市○○町○丁目○番○号被疑者方において、神奈川県A警察署勤務の警部補Bほか○名の警察官が、被疑者に対し、横浜地方裁判所裁判官C発付に係る覚醒剤取締法違反被疑事件の捜索差押許可状を示して同室内の捜索に着手した際、いきなり、同警察官らに対し、「俺が何をしたというんだ。いくら探しても覚醒剤など出てくるわけがない。」「さっさと帰れ、このばか野郎。」などと怒鳴りながら、前記警察官Bの身体に同室内にあった花瓶・灰皿などを

投げつけ、さらに、体当たりするなどの暴行を加え、もって前記警察官らの職務の執行を妨害したものである。

　被疑者は、多数の学生・労働者と共謀の上、令和○年○月○日午後○時頃、神奈川県○○市○○町○丁目○番○号先路上において、Aが主催する参加人員約○○名の集団示威行進に伴う違法行為の制止・検挙などの任務に従事中の神奈川県第○機動隊第○中隊所属の警察官Bほか○○名に対し、多数の石塊・コンクリート塊等を投げつける暴行を加え、もって、前記警察官らの職務の執行を妨害したものである。

　被疑者は、令和○年○月○日午後○時頃、埼玉県○○市○○町○丁目○番○号埼玉県A警察署刑事課第○号取調べ室において、同署勤務の巡査部長Bから、傷害被疑事件の被疑者として取調べを受け、その弁解に係る供述の矛盾を指摘されるや激怒し同警察官に対し、供述調書を作成中の机を同警察官に向けひっくり返し、さらに、その頭部を椅子で殴る暴行を加え、もって同警察官の前記職務の執行を妨害するとともに、前記暴行により、同警察官に対し、加療約○週間を要する頭部挫傷の傷害を負わせたものである。

(留意点)　公務員の意義につき「刑法上公務員とは、国家又は公共団体の機関として公務に従事し、その公務従事の関係は任命嘱託選挙等その方法を問わないが、その公務に従事することが法令に根拠を有するものをいう」（最判昭和25.10.20）が、単純な機械的、肉体的労務に従事するものは含まない。

　なお、公務員の職務行為の根拠となるべき法令を、被疑事実に示すことは不要であろう（最決昭和34.3.19）。

　職務の執行は、その行為が公務員の抽象的職務権限に属し、その行為をなしうる具体的条件を具備し、かつ、当該行為につき法令上の方式があるときはこれを履践することを要し、適法になされなければならない。軽度の瑕疵を伴う場合でも、適法な職務執行とみるべき場合がある（最判昭和42.5.24）。

　暴行・脅迫は「これにより現実に職務執行妨害の結果が発生したことを必要とするものではなく、妨害となるべきものであれば足りる」

（最判昭和25.10.20）。「覚せい剤取締法違反の現行犯人を逮捕する現場で証拠物として適法に差押え整理のため同所に置いた覚せい剤注射液入りアンプルを、足で踏付け損壊した行為は、本罪の暴行にあたる」（最決昭和34.8.27）。暴行は公務員の身体に対する有形力の行使に限らず、物に対する場合でもよい。

■95条2項　職務強要

　　公務員に、ある処分をさせ、若しくはさせないため、又はその職を辞させるために、暴行又は脅迫を加えた者も、前項と同様とする。

　被疑者は、Aほか○名と共謀の上、令和○年○月○日午前○時頃、埼玉県○○市○○丁目○番○号埼玉県B警察署C交番において、同署勤務の巡査部長Dが同年○月○日施行された埼玉県○○市議会議員選挙に関し、同署管内で発生した買収事件の参考人Eを取調べ中、同取調べを断念させる目的で、前記Dを取り囲んだ上、同人に対し、「お前は若造のお巡りのくせに何を知りたいんだ。余計なことをするな。」「この町の者はみんなお前の顔を知っている。お巡りだって危なくて一人で歩けないようにしてやる。俺たちを敵にまわせば、どんなに恐ろしいか思い知らせてやる。」などと口々に怒鳴り、前記Dが前記取調べを断念しなければ、その身体にどのような危害を加えるかも知れない気勢を示し、もってその職務を断念させるために脅迫したものである。

　被疑者は、氏名不詳者数十名と共謀し、令和○年○月○日午後○時頃、千葉県○○市○○町○丁目○番○号A税務署署長室において、同○年度の所得税の課税方法及び課税額を変更させる目的で、同税務署長財務事務官Bに対し、同人を取り囲んだ上、「俺たちの言うとおりにしないとこちらにも覚悟がある。」「うんと言うまではここを動かない。」「お前らの税金の取り方は何だ。そんなやり方なら俺たちは絶対税金を払わないぞ。」などと口々に怒鳴りながら、その顔面に拳を突き付け、その面前の机上を拳・平手で複数回殴り、かつ、床を激しく踏み鳴らすなどし、同人が被疑者らの要求に応じなければ、その身体に危害を加えるような気勢を示して脅迫

し、よって、同人をして、やむなく前記要求に従う旨を約束させ、同内容を記載した確認書と題する書面に署名押印させたものである。

留意点　公務員の処分とは「その公務員の職務に関係ある処分であればたり、その職務権限内の処分であるかどうかを問わない」（最判昭和28.1.22）。本罪は「公務員の正当な職務の執行を保護するばかりでなく、広くその職務上の地位の安全をも保護しようとするものである。」（同判例）

「水増し課税や徴税目標額に基く課税方法が不当なものであっても、是正の道は税法所定の方法によるべきであって、これらの変更をなさしめるため税務署係官を脅迫した場合は、本罪にあたる。」（最判昭和25.3.28）

■96条　封印等破棄

公務員が施した封印若しくは差押えの表示を損壊し、又はその他の方法によりその封印若しくは差押えの表示に係る命令若しくは処分を無効にした者は、3年以下の懲役若しくは250万円以下の罰金に処し、又はこれを併科する。

被疑者は、千葉地方裁判所執行官Ａが、被疑者の債権者Ｂの委任を受け、同裁判所令和○年㈢第○号仮処分決定正本に基づいて、令和○年○月○日、千葉県○○市○○町○丁目○番○号所在の被疑者所有に係る木造瓦葺平家建住宅○棟（床面積○○平方メートル）につき、その占有を解いてこれを前記執行官の占有に移す仮処分をし、かつ、これを公示するため同建物玄関脇板壁にその旨記載した公示書を貼付してその表示をしておいたところ、同月○日頃、同所において、前記公示書を剥ぎ取って破り棄て、もって公務員が施した差押えの表示を損壊したものである。

被疑者は、水戸地方裁判所執行官Ａが、被疑者の債権者Ｂの委任を受け、同裁判所令和○年㈦第○号貸金返還請求事件の執行力ある判決正本に基づき、令和○年○月○日、茨城県○○市○○町○丁目○番○号被疑者方において、被疑者所有の金庫ほか○○点（時価合計○○万円相当）につ

き、その占有を解いてこれを前記執行官の占有に移す差押えをし、これら各物件に差押物であることを示した公示書を貼付して前記差押えの表示をしておいたところ、同月〇日頃、同所において、前記各物件の前記表示を剥ぎ取った上、これを古物商Cに売却して同所から搬出させ、もって公務員が施した前記表示を無効にしたものである。

> (留意点) 無効にした場合とは、差押えの表示そのものを物質的に破壊することなくその効用を事実上減却し、又は減殺することをいう。したがって、封印を施した桶から濁酒を洩出させた場合（大判明治44. 7 .10）、仮処分により執行吏の占有に移った建物を他人に賃貸し占有させた場合（最判昭和31. 4 .13）等が、これに当たる。

■96条の2　強制執行妨害目的財産損壊等

強制執行を妨害する目的で、次の各号のいずれかに該当する行為をした者は、3年以下の懲役若しくは250万円以下の罰金に処し、又はこれを併科する。情を知って、第3号に規定する譲渡又は権利の設定の相手方となった者も、同様とする。

(1)　強制執行を受け、若しくは受けるべき財産を隠匿し、損壊し、若しくはその譲渡を仮装し、又は債務の負担を仮装する行為

(2)　強制執行を受け、又は受けるべき財産について、その現状を改変して、価格を減損し、又は強制執行の費用を増大させる行為

(3)　金銭執行を受けるべき財産について、無償その他の不利益な条件で、譲渡をし、又は権利の設定をする行為

被疑者は、Aから借り受けた金〇〇万円を弁済期日に弁済しなかったため、同人から水戸地方裁判所に対し、貸金返還請求の訴えを提起されたものであるところ、自己所有動産に対する仮差押えと前記民事訴訟の敗訴による強制執行を免れる目的で、令和〇年〇月〇日頃、茨城県〇〇市〇〇町〇丁目〇番〇号の被疑者方にあった自己所有の宝石類〇点及び書画骨とう等〇〇点（時価合計〇〇万円相当）を、ひそかに茨城県〇〇市〇〇町〇丁目〇番〇号の実弟B方に運んで同人にその保管方を依頼し、情を知らない

同人に、これを同人方整理ダンス内に収納保管させ、もって前記財産を隠匿したものである。

　被疑者は、Aから金〇〇万円を借り受けたがその弁済期日にこれを弁済することができず、前記Aが近く弁護士に依頼し強制執行の手続に着手すべく準備中であることを察知するや、これを免れる目的で、自己所有の栃木県〇〇市〇〇町〇丁目〇番〇号所在宅地約〇〇平方メートルの所有名義のみを他に移転することを考え、令和〇年〇月〇日頃、知人Bにその情を明かして承諾を受けた上、売渡人を被疑者、買受人を前記Bとする仮装の売買契約書を作成し、次いで、同月〇日頃、同市〇〇町〇丁目〇番〇号司法書士C方において、情を知らない同人に前記所有権移転登記申請に必要な関係書類を作成させ、同日、同市〇〇町〇丁目〇番〇号宇都宮地方法務局において、これを同局登記職員に提出してその旨登記させ、もって前記不動産を仮装譲渡したものである。

　(留意点)　「刑法第96条の2のこの『強制執行ヲ免ルル目的ヲ以テ』というためには、現実に強制執行を受けるおそれのある客観的な状態の下において、強制執行を免れる目的のあることを要する」（最判昭和35.6.24）ので、現実に強制執行を受けるおそれのある状態を具体的に記載することを要する。

　「本罪の成立には、仮差押、仮処分その他の強制執行を免れる目的あるをもって足り、その執行の全部又は一部の行われたことを要するものでない。」（最決昭和35.4.28）

■96条の3　強制執行行為妨害等

　偽計又は威力を用いて、立入り、占有者の確認その他の強制執行の行為を妨害した者は、3年以下の懲役若しくは250万円以下の罰金に処し、又はこれを併科する。

2　強制執行の申立てをさせず又はその申立てを取り下げさせる目的で、申立権者又はその代理人に対して暴行又は脅迫を加えた者も、前項と同様とする。

> 被疑者は、株式会社A不動産から、同社が所有し栃木県○○市○○町○丁目○番○号に所在するマンション○○パーク○○号室を賃借して居住するものであるが、賃料不払いのため、同社から同室につき明渡しの強制執行を受けるおそれがあることを察知するや、令和○年○月○日頃、前記マンション敷地内において、ドーベルマン○頭を放し飼いにして宇都宮地方裁判所執行官Bの前記マンション敷地内への立入りを妨害し、もって威力を用いて強制執行の行為を妨害したものである。

■96条の4　強制執行関係売却妨害

　　　偽計又は威力を用いて、強制執行において行われ、又は行われるべき売却の公正を害すべき行為をした者は、3年以下の懲役若しくは250万円以下の罰金に処し、又はこれを併科する。

■96条の5　加重封印等破棄等

　　　報酬を得、又は得させる目的で、人の債務に関して、第96条から前条までの罪を犯した者は、5年以下の懲役若しくは500万円以下の罰金に処し、又はこれを併科する。

■96条の6　公契約関係競売等妨害

　　　偽計又は威力を用いて、公の競売又は入札で契約を締結するためのものの公正を害すべき行為をした者は、3年以下の懲役若しくは250万円以下の罰金に処し、又はこれを併科する。

　　2　公正な価格を害し又は不正な利益を得る目的で、談合した者も、前項と同様とする。

> 被疑者は、前橋市役所土木課長として同市の行う公の入札の敷札額決定に関与しているものであるが、令和○年○月○日に同市が行う小学校改築工事の入札に際し、その敷札額を指名入札業者であるAに内報して同人に落札させようと考え、同月○日午後○時頃、群馬県○○市○○町○丁目○番○号被疑者方において、同市○○町○丁目○番○号前記A方の同人に電話をかけ、前記敷札額が○○万円に決定した旨を通知し（※）、よって、前

記入札日に同市役所で行われた前記工事の入札の際、前記Aに前記敷札額どおりの入札をさせて落札させ、もって偽計を用いて公の入札の公正を害すべき行為をしたものである。

被疑者は、群馬県〇〇市〇〇町〇丁目〇番〇号所在A建設株式会社代表取締役として土木建築請負業を営むものであるが、同県土木部が令和〇年〇月〇日に施行する利根川堤防工事の競争入札につき入札者として指名を受けるや、これを落札しようと考え、同月〇日頃、同競争入札の指名業者である同市〇〇町〇丁目〇番〇号所在の土木建築請負業者B土建ことC方において、同人に対し「今度の堤防工事は俺に落札させろ。俺は〇〇万円で入札するから、お前は〇〇万円にしろ。そうしなければ二度とお前が仕事をできないようにしてやる。俺の下には命知らずの前科者がたくさんいるんだ。」などと言い、かつ、その頭部を拳で十数回にわたり小突くなどして暴行・脅迫を加え、もって威力を用いて公の入札の公正を害すべき行為をしたものである。

被疑者は、A株式会社代表取締役として印刷業を営むものであるが、令和〇年〇月〇日、静岡県財務局が施行した印刷物の競争入札につき同会社が入札者として指名を受け、入札予定価格が約〇〇万円であることを察知するや、前記入札の公正な価格を害する目的で、前記入札における他の指名業者Bほか〇名と共謀の上、同年〇月〇日午後〇時頃、静岡県〇〇市〇〇町〇丁目〇番〇号前記会社事務所において、前記入札の際被疑者が同会社のため入札書に入札金額として〇〇万円と記入して入札し、他の前記〇業者がこれを超える〇〇万円より高額な入札金額を入札書に記入して入札すること、前記会社が落札した対価として前記各業者に各現金〇〇万円を交付することを協定し、もって入札の公正な価格を害する目的で談合したものである。

留意点　「刑法第96条の3（注　現96条の6）の『公ノ競売又ハ入札』とは、公の機関すなわち、国又はこれに準ずる団体の実施する競売又は入札を指し、公法人又は公共団体でもその事務が公務にあたらない団

体の実施する競売又は入札は該当しない。従って健康保険法に基く健康保険組合が実施するものはこれに該当しない。」（東京高判昭和36. 3 . 31）

　前記※の態様は刑法第96条の 3 （注　現96条の 6 ）第 1 項のいわゆる「偽計」に該当する（最決昭和37. 2 . 9 ）。

　「刑法第96条の 3 （注　現96条の 6 ）第 2 項にいわゆる『公正なる価格』とは入札を離れて客観的に測定されるべき価格をいうのではなく、その入札において自由競争が行われたならば成立したであろう落札価格をいう。」（最判昭和32. 1 . 22）

第2　逃走の罪

■97条　逃　走

法令により拘禁された者が逃走したときは、3年以下の懲役に処する。

被疑者は、令和○年○月○日に建造物侵入及び窃盗被疑事件の被疑者として○○簡易裁判所裁判官が発付した逮捕状により○○県○○市○○町○丁目○番○号△△県△△警察署において通常逮捕された者であるが、同月○日午後○時○分頃、同警察署○階の取調室において、腰に巻かれていた腰縄を解いて同室から出室した上、階段を駆け下りて、同警察署1階当直室の窓から駐車場に出て、さらに、同駐車場東側出入口から同警察署敷地外に走り出て逃走したものである。

<u>改正法</u>　これまで逃走罪の主体は「裁判の執行により拘禁された既決又は未決の者」、法定刑は「1年以下の懲役」であったが、令和5年刑法改正により、逃走罪の主体は「法令により拘禁された者」とされ、逮捕中に逃走した者も主体に含める形で主体が拡張され、法定刑は「3年以下の懲役」に引き上げられた（令和5年6月6日施行）。

したがって、勾留中の被疑者や被告人が逃走した場合は、従前と同様の記載例に変更はないが、逮捕中の被疑者が逃走した場合は、被疑者が逮捕中であることと逃走の具体的な実行行為を記載することとなろう。

■98条　加重逃走

前条に規定する者が拘禁場若しくは拘束のための器具を損壊し、暴行若しくは脅迫をし、又は2人以上通謀して、逃走したときは、3月以上5年以下の懲役に処する。

被疑者は、令和○年○月○日、A地方裁判所で強盗致傷罪により懲役○年に処せられ、A県○○市○○町○丁目○番○号B刑務所に服役中のとこ

30

ろ、同刑務所から逃走を考え、令和○年○月○日午前○時頃、被疑者が拘禁されている同刑務所内単独室において、あらかじめ用意してあった金切りのこぎりを使用し、居室外窓の鉄格子の鉄棒○本を切断して同拘禁場を損壊し、直ちに同窓から脱出し、同刑務所外塀を乗り越えて逃走したものである。

　被疑者Aは、殺人罪の被疑者としてB地方裁判所裁判官Cが発付した勾留状により令和○年○月○日から、被疑者Dは強盗致傷罪の被疑者として同裁判官が発付した勾留状により同年○月○日から、それぞれB県○○市○○町○丁目○番○号所在の刑事施設であるB県E警察署留置施設に勾留されて拘禁されていたものであるが、両名通謀して、逃走を考え、同年○月○日午後○時頃、同署看守係F及び同Gが被疑者ら被拘禁者の入浴準備中、被疑者Aが前記Fに対し体当たりをして転倒させ、被疑者Dは前記Gの下腹部を足で蹴る各暴行を加え、前記看守両名がひるむすきに同留置施設ドアから飛び出し、ともに前記留置施設から同留置施設敷地外に走り出て逃走したものである。

留意点　本条は、逮捕状によって逮捕された被疑者を含む（東京高判昭和33.7.19）。

　なお、被拘禁者と拘禁されていない者が、共謀・教唆・幇助の形態により本条の罪を犯した場合、刑法総則の共犯規定の適用は排除される。拘禁されていない者は、97条、98条の共犯者となるのではなく、その態様に応じ99条ないし101条の適用を受けるにすぎない。

改正法　これまで逃走罪の主体から逮捕中の被疑者が除外されている一方、加重逃走罪の主体に逮捕中の被疑者が含まれていた。令和5年刑法改正により、逃走罪の主体が拡張され加重逃走罪と同一になったことから、主体が「前条に規定する者」と表現が改正された（令和5年6月6日施行）。

　したがって、加重逃走罪の実質的な内容に変更はなく、従前と同様の記載例に変更はないと思われる。

■99条　被拘禁者奪取

　　法令により拘禁された者を奪取した者は、3月以上5年以下の懲役に処する。

　被疑者は、令和○年○月○日午後○時頃、A県○○市○○町○丁目○番○号先路上において、BがA県警察C警察署地域課勤務の巡査部長Dから職務質問を受け、覚醒剤である白色粉末を所持していたことを現認され、同巡査部長から覚醒剤取締法違反被疑事件の被疑者として現行犯逮捕されて同市○○町○丁目○番○号所在の同警察署へ連行されていくのを目撃するや、これを奪取しようと考え、Eと共謀の上、同日午後○時○分頃、同市○○町○丁目○番○号先路上において、前記連行途中の同巡査部長に対し、その背後からその頭部を持っていた洋傘で数回殴り、その腹部を足で数回蹴るなどの暴行を加え、同巡査部長がひるむすきに、前記Bを同所から同市○○町方面へ自動車で連れ去り、もって被拘禁者を奪取したものである。

　(留意点)　本条の客体は、既決・未決の者、勾引状の執行を受けた者のほか、現行犯逮捕を受けた者や緊急逮捕を受け逮捕状発付前の者など、適法に身体の自由を拘束された一切の者を含む。

■100条　逃走援助

　　法令により拘禁された者を逃走させる目的で、器具を提供し、その他逃走を容易にすべき行為をした者は、3年以下の懲役に処する。

　2　前項の目的で、暴行又は脅迫をした者は、3月以上5年以下の懲役に処する。

　被疑者は、令和○年○月○日午後○時頃、A県○○市○○町○丁目○番○号A拘置所面会室において、同年○月○日から同所に殺人被告事件の未決の者として勾留中のBと面会した際、同人を逃走させる目的で、看守のすきをうかがい、ひそかに同人に対し、居室の鉄格子切断用の金切りのこぎり○丁及びやすり○本を手渡し、もって同人の逃走を容易にする行為をしたものである。

被疑者は、いわゆる暴力団A組組員であるが、令和○年○月○日午前○時○分頃、B県○○市○○町○丁目○番○号B地方裁判所第○○号法廷内において、恐喝罪により同裁判所に公判請求されB拘置所に未決の者として拘禁されている同組組長Cが、公判審理を終えて裁判官が退席の後、看守Dの戒護のもとに同法廷出入口から退廷しようとした際、前記Cを逃走させる目的で、「親分早く逃げろ。チャンスは今だ。」などと怒鳴りながら、前記看守に対し、その背後からその上半身を羽交い締めにし、さらに、その顔面を拳で十数回殴るなどし、もって法令により拘禁された者を逃走させる目的で暴行を加えたものである。

■101条　看守者等による逃走援助

法令により拘禁された者を看守し又は護送する者がその拘禁された者を逃走させたときは、1年以上10年以下の懲役に処する。

被疑者は、A県B警察署に警務課留置係として勤務するものであるが、令和○年○月○日から、A地方裁判所裁判官Cの発付した勾留状により刑事施設である同署留置施設に勾留中の恐喝被疑事件の被疑者Dの内妻Eから、前記Dの逃走に便宜を与えてもらいたいとの依頼を受けてこれを承諾し、同年○月○日午前○時頃、検察官の取調べのため前記Dを護送車に乗車させて、A地方検察庁に赴く途中、A県○○市○○町○丁目○番○号先路上において、同車のエンジン不調を装って殊更に同車を路端に一時停止させて降車し、同車ドアを開放したままとして前記Dのそばから離れ、そのすきに同人を逃走させたものである。

留意点　「看守又は護送する者任務に違背して、被拘禁者を逃走させたときは、逃走の事実がその看守又は護送の任務解除後に発生しても、刑法第101条の罪が成立する。」（大判大正2.5.22）

第3　犯人蔵匿及び証拠隠滅の罪

■103条　犯人蔵匿等

　　罰金以上の刑に当たる罪を犯した者又は拘禁中に逃走した者を蔵匿し、又は隠避させた者は、3年以下の懲役又は30万円以下の罰金に処する。

　被疑者は、友人Aが、令和○年○月下旬、静岡県○○市○○町内で、空き巣により金品を窃取し逃走中のものであることを知りながら、その逮捕を免れさせるため、同年○月○日午後○時頃から同年○月○日午前○時頃までの間、同県○○市○○町○丁目○番○号被疑者方に、ひそかに前記Aを宿泊させて、これを蔵匿したものである。

　被疑者は、さきに山梨県○○市○○町○丁目○番○号先路上で発生した強盗事件の犯人Aの内妻Bから、前記Aをかくまうことを依頼され、同人に対し同事件により逮捕状が発せられていることを知りながら、その逮捕を免れさせるため、令和○年○月○日午後○時頃から同月○日午後○時頃までの間、同県○○市○○町○丁目○番○号被疑者方に、ひそかに前記Aを宿泊させて、これを蔵匿したものである。

　被疑者は、山梨県○○市○○町○丁目○番○号先路上で発生した殺人事件の参考人として、山梨県A警察署勤務司法警察員警部補Bから前記事件の目撃状況につき事情聴取された際、同警察官の言動から、同警察署では被疑者の知人Cが前記事件の犯人であるとの確証を得ており、同人に対する逮捕状の発付を請求する手続を進めていることを察知するや、同人が同事件の犯人であることを知りながら、その逮捕を免れさせる目的で、令和○年○月○日午後○時頃、同市○○町○丁目○番○号所在前記C方において、同人に対し、前記捜査状況を知らせ、かつ、直ちに同市内から逃避することを強く勧告した上、潜伏場所として自己の友人宅を教示し、もって犯人を隠避させたものである。

被疑者は、公安委員会から自動車運転免許を取り消されたＡが運転する自動車に同乗中の令和○年○月○日午後○時頃、長野県○○市○○町○丁目○番○号先路上で、前記Ａが運転を誤って対向車線に進入し、対向車と正面衝突事故を起こしその運転者に傷害を負わせたものであるところ、前記Ａが無免許であり、罰金以上の刑に当たる道路交通法違反及び過失運転致傷の罪を犯したものであることを知りながら、その処罰を免れさせる目的で、同日午後○時頃、前記路上において、前記事件の捜査に当たった長野県Ｂ警察署勤務の司法警察員巡査部長Ｃに対し、自己が前記自動車を運転中に前記事故を起こした旨虚偽の事実を申し立て、もって前記Ａを隠避させたものである。

（留意点）　平成28年6月に、法定刑の上限が引き上げられた。

　　　　　「刑法第103条は司法に関する国権の作用を妨害するものを処罰しようとするものであるから『罪ヲ犯シタル者』は、犯罪の嫌疑によって捜査中の者を含む。」（最判昭和24.8.9）

　　　　　「真に罰金以上の刑にあたる罪を犯した者であることを知りながら、官憲の発見、逮捕を免れるように、その者をかくまった場合には、その犯罪がすでに捜査官憲に発覚して捜査が始っているかどうかに関係なく、犯人蔵匿罪が成立する。」（最判昭和33.2.18）

■104条　証拠隠滅等

　　　他人の刑事事件に関する証拠を隠滅し、偽造し、若しくは変造し、又は偽造若しくは変造の証拠を使用した者は、3年以下の懲役又は30万円以下の罰金に処する。

被疑者は、知人で建設業を営むＡ建設株式会社代表取締役Ｂが、長野県土木部勤務の職員に対する贈賄被疑事件の被疑者として長野県Ｃ警察署に逮捕されたことを知るや、同人のため不利益な証拠を隠滅しようと考え、令和○年○月○日午後○時頃、長野県○○市○○町○丁目○番○号被疑者方において、以前前記Ａから依頼され保管中の前記事件の証拠である前記

会社の金銭出納簿○冊、領収書綴○冊及び日記帳○冊を焼却し、もって他人の刑事事件に関する証拠を隠滅したものである。

　被疑者は、暴力団A組組員であるが、同組組員Bが、以前から対立抗争関係にあった暴力団C組組員Dを殺害した事件の被疑者として逮捕されたことを知り、前記Bのため不利益な証拠を隠滅しようと考え、令和○年○月○日頃、新潟県○○市○○町○丁目○番○号A組事務所から前記殺害に供された凶器である拳銃○丁を隠し持って、同市○○町○丁目○番○号被疑者方まで運び、さらに、前記拳銃を被疑者宅○階天井裏に隠匿し、もって他人の刑事事件に関する証拠を隠滅したものである。

　被疑者は、近隣の居住者であるAほか○名が、令和○年○月○日夜、新潟県○○市○○町○丁目付近路上を通行中のBに対し、その腹部を十数回足で蹴るなどの暴行を加え、その反抗を抑圧した上、同人から現金○万円を強奪した強盗被疑事件につき、同犯行の目撃者Dが新潟県E警察署から参考人として同署に出頭方を求められていることを知り、前記Aほか○名のため不利益な証拠を隠滅しようと考え、同年○月○日午後○時頃、同市○○町○丁目○番○号前記D方において、同人に対し、警察署への出頭拒否を依頼してその承諾を得るとともに、同日午後○時頃から同月○日午後○時頃までの間、同人を同市○○町○丁目○番○号被疑者方にかくまい、もって他人の刑事事件に関する証拠を隠滅したものである。

　被疑者は、大阪地方裁判所に公判係属中の友人Aに対する詐欺被告事件につき、同人から依頼され同人に有利な判決を得させるため、令和○年○月○日午後○時頃から同日午後○時頃までの間、大阪府○○市○○町○丁目○番○号被疑者方において、前記被告事件がいわゆる取込み詐欺事件であることから、同裁判所に提出する証拠として、前記Aが入手した商品を仕入値を超える価格で売却した旨記載のあるところの事実と相違する納品伝票・受領証控等○○通の書面を作成し、もって他人の刑事事件に関する証拠を偽造したものである。

（留意点）　平成28年6月に、法定刑の上限が引き上げられた。

　　　　本条の「刑事事件」とは、現に公判係属中の被告事件のほか、捜査中の被疑事件をも含む。

　　　　「刑法第104条の法意は、証憑の顕出を妨げ、若しくはその効力を減失減少させる行為をすべて処断するにある。」（大判明治43.3.25）

　　　　「捜査段階における参考人も、刑法第104条にいわゆる他人の刑事被告事件に関する証憑に該当し、これを隠匿すれば証憑湮滅罪が成立する。」（最決昭和36.8.17）

　　　　「刑法第104条の証憑とは、犯罪の成否、態様、刑の軽重に関係を及ぼすような情状を決定するに足りる一切の資料をいう。」（大判昭和7.12.10）

■105条の2　証人等威迫

　　　　自己若しくは他人の刑事事件の捜査若しくは審判に必要な知識を有すると認められる者又はその親族に対し、当該事件に関して、正当な理由がないのに面会を強請し、又は強談威迫の行為をした者は、2年以下の懲役又は30万円以下の罰金に処する。

　　被疑者は、暴力団A会B一家組員であるが、自己の舎弟Cが令和○年○月○日夜、大阪府○○市○○町○丁目○番○号先路上で、Dから現金○万円を喝取した恐喝被疑事件の被疑者として逮捕されたことを知るや、前記Cに有利な解決方を図ろうと考え、同月○日午後○時頃、同市○○町○丁目○番○号前記D方に赴き、同方玄関先において、同人の妻E（当時○○歳）に対し、「俺はA会の者だ。お前の亭主に会わせろ。」と言い前記Dに面会を求めたが、前記Eが前記Dに対する危害をおそれ、その不在を理由に被疑者の退去を求めるや、前記Eに対し、「そんな馬鹿なことがあるか。会社では家に帰ったといっている。男物の靴が玄関にあるではないか。」「俺の若衆が捕まった理由を教えろ。」「示談をしようとしてきたのがなぜ悪い。」「会わないのならこちらにも覚悟がある。この土地は俺の組の縄張りだ。」などと怒鳴り、約○○分間にわたり執ように面会を求めて前記Eに不安困惑の念を抱かせ、もって他人の刑事事件の捜査に必要な知識を有

する者の親族に対し、当該事件に関して、正当な理由がないのに面会を強
請したものである。

　被疑者は、令和〇年〇月〇日夜の京都府〇〇市〇〇町〇丁目〇番〇号飲
食店「A」ことB方における威力業務妨害被告事件の被告人として、京都
地方裁判所に公訴を提起され公判審理中のものであるが、同年〇月〇日午
前〇時頃、前記B方において、前記事件の被害者である同人に対し、「あ
んたが110番したためひどいめに遭った。俺に恨みでもあるのか。」「俺が
指をつめていると初めから知っていたのか。俺をヤクザ者と知ってサツを
呼ぶとは度胸のある女だ。」「この商売を続けたいなら、この示談書に署名
しろ。店をつぶしてほしいのなら、血の気の多い若い衆を何人でも呼ぼう
か。早く署名しろ。」などと怒鳴り、自己を宥恕し穏便な判決を求める旨
記載のある示談書に前記Bの署名捺印を迫って不安困惑の念を抱かせ、
もって自己の刑事事件の審判に必要な知識を有する者に対し、当該事件に
関して、強談威迫の行為をしたものである。

（留意点）　平成28年6月に、法定刑の上限が引き上げられた。
　　　　　「刑法第105条の2にいわゆる証人威迫罪の成立には、証人らが公
判審理の段階において威迫された後に証拠調を受ける可能性のあるこ
と又は公判の結果に影響を及ぼそうとの目的があることを必要としな
い。」（東京高判昭和35.11.29）

第4　騒乱の罪

■106条　騒　乱

多衆で集合して暴行又は脅迫をした者は、騒乱の罪とし、次の区別に従って処断する。

⑴　首謀者は、1年以上10年以下の懲役又は禁錮に処する。

⑵　他人を指揮し、又は他人に率先して勢いを助けた者は、6月以上7年以下の懲役又は禁錮に処する。

⑶　付和随行した者は、10万円以下の罰金に処する。

被疑者らは、いずれもA党の党員であるが、対立政党であるB党党員を内閣総理大臣とする内閣の政策に反対する運動の一環として、他のA党党員及びその支持者約○○名と共に、令和○年○月○日午後○時頃、京都府○○市○○町○丁目○番○号C公園に集まり、約○○分間にわたり、「政府の政策を転換させるには、おとなしいやり方では効果がない。」「D地区で騒動を起こし、我々の反対運動の力をB党のやつらや国民に見せつけなければならない。」などと口々に叫んで気勢をあげ、ここに多衆で集合して同市○○町○番○号所在JRE駅付近一帯の公共の静穏を害しようと考え、同日午後○時○分頃から同日午後○時頃までの間、前記約○○名の者がそれぞれ角材、鉄棒、石塊などを手に持って約○○名が各一団となり、D地区の道路の自動車の通行を止め、Fほか○○名所有の自動車など○○台をひっくり返して炎上させ、次いで、同付近所在のGビルなど○○棟のドア、ガラス、備品等を破壊し、さらに、前記E駅構内に乱入し、投石によってH鉄道株式会社I線の架線を破壊するなどして同電車の運行を阻止し、被疑者らの前記行為を妨害しようとした通行人及び乗客約○○名に対し前記角材で殴るなどの暴行を加え、よって、付近一帯の静穏を害して騒乱をしたものであるが、前記騒乱に際し、

第1　被疑者Iは、その首謀者として前記騒乱を画策し、同日午後○時頃、前記公園において、集合したA党党員及びその支持者約○○名に対し、「政府の政策を転換させるにはおとなしいやり方では効果がな

い。」「暴力の力をもって転換を迫ろう。」「Ｄ地区で騒動を起こし、我々反対運動の力をＢ党のやつらに見せつけなければならない。」「目標は、ビルと車と鉄道だ。」などと首唱し、前記約○○名に対しその行動を指示した上、これらの者に前記騒乱行為をさせ

第2　被疑者Ｊは、同日午後○時頃、他のＡ党党員ら約○○名と共に、○○市○○町○丁目○番○号所在Ｇビルを襲撃したが、前記集団の先頭に立ち、「このビルはＢ党のやつらがいつも使っているビルだ。」「徹底的に破壊しろ。」などと指揮し、かつ、自ら持っていた鉄棒で同ビル○階ガラス窓十数枚を殴って破壊し、さらに、これを制止しようとした同ビル警備員Ｋほか○名を拳で殴り、足で蹴る暴行を加え、もって他人を指揮するとともに率先助勢し

第3　被疑者Ｌは、前記第2記載の襲撃に際し、角材を所持してこれに追随し、もって付和随行し

たものである。

（留意点）　「多衆」とは、一地方の公共の平和、静穏を害するに足る暴行、脅迫をなすに適当な多人数を要する。

「首謀者」とは、主動者となり首唱画策し、多衆にその合同力により暴行、脅迫をさせる者をいう。

「他人を指揮する者」とは、多衆集合して暴行、脅迫をするに際し、多衆の全部又は一部に対し指揮を司る者をいい、指揮は、暴行、脅迫の現場においてすると事前に他の場所においてするとを問わない。

「率先助勢者」とは、多衆にぬきん出て騒乱の勢を助長する者をいう。

「付和随行者」とは、共同の力を利用し暴行、脅迫をなす意思で多衆中に加わった者で、自ら暴行、脅迫に及んだかどうかを問わない。

第5　放火及び失火の罪

■108条　現住建造物等放火

　　放火して、現に人が住居に使用し又は現に人がいる建造物、汽車、電車、艦船又は鉱坑を焼損した者は、死刑又は無期若しくは5年以上の懲役に処する。

　被疑者は、多額の債務の返済に窮したため、自己所有の家屋を焼損して火災保険金をだまし取ろうと考え、令和〇年〇月〇日午前〇時頃、兵庫県〇〇市〇〇町〇丁目〇番〇号の妻A、長男Bが現に住居に使用している被疑者方木造瓦葺〇階建居宅〇棟（建坪〇〇平方メートル）の〇畳間において、新聞紙にライターで点火して放火し、畳、柱などから天井へ燃え移らせこれを全焼させて焼損させたものである。

　被疑者は、A自動車株式会社から解雇されたことを根に持って同会社人事部長B方に放火してこれを焼損しようと考え、令和〇年〇月〇日午前〇時〇分頃、兵庫県〇〇市〇〇町〇丁目〇番〇号の同人方玄関先において、現に同人ほか家族〇名が住居に使用している同人所有の木造平家建家屋（建坪約〇〇平方メートル）の玄関木製柱に灯油を振りかけ、さらに、その付近に灯油をしみこませた布切を置いてこれにライターで点火して放火し、前記柱から玄関天井等に燃え移らせてこれを全焼させ、もって現に前記B等が住居に使用する前記建物〇棟を焼損させたものである。

　被疑者は、奈良県〇〇市〇〇町〇丁目〇番〇号のA荘アパート〇号室に夫Bとともに居住していたものであるが、同人が他の女性と失踪したことから将来の希望を失い、この上は同アパートを焼損して自らも死ぬほかはないと考え、令和〇年〇月〇日午後〇時〇分頃、前記自室〇畳間において、新聞紙を入れたダンボール箱〇個を用意してこれにライターで点火して放火し、同室畳から柱、天井等に燃え移らせ、さらに隣室の天井等に延焼させ、もってC所有のDほか〇〇名が現に住居に使用している同アパー

ト建物〇棟（木造モルタル〇階建、建坪約〇〇平方メートル）を全焼させてこれを焼損させたものである。

　被疑者は、隣家に住むＡと所有地の境界のことから紛争を生じその解決の見込みもなく更には同人からののしられるようになったことから、同人方を焼損してうっぷんを晴らそうと考え、令和〇年〇月〇日午後〇時〇分頃、奈良県〇〇市〇〇町〇丁目〇番〇号の現に同人及びその妻Ｂが住居に使用している前記Ａ方勝手口において、新聞紙、わらなどを前記Ａ方勝手口に立てかけて持っていたライターでこれに点火して放火し、勝手口引戸、台所天井等に燃え移らせ、よって、前記Ａ方（木造平家建住宅）の一部である台所部分（面積約〇〇平方メートル）を焼失させてこれを焼損させたものである。

　被疑者は、日頃同僚や知人から知能の劣ることをばかにされていたことからそのうっぷんを晴らすため人家に放火しようと考え、令和〇年〇月〇日午前〇時〇分頃、滋賀県〇〇市〇〇町〇丁目〇番〇号Ａ方（木造モルタル〇階建居宅兼店舗、建坪約〇〇平方メートル）勝手口横木箱に新聞紙をつめ込んでライターで点火して放火し、現に同人ほか〇名が住居に使用する前記同人方建物を焼損しようとしたが、間もなく付近住民に発見消火されたため、前記木箱を燻焼したにとどまり、焼損させるに至らなかったものである。

> **留意点**　「「現に人が住居に使用する建造物」とは、放火行為当時現に犯人以外の人が起臥寝食の場所として日常使用する建造物をいい、放火行為の当時、犯人以外の人が現在すると否とを問わない。」（大判大正14.2.18）
>
> 　「火を放って他人の現に居住する家屋の一部に燃え移り、独立して燃焼する程度に達したときは、人の現在する建造物を焼燬したもので放火既遂罪である。」（最判昭和25.5.25）
>
> 　「畳、建具その他家屋の従物が本条にいわゆる建造物たる家屋の一部を構成するためには、該物件が家屋の一部に取り付けられているだ

けでは足りず、さらにこれを棄損しなければ取り外すことができない
状態にあることを必要とする。」（最判昭和25.12.14）

　　「火を放ってその火勢が放火の媒介物を離れて家屋が独立燃焼する
程度に達したときは、放火既遂罪が成立し、後に犯人自ら消し止めて
も中止未遂ではない。」（最判昭和23.11.2）

■109条1項　非現住建造物等放火

　　放火して、現に人が住居に使用せず、かつ、現に人がいない建造物、艦船
又は鉱坑を焼損した者は、2年以上の有期懲役に処する。

　被疑者は、不動産仲介業を営んでいるものであるが、同町内に住む不動
産仲介業者Aからその営業をことごとく妨害されたことからそのうっぷん
を晴らすため同人方物置を焼損しようと考え、令和○年○月○日午前○時
○分頃、滋賀県○○市○○町○丁目○番○号の同人方物置内に入り、ライ
ターで同所にあった衣類等に点火して放火し、前記物置板壁等に燃え移ら
せ、よって、同人所有の現に人が住居に使用せず、かつ、現に人がいない
前記木造物置（床面積○○平方メートル）○棟を全焼させてこれを焼損さ
せたものである。

- -

　被疑者は、食堂を経営していたものであるが、隣地に新しく開店したA
経営の「A食堂」のため閉店のやむなきに至り、その恨みを晴らすため前
記店舗（木造平家建、建坪約○○平方メートル）を焼損しようと考え、令
和○年○月○日午前○時頃、和歌山県○○市○○町○丁目○番○号の前記
店舗横板壁に灯油を振りかけて更にその付近に灯油をしみこませた新聞紙
を置いてこれにライターで点火して放火し、前記店舗に燃え移らせ、よっ
て、現に人が住居に使用せず、かつ、現に人がいない前記A所有の店舗○
棟を全焼させてこれを焼損させたものである。

（留意点）　「刑法108条は現に他人の住居に使用され又は他人の現在する建造
　　　　物等に放火したる場合を規定したるものなるが故に、犯人が自己の住
　　　　居に使用する他人所有の建造物に放火したるときは、同条の適用なく

同法109条1項を適用すべきものとす。」（大判昭和7.5.5）

■109条2項　自己所有非現住建造物等放火

前項の物が自己の所有に係るときは、6月以上7年以下の懲役に処する。ただし、公共の危険を生じなかったときは、罰しない。

被疑者は、多額の債務の返済に迫られそのめども立たなかったことから、A火災保険株式会社との間に保険金○○万円の火災保険契約を締結していた被疑者所有の被疑者方建物（木造平家建、建坪○○平方メートル）に放火して前記火災保険金をだまし取ろうと考え、令和○年○月○日午後○時頃、和歌山県○○市○○町○丁目○番○号被疑者方○畳間において、新聞紙を畳の上に置いて、ライターでこれに点火して放火し、畳から板壁等に燃え移らせてこれを全焼させ、もって被疑者以外の者が住居に使用せず、かつ、現に人がいない前記建物○棟を焼損させたものである。

　（留意点）　本条は「公共の危険の発生」を必要とするが、115条により、自己所有のものであっても保険に付されている場合は「公共の危険の発生」を必要としない。

■110条1項　建造物等以外放火

放火して、前2条に規定する物以外の物を焼損し、よって公共の危険を生じさせた者は、1年以上10年以下の懲役に処する。

被疑者は、バー「A」で飲酒中同店ホステスからばかにされたことに腹を立て同店の椅子を焼損しようと考え、令和○年○月○日午後○時頃、愛知県○○市○○町○丁目○番○号の前記「A」店舗内に石油缶を持ち込んで同店内の椅子○脚に灯油を振りまいてマッチでこれに点火して放火し、同店経営者B所有の木製椅子○脚を焼損させ、そのまま放置すれば前記Bほか○名が現にいる前記店舗に延焼するおそれのある危険な状態を発生させ、もって公共の危険を生じさせたものである。

　被疑者は、隣家のＡとささいなことから口論となり同人に拳で殴られたことから、同人所有の自動車を焼損してうっぷんを晴らそうと考え、令和〇年〇月〇日午前〇時〇分頃、愛知県〇〇市〇〇町〇丁目〇番〇号の同人方前に駐車してあった前記自動車内に入り込んでその座席にガソリンをまいてマッチでこれに点火して放火し、よって、前記自動車〇台を焼損させ、そのまま放置すれば前記Ａ方住居に延焼するおそれのある危険な状態を発生させ、もって公共の危険を生じさせたものである。

(留意点)　「公共の危険とは放火行為によって、一般不特定の多数人をして第108条及び第109条の物件に延焼する結果を発生すべきおそれがあると思わせるに相当する状態をいう。」（大判明治44.4.24）

■113条　予　備
　　第108条又は第109条第１項の罪を犯す目的で、その予備をした者は、２年以下の懲役に処する。ただし、情状により、その刑を免除することができる。

　被疑者は、交際していたＡが自己との交際を断りＢと結婚しようとしているのを知って前記Ｂ方住居に放火してうっぷんを晴らそうと考え、令和〇年〇月〇日午後〇時〇分頃、前記Ｂほか〇名の居住する木造〇階建建物（建坪〇〇平方メートル）の放火に使用するため灯油〇〇リットル入り〇缶を購入した上、三重県〇〇市〇〇町〇丁目〇番〇号の前記Ｂ方物置前まで運んでその準備をし、もって放火の予備をしたものである。

　被疑者は、三重県〇〇市〇〇町〇丁目〇番〇号所在のＡ少年院Ｂ棟に収容されているものであるが、同少年院での生活を嫌い同院に放火して火災の混乱に乗じて逃走しようと考え、令和〇年〇月〇日午前〇時頃、書籍及びノートを破った紙くず、板壁を剥がしたベニヤ片等をＢ棟天井裏につめ込み、これに点火すれば現に多数の少年が住居に使用しているＢ棟の建物に容易に燃え移るように準備し、もって放火の予備をしたものである。

■116条1項　失　火

　　失火により、第108条に規定する物又は他人の所有に係る第109条に規定する物を焼損した者は、50万円以下の罰金に処する。

　　被疑者は、令和○年○月○日午前○時○分頃、岐阜県○○市○○町○丁目○番○号被疑者方○畳間において喫煙した際、吸い殻の火を完全に消して灰皿に捨てるなどして火災の発生を未然に防止すべき注意義務があるのにこれを怠り、たばこの火を消すのを失念して火のついたたばこを灰皿に置いたまま外出した過失により、同日午前○時頃、たばこの火がカーペットの上に落ちて着火させ、同室カーペットから被疑者方建物に燃え移らせて失火し、父Aほか○名が現に住居に使用する前記建物（木造平家建、建坪○○平方メートル）を全焼してこれを焼損させたものである。

　　被疑者は、令和○年○月○日午後○時頃、岐阜県○○市○○町○丁目○番○号被疑者方において、電気アイロンを使用したが、外出するときにはそのスイッチを切って安全を確認してから外出すべき注意義務があるのにこれを怠り、そのスイッチを切るのを失念してアイロンを布製アイロン台に置いたまま外出した過失により、同日午後○時○分頃、前記アイロンの熱により布製アイロン台を燃え上がらせて着火させ、同アイロン台から畳、床板等に燃え移らせて失火し、夫Aほか○名が現に住居に使用する被疑者方建物（木造○階建、建坪○○平方メートル）を全焼してこれを焼損させたものである。

　　被疑者は、令和○年○月○日午後○時頃、福井県○○市○○町○丁目○番○号被疑者方台所において、料理をするため中華鍋に天ぷら油を注いでガスコンロに点火したが、火熱により油が燃え上がって台所窓カーテン等に引火するおそれがあったので、鍋の油に注意するとともに同所を離れる場合はガスの火を消して火災の発生を未然に防止すべき注意義務があるのにこれを怠り、ガスに点火したまま疲労のため隣室で寝込んでしまった過失により、同日午後○時○分頃、火熱により前記油に引火して台所窓にかけられていたカーテンに着火させ、同台所板壁、天井等に燃え移らせて失

火し、夫Aほか○名が現に住居に使用する被疑者方（木造平家建、建坪○○平方メートル）のうち台所部分（面積○○平方メートル）を焼失させてこれを焼損させたものである。

留意点　「公共の危険とは、火を失して自己の所有にかかる109条の物又は自己若しくは他人の所有の110条の物を焼燬し、よって108条、109条の物に延焼せんとしその他一般の多数人をして生命、身体、財産に対して危険を感ぜしむるにつき相当の理由を有する状態を発生したることをいうものとす。」（大判大正5.9.18）

■116条2項　自己所有非現住建造物等失火

失火により、第109条に規定する物であって自己の所有に係るもの又は第110条に規定する物を焼損し、よって公共の危険を生じさせた者も、前項と同様とする。

被疑者は、令和○年○月○日午後○時頃、福井県○○市○○町○丁目○番○号被疑者方庭で喫煙した際、吸い殻を捨てるにはその火を消した上、発火の危険のない場所に捨てるなどして火災の発生を未然に防止すべき注意義務があるのにこれを怠り、火災の危険はないものと軽信して火を消さないまま紙くず、わらなどが放置されたままになっている同庭にある被疑者所有の木造物置（床面積○平方メートル）の横にたばこの火を投げ捨ててその場を立ち去った過失により、同日午後○時頃、たばこの残火が同所のわらに着火して火を失して同物置を焼損させ、そのまま放置すれば隣家のA方住宅等に延焼する危険を生じさせたものである。

留意点　「被告人の重大な過失が火災に対し一つの条件を与えた以上は、その重過失が右結果に対し、唯一の原因ではなく他人の過失と相まって共同的に原因を与えた場合であってもその責任を負うべきものと解する。」（最判昭和34.5.15）

■117条1項 激発物破裂

火薬、ボイラーその他の激発すべき物を破裂させて、第108条に規定する物又は他人の所有に係る第109条に規定する物を損壊した者は、放火の例による。第109条に規定する物であって自己の所有に係るもの又は第110条に規定する物を損壊し、よって公共の危険を生じさせた者も、同様とする。

被疑者は、玩具花火の製造業を営んでいるものであるが、令和○年○月○日午前○時頃、石川県○○市○○町○丁目○番○号の花火製造工場において玩具花火の製造中、同工場内には多数の火薬原料が堆積散乱しており、火気は絶対に使用してはならない業務上の注意義務があるのにこれを怠り、たばこを吸うためマッチで点火した上、火のついたままのマッチ棒を戸外に投げ捨てた過失により、その軸木が戸外に積まれてあった火薬原料の上に落ちて瞬時にして引火爆発し、工員Aほか○名が現にいた前記工場（鉄筋コンクリート造り平家建、建坪○○平方メートル）を焼失損壊させたものである。

■117条の2 業務上失火等

第116条又は前条第1項の行為が業務上必要な注意を怠ったことによるとき、又は重大な過失によるときは、3年以下の禁錮又は150万円以下の罰金に処する。

被疑者は、石川県○○市○○町○丁目○番○号所在のA工業株式会社に夜間警備員として勤務していたものであるが、令和○年○月○日午後○時頃、同会社構内において付近の子供たちがたき火をしていたのを認めていたのであるから、たき火の残り火に注意してその上に水をかけるなどして完全に消し止め、もって火災の発生を未然に防止すべき業務上の注意義務があるのにこれを怠り、煙が出ていないのを見て完全に残り火はなくなったものと軽信し、水をかけるなどの措置をとらなかった過失により、同日午後○時頃、同たき火の残り火が折からの風にあおられて同会社事務所板壁等に飛火して火を失し、よって、同会社所有の前記事務所○棟（木造○

階建、建物○○平方メートル）を全焼させてこれを焼損するに至らしめたものである。

留意点　「業務とは、当該火災の原因となった火を直接扱うことを業務の内容の全部又は一部としているもののみに限らず、火災等の発見防止等の任務にある夜警のごときを包含するものと解するを相当とする。」（最判昭和33.7.25）

第6　出水及び水利に関する罪

■119条　現住建造物等浸害

　　出水させて、現に人が住居に使用し又は現に人がいる建造物、汽車、電車又は鉱坑を浸害した者は、死刑又は無期若しくは3年以上の懲役に処する。

　被疑者は、令和○年○月○日午後○時頃、富山県○○市のA川の出水に際し、同市○○町○丁目○番○号の自己の水田を浸水から免れさせようとするため、同河川の堤防を決壊させれば付近住民の家屋を流失させることになるかもしれないことを知りながらあえて、同水田より約○○メートル離れた堤防を鍬で切り崩して決壊させて河水を氾濫させ、同市○○町○丁目○番○号のAほか○名が現に住居に使用している同人所有の木造平家建家屋（建坪○○平方メートル）○棟を倒壊流失させてこれを浸害したものである。

(留意点)　「河水氾濫のため幾分浸水があっても、堤防を決潰して他人の住居を浸害した場合は本条に該当する。」（大判明治44.11.16）

■120条1項　非現住建造物等浸害

　　出水させて、前条に規定する物以外の物を浸害し、よって公共の危険を生じさせた者は、1年以上10年以下の懲役に処する。

　被疑者は、令和○年○月○日午後○時頃、富山県○○市のA川の出水に際し、自己の畑地の冠水を免れるため、同市○○町○丁目○番○号先○○橋から南方約200メートルの同河川堤防を鍬で切り崩して決壊させて河水を氾濫させ、同地のA所有の木造平家建農作業小屋（床面積○○平方メートル）○棟を倒壊流失させてこれを浸害し、さらに付近住民の現住家屋を倒壊流失させるような状態にたち至らせ、もって公共の危険を生じさせたものである。

■121条　水防妨害

　　水害の際に、水防用の物を隠匿し、若しくは損壊し、又はその他の方法により、水防を妨害した者は、1年以上10年以下の懲役に処する。

　被疑者らは、Aと共謀の上、令和○年○月○日午後○時頃、広島県○○市のB川堤防が決壊したため、同市消防団総出で決壊現場へ土のう、補強用木材等を運搬していた際、その運搬を妨害する目的で、同市○○町○丁目○番○号の運搬通路になっていた幅員○メートルの道路に自動車を停車させて放置し、土のう等の運搬を困難にさせて水防を妨害したものである。

■122条　過失建造物等浸害

　　過失により出水させて、第119条に規定する物を浸害した者又は第120条に規定する物を浸害し、よって公共の危険を生じさせた者は、20万円以下の罰金に処する。

　被疑者は、広島県○○市○○町○丁目○番○号のA池の水門監視員として同池の水量調節等の業務に従事していたものであるが、令和○年○月○日、台風の影響で同池が増水して危険水位を超えたのであるから、水門を開いて放水させる等の措置をとって氾濫の危険を未然に防止する注意義務があるのにこれを怠り、危険水位を超えたのを看過して危険がないものと軽信して水門を閉めたまま帰宅した過失により、同日午後○時頃、同池の濁水が堤防を越えて氾濫し、同池付近の低地に所在したA所有の現住家屋ほか○棟の居宅の床上まで浸水し、もってこれを浸害するに至らせたものである。

■123条　水利妨害及び出水危険

　　堤防を決壊させ、水門を破壊し、その他水利の妨害となるべき行為又は出水させるべき行為をした者は、2年以下の懲役若しくは禁錮又は20万円以下の罰金に処する。

　　被疑者は、Aとの間で貸金の返済に関して口論をしていたものであるが、そのうっぷんを晴らすため、同人が山口県○○市○○町○丁目○番○号の田地のかんがい用水としてB堀を使用しこれに慣行上の流水利用権を有していたことからその水利を妨害しようと考え、令和○年○月○日午前○時頃、同地先のB堀を約○メートルにわたって土のう等を埋没させてせき止めて同人の田地への流水を遮断し、もって同人の水利権を侵害して水利の妨害となるべき行為をしたものである。

（留意点）　「水利妨害罪の成立するには被害者において契約上又は慣行上水の使用につき権利を有することを要し犯人の行為により該権利の行使が妨害されたことを要す。」（大判昭和7.4.11）

第7 往来を妨害する罪

■124条1項 往来妨害

　　陸路、水路又は橋を損壊し、又は閉塞して往来の妨害を生じさせた者は、2年以下の懲役又は20万円以下の罰金に処する。

　　被疑者は、Aと共謀の上、令和○年○月○日、山口県○○市○○町○丁目○番○号先の幅員○○メートルの町道において、約○○メートルの長さにわたり、長さ約○メートルのブリキ製看板○○枚、砂を詰めた箱（縦○○センチメートル、横○○センチメートル、高さ○○センチメートル）○○箱などの障害物を点々と放置し、もって陸路を閉塞して往来を妨害したものである。

- -

　　被疑者は、Aと共謀の上、令和○年○月○日頃、岡山県○○市○○町○丁目○番○号先のB川に架設されているC橋をつるはしなどで路面を掘り起こすなどして損壊し、車両の通行を不能にさせ、もって往来の妨害を生じさせたものである。

（留意点）　犯意としては、その行為だけでなく、往来の妨害を生ずる結果をも認識している必要がある。

　　　立看板などを放置しても、僅かの注意で多少の時間をかければ、その障害物を除去し、あるいは回避して往来できる程度であれば往来妨害は成立しない。

■125条1項 往来危険

　　鉄道若しくはその標識を損壊し、又はその他の方法により、汽車又は電車の往来の危険を生じさせた者は、2年以上の有期懲役に処する。

　　被疑者は、令和○年○月○日午前○時頃、岡山県○○市○○町○丁目○番○号先のA線軌道上において、付近にあった枕木○本を軌道に並置し、

もって電車の往来の危険を生じさせたものである。

被疑者は、A電鉄株式会社の入社試験に不合格になったため憤激し、令和○年○月○日午後○時○分頃、鳥取県○○市○○町○丁目○番○号先の同電鉄踏切の軌道上に自動車を停車させて放置し、もって電車の往来の危険を生じさせたものである。

（留意点）　「危険とは、電車の顛覆、衝突等の事故発生の可能性ある状態をいう。」（最判昭和36.12. 1 ）
　　　　　　したがって、実害が発生したことは要しない。

■126条 1 項　汽車転覆等
　　　現に人がいる汽車又は電車を転覆させ、又は破壊した者は、無期又は 3 年以上の懲役に処する。

被疑者は、電車を転覆させる目的で、令和○年○月○日午後○時○分頃、鳥取県○○市○○町○丁目○番○号先のA本線軌道上において、ガスバーナー、バール、つるはしなどでもってレールを長さ○メートルにわたって切り取って切損し、翌○日午前○時○分頃、同所に時速約○○キロメートルで進行してきたB駅発C操車場行の下り○○貨物列車（運転士D、副運転士E、車掌F）の電気機関車○両及び貨車○○両を脱線転覆させ、もって現に人がいる電車を転覆させたものである。

（留意点）　「本条の破壊とは、電車等の実質を害してその交通機関たる用法の全部又は一部を不能ならしめる程度の損壊をいう。」（大判明治44.11. 10）

■129条1項　過失往来危険

　　過失により、汽車、電車若しくは艦船の往来の危険を生じさせ、又は汽車
若しくは電車を転覆させ、若しくは破壊し、若しくは艦船を転覆させ、沈没
させ、若しくは破壊した者は、30万円以下の罰金に処する。

　被疑者は、令和○年○月○日午後○時頃、島根県○○市○○町○丁目○
番○号のA線軌道踏切を自動車を運転して通過する際、警報器が鳴って電
車の接近を知らせていたのに電車の通過前に渡り切れるものと軽信して踏
切手前で停止せずそのまま踏切内に進入した過失により、折からB駅方面
から進行してきたC運転のD駅発E駅行○両の電車の前部に前記自動車を
衝突させて同電車を脱線させ、もって電車の往来の危険を生じさせたもの
である。

■129条2項　業務上過失往来危険

　　その業務に従事する者が前項の罪を犯したときは、3年以下の禁錮又は50
万円以下の罰金に処する。

　被疑者は、A株式会社に勤務し踏切警手の業務に従事しているものであ
るが、令和○年○月○日午後○時頃、島根県○○市○○町○丁目○番○号
先の同社踏切において勤務中、電車が同踏切に接近したときには遮断機を
下ろして電車の安全な進行を図るべき業務上の注意義務があるのにこれを
怠り、知人と話し込んで、B駅方面からC運転のD駅発E駅行○両の電車
が進行して同踏切に接近してきたのを看過して遮断機を下ろさなかった過
失により、同電車を同踏切内に進入してきたF運転の自動車に接触させ、
もって電車の往来の危険を生じさせたものである。

第 8　住居を侵す罪

■130条　住居侵入等（建造物侵入）

正当な理由がないのに、人の住居若しくは人の看守する邸宅、建造物若しくは艦船に侵入し、又は要求を受けたにもかかわらずこれらの場所から退去しなかった者は、3 年以下の懲役又は10万円以下の罰金に処する。

被疑者は、令和○年○月○日午後○時○分頃、福岡県○○市○○町○丁目○番○号A方に窃盗の目的で侵入したものである。

被疑者は、令和○年○月○日午前○時頃、福岡県○○市○○町○丁目○番○号A方に、窃盗の目的で同人方勝手口より忍び込んで侵入したものである。

被疑者は、令和○年○月○日午後○時頃、佐賀県○○市○○町○丁目○番○号A方に、強盗をする目的で同人方裏木戸より忍び込んで侵入したものである。

被疑者は、令和○年○月○日午後○時頃、佐賀県○○市○○町○丁目○番○号所在の経営者Aの看守する飲食店「B寿司」店舗内に、窃盗の目的で同店裏出入口より忍び込んで侵入したものである。

被疑者は、令和○年○月○日午後○時頃、長崎県○○市○○町○丁目○番○号校長Aの看守する長崎市立B小学校校舎内に、窃盗の目的で同校舎C棟出入口の施錠を外して侵入したものである。

被疑者は、株式会社「A」から無断欠勤を理由に解雇されたことに立腹し、同社社長Bを問い詰める目的で、令和○年○月○日午後○時頃、長崎県○○市○○町○丁目○番○号の前記B方玄関に赴き、同人に面会を求めたが、同人から「会う必要はない、もう何も話すことはない。帰ってく

れ。」などと言われたのに、同人の制止を振り切って、同玄関より同人方内○畳間まで入り込み、もって正当な理由がないのに、人の住居に侵入したものである。

〈不退去〉

　被疑者は、令和○年○月○日午後○時頃、大分県○○市○○町○丁目○番○号A方を訪れ、同人方玄関内において、同人の妻Bに対し、消火器を購入するよう執ように勧誘したが、Bがこれを断り、速やかに立ち去るよう強く要求したのに、これに応ぜず、同日午後○時過ぎ頃まで引き続き○時間以上にわたって前記玄関内から退去しなかったものである。

（留意点）　「門構えだけで戸扉の設備のない邸宅でも、正当の事由なくその門内に入ったときは、住居侵入罪が成立する。」（大判昭和14.9.5）

　　　　　　「飲食店の営業時間内といえども営業の設備を利用する意思なく単に暴行の目的をもって営業所内に侵入するが如きは該店管理者の承諾あるべき筈なきをもって、故なく人の住居に侵入したるものに該当す。」（大判大正11.5.18）

■132条　未遂罪

　　第130条の罪の未遂は、罰する。

　被疑者は、令和○年○月○日午後○時頃、大分県○○市○○町○丁目○番○号A方に窃盗の目的で侵入しようとして、同人方出入口施錠を破壊し始めたが、折から帰宅した前記Aに発見されたため、侵入の目的を遂げなかったものである。

第9　秘密を侵す罪

■133条　信書開封

　　正当な理由がないのに、封をしてある信書を開けた者は、1年以下の懲役又は20万円以下の罰金に処する。

　　被疑者は、A無線株式会社社員寮に居住しているものであるが、令和○年○月○日午後○時頃、熊本県○○市○○町○丁目○番○号所在の前記社員寮の郵便受箱に、差出人Bから自己の同僚で前記寮の居住者C宛に郵送された封書○通を発見し、同封にかかる信書を閲読したいとの好奇心から、その頃、同寮自室において、前記封書の封緘部分に湯気をあて、その糊を溶かして開封し、もって正当な理由がないのに、封をしてある信書を開けたものである。

（留意点）　「封緘した信書が受信人により開披されるまでは発信人に、受信人に到達後は受信人もまた当該信書の秘密に対する権利を有する。」（大判昭和11.3.24）

■134条　秘密漏示

　　医師、薬剤師、医薬品販売業者、助産師、弁護士、弁護人、公証人又はこれらの職にあった者が、正当な理由がないのに、その業務上取り扱ったことについて知り得た人の秘密を漏らしたときは、6月以下の懲役又は10万円以下の罰金に処する。
　　2　宗教、祈禱若しくは祭祀の職にある者又はこれらの職にあった者が、正当な理由がないのに、その業務上取り扱ったことについて知り得た人の秘密を漏らしたときも、前項と同様とする。

　　被疑者は、医師の資格を有し、熊本県○○市○○町○丁目○番○号でA産婦人科病院の名称により医療業務に従事しているものであるが、令和○年○月○日、その業務上、配偶者のないB（当時○○歳）に堕胎手術を施

したものであるところ、同月〇日頃、同市〇〇町〇丁目〇番〇号の友人C方において、同人及びその妻Dに対し、「Bは独身のくせに妊娠して子供をおろした。尻の軽い男好きな女だ。」などと語り、もって正当な理由がないのに、医師として業務上取り扱ったことについて知り得た人の秘密を漏らしたものである。

留意点　「刑事被告事件の弁護人は公判廷において被告人の正当な利益を保護するため必要であれば、業務上知得した人の秘密を漏泄してもよい。」（大判昭和5.2.7）

第10　あへん煙に関する罪

■136条　あへん煙輸入等

あへん煙を輸入し、製造し、販売し、又は販売の目的で所持した者は、6月以上7年以下の懲役に処する。

被疑者は、船員として外航船A丸に乗り組んでいるものであるが、令和○年○月○日午後○時頃、鹿児島県○○市○○町先B港に投錨停泊中の前記A丸から、通船を利用して同港Cふ頭○号岩壁に上陸した際、あへん煙約○○キログラムを陸揚げして本邦内に搬入し、もってこれを輸入したものである。

(留意点)　本条の「輸入」とは、国境線の踰越又は船舶よりの陸揚が必要である。（大判昭和8.7.6）

■139条1項　あへん煙吸食

あへん煙を吸食した者は、3年以下の懲役に処する。

被疑者は、令和○年○月○日午後○時頃、鹿児島県○○市○○町○丁目○番○号被疑者方において、あへん煙吸食用パイプを使用して、あへん煙約○グラムを吸食したものである。

第11　飲料水に関する罪

■142条　浄水汚染

　　人の飲料に供する浄水を汚染し、よって使用することができないようにした者は、6月以下の懲役又は10万円以下の罰金に処する。

　　被疑者は、以前にＡと仲たがいし、同人から「薄ばかやろう。」とののしられたことに腹を立て同人に報復しようと考え、令和○年○月○日午前○時頃、宮崎県○○市○○町○丁目○番○号所在前記Ａ方裏庭において、同人及びその家族○名の飲料に供されている浄水である井戸水の中に、約○○リットルの糞尿を注ぎ入れてこれを汚染し、もって飲料水として使用することができないようにしたものである。

　(留意点)　使用不能の理由は井戸水に食用紅を投入した場合のような心理的なものでもよい（最判昭和36.9.8）。

■143条　水道汚染

　　水道により公衆に供給する飲料の浄水又はその水源を汚染し、よって使用することができないようにした者は、6月以上7年以下の懲役に処する。

　被疑者は、令和○年○月○日午前○時頃、宮崎県○○市内において、同市の水道浄水の水源であるＡ貯水池に、被疑者宅から持ってきた赤色染料約○○キログラムを投入し、よって、水道設備により同市内の約○万世帯約○○万名の飲料に供されている浄水の水源を汚染し、もってこれを使用することができないようにしたものである。

■145条　浄水汚染等致死傷

　　前3条の罪を犯し、よって人を死傷させた者は、傷害の罪と比較して、重い刑により処断する。

被疑者は、令和○年○月○日午前○時頃、沖縄県○○市○○町○丁目○番○号Ａ方敷地内において、同人及びその家族○名の飲料に供されている浄水である井戸水の中に、毒物である塩酸約○リットルを投入してこれを汚染し、よって、同日午前○時○分頃、同所において、前記井戸水を飲用した前記Ａ（当時○○歳）及び同人の妻Ｂ（当時○○歳）に対し、加療約○週間を要する胃壁炎症の傷害を負わせたものである。

■147条　水道損壊及び閉塞

公衆の飲料に供する浄水の水道を損壊し、又は閉塞した者は、１年以上10年以下の懲役に処する。

被疑者は、近隣の居住者からからかわれたことに腹を立て、前記居住者らの飲料水使用を妨害しようと考え、令和○年○月○日午後○時頃、沖縄県○○市○○町○丁目○番○号先路上において、同市内浄水場から前記番地付近居住の約○○世帯に飲用浄水を導くため同路面下に埋設された水道設備である直径約○○センチメートルの水道鉛管を、路面を掘削して露出させた上、金切りのこぎりを使用し、これを切断して損壊し、もって公衆の飲料に供する浄水の水道を損壊したものである。

第12　通貨偽造の罪

■148条　通貨偽造及び行使等

　　行使の目的で、通用する貨幣、紙幣又は銀行券を偽造し、又は変造した者
は、無期又は3年以上の懲役に処する。

　2　偽造又は変造の貨幣、紙幣又は銀行券を行使し、又は行使の目的で人に
交付し、若しくは輸入した者も、前項と同様とする。

　被疑者は、令和○年○月○日頃、東京都○○区○○町○丁目○番○号被
疑者方において、行使の目的で、カラーコピー機能を有するプリンターを
用いて、真正な金額1万円の日本銀行券の表面及び裏面を白紙の裏表に複
写し、その余白部分を裁断するなどして、通用する金額1万円の日本銀行
券1枚を偽造した上、同月○日午後○時○分頃、埼玉県○○市○○町○丁
目○番○号飲食店Aにおいて、同店従業員B（当時○○歳）に対し、飲食
代金の支払として、前記偽造の金額1万円の日本銀行券1枚を真正なもの
のように装って同店内の料金受皿に置き、同人にこれを受け取らせて行使
したものである。

　被疑者は、遊興費欲しさから、通用する日本銀行券である一万円札を偽
造しようと考え、令和○年○月○日頃、宮城県○○市○○町○丁目○番○
号被疑者方において、行使の目的で、通用する一万円札○枚を使用し、1
枚目を左端から8分の1を縦に切り取り、2枚目を左端より8分の1の部
分から右へ8分の1を縦に切り取り、3枚目を左端より8分の2の部分か
ら右へ8分の1を縦に切り取る方法で、順次○枚の一万円札から紋様の異
なった各8分の1を縦に切り離した上、この各切り離し部分を真正の一万
円札の紋様のとおり貼り合わせ、次に前記の各8分の1を切り除いた札に
つき、おのおの切り残りの両端を貼り合わせ、もって一万円札○枚を使用
して同札○枚の偽造を遂げ、同月○日頃、同市○○町○丁目○番○号所在
飲食店「キャバレー・A」ことB方において、同店従業員Cに対し、前記
偽造にかかる一万円札○枚を、真正なものであるかのように装い、飲食代

金の支払いとして手渡して行使したものである。

> (留意点)　偽造とは、通貨発行権を有する日本国政府・日本銀行以外の者が我
> が国において強制通用力を有する硬貨・紙幣の外観を有する物を作る
> ことをいう。偽造の程度は、通常人が不用意に一見した場合、真正の
> ものと思い誤る程度であることを要し（最判昭和25．2．28）、その程
> 度に至らないものは「模造」であり、通貨及証券模造取締法の適用を
> 受ける。
>
> 　行使とは、真正な通貨として流通におくことをいう。なお、行使の
> 目的は、自己が行使する場合に限らず他人をして真正の通貨として流
> 通に置かせる目的でもよい。
>
> 　交付とは、偽造であることの情を知った者に交付することをいう。

■150条　偽造通貨等収得

　行使の目的で、偽造又は変造の貨幣、紙幣又は銀行券を収得した者は、3
年以下の懲役に処する。

　被疑者は、令和〇年〇月〇日午後〇時頃、福島県〇〇市〇〇町〇丁目〇
番〇号A方において、行使の目的で、前記Aから、同人が偽造した日本銀
行券である一万円札〇〇枚を、その情を知りながら代金〇万円で買い受
け、もって偽造に係る銀行券を収得したものである。

■152条　収得後知情行使等

　貨幣、紙幣又は銀行券を収得した後に、それが偽造又は変造のものである
ことを知って、これを行使し、又は行使の目的で人に交付した者は、その額
面価格の3倍以下の罰金又は科料に処する。ただし、2,000円以下にするこ
とはできない。

　被疑者は、令和〇年〇月〇日頃、福島市内のデパートで買物をし、その
釣銭として受け取った日本銀行券中、千円札〇枚が偽造されたものである

ことを知り、同年〇月〇日頃、福島県〇〇市〇〇町〇丁目〇番〇号Ａ子供服店ことＡ方において、子供服１着を買い受けるに際し、同人に対し、その代金として前記偽造の千円札〇枚を真正なもののように装って手渡してこれを行使したものである。

■153条　通貨偽造等準備

　　貨幣、紙幣又は銀行券の偽造又は変造の用に供する目的で、器械又は原料を準備した者は、３月以上５年以下の懲役に処する。

　被疑者は、通用する日本銀行券である一万円札多数枚を偽造しようと考え、前記偽造の用に供する目的で、令和〇年〇月〇日頃、千葉県〇〇市〇〇町〇丁目〇番〇号被疑者方において、プリンター１台、インクカートリッジ及び上質紙などを用意し、もって前記偽造用の器械、原料を準備したものである。

第13　文書偽造の罪

■155条　公文書偽造等

行使の目的で、公務所若しくは公務員の印章若しくは署名を使用して公務所若しくは公務員の作成すべき文書若しくは図画を偽造し、又は偽造した公務所若しくは公務員の印章若しくは署名を使用して公務所若しくは公務員の作成すべき文書若しくは図画を偽造した者は、1年以上10年以下の懲役に処する。

2　公務所又は公務員が押印し又は署名した文書又は図画を変造した者も、前項と同様とする。

3　前2項に規定するもののほか、公務所若しくは公務員の作成すべき文書若しくは図画を偽造し、又は公務所若しくは公務員が作成した文書若しくは図画を変造した者は、3年以下の懲役又は20万円以下の罰金に処する。

〈国民健康保険被保険者証の偽造等―有印公文書偽造・同行使、有印私文書行使・同行使、詐欺〉

被疑者は、架空人を被保険者とする国民健康保険被保険者証を偽造した上、A銀行から同架空人名義の総合口座通帳等をだまし取ろうと考え、令和○年○月上旬頃、山形県○○市○○町○丁目○番○号被疑者方において、行使の目的で、山形県○○市の記名及び公印のある被疑者を被保険者とする国民健康保険被保険者証の氏名欄及び世帯主欄に印字された各「日本一郎」のうち「一」の文字の両端をカッターナイフで削り、その下にペンで「一」と書き入れ、もって日本二郎を被保険者とする国民健康保険被保険者証○通を偽造し、さらに、同月○日、山形県○○市○○町○丁目○番○号B銀行C支店において、行使の目的で、総合口座利用申込書用紙の「おなまえ」欄に「日本二郎」と記入するなどし、もって日本二郎名義の総合口座利用申込書○通を偽造した上、同支店窓口係員Dに対し、日本二郎になりすまし、前記偽造の総合口座利用申込書○通を、前記偽造の国民健康保険被保険者証○通等とともに、これらがあたかも真正に成立したもののように装って提出して行使し、同人名義の総合口座の開設及びこれに

伴い交付される総合口座通帳等の交付を申し込み、前記Dに、被疑者が日本二郎本人であり、前記申込みが正当なものであると誤信させ、よって、同日、同所において、前記Dから、日本二郎名義の総合口座通帳○通の交付を受け、さらに、同月下旬頃、前記C支店において、日本二郎名義のキャッシュカード○枚の交付を受け、もって人を欺いて財物を交付させたものである。

〈住民票謄本の変造―有印公文書変造〉

　被疑者は、令和○年○月○日頃、岩手県○○市○○町○丁目○番○号被疑者方において、行使の目的で、同年○月○日付A市長、Bの発行に係る同市長の記名押印のある住民票謄本（世帯主C）のDの欄のうち、生年月日欄に記載されている「昭和63年」の「63」の数字をインク消しを用いて抹消した上、その抹消部分にインクで「57」と書き入れ、同人が昭和57年生まれの成人であるもののように改ざんし、もって同市長作成名義の有印公文書○通の変造を遂げたものである。

〈供託金受領証写真コピーの偽造・行使―有印公文書偽造・同行使〉

　被疑者は、令和○年○月○日、岩手県○○市○○町○丁目○番○号被疑者方行政書士事務所において、行使の目的で、盛岡地方法務局供託官A発行に係る同供託官の記名・押印のある供託金受領書（供託者B）を利用し、前記供託官の記名・押印部分をカミソリで切り離した上、あらかじめ用意してあった所定の供託書用紙の「供託者の住所氏名印」欄に「岩手県○○市○○町○丁目○番○号C」、「供託金額」欄に「○○万円」、「供託金受領年月日」欄に「令和○年○月○日」とそれぞれ記入し、そのころ、同市○○町○丁目○番○号D書店のコピーコーナーにおいて、これを前記供託官の記名・押印部分と合わせて電子複写機で複写し、もって有印公文書である盛岡地方法務局供託官A作成名義の供託金受領証写真コピー○通を偽造した上、同月○日、○○市○○町○丁目○番○号E市役所において、同市建設指導課建築係員に対し、前記偽造に係る供託金受領証写真コピー○通を真正に成立したもののように装って提出行使したものである。

〈スキャナを利用した公文書偽造・同行使〉

　被疑者は、令和○年○月○日頃、秋田県○○市○○町○丁目○番○号Ａマンション○○号室において、行使の目的をもって、Ｂの運転免許証写しの上に被疑者の運転免許証の氏名、生年月日、顔写真、秋田県公安委員会の記名、公印部分等及びＣの運転免許証写しの本籍欄等をそれぞれ切り取って該当箇所に重なるようにして置いた上、その氏名欄の氏の部分に「日本」という文字のある紙片を置き、上から全体にメンディングテープを貼り付けるなどして固定し、もって被疑者が日本太郎であるような外観を呈する秋田県公安委員会作成名義の運転免許証（免許証番号○○）○通を偽造し、次いで、同月○日午後○時頃、同市○○町○丁目○番○号所在の株式会社ＤキャッシングＥ支店契約申込書記入コーナーにおいて、いずれも、行使の目的をもって、同所備付けの会員カード入会申込書用紙のお名前欄に「日本太郎」と記入するなどし、もって日本太郎作成名義の会員カード入会申込書及びカードローン契約書各○通を偽造し、引き続き、同コーナーに設置された自動契約受付機の読み取り用カメラに前記偽造にかかる運転免許証、会員カード入会申込書及びカードローン契約書を順次読み取らせ、同カメラと回線で接続された同支店設置のディスプレイ（画像出力装置）にこれを表示させるなどし、対応した同支店係員Ｆに対し、前記偽造にかかる各文書が真正に作成されたもののように装って一括提示して行使したものである。

留意点　公文書偽造罪はいわゆる目的犯で「行使の目的」を要件に含むから、犯罪事実にその記載は不可欠である。もっとも、その本来の用法に従って使用する場合に限らず、真正な文書としてその効用に役立たせる目的があればよい。

　　　　「公文書」とは、公務所又は公務員がその職務上作成する文書である。「文書」とは、文字又はこれに代わるべき符号を用いて、永続すべき物体の上に記載した意思表示で、法律上の意味を持ったものをいう。判例では物品税証紙、物品税表示証紙を公文書と認定している。

　　　　「偽造」とは、成立が真正でない場合つまり権限がないのに他人名

義の文書・図画を作成することをいう。内容のいかんは犯罪の成否に関係がない。直接他人名義を用いる場合に限らず、代理権・代表権がないのに、代理・代表名義を用いた場合をも含む。

「変造」とは、真正に成立した他人名義の文書等に、権限なく変更を加えることをいう。ただし、第156条の「変造」は、作成権限のある者が、真正に成立した公文書に変更を加え、内容を虚偽とすることをいう。

偽造免許証を運転時に携帯しているにとどまる場合行使罪は成立しない（最判昭和44.6.18）、また未遂罪も成立しない。

名義人すなわち公務所、公務員の実在性を要するかについては実在を要せず、その文書の形式・外観において、一般人をして、当該文書の名義人である公務所等が実在し、その権限内において作成した公文書であると誤信せしめるに足りるものであればよい（最判昭和36.3.30）。

本罪の客体となる文書は原本に限る根拠はなく、原本の写しであっても原本と同一の意識内容を保有し証明文書としてこれと同様の社会的機能と信用性を有すると認められる限り、これに含まれる。供託金受領証の写真コピーは公文書であり、原本に印章・署名がある場合は、そのコピーも有印公文書である（最判昭和51.4.30）。

外国人登録証明書の偽造等の罪は、従来、有印公文書偽造等罪が適用されていたが、平成24年7月施行の改正入管法により、入管法第73条の3第1項（在留カードの偽造・変造罪）で処罰されることとなった。

■156条　虚偽公文書作成等

公務員が、その職務に関し、行使の目的で、虚偽の文書若しくは図画を作成し、又は文書若しくは図画を変造したときは、印章又は署名の有無により区別して、前2条の例による。

〈土地台帳への虚偽の記載等―虚偽有印公文書作成・同行使〉

被疑者は、Aが法令上農地の自由売買が許されないためその所有する秋田県○○市○○町○丁目○番○号所在農地約○○平方メートルの処分先が見つからないことに乗じ、同農地を買受け宅地とする目的で、

第1　B市東部農業委員会に主事として勤務し農地に関する事務を扱うC及びB地方法務局登記課台帳係Dと共謀の上、行使の目的で、令和○年○月○日頃、同市○○町○丁目○番○号前記C方において、同人がその職務に関し、前記土地が同○年○月当時はもとより同○年○月に至るまで引き続き田として耕作されているにもかかわらず、証明書と題する書面に、同○年以前から前記土地が宅地として使用され農地法の適用がないことを証明する旨記載した後、その末尾に前記農業委員会の記名押印をし、もって内容虚偽な公文書である前記農業委員会名義の証明書○通を作成し、次いで、前記Dが、同年○月○日頃、これを前記土地の地目変換申告書と題する文書とともに、同市○○町○丁目○番○号B地方法務局に備え付けて行使し

第2　前記Dと共謀の上、令和○年○月○日頃、前記法務局において、前記Dがその職務に関し、前記第1記載のとおり内容虚偽の証明書及び地目変換申告書に基づき、同法務局備付けの土地台帳に、前記土地が令和○年○月○日地目変換された旨虚偽の記載をし、もって内容の虚偽な公文書○通を作成し、即時これを同法務局に備え付けて行使したものである。

（留意点）　本条の「虚偽」とは、内容が真実に適合しないことをいう。

　　　　　本罪の主体は、その文書・図画を作成する職務権限のある公務員であり、前記犯罪事実は、刑法第65条第1項の適用例である。

　　　　　本条の「公文書」とは、公務所又は公務員がその名義をもってその権限において所定の形式に従い作成すべき文書であり、その権限が法令、内規、慣例によるとを問わずあまねく職務執行の権限内において作成されたものをいう（最判昭和38.12.27）。

■157条　公正証書原本不実記載等

　　公務員に対し虚偽の申立てをして、登記簿、戸籍簿その他の権利若しくは義務に関する公正証書の原本に不実の記載をさせ、又は権利若しくは義務に関する公正証書の原本として用いられる電磁的記録に不実の記録をさせた者は、5年以下の懲役又は50万円以下の罰金に処する。

70

2　公務員に対し虚偽の申立てをして、免状、鑑札又は旅券に不実の記載をさせた者は、1年以下の懲役又は20万円以下の罰金に処する。

3　前2項の罪の未遂は、罰する。

〈登記簿原本の不実記載等―私文書偽造・同行使・公正証書原本不実記載・同行使〉

　被疑者は、Aのため、Bに無断で、その所有に係る青森県○○市○○町○丁目○番○号の宅地○○平方メートルにつき、前記Aを債権者とする抵当権設定登記をしようと考え、前記Aと共謀の上、令和○年○月○日頃、同市○○町○丁目○番○号被疑者方において、行使の目的で、委任状用紙に、被疑者に対し前記宅地の抵当権設定登記申請手続を委任する旨記載し、委任者欄にBと記入し、その横にBと刻した印鑑を押印して、同人名義の委任状○通を偽造し、さらに、「消費貸借並びに抵当権設定契約書」の表題のもとに、令和○年○月○日に前記Bが前記Aから金○○万円を借用し、その担保として前記宅地に前記Aのため抵当権を設定した旨記載し、その債務者欄にBと記入しその横に前同様印鑑を押印して同人名義の前記契約書の偽造を遂げた上、同年○月○日、同市D地方法務局登記課において、情を知らない同局登記官吏Dに対し、前記偽造に係る委任状・契約書を真正に成立したもののように装い、登記申請書など関係書類とともに提出して行使して、前記宅地につき前記契約書記載のような契約がなされた旨の虚偽の登記申請をし、よって、前記登記職員に、同日頃、同局備付けの土地登記簿の原本にその旨の不実の記載をさせ、即時、これを同局に真正なものとして備え付けさせて行使したものである。

- - - - - - - - - -

〈電磁的記録である自動車登録ファイルへの不実記載―有印私文書偽造・同行使、公正証書原本不実記載・同行使〉

　被疑者は、東京都立川市上田町○○番地A自動車販売株式会社業務課長であるが、自社の顧客Bが、自動車の保管場所を有しないため自動車の新規登録をすることが困難であることから、同営業所が業務用に借用している同町内の宅地約○○坪の所有者Cの名義を冒用して、前記Bが同所に自動車の保管場所を確保している旨の内容虚偽の自動車保管場所使用承諾書

を偽造して、所轄警察署長から、自動車保管場所証明書の交付を受けた上、運輸支局に虚偽の自動車新規登録を申請して登録原本に不実の記載をさせようと考え、

第1　令和○年○月○日、前記会社において、行使の目的で、自動車の使用者をBとする自動車保管場所使用承諾書用紙の「保管場所の位置」欄及び「使用者の住所」欄にそれぞれ「○○市○○町○丁目○番○号」と、「使用期間」欄に「令和○年○月○日から同○年○月○日まで」と、いずれも真実と異なる記載をし、作成名義人として「C」と記入した上、その横に「C」と刻した印を押印し、もって同人作成名義の自動車保管場所使用承諾書○通を偽造し、令和○年○月○日、○○市○○町○丁目○番○号青森県D警察署において、同警察署長に対し、これを真正に成立したもののように装って提出行使し、

第2　同月○日、○○市○○町○丁目○番○号青森自動車検査登録事務所において、同所係員に対し、前記Bの住所及び自動車の使用の本拠の位置が青森県○○市○○町○丁目○番○号であるのに、○○市○○町○丁目○番○号と虚偽の記載をした自動車新規登録申請書に、その添付書類として、前記第1の犯行によって発行を受けたD警察署長作成名義の内容虚偽の使用者の住所、使用の本拠の位置などの記載のある自動車保管場所証明書及び第1記載と同一内容のC作成名義の自動車保管場所使用承諾書を添え、これらがあたかも真正に成立した内容真実なものであるように装って、一括提出行使して虚偽の申立てをし、そのころ、同所において、情を知らない同係員に、登録原本として用いられる電磁的記録である自動車登録ファイルにその旨不実の記載をさせ、即時同所にこれを備え付けさせて行使し

たものである。

留意点　本条の「権利義務に関する公正証書」とは、公務員がその職務上作成する文書で権利義務に関するある事実を証明する効力を有するものを指し、公務員において申立に基づきその内容の如何を審査することなく記入するものであると、その内容を審査し取捨選択して記載するものであると否とを問わない（大判大正11.12.22）。土地台帳、不動

産登記簿、商業登記簿、戸籍簿、住民票、公証人の作成する公正証書等がこれに該当する。

電子情報処理組織による自動車登録ファイルは、判例により公正証書原本にあたるとされた（最決昭和58.11.24）が、可視性、可読性をもたない電磁的記録であってその文書性に疑問が呈されていたところ、昭和62年の一部改正により、157条1項の客体に「公正証書の原本として用いられる電磁的記録」が加えられ、立法的解釈がはかられた。

〈偽装結婚—被疑者が一方当事者〉

被疑者は、Ａ共和国の国籍を有する外国人であるが、被疑者と日本国籍を有するＢとの婚姻を偽装し、日本人の配偶者等の在留資格を取得しようと考え、Ｂと共謀の上、令和○年○月○日、東京都○○区○○町○丁目○番○号Ｃ区役所において、情を知らない同区役所区民部戸籍住民課戸籍係職員に対し、婚姻の意思がないのに、前記Ｂを夫とし、被疑者を妻として婚姻する旨の内容虚偽の婚姻届等を提出して受理させ、同月○日頃、同所において、情を知らない同係職員に、権利義務に関する公正証書の原本として用いられる前記Ｂの戸籍の原本である電磁的記録にその旨不実の記録をさせ、これを同区役所に備え付けさせて公正証書の原本としての用に供したものである。

〈偽装結婚—被疑者が指南役〉

被疑者は、Ａ共和国の国籍を有する外国人であるＢに日本人の配偶者等の在留資格を取得させるため婚姻を偽装しようと考え、Ｂ及びＣと共謀の上、令和○年○月○日、東京都○○区○○町○丁目○番○号Ｄ区役所において、情を知らない同区役所区民部戸籍住民課戸籍係職員に対し、婚姻の意思がないのに、前記Ｃを夫とし、前記Ｂを妻として婚姻する旨の内容虚偽の婚姻届等を提出して受理させ、同月○日、これを同区役所から東京都○○区○○町○丁目○番○号Ｅ区役所に送付させ、同日から同月○日頃までの間、同区役所において、情を知らない同区役所戸籍住民課戸籍係職員

に、権利義務に関する公正証書の原本として用いられる前記Cの戸籍の原本である電磁的記録にその旨不実の記録をさせ、これを同区役所に備え付けさせて公正証書の原本としての用に供したものである。

(留意点)　記載例は指南役（仲介役）を想定したものである。なお、「公正証書の原本として用いられる電磁的記録」とは、公正証書の原本と同様の機能を果たす登録ファイル（電磁的記録）をいう。

■158条　偽造公文書行使等

　　第154条から前条までの文書若しくは図画を行使し、又は前条第1項の電磁的記録を公正証書の原本としての用に供した者は、その文書若しくは図画を偽造し、若しくは変造し、虚偽の文書若しくは図画を作成し、又は不実の記載若しくは記録をさせた者と同一の刑に処する。

　　2　前項の罪の未遂は、罰する。

■159条　私文書偽造等

　　行使の目的で、他人の印章若しくは署名を使用して権利、義務若しくは事実証明に関する文書若しくは図画を偽造し、又は偽造した他人の印章若しくは署名を使用して権利、義務若しくは事実証明に関する文書若しくは図画を偽造した者は、3月以上5年以下の懲役に処する。

　　2　他人が押印し又は署名した権利、義務又は事実証明に関する文書又は図画を変造した者も、前項と同様とする。

　　3　前2項に規定するもののほか、権利、義務又は事実証明に関する文書又は図画を偽造し、又は変造した者は、1年以下の懲役又は10万円以下の罰金に処する。

〈委任状、印鑑証明交付申請書の偽造─私文書偽造・同行使〉

　被疑者は、令和○年○月○日午後○時頃、北海道○○市○○町○丁目○番○号被疑者方において、行使の目的で、委任状用紙の委任事項欄に、被疑者に印鑑証明書の交付を受ける権限を委任する旨を記載し、その委任者欄に「○○市○○町○丁目○番○号、A」と記載し、その横に「A」と刻した印鑑を押印し、もって前記A作成名義の委任状○通を偽造し、さら

に、同様行使の目的で、所定の印鑑証明交付申請書の申請人欄に、Aと記載し、その横に前記印鑑を押印して、もって同人名義の印鑑証明書○通の交付を求める前記申請書○通を偽造し、同月○日午前○時頃、同市○○町○丁目○番○号B市役所において、同係員Cに対し、前記偽造に係る委任状等を、真正に成立したもののように装って、提出して行使したものである。

〈預金払戻し請求書の偽造等—窃盗・私文書偽造・同行使・詐欺〉

被疑者は

第1　令和○年○月○日午後○時頃、北海道○○市○○町○丁目○番○号A方において、同人所有のB銀行C支店発行の普通預金通帳○通及び印鑑○個（時価約○○円相当）を窃取し

第2　同月○日午前○時頃、同市○○町○丁目○番○号B銀行C支店において、行使の目的で、ボールペンを使用し、同店備付けの預金払戻し請求書用紙の金額欄に「○○万円」、請求年月日欄に「○○.○○.○○」、請求者氏名欄に「A」と各記入し、同横に前記窃取に係る「A」と刻した印鑑を押印し、もってA名義の○○万円の預金払戻請求書○通の偽造を遂げた上、同店係員Dに対し、これがあたかも真正に成立したもののように装って、前記窃取に係る預金通帳とともに提出行使して前記同額の払戻しを請求し、同係員に、前記請求書が真正に成立したものであり、Aが払戻しを請求しているものと誤信させ、よって、その頃、同所において、同係員を欺いて現金○○万円の交付を受け

たものである。

(留意点)　「偽造」「変造」「行使の目的」については、公文書偽造罪に関する説明を参照のこと。

　「私文書」中「権利・義務又は事実証明に関する」文書のみが本罪の客体となる。「権利・義務に関する」とは、法律関係における権利・義務の発生・変更・消滅等に関係することを指し、「事実証明に関する」とは、実社会生活に交渉を有する事項を証明するに足ること

をいう。新聞紙上の広告文が後者に当たるとされた事例が存する（最判昭和33.9.16）。

■160条　虚偽診断書等作成

医師が公務所に提出すべき診断書、検案書又は死亡証書に虚偽の記載をしたときは、3年以下の禁錮又は30万円以下の罰金に処する。

> 被疑者は、医師の資格を有し、香川県○○市○○町○丁目○番○号でA病院の名称のもとに医療業務に従事しているものであるが、令和○年○月○日頃、同病院において、死亡届に添付してB市役所に提出すべきCの死亡診断書を作成するに当たり、同人は同月○日、同市○○町○丁目○番○号の同人宅で溢死したにもかかわらず、その遺族の依頼により、同人が脳溢血により死亡した旨の虚偽の内容を記載した死亡診断書○通を作成したものである。

■161条の2第1項　電磁的記録不正作出

人の事務処理を誤らせる目的で、その事務処理の用に供する権利、義務又は事実証明に関する電磁的記録を不正に作った者は、5年以下の懲役又は50万円以下の罰金に処する。

■161条の2第3項　不正電磁的記録供用

不正に作られた権利、義務又は事実証明に関する電磁的記録を、第1項の目的で、人の事務処理の用に供した者は、その電磁的記録を不正に作った者と同一の刑に処する。

> 被疑者は、香川県○○市○○町○丁目○番○号所在の○○協同組合総務課電算室長であるが、同組合の電子計算機及び同組合がオンラインシステムとして利用している同県○○市○○町○丁目○番○号所在の香川県○○協同組合連合会電算室（以下「県信連電算室」という。）の電子計算機をそれぞれ操作して現金を不正に入手しようと考え、令和○年○月○日、同組合の電子計算機に、同組合の事務処理を誤らせる目的で、虚偽の給与計

算をして、同組合Ａ支所の被疑者名義の普通貯金口座番号○○に給料○○万円を振り込む旨の虚偽の情報を与え、県信連の電子計算機に入力するための磁気ディスクにその旨記憶させて財産権の得喪、変更に係る不実の電磁的記録を作り、同組合の事務処理の用に供する権利、義務又は事実証明に関する電磁的記録を不正に作出した上、これを県信連に送付し、情を知らない県信連の職員に、県信連の電子計算機にその旨入力させて、同組合の事務処理の用に供したものである。

留意点 電磁的記録不正作出罪と不正電磁的記録供用罪とは牽連犯であり、不正電磁的記録供用罪と電子計算機業務妨害罪（234条の２）及び不実電磁的記録作出利得罪とは観念的競合である。

第14　有価証券偽造の罪

■162条　有価証券偽造等

　　行使の目的で、公債証書、官庁の証券、会社の株券その他の有価証券を偽造し、又は変造した者は、3月以上10年以下の懲役に処する。

　2　行使の目的で、有価証券に虚偽の記入をした者も、前項と同様とする。

〈約束手形の偽造等—有価証券偽造・同行使・詐欺〉

　被疑者は、約束手形を偽造し、その割引名目で現金を詐取しようと考え、令和○年○月○日頃、徳島県○○市○○町○丁目○番○号被疑者方において、行使の目的で、チェックライターを使用し、約束手形用紙の金額欄に「○○万円」と打刻し、さらに万年筆を使用して、その支払期日欄に「令和○年○月○日」、同支払場所欄に「徳島県○○市○○町○丁目○番○号、A銀行B支店」と各記入した上、同振出人欄にあらかじめ偽造しておいた「徳島県○○市○○町○丁目○番○号、C商事株式会社代表取締役D」と刻した記名印及び「C商事株式会社代表取締役印」と刻した丸型印鑑を押印して、もって同会社振出名義の約束手形○通を偽造し、次いで同月○日頃、同県○○市○○町○丁目○番○号E方において、同人に対し、前記偽造に係る約束手形を真正に成立したもののように装い、割引方を依頼し交付して行使し、同人に同手形が真正に成立したものと誤信させ、よって、その頃、同所において、同人を欺いて同手形の割引名目で現金○○万円を交付させたものである。

〈小切手の偽造等—有価証券偽造・同行使・詐欺〉

　被疑者は、令和○年○月○日午後○時頃、徳島県○○市○○町○丁目○番○号被疑者方において、行使の目的で、あらかじめ入手してあったA銀行B支店の小切手用紙の振出人欄に、以前に窃取しておいた「徳島県○○市○○町○丁目○番○号、C産業株式会社代表取締役D」と刻した記名印を押印し、その横に同じく窃取に係る「C産業株式会社代表取締役印」と刻した角型印鑑を押印し、さらに、同振出年月日欄に万年筆で「○○．○

〇．〇〇」と記入し、同金額欄に「〇〇万円」と打刻して、もって同会社振出名義の金額〇〇万円の小切手〇通を偽造し、同月〇日午前〇時頃、同県〇〇市〇〇町〇丁目〇番〇号所在A銀行B支店において、同店係員Eに対し、前記小切手が真正に成立したもののように装い、支払方を求めて交付して行使し、よって、その頃、同所において、同係員を欺いて小切手金支払名義で現金〇〇万円を交付させたものである。

〈宝くじの偽造等―有価証券偽造・同行使・詐欺未遂〉

被疑者は、令和〇年第〇回A宝くじ（額面〇〇円）の１等〇〇万円の当せん番号は「３組１５４３２７」であることを知り、さきに被疑者の買い求めたA発行の前記宝くじ〇〇枚中「３組１５４６３８」のものがあったことから、これを利用し前記〇等の当せん宝くじを偽造し宝くじ当せん金支払名義で現金を詐取しようと考え、令和〇年〇月〇日頃、高知県〇〇市〇〇町〇丁目〇番〇号被疑者方において、行使の目的で、前記のいわゆる空くじの一桁から百桁までの数字の部分をカミソリで切り取り、次いで他の空くじ中「３２７」と連番になっているものから当該番号の部分を切り取り、これをさきに切り取った一桁から百桁までの箇所にはめ込んで糊で貼り付け、その番号を「３組１５４３２７」と改ざんして、もってA作成名義の前記〇等の当せん宝くじの外観を有するもの〇枚を偽造し、次いで、同月〇日頃、同市〇〇町〇丁目〇番〇号B銀行C支店において、前記宝くじ当せん金支払担当係員Dに対し、前記偽造に係る宝くじが真正に成立したもののように装って、当せん金支払方を求めて提示して行使し、同係員にその旨誤信させようとしたが、同係員から同宝くじが偽造であることを見破られたため、その目的を遂げなかったものである。

〈小切手の金額改ざん―有価証券変造〉

被疑者は、令和〇年〇月〇日頃、愛媛県〇〇市〇〇町〇丁目〇番〇号株式会社A商事において、行使の目的で、あらかじめ株式会社B物産から商品販売代金の支払として受領した振出人が前記株式会社B物産代表取締役C、振出日が同年〇月〇日、金額が〇〇万円で支払銀行がD銀行E支店である小切手の金額欄の「〇〇万円」の数字のうち「〇」の部分をカミソリ

で削り取った上、その部分にチェックライターで「○」と打刻して金額を○○万円に改ざんし、もって前記株式会社B物産振出の小切手○通を変造したものである。

〈約束手形に保証の虚偽記入―有価証券虚偽記入〉

　被疑者は、令和○年○月○日頃、愛媛県○○市○○町○丁目○番○号被疑者方において、行使の目的で、振出人が被疑者、金額が○○万円、支払期日が同○年○月○日、支払場所がA銀行B支店の約束手形表面に、万年筆を用いて、「愛媛県○○市○○町○丁目○番○号、C」と記入し、その横にあらかじめ前記Cから保管を依頼されていた「C」と刻した丸型印鑑を押印し、もって同手形に前記Cが振出人である被疑者のため保証をした旨の虚偽の記入をしたものである。

〈約束手形に裏書の虚偽記入―有価証券虚偽記入〉

　被疑者は、令和○年○月○日頃、東京都○○区○○町○丁目○番○号被疑者方において、行使の目的で、振出人がA株式会社代表取締役B、金額が○○万円、支払期日が同年○月○日、支払場所がC信用金庫D支店の約束手形の第一裏書人欄に、ボールペンを用いて、「東京都○○区○○町○丁目○番○号、E」と記入し、その横に「E」と刻した丸型印鑑を押印し、もって同手形に前記Eが裏書担保をしたような外観を有する虚偽の記入をしたものである。

　留意点　刑法第162条の「有価証券」とは、財産上の権利が証券に表示され、その表示された権利の行使につきその証券の占有を必要とするものをいい、その証券が取引上流通性を有することは必ずしも必要としない（最判昭和32.7.25）。同条に例示のある公債証書・官府の証券・株券のほか、手形・小切手・鉄道乗車券・定期乗車券・宝くじも含まれるし、勝馬投票券を含めてもよいであろう。

　「偽造」とは、作成権限のない者が他人の名義を偽って有価証券を作成することをいう。虚無人名義であっても、行使の目的をもって外形上一般人に真正に成立したものと誤信させるに足りる程度の偽造が

あれば成立する。

「変造」とは、権限なく真正な他人名義の有価証券に変更を加えることをいい、例えば他人振出名義の小切手金額欄の数字を改ざんする行為がこれに当たる。

「虚偽記入」とは、既成の有価証券に対すると否とを問わず、有価証券に真実に反する記載をする全ての行為をいう。既存の手形に他人名義を冒用して裏書・保証をなすのも含まれる。

振出人欄に他人名義を冒用して約束手形を偽造し、かつ、その裏書人欄に他人名義を冒用して虚偽の記入をし、その表裏の記入を相合して裏書担保のある約束手形を作成したときは、これらの行為は包括的に、刑法162条1項の有価証券偽造の一罪を構成する（最決昭和38. 5.30）。

「行使」とは、偽造、変造、虚偽記入をした有価証券を真正な有価証券として使用することをいう。流通におくことを要しない（大判明治44.5.29）。

「交付」とは、情を明かして偽造、変造、虚偽記入をした有価証券を他人に与えることをいう。共犯者間で授受しても交付にならない（大判昭和6.3.16）。

「行使の目的」とは、真正の有価証券として使用する目的をいう。他人に使用させる目的であってもよい（大判大正15.12.23）。

第15 支払用カード電磁的記録に関する罪

■163条の2 支払用カード電磁的記録不正作出等

人の財産上の事務処理を誤らせる目的で、その事務処理の用に供する電磁的記録であって、クレジットカードその他の代金又は料金の支払用のカードを構成するものを不正に作った者は、10年以下の懲役又は100万円以下の罰金に処する。預貯金の引出用のカードを構成する電磁的記録を不正に作った者も、同様とする。

2 不正に作られた前項の電磁的記録を、同項の目的で、人の財産上の事務処理の用に供した者も、同項と同様とする。

3 不正に作られた第1項の電磁的記録をその構成部分とするカードを、同項の目的で、譲り渡し、貸し渡し、又は輸入した者も、同項と同様とする。

■163条の3 不正電磁的記録カード所持

前条第1項の目的で、同条第3項のカードを所持した者は、5年以下の懲役又は50万円以下の罰金に処する。

■163条の4 支払用カード電磁的記録不正作出準備

第163条の2第1項の犯罪行為の用に供する目的で、同項の電磁的記録の情報を取得した者は、3年以下の懲役又は50万円以下の罰金に処する。情を知って、その情報を提供した者も、同様とする。

2 不正に取得された第163条の2第1項の電磁的記録の情報を、前項の目的で保管した者も、同項と同様とする。

3 第1項の目的で、器械又は原料を準備した者も、同項と同様とする。

〈クレジットカードの不正作出〉

被疑者は、(氏名不詳者らと共謀の上)、株式会社Aカード及びその加盟店等の財産上の事務処理を誤らせる目的で、令和○年○月○日頃、神奈川県○○市○○町○丁目○番○号被疑者方において、クレジットカードの外観を備えたプラスチック板1枚の磁気部分に、パーソナルコンピュータ及びカードリーダーを使用して、前記Aカードがその会員に発行したクレジットカードを構成するものと同一内容の会員番号、有効期限等を印磁

し、もって人の財産上の事務処理の用に供する電磁的記録であって、代金又は料金の支払用カードを構成するものを不正に作ったものである。

〈不正に作出したクレジットカードを使用して商品を詐取〉

　被疑者は、株式会社Ａカードが発行したクレジットカードを構成する電磁的記録と同一の会員情報等が不正に印磁されたクレジットカードの外観を有するカードを使用して、購入の名目で商品をだまし取ろうと考え、（氏名不詳者らと共謀の上）、令和○年○月○日午後○時○分頃、大阪府○○市○○町○丁目○番○号○○店において、前記株式会社Ａカードの財産上の事務処理を誤らせる目的で、同店従業員Ｂらに対し、真実は、提示したカードの電磁的記録は不正に作られたものであり、かつ、クレジットカードシステム所定の方法により代金を支払う意思がないのに、同カードの電磁的記録は真正に作られたもので、同システム所定の方法により代金を支払う意思があるように装い、同カードを提示して、バッグ○個（販売価格合計○○万○○円）の購入を申し込み、同人らに、同カードを同店内に設置された集合レジ備付けの読取機に挿入させて電磁的記録を読み取らせた上、その電磁的記録が真正に作られたもので、同システム所定の方法により代金の支払を受けられるものと誤信させ、よって、その頃、同所において、同人から前記バッグ○個の交付を受け、もって不正に作られた電磁的記録を人の財産上の事務処理を誤らせる目的でその用に供するとともに、人を欺いて財物を交付させたものである。

（留意点）　本罪の対象となる「カード」とは、商品の購入、役務の提供等の取引の対価を現金に代えて、所定の支払いシステムにより支払うために用いるカードであり、クレジットカード、プリペイドカード、キャッシュカード等がある。

第16　印章偽造の罪

■165条　公印偽造及び不正使用等

行使の目的で、公務所又は公務員の印章又は署名を偽造した者は、3月以上5年以下の懲役に処する。

2　公務所若しくは公務員の印章若しくは署名を不正に使用し、又は偽造した公務所若しくは公務員の印章若しくは署名を使用した者も、前項と同様とする。

被疑者は、令和○年○月○日施行の参議院議員選挙に際し、神奈川県選挙区より立候補したAの選挙運動員であるが、選挙運動用のポスターを法定のもの以外に多数作成することを考え、Bほか○名と共謀の上、行使の目的で、令和○年○月○日頃、神奈川県○○市○○町○丁目○番○号所在前記候補者の選挙事務所において、同候補者のために使用するポスター約○万枚に、偽造に係る神奈川県選挙管理委員会の検印をそれぞれ押印し、もって公務所である同委員会の印章を偽造したものである。

被疑者は、転出証明書偽造に供するため同証明書に押印するA市長名義の印章を偽造しようと考え、令和○年○月○日頃、神奈川県○○市○○町○丁目○番○号所在の印判業を営むB方に赴き、行使の目的で、情を知らない同人に対し、「神奈川県A市長、C」と刻した記名印及び「A市長之印」と刻した角型印鑑の各作成方を依頼し、同月○日頃、同所において、前記Bに、前記各印章を作成完了させ、もって公印を偽造したものである。

(留意点)　「公務所の印章と記号を区別する標準は、その使用の目的物の如何にあるもので、文書に押捺して証明の用に供するものは公務所の印章であり、産物、商品等に押捺するものは記号である。」（最判昭和30.1.11)

中央選挙管理会の選挙運動用のポスターにする検印は公務所の印章

である（前掲判例参照）。

刑法第165条、第167条の「印章」とは印影と印顆の双方を含む。「署名」とは自署に限らず記名を含む。

公務所等の実在性については、実在する公務所等の印章、署名を誤信せしめるに足りる程度の形式・外観を備えておれば足りる（最決昭和32．2．7）。

■166条　公記号偽造及び不正使用等

行使の目的で、公務所の記号を偽造した者は、３年以下の懲役に処する。

2　公務所の記号を不正に使用し、又は偽造した公務所の記号を使用した者も、前項と同様とする。

被疑者は、警察手帳を偽造しようと考え、令和○年○月○日頃、埼玉県○○市○○町○丁目○番○号所在製本業を営むＡ方に赴き、情を知らない同人に依頼して、警察手帳と同型の黒革表紙の手帳○冊を作成させ、次いで、同月○日頃、同市○○町○丁目○番○号金版彫刻業Ｂ方に赴き、行使の目的で、情を知らない同人に対し、警察の記号である旭日章をしんちゅう材に彫刻すること、並びにこれを前記黒皮表紙の手帳にはく押しすることを依頼し、同人に、同月○日頃、同所において、前記彫刻とはく押しをさせ、もって公務所である警察の記号を偽造したものである。

■167条　私印偽造及び不正使用等

行使の目的で、他人の印章又は署名を偽造した者は、３年以下の懲役に処する。

2　他人の印章若しくは署名を不正に使用し、又は偽造した印章若しくは署名を使用した者も、前項と同様とする。

被疑者は、建築請負業を営むものであるが、資材購入等の資金に窮し、同業者である株式会社Ａ建設振出名義の約束手形を偽造しその割引名目で他から現金を詐取する目的で、令和○年○月○日頃、埼玉県○○市○○町

〇丁目〇番〇号所在印刷業B方に赴き、行使の目的で、情を知らない同人に対し、「埼玉県〇〇市〇〇町〇丁目〇番〇号、株式会社A建設代表取締役C」と刻した記名印及び「株式会社A建設代表取締役之印」と刻した丸型印鑑の作成方を依頼し、同月〇日頃、同所において、前記Bに前記各印章を作成完了させ、もって他人の印章を偽造したものである。

〈供述調書に偽名を使用して署名・提出〉

　被疑者は、令和〇年〇月〇日午後〇時〇分頃から同日午後〇時〇分頃までの間に、東京都〇〇区〇〇町〇丁目〇番〇号警視庁A警察署において、同署司法警察員巡査部長Bから傷害被疑事件の被疑者として取調べを受けた際、自己の氏名をCと詐称し、行使の目的で、同巡査部長が作成した弁解録取書〇通の末尾に「C」と記入し、もって他人の署名を偽造した上、即時同所において、同巡査部長に対し、これをあたかも真正に成立したもののように装って提出して使用したものである。

■168条　未遂罪

　　第164条第2項、第165条第2項、第166条第2項及び前条第2項の罪の未遂は、罰する。

第17　不正指令電磁的記録に関する罪

■168条の2　不正指令電磁的記録作成等

　　　正当な理由がないのに、人の電子計算機における実行の用に供する目的
　で、次に掲げる電磁的記録その他の記録を作成し、又は提供した者は、3年
　以下の懲役又は50万円以下の罰金に処する。
　⑴　人が電子計算機を使用するに際してその意図に沿うべき動作をさせず、
　　　又はその意図に反する動作をさせるべき不正な指令を与える電磁的記録
　⑵　前号に掲げるもののほか、同号の不正な指令を記述した電磁的記録その
　　　他の記録
　　2　正当な理由がないのに、前項第1号に掲げる電磁的記録を人の電子計算
　機における実行の用に供した者も、同項と同様とする。
　　3　前項の罪の未遂は、罰する。

　　被疑者は、A、Bほか数名と共謀の上、インターネットにアダルト動画
サイトを開設した上、同サイトにおいてアダルト動画を再生しようとした
者が使用する電子計算機上に、マウス操作による移動等ができず、閉鎖し
ようとしても数秒後に再表示され、かつ、電子計算機を再起動しても再表
示される機能を有した、同サイトの有料会員登録が完了した旨及び同サイ
トの閲覧料金を支払うまでそのウィンドウが消えない旨等を半裸の女性像
等と共に表示するウィンドウを常時表示させるとともに、同サイトの利用
料金名目でその者に現金を交付させようと考え、あらかじめ、サーバコン
ピュータ上に、接続電子計算機に対して前記ウィンドウを表示させる指令
を与えるphpファイル「○○_△△．php」並びに接続電子計算機に
対して前記「○○_△△．php」に毎起動時及び○分ごとに接続させる
指令を与えるphpファイル「××_○○．php」を蔵置し、前記サー
バ上に開設された株式会社α名義に係るアダルト動画サイト「β」内にお
いて、「マル秘動画再生」と表示されたボタン画像をクリックした者の使
用する電子計算機に対して前記「××_○○．php」に接続する指令を

与えるｈｔａファイルの実行を促す表示がなされるように設定した上、令和○年○月○日頃、千葉県○○市○○町○丁目○番○号所在のＣ方において、情を知らずに前記画像をクリックした同人に、同人の使用する電子計算機上で同ファイルを実行させ、もって正当な理由がないのに、人が電子計算機を使用するに際してその意図に反する動作をさせるべき不正な指令を与える電磁的記録を人の電子計算機における実行の用に供したものである。

■168条の３　不正指令電磁的記録取得等

　　　正当な理由がないのに、前条第１項の目的で、同項各号に掲げる電磁的記録その他の記録を取得し、又は保管した者は、２年以下の懲役又は30万円以下の罰金に処する。

第18　偽証の罪

■169条　偽　証

法律により宣誓した証人が虚偽の陳述をしたときは、3月以上10年以下の懲役に処する。

　被疑者は、令和○年○月○日、千葉県○○市○○町○丁目○番○号千葉地方裁判所○○支部刑事第○号法廷において、Aに対する公職選挙法違反被告事件の証人として、宣誓の上、検察官から尋問を受けた際、真実は同年○月○日夜前記Aが被疑者方を訪問し、被疑者に対し、同月○日施行の千葉県議会議員選挙の立候補者に対する投票依頼をした事実があるのに、「○月○日夜、自分は○○県の○○温泉に旅行中で被疑者方には在宅しなかった。したがって、同夜Aの訪問を受けた事実はない。」旨の、自己の記憶に反した虚偽の陳述をし、もって偽証したものである。

留意点　「法律により宣誓した」ことが本罪成立の要件となっており、証人が証言拒絶権を有する事項であっても宣誓の上虚偽の供述をすれば、偽証罪が成立する（最決昭和32.4.30）。

　「虚偽の陳述」とは、証人が自己の記憶に反する事実を陳述することをいう。自己の記憶に反する事実の陳述が、たまたま客観的真実に合致していても、本罪は成立すると解されている。

　なお、被告人は黙秘権を有するが、他人に虚偽の証言をするよう教唆したときは、偽証教唆罪が成立する（前掲判例参照）。

■169条、61条1項　偽証・同教唆

人を教唆して犯罪を実行させた者には、正犯の刑を科する。

被疑者A及び同Bは、近隣者として知り合いの仲であるが

第1　被疑者Aは、令和○年○月○日夜C公園でDと強制的に性交したとして公判請求された実弟Eに対する強制性交等被告事件※につき、被疑者Bが同裁判所から証人として喚問されていることを聞き、前記Eのため虚偽の証言をさせようと考え、同年○月○日午後○時頃、茨城県○○市○○町○丁目○番○号前記B方において、同人に対し、前記強制性交等被告事件の証人として尋問を受ける際は、同事件当夜前記公園で前記Eと連れの前記Dが恋人のように振る舞っており、強制的に性交が行われるような状況にはなかった旨の虚偽の証言をするように依頼し、前記Bにその決意をさせて偽証を教唆し、よって、後記第2記載の事実のとおり、同人に偽証をさせ

第2　被疑者Bは、令和○年○月○日午後○時頃、茨城県○○市○○町○丁目○番○号水戸地方裁判所○○支部刑事第○号法廷において、前記被告事件の証人として、宣誓の上、検察官から尋問を受けた際、真実は前記事件当夜現場で前記Eが前記Dの哀願を無視した上、同人を殴り、「やらせろ。」などとどなっていた事実を目撃したにもかかわらず、「○月○日夜C公園でEとDを見た。二人は恋人のように腕組みをし、植え込みの陰に入っていった。そこからは、しばらくの間笑い声が聞こえ、その後静かになった。」旨の、自己の記憶に反した虚偽の陳述をし、もって偽証し

たものである。

※　令和5年刑法改正前の強制性交等罪を前提とするものである。

■171条　虚偽鑑定等

　　法律により宣誓した鑑定人、通訳人又は翻訳人が虚偽の鑑定、通訳又は翻訳をしたときは、前２条の例による。

　　被疑者は、令和○年○月○日、茨城県○○市○○町○丁目○番○号水戸地方裁判所○○支部において、Ａに対する殺人被告事件の鑑定人として、宣誓の上、前記事件の犯行現場から発見された凶器である文化包丁の柄に残された指紋につき鑑定したものであるが、前記Ａに有利な判決を得ようとして、前記指紋と前記Ａの指紋とが一致するにもかかわらず、両指紋は相違する旨虚偽の鑑定結果を記載した鑑定書を作成し、同年○月○日、前記裁判所○○支部において、同鑑定書を提出し、かつ、証人として尋問を受け、同書面が真正に作成されたものである旨供述し、もって虚偽の鑑定をしたものである。

第19　虚偽告訴の罪

■172条　虚偽告訴等

　　人に刑事又は懲戒の処分を受けさせる目的で、虚偽の告訴、告発その他の申告をした者は、3月以上10年以下の懲役に処する。

　被疑者は、民事訴訟で係争中のAに刑事処分を受けさせる目的で、令和○年○月○日頃、栃木県○○市○○町○丁目○番○号被疑者方において、栃木県B警察署長に宛てた、「去る○月○日夜、自分の妻が栃木県○○市○○町○丁目○番○号付近路上を通行中、Aは自分の妻の背後から忍び寄って、その所持していたハンドバッグをひったくり盗んで逃げた。」旨虚偽の事実を記載した書面○通を作成し、同年○月○日頃、これを同市○○町○丁目○番○号C郵便局から同市○○町○丁目○番○号栃木県B警察署長宛てに郵送し、翌○日頃、同署長に到達させ、もって虚偽の事実を申告したものである。

　被疑者は、以前栃木県A警察署勤務巡査部長Bから風俗営業等の規制及び業務の適正化等に関する法律違反被疑者として検挙されたことを恨み、同人に刑事又は懲戒の処分を受けさせる目的で、令和○年○月○日頃、栃木県○○市○○町○丁目○番○号被疑者方において、Cの偽名を使用し、C警察署長に宛てた「B巡査部長は、去る○月○日夜、○○市○○町所在キャバレー『D』ほか数軒の飲食店で、いわゆる時間外営業を黙認してやると称し飲食接待を受け、しかも現金の要求までした。」旨虚偽の事実を記載した書面○通を作成し、同日頃、同市○○町○丁目○番○号先路上に設置された郵便ポストにこれを投函して郵送し、同月○日頃、同署長に到達させ、もって虚偽の事実を申告したものである。

　(留意点)　「刑法第172条にいう虚偽の申告とは、申告の内容をなすところの刑事、懲戒の処分の原因となる事実が、客観的真実に反することをいうと解する。」(最決昭和33.7.31)

　「刑事の処分」には、刑罰のほか少年に対する保護処分などを含む。「懲戒の処分」とは、特別権力関係に基づく制裁をいう。

　「処分を受けさせる目的」は未必の故意で足り、結果の発生の意欲を要しないと解されている。

第20　わいせつ、不同意性交等及び重婚の罪

■性犯罪に関する令和5年刑法改正の概要

　近年における性犯罪をめぐる状況に鑑み、この種の犯罪に適切に対処できるようにするため、「刑法及び刑事訴訟法の一部を改正する法律」（令和5年法律第66号）が成立し、このうち、性犯罪に係る改正刑法は令和5年7月13日から施行された。

　同改正刑法により、刑法上の性犯罪に関する処罰規定は大きく変化したが、要点は2点ある。

　1点目は、従来の強制わいせつ罪・準強制わいせつ罪が不同意わいせつ罪、従来の強制性交等罪・準強制性交等罪が不同意性交等罪にそれぞれ統合された上、同意しない意思の形成・表明・全うが困難な状態でのわいせつな行為、性交等であることを中核とする要件に整理されたことである。

　2点目は、若年者の性被害の実情に鑑み、性交同意年齢を16歳未満に引き上げるとともに、若年者の性被害を未然に防止するため、対面した状態で行われる性犯罪の防止の観点からわいせつの目的で16歳未満の者に対して不当な手段で面会を要求する行為や面会する行為、離隔した状態で行われる性犯罪の防止の観点から16歳未満の者に対して性的な姿態をとってその映像を送信することを要求する行為を処罰対象とした。

　なお、性犯罪の被害申告の困難性等に鑑み、性犯罪についての公訴時効期間が延長され（不同意わいせつ罪は7年から12年、不同意性交等罪は10年から15年など）、さらに、被害者が18歳未満である場合は更に公訴時効期間が延長される。この公訴時効期間の延長は、令和5年6月23日から施行されている。

■不同意わいせつ罪及び不同意性交等罪の構成要件の概要

　不同意わいせつ（不同意性交等）罪が成立する類型は大きく3つあり、1つ目は、176条1項所定の一定の行為又は事由等により、同意しない意思を形成し、表明し若しくは全うすることが困難な状態にさせ又はそのことに乗じて、わいせつな行為(性交、性交等など。)をした場合である(法176条1項、法177条1項)。

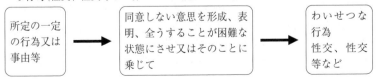

　２つ目は、行為がわいせつなものではないとの誤信をさせ（誤信をしていることに乗じる場合を含む。）、若しくは行為をする者について人違いをさせ（人違いをしていることに乗じる場合を含む。）、わいせつな行為（性交、性交等など。）をした場合である（法176条２項、法177条２項）。

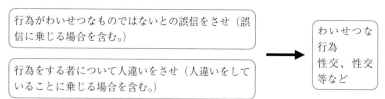

　３つ目は、16歳未満の者に対し、わいせつな行為（性交、性交等など。）をした場合である（法176条３項、法177条３項）。ただし、13歳以上16歳未満の者に対しては、行為者は、その者（被害者）が生まれた日より５年以上前に生まれた者であることを要する（同項）。

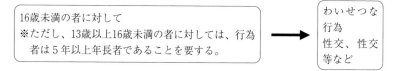

■174条　公然わいせつ

　公然とわいせつな行為をした者は、６月以下の懲役若しくは30万円以下の罰金又は拘留若しくは科料に処する。

　被疑者は、令和○年○月○日午後○時頃、群馬県○○市○○町○丁目○番○号先路上において、通行人Ａらの面前で自己の陰茎を露出させ、もって公然とわいせつな行為をしたものである。

- -

　被疑者は、令和○年○月○日午後○時頃、群馬県○○市○○町○丁目○番○号ストリップ劇場「Ａミュージックホール」において、Ｂら二十数名の観客の面前で、全裸体となった上、その陰部を露出し、もって公然とわいせつな行為をしたものである。

　被疑者両名は、共謀の上、令和○年○月○日午後○時頃、静岡県○○市○○町○丁目○番○号旅館「Ａ」客室において、不特定の客であるＢほか○名の面前で、全裸体となってその陰部を露出した上、性交の実演を行い、もって公然とわいせつな行為をしたものである。

(留意点)　「公然とは、不特定又は多数の人が認識することのできる状態をいう。」（最判昭和32.5.22）

　　　　　「本条にいういわゆる猥せつの行為とは、その行為者又はその他の者の性欲を刺激興奮又は満足させる動作であって、普通人の正常な性的羞恥心を害し、善良な性道徳観念に反するものである。」（東京高判昭和27.12.18）

■175条　わいせつ物頒布等

　わいせつな文書、図画、電磁的記録に係る記録媒体その他の物を頒布し、又は公然と陳列した者は、2年以下の懲役若しくは250万円以下の罰金若しくは科料に処し、又は懲役及び罰金を併科する。電気通信の送信によりわいせつな電磁的記録その他の記録を頒布した者も、同様とする。

　2　有償で頒布する目的で、前項の物を所持し、又は同項の電磁的記録を保管した者も、同項と同様とする。

　被疑者は、令和○年○月○日、静岡県○○市○○町○丁目○番○号先路上において、Ａに対し、男女性交の場面を露骨に撮影したカラー写真○○枚を代金○○円で販売したものである。

　被疑者は、令和○年○月○日午後○時頃、山梨県○○市○○町○丁目○番○号スナック「Ａ」において、男女性交の場面を露骨に撮影した映写フィルム「Ｂ」ほか○巻を不特定の客であるＣほか○名の面前で映写して観覧させ、もってわいせつな図画を公然と陳列したものである。

　被疑者は、令和○年○月○日、山梨県○○市○○町○丁目○番○号飲食店「Ａ」において、Ｂに対し、男女性交の場面を露骨に描写した「Ｃ」と題する本○○冊を代金○万円で販売したものである。

96

　被疑者は、令和〇年〇月〇日午後〇時頃、長野県〇〇市〇〇町〇丁目〇番〇号先路上において、販売の目的で、女性の性器や男女性交の場面等を露骨に撮影したわいせつな図画である白黒手札型写真〇〇枚を所持していたものである。

　被疑者両名は、氏名不詳者らと共謀の上、令和〇年〇月〇日頃、不特定の者であるAに対し、あらかじめアメリカ合衆国内に設置された「B」が管理するサーバコンピュータに記録・保存させた男女の性交性戯場面等を露骨に撮影したわいせつな動画データファイル合計〇〇ファイルを、同人がインターネット上の動画配信サイト「C動画配信」を利用して同サーバコンピュータにアクセスした長野県〇〇市〇〇所在のA方に設置された同人使用のパーソナルコンピュータに送信させる方法により、同パーソナルコンピュータに記録・保存させて再生・閲覧可能な状況を設定させ、電気通信の送信によりわいせつな電磁的記録を頒布したものである。

留意点　「本条にいう猥せつ文書とは、その内容が徒らに性欲を興奮又は刺激せしめ、かつ、普通人の正常な性的羞恥心を害し、善良な性的道義観念に反する文書をいう。」（最判昭和32.3.13）

　　　　「猥せつ性の存否は、当該作品自体によって客観的に判断すべきものであって、作者の主観的意図によって影響されるものではない。」（最判昭和32.3.13）

　　　　頒布とは、不特定又は多数人に対し、有償・無償を問わずに配布することをいう。

　　　　いわゆるブルーフィルムの映写観覧は公然陳列に当たる。

　　　　「不特定の者である顧客によるダウンロード操作に応じて自動的にデータを送信する機能を備えた配信サイトを利用した送信により、わいせつな動画等のデータファイルを顧客の記録媒体上に記録、保存させることも、「頒布」に当たる。」（最決平成26.11.25）

　　　　「販売用CDの作成に備えてバックアップのため、わいせつ物である光磁気ディスクを所持した事案について、CD作成の際に一部にぼかしを入れるなどの加工を施す意思であっても、有償頒布の目的が肯定できる。」（最決平成18.5.16）

■176条1項　不同意わいせつ

　次に掲げる行為又は事由その他これらに類する行為又は事由により、同意しない意思を形成し、表明し若しくは全うすることが困難な状態にさせ又はその状態にあることに乗じて、わいせつな行為をした者は、**婚姻関係の有無にかかわらず**、6月以上10年以下の拘禁刑に処する。

⑴　暴行若しくは脅迫を用いること又はそれらを受けたこと。

⑵　心身の障害を生じさせること又はそれがあること。

⑶　アルコール若しくは薬物を摂取させること又はそれらの影響があること。

⑷　睡眠その他の意識が明瞭でない状態にさせること又はその状態にあること。

⑸　同意しない意思を形成し、表明し又は全うするいとまがないこと。

⑹　予想と異なる事態に直面させて恐怖させ、若しくは驚愕させること又はその事態に直面して恐怖し、若しくは驚愕していること。

⑺　虐待に起因する心理的反応を生じさせること又はそれがあること。

⑻　経済的又は社会的関係上の地位に基づく影響力によって受ける不利益を憂慮させること又はそれを憂慮していること。

〈1項1号〉暴行・脅迫（わいせつ行為の手段の場合）

　被疑者は、令和○年○月○日午後○時○分頃、新潟県○○市○○町○丁目○番○号先路上において、通行中の○○○○（当時○○歳）に対し、その身体に正面から抱きつくなどの暴行を加えたことにより、同意しない意思を全うすることが困難な状態にさせ、その唇に複数回キスをし、その胸を着衣の上から手でもむわいせつな行為をしたものである。

- -

　被疑者は、令和○年○月○日午後○時○分頃、新潟県○○市○○町○丁目○番○号Ａ株式会社Ｂ駅地下○階コンコースにおいて、○○○○（当時○○歳）に対し、その後方から両腕を回してその上半身に抱きつくなどの暴行を加えたことにより、同意しない意思を全うすることが困難な状態にさせ、その胸を着衣の上から手でもむなどのわいせつな行為をしたものである。

〈1項1号〉暴行・脅迫（わいせつ行為の手段ではない場合）

　被疑者は、令和○年○月○日午後○時○分頃、新潟県○○市○○町○丁目○番○号先路上において、○○○○（当時○○歳）に対し、同人がA（㊟暴行した者）から顔面を多数回殴られるなどの暴行を受けたことにより同意しない意思を全うすることが困難な状態にあることに乗じ、前記○○（㊟被害者）の胸を着衣の上から手でもむわいせつな行為をしたものである。

留意点
・「暴行」とは、身体に向けられた不法な有形力の行使をいう。その程度は問わない。
・「脅迫」とは、他人を畏怖させるような害悪の告知をいう。その程度は問わない。
・「暴行若しくは脅迫を用いること」とは、行為者自身が、被害者に対し、わいせつな行為の手段として暴行、脅迫をすることをいう。
・「それらを受けたこと」とは、被害者が、第三者から暴行・脅迫を受けた場合や、行為者からわいせつな行為の手段としてではなく暴行、脅迫を受けた場合をいう。
・「同意しない意思を形成することが困難な状態」とは、わいせつな行為をするかどうかの判断・選択をする契機や能力が不足し、わいせつな行為をしない、したくないという発想をすること自体が困難な状態をいう。
・「同意しない意思を表明することが困難な状態」とは、わいせつな行為をしない、したくないという意思を形成すること自体はできたものの、それを外部に表すことが困難な状態をいう。
・「同意しない意思を全うすることが困難な状態」とは、わいせつな行為をしない、したくないという意思を形成したものの、あるいは、その意思を表明したものの、その意思のとおりになるのが困難な状態をいう。
・「わいせつな行為」とは、いたずらに性欲を興奮又は刺激させ、かつ、普通人の正常な性的羞恥心を害し、善良な性的道徳観念に反するような行為をいう（最判昭和26.5.10）。例えば、接吻する（東京高判昭和32.1.22）、乳房をもてあそぶ（新潟地判昭和63.8.26）、着衣の上から陰部を触る、裸にして写真を撮る（最判昭和45.1.29）など。
・不同意わいせつは故意犯であり、行為がわいせつであるという認識が必要である。それ以上に性的意図は不要である（最判平成29.11.29）。

〈1項2号〉心身の障害（わいせつ行為の手段の場合）

　被疑者は、令和○年○月頃から令和○年○月○日頃までの間、大阪府○○市又はその周辺において、○○○○（当時○歳）に対し、繰り返し、自らは名のらないまま電話をかけて、無言のまま応答せず、「馬鹿野郎」「くず野郎」などの言葉又は同人を中傷する言葉を言うなどして、同人に急性ストレス障害を生じさせたことにより、同意しない意思を形成することが困難な状態にさせ、同日午後○時○分頃、同府○○市○○町○丁目○番○号ホテルA○○号室内において、同人の着衣の中に手を入れてその胸を手でもみ、着衣の上からその陰部を触るなどのわいせつな行為をしたものである。

〈1項2号〉心身の障害（わいせつ行為の手段ではない場合）

　被疑者は、令和○年○月○日午後○時○分頃、大阪府○○市○○町○丁目○番○号被疑者方において、○○○○（当時○○歳）に対し、同人が重度の知的障害を有していることにより同意しない意思を形成することが困難な状態にあることに乗じ、同人の着衣の中に手を入れてその胸を手でもみ、着衣の上からその陰部を触るなどのわいせつな行為をしたものである。

　留意点　・「心身の障害」とは、身体障害、知的障害、発達障害、精神障害であり、一時的なものを含む。
　　　　　　・「心身の障害を生じさせること」とは、行為者自身が、被害者に対し、わいせつな行為の手段として心身の障害を生じさせることをいう。
　　　　　　・「それがあること」とは、被害者が、身体障害、知的障害、発達障害、精神障害を有している場合をいう。

〈1項3号〉アルコール・薬物の摂取（わいせつ行為の手段の場合）

　被疑者は、令和○年○月○日午後○時○分頃、京都府○○市○○町○丁目○番○号被疑者方において、○○○○（当時○○歳）に対し、ひそかに睡眠薬を混入させた清涼飲料水を飲ませたことにより、同意しない意思を形成することが困難な状態にさせ、同人の着衣の中に手を入れてその胸を手でもみ、着衣の上からその陰部を触るなどのわいせつな行為をしたものである。

〈1項3号〉アルコール・薬物の摂取（わいせつ行為の手段ではない場合）

　被疑者は、令和○年○月○日午後○時○分頃、京都府○○市○○町○丁目○番○号被疑者方において、○○○○（当時○○歳）に対し、同人が大量のアルコール飲料を飲んで泥酔していることにより同意しない意思を形成することが困難な状態にあることに乗じ、同人の着衣の中に手を入れてその胸を手でもみ、着衣の上からその陰部を触るなどのわいせつな行為をしたものである。

留意点
　・「薬物」とは、例えば、睡眠導入剤のように、それを摂取すると、例えば、意識がはっきりしない、身体の自由が利かないなどの影響を生じ得るものをいう。アルコールや薬物の種類や摂取量は問わない。
　・「アルコール若しくは薬物を摂取させること」とは、行為者自身が、被害者に対し、わいせつな行為の手段として、アルコール又は薬物を摂取させることをいう。
　・「それらの影響があること」とは、①被害者が、行為者によって、わいせつな行為の手段としてではなく飲酒させられたり薬物を摂取させられたりしたほか、②第三者によって飲酒させられたり薬物を摂取させられ、あるいは、③被害者が、自ら飲酒したり薬物を摂取して、それらの影響を受けている場合をいう。

〈1項4号〉睡眠その他の意識の明瞭でない場合（わいせつ行為の手段の場合）

　被疑者は、令和○年○月○日午後○時○分頃、兵庫県○○市○○町○丁目○番○号被疑者方において、○○○○（当時○○歳）に対し、その眼前で鈴を振って同人を眠らせるいわゆる催眠術を用いて同人を眠らせたことにより、同意しない意思を形成することが困難な状態にさせ、その着衣の襟元から手を差し入れて、その胸を肌着の上から触るなどのわいせつな行為をしたものである。

〈1項4号〉睡眠その他の意識の明瞭でない場合（わいせつ行為の手段ではない場合）

　被疑者は、令和○年○月○日午後○時○分頃から同日午後○時○分頃までの間に、兵庫県○○市○○町○丁目○番○号海の家Aにおいて、○○○○（当時○○歳）に対し、同人が睡眠から目を覚ました直後の意識がもうろうとしている状態であることにより同意しない意思を形成することが困難な状態にあることに乗じ、その着衣の上からその胸を手で触り、さらに、その唇にキスをするわいせつな行為をしたものである。

留意点　　・「睡眠」とは、眠っていて意識が失われている状態をいう。

　　　　　・「その他の意識が明瞭でない状態」とは、睡眠以外の原因で意識がはっきりしない状態をいう。例えば、半覚醒状態で意識がもうろうとしている状態や極度の過労により意識がもうろうとしている状態をいう。

　　　　　・「睡眠その他の意識が明瞭でない状態にさせること」とは、行為者自身が、被害者に対し、わいせつな行為の手段として、完全に眠らせたり、意識がもうろうとした状態にすることをいう。例えば、わいせつな行為の手段として、催眠術を使うなどした場合をいう。

　　　　　・「その状態にあること」とは、被害者が完全に眠っている場合や、半覚醒状態で意識がもうろうとしているなど意識が明瞭でない状態にある場合をいう。

〈1項5号〉いとまがない場合

　被疑者は、令和○年○月○日午後○時○分頃、奈良県○○市○○町○丁目○番○号先路上において、○○○○（当時○○歳）に対し、背後から近づき、瞬時のことで時間のゆとりがないことにより同意しない意思を形成することが困難な状態にあることに乗じ、その着衣の上から及び着衣の中に手を入れて直接、その胸を手でもみ、着衣の上から陰部を触るなどのわいせつな行為をしたものである。

- -

　被疑者は、令和○年○月○日午後○時○分頃、奈良県○○市○○町○丁目○番○号先路上において、○○○○（当時○○歳）に対し、同意の上で抱き合った際に、瞬時のことで時間のゆとりがないことにより同意しない意思を形成することが困難な状態にあることに乗じ、その着衣の上から胸を手でもむわいせつな行為をしたものである。

留意点　　・「同意しない意思を形成し、表明し又は全うするいとまがないこと」とは、被害者において、わいせつな行為がなされようとしていることを認識してからわいせつな行為がなされるまでの間に、そのわいせつな行為について自由な意思決定をするための時間のゆとりがないことをいう。例えば、すれ違いざまに、いきなり胸を触られる場合やヨガ教室で目を閉じて横になっているときに、いきなり胸を触られる場合などをいう。

102

〈1項6号〉予想と異なる事態に直面させて恐怖・驚愕（わいせつ行為の手段としてなされた場合）

　被疑者は、令和〇年〇月〇日午後〇時〇分頃から同日午後〇時〇分までの間に、滋賀県〇〇市〇〇町〇丁目〇番〇号A接骨院において、客である〇〇〇〇（当時〇〇歳）に対するマッサージの施術中、施術台に仰向けになっていた同人に対し、そのブラトップ内に両手を差し入れ、性的行為が行われると予想していなかった同人を恐怖させたことにより、同意しない意思を全うすることが困難な状態にさせ、その両胸を両手で触るわいせつな行為をしたものである。

　被疑者は、令和〇年〇月〇日午後〇時〇分頃、滋賀県〇〇市〇〇町〇丁目〇番〇号A公園内において、同所に設置されたベンチに座っていた〇〇〇〇（当時〇〇歳）に対し、背後から近づくとともに、同人が着用していたワンピースの上からその大腿部を手で複数回触った上、ワンピースの裾を手でつかんでめくり上げるなどし、性的行為が行われると予想していなかった同人を恐怖又は驚愕させたことにより、同意しない意思を表明することが困難な状態にさせ、その着衣の上から胸を手でもむなどのわいせつな行為をしたものである。

〈1項6号〉予想と異なる事態に直面させて恐怖・驚愕（わいせつ行為の手段ではない場合）

　被疑者は、令和〇年〇月〇日午後〇時〇分頃、滋賀県〇〇市〇〇町〇丁目〇番〇号先路上において、前方から歩いてきて被疑者と不意に衝突して転倒した〇〇〇〇（当時〇〇歳）に対し、同意しない意思を表明することが困難な状態でわいせつな行為をしようと考え、同人が驚愕していることにより同意しない意思を表明することが困難な状態にあることに乗じ、その着衣の上から胸を手でもむわいせつな行為をしたものである。

留意点　・「予想と異なる事態」とは、実際に生じている事態が、被害者の予想したところと異なることをいう。
　　　　・「予想と異なる事態に直面して恐怖させ、若しくは驚愕させること」とは、行為者自身が、わいせつな行為を求められるとは予想していない被害者に対し、わいせつな行為の手段として、例えば、二人きりの密室でわいせつな行為を迫ることで被害者を恐

怖・驚愕させる行為をいう。
・「その事態に直面して恐怖し、若しくは驚愕していること」とは、例えば、被害者が、わいせつな行為をすることを意図せず出てきた行為者と不意に出くわしたことにより、恐怖・驚愕している場合などをいう。
・6号は、被害者がいわゆるフリーズした状態、つまり、被害者が予想外の事態に直面したり、予想を超える事態に直面したことから、自身に危害が加わるかもしれないと考え、不安や動揺により平静を失った状態を捉えたものである。

〈1項7号〉虐待に起因する心理的反応（わいせつ行為の手段の場合）
　被疑者は、令和○年○月頃から令和○年○月頃までの間、和歌山県○○市○○町○丁目○番○号被疑者方において、同居の実子である○○○○に対し、暴力や性的虐待を繰り返し、それに起因する被疑者からの性的行為に抵抗できない心理状態を生じさせたことにより、同意しない意思を形成することが困難な状態にさせ、令和○年○月○日午後○時○分頃、前記被疑者方において、前記○○（当時○○歳）に対し、その着衣の中に手を入れてその胸を手でもみ、着衣の上からその陰部を触るなどのわいせつな行為をしたものである。

〈1項7号〉虐待に起因する心理的反応（わいせつ行為の手段ではない場合）
　被疑者は、令和○年○月○日午後○時○分頃、和歌山県○○市○○町○丁目○番○号Ａ学習塾○○教室において、○○○○（当時○○歳）に対し、同人が幼少期における実父からの身体的虐待に起因する成人男性に対する恐怖心があることにより同意しない意思を表明することが困難な状態にあることに乗じ、その着衣の中に手を入れてその胸を手でもみ、着衣の上からその陰部を触るなどのわいせつな行為をしたものである。

(留意点)　・「虐待」とは、物理的又は精神的にひどい取り扱いをすることをいう。例えば、身体的虐待（暴力）、性的虐待（親の子に対する性的行為など。）、ネグレクト（育児放棄）、いじめやいわゆるＤＶなどをいう。
　　　　　・「虐待に起因する心理的反応」とは、順応（虐待を通常の出来事として受け入れる心理状態になること。）、無力感（抵抗しても無駄であると考える心理状態になること。）などがある。

・「虐待に起因する心理的反応を生じさせること」とは、行為者自身が、被害者に対し、わいせつな行為の手段として、身体的虐待を繰り返し、わいせつな行為をされることについて、順応させたり、無力感を植え付けることをいう。

・「それがあること」とは、例えば、被害者が、第三者から虐待を受けたり、行為者からわいせつな行為の手段としてではなく虐待を受けたために、恐怖心を抱いている場合をいう。

〈1項8号〉経済的・社会的関係上の地位に基づく影響力によって受ける不利益を憂慮（わいせつ行為の手段の場合）

　被疑者は、株式会社Ａの人事部長として、同社従業員の採用等の業務を統括していたものであるが、令和○年○月○日午後○時○分頃、愛知県○○市○○町○丁目○番○号前記株式会社Ａ小会議室において、同社従業員としての採用を希望していた○○○○（当時○○歳）に対し、「胸触らせてくれ。」「うちで働きたいんだよね。」「断ったら君を採用することはできないよ。」などと言い、被疑者の要求に応じなければ被疑者の同社人事部長としての影響力によって同社に採用されないのではないかとの不安を生じさせたことにより、同意しない意思を表明することが困難な状態にさせ、前記○○の唇にキスをし、その着衣の中に手を入れてその胸を手でもむなどのわいせつな行為をしたものである。

〈1項8号〉経済的・社会的関係上の地位に基づく影響力によって受ける不利益を憂慮（わいせつ行為の手段ではない場合）

　被疑者は、株式会社Ａの人事部長として、同社従業員の採用等の業務を統括していたものであるが、令和○年○月○日午後○時○分頃、愛知県○○市○○町○丁目○番○号前記株式会社Ａ小会議室において、同社従業員としての採用を希望していた○○○○（当時○○歳）に対し、同人が以前同社の人事課長Ｂから「人事部長が採用を見送ると言ったら希望者は採用されないんだ。採用されたいなら、人事部長に気に入られることが一番だ。」などと言われており、被疑者の要求に応じなければ被疑者との同社人事部長としての影響力によって同社に採用されないのではないかとの不安を生じさせられたことにより同意しない意思を表明することが困難な状態にあることに乗じ、前記○○の唇にキスをし、その着衣の中に手を入れてその胸を手でもむなどのわいせつな行為をしたものである。

留意点　・「経済的関係」とは、金銭や物などの財産に関わる人的関係をいう。例えば、雇用主と従業員、取引先の職員同士などの関係をいう。

・「社会的関係」とは、家庭・会社・学校といった社会生活における人的関係をいう。例えば、家族関係のほか、上司と部下、先輩と後輩、教師と学生、コーチと教え子などの関係をいう。

・「経済的又は社会的関係上の地位に基づく影響力によって受ける不利益」とは、行為者によるわいせつな行為に応じなければ、行為者の経済的・社会的関係上の地位に基づく影響力によって被害者自らやその親族等が受ける不利益をいう。例えば、従業員である被害者が、会社の社長によるわいせつな行為に応じなければ、当該社長の地位に基づく影響力ゆえに、仕事を得られなかったり、希望しない仕事をさせられたりする場合をいう。

・「憂慮」とは、被害者が前記のような不利益が及ぶことを不安に思うことをいう。

・「経済的又は社会的関係上の地位に基づく影響力によって受ける不利益を憂慮させること」とは、行為者自身が、被害者に対し、わいせつな行為の手段として、行為者自身の言動によってそのような不安を抱かせることをいう。

・「それを憂慮していること」とは、第三者によってなされた言動や、行為者によってわいせつな行為の手段としてではなくなされた言動により、そのような不安を抱いていることをいう。

〈所定の行為・事由の混合型―酔余の上、不意をついたわいせつ（1項3・6号）〉

　被疑者は、令和○年○月○日午前○時○分頃から同日午前○時○分頃までの間に、三重県○○市○○町○丁目○番○号先路上に停車させたタクシー内において、大量のアルコール飲料を飲んだ影響で同車の後部座席で寝ていた○○○○（当時○○歳）の隣に乗り込み、これに気付いた同人に対し、「胸のしこりは病院に診てもらった方がいいよ。」などと言い、前記のとおり同人が大量のアルコール飲料を飲んだ影響下にあったことに加え、性的行為が行われると予想していなかった同人を驚愕させたことにより、同意しない意思を形成することが困難な状態にさせ、その着衣の上から胸を手でもむわいせつな行為をしたものである。

〈所定の行為・事由の混合型―不意をついた連続わいせつ（1項5・6号）〉
　被疑者は、令和〇年〇月〇日午前〇時〇分頃から同日午前〇時〇分頃までの間、三重県〇〇市〇〇町〇丁目〇番〇号A株式会社B線C駅から同市〇〇町〇丁目〇番〇号同線D駅を進行中の電車内において、〇〇〇〇（当時〇〇歳）に対し、いきなりその背後から体を密着させ、瞬時のことで時間のゆとりがないことにより同意しない意思を形成することが困難な状態にあることに乗じ、スカートの上からその臀部を両手でわしづかみにして数回もむわいせつ行為をし、さらに、性的行為が行われると予想していなかった同人を恐怖させたことにより、同意しない意思を表明することが困難な状態にさせ、スカートの上からその臀部を両手でわしづかみにして数回もむなどのわいせつ行為をしたものである。

■176条2項　不同意わいせつ
　　行為がわいせつなものではないとの誤信をさせ、若しくは行為をする者について人違いをさせ、又はそれらの誤信若しくは人違いをしていることに乗じて、わいせつな行為をした者も、前項と同様とする。

〈行為がわいせつなものではないと誤信〉
　被疑者は、岐阜県内のゴルフ練習場において、ゴルフ教室コーチとしてゴルフの指導をしていたものであるが、令和〇年〇月〇日午後〇時〇分頃から同日午後〇時〇分頃までの間、同県〇〇市〇〇町〇丁目〇番〇号Aゴルフクラブ店内において、客である〇〇〇〇（当時〇〇歳）に対し、フォームを見る旨言って、店内のゴルフ練習場の打席に立たせ、同人がゴルフの指導に必要な行為であると誤信していることに乗じ、同人の着衣の上から、胸、臀部及び陰部付近を手で数回触るなどのわいせつな行為をしたものである。

〈行為者を夫と誤信〉
　被疑者は、令和〇年〇月〇日午後〇時〇分頃、岐阜県〇〇市〇〇町〇丁目〇番〇号〇〇〇〇方において、前記〇〇（当時〇〇歳）に対し、暗闇の中で、同人が被疑者を夫であると人違いをしていることに乗じて、前記〇〇の唇にキスをするなどのわいせつな行為をしたものである。

留意点　・「行為がわいせつなものではないとの誤信をさせ（誤信をしていることに乗じてを含む。）」とは、現に行われようとしている行為（実行行為）がわいせつなものではないとの錯誤があることをいう（例えば、真実はわいせつ行為であるのに、医療行為であると誤信している場合）。

　　・「行為をする者について人違いをさせ（人違いをしていることに乗じてを含む。）」とは、行為者の同一性について錯誤があることをいう。例えば、真実は夫とは別人であるのに、暗闇の中で、行為者を夫と勘違いをした場合をいう。他方、真実は無職であるのに、金持ちの社長であると偽られ誤信した場合や真実は既婚者であるのに、未婚者であると偽られ誤信した場合は、いずれも行為の相手方としての同一性は正しく認識した上で、単に行為者の属性に関する誤信をしているにすぎないため該当しない。

■176条3項　不同意わいせつ

　16歳未満の者に対し、わいせつな行為をした者（当該16歳未満の者が13歳以上である場合については、その者が生まれた日より5年以上前の日に生まれた者に限る。）も、第1項と同様とする。

〈16歳未満の者に対するわいせつ行為─被害者が13歳未満の場合〉
　被疑者は、○○○○（当時10歳）が13歳未満の者であることを知りながら、令和○年○月○日午後○時○分頃、福井県○○市○○町○丁目○番○号○○公園内において、同人に対し、同人の下着内に手を差し入れてその胸を手で触り、さらに、その唇にキスをするわいせつな行為をしたものである。

留意点　・被害者が13歳未満の場合、主体に制限はなく、誰でも行える。

〈16歳未満の者に対するわいせつ行為─被害者が13歳以上16歳未満の場合〉
　被疑者は、○○○○（当時13歳）が16歳未満の者であり、かつ、自らが同人の生まれた日より5年以上前の日に生まれた者であることを知りながら、令和○年○月○日午後○時○分頃、福井県○○市○○町○丁目○番○号A中学校○○教室内において、同人に対し、その下着内に手を差し入れてその胸をもむなどのわいせつな行為をしたものである。

(留意点)　・被害者が13歳以上16歳未満の者の場合、3項が適用される主体は、被害者が生まれた日より5年以上前の日に生まれた者に限る（身分犯）。

　・「その者が生まれた日より5年以上前の日に生まれた者」とは、13歳以上16歳未満の者の生年月日の前日から起算して5年以上前に生まれた者をいう。例えば、被害者の生年月日が平成20年4月1日の場合、行為者の生年月日の下限は平成15年3月31日となる（単純に被害者の生年月日の5年前の者（H15.4.1生）の者は入らないことに注意）。

〈部屋に侵入してわいせつ行為─住居侵入と不同意わいせつ〉

　被疑者は、正当な理由がないのに、令和○年○月○日午後○時○分頃、福井県○○市○○町○丁目○番○号○○○○方に、無施錠のリビングキッチン東側掃き出し窓から侵入し、その頃、同人方洋室において、○○○○（当時○○歳）に対し、その肩を押して仰向けに倒すなどの暴行を加えたことにより、同意しない意思を全うすることが困難な状態にさせ、その胸を着衣の上から手で触り、その陰部や臀部を着衣の上から手で触るなどのわいせつな行為をしたものである。

(留意点)　・16歳未満の者に対して、例えば、暴行・脅迫をして同意しない意思を形成し、表明し若しくは全うすることが困難な状態でわいせつな行為をした場合、176条1項及び3項が適用されて一罪となる（最決昭和44.7.25参照）。

　・不同意わいせつは非親告罪である（平成29年改正）。

■177条1項　不同意性交等

　前条第1項各号に掲げる行為又は事由その他これらに類する行為又は事由により、同意しない意思を形成し、表明し若しくは全うすることが困難な状態にさせ又はその状態にあることに乗じて、性交、肛門性交、口腔性交又は膣若しくは肛門に身体の一部（陰茎を除く。）若しくは物を挿入する行為であってわいせつなもの（以下この条及び第179条第2項において「性交等」という。）をした者は、婚姻関係の有無にかかわらず、5年以上の有期拘禁刑に処する。

〈1項1号〉暴行・脅迫（性交等の手段の場合）

　被疑者は、令和○年○月○日午後○時○分頃から同日午後○時○分頃までの間に、石川県○○市○○町○丁目○番○号被疑者方において、○○○○（当時○○歳）に対し、同人を抱きかかえて布団の上に寝かせ、同人に馬乗りになるなどの暴行を加え、拳を振り上げながら「言うこと聞かないとぶん殴るぞ。」などと言ったことにより、同意しない意思を全うすることが困難な状態にさせ、同人の膣に指を挿入して性交等をし、同人の頭部を両手で押さえて口腔内に自己の陰茎を挿入して口腔性交したものである。

〈1項1号〉暴行・脅迫（性交等の手段ではない場合）

　被疑者は、令和○年○月○日午後○時○分頃から同日午後○時○分頃までの間に、石川県○○市○○町○丁目○番○号先路上に停車中の自動車内において、○○○○（当時○○歳）に対し、同人が被疑者から自動車内に連れ込まれ、「抵抗したら殺すぞ」と言われるなどの暴行・脅迫を受けたことにより同意しない意思を全うすることが困難な状態にあることに乗じ、前記○○の膣に指を挿入して性交等をしたものである。

(留意点)　・実行行為は、性交、肛門性交、口腔性交又は膣若しくは肛門に身体の一部（陰茎を除く。）若しくは物を挿入する行為であってわいせつなものをいう。
　　　　　・「性交」とは、膣内に陰茎を入れる行為をいう。
　　　　　・「肛門性交」とは、肛門内に陰茎を入れる行為をいう。
　　　　　・「口腔性交」とは、口腔内に陰茎を入れる行為をいう。
　　　　　・陰茎を除く身体の一部の典型例は手指、物の典型例は性玩具である。

〈1項2号〉心身の障害（性交等の手段の場合）

　被疑者は、令和○年○月頃から令和○年○月○日頃までの間、富山県○○市又はその周辺において、○○○○（当時○歳）に対し、繰り返し、自らは名のらないまま電話をかけて、無言のまま応答せず、「馬鹿野郎」「くず野郎」などの言葉又は同人を中傷する言葉を言うなどして、同人に急性ストレス障害を生じさせたことにより、同意しない意思を形成することが困難な状態にさせ、同日午後○時○分頃、同県○○市○○町○丁目○番○号ホテルＡ○○号室内において、同人の膣に指を挿入して性交等をしたものである。

〈1項2号〉心身の障害（性交等の手段ではない場合）

　被疑者は、令和○年○月○日午後○時○分頃、富山県○○市○○町○丁目○番○号被疑者方において、○○○○（当時○○歳）に対し、同人が重度の知的障害を有していることにより同意しない意思を形成することが困難な状態にあることに乗じ、同人と性交をしたものである。

留意点　・99、109頁参照

〈1項3号〉アルコール・薬物の摂取（性交等の手段の場合）

　被疑者は、令和○年○月○日午後○時○分頃、広島県○○市○○町○丁目○番○号被疑者方において、○○○○（当時○○歳）に対し、ひそかに睡眠薬を混入させた清涼飲料水を飲ませたことにより、同意しない意思を形成することが困難な状態にさせ、同人の肛門に陰茎等を挿入して性交等をしたものである。

〈1項3号〉アルコール・薬物の摂取（性交等の手段ではない場合）

　被疑者は、令和○年○月○日午後○時○分頃、広島県○○市○○町○丁目○番○号被疑者方において、○○○○（当時○○歳）に対し、同人が大量のアルコール飲料を飲んで泥酔していることにより同意しない意思を形成することが困難な状態にあることに乗じ、同人に口腔性交をしたものである。

留意点　・99〜100、109頁参照

〈1項4号〉睡眠その他の意識の明瞭でない場合（性交等の手段の場合）

　被疑者は、令和○年○月○日午後○時○分頃、山口県○○市○○町○丁目○番○号被疑者方において、○○○○（当時○○歳）に対し、その眼前で鈴を振って同人を眠らせるいわゆる催眠術を用いて同人を眠らせたことにより、同意しない意思を形成することが困難な状態にさせ、その膣に指を挿入して性交等をしたものである。

〈1項4号〉睡眠その他の意識の明瞭でない場合（性交等の手段ではない場合）

　被疑者は、令和○年○月○日午後○時○分頃から同日午後○時○分頃までの間に、山口県○○市○○町○丁目○番○号海の家Aにおいて、○○○○（当時○○歳）に対し、同人が睡眠から目を覚ました直後の意識がもうろうとしている状態であることにより同意しない意思を形成することが困難な状態にあることに乗じ、その膣に指を挿入して性交等をしたものである。

（留意点）　・100〜101、109頁参照

〈1項5号〉いとまがない場合

　被疑者は、令和○年○月○日午後○時○分頃、岡山県○○市○○町○丁目○番○号先路上において、○○○○（当時○○歳）に対し、同意の上で抱き合った際に、瞬時のことで時間のゆとりがないことにより同意しない意思を形成することが困難な状態にあることに乗じ、その下着内に手を差し入れ、その膣に指を挿入して性交等をしたものである。

（留意点）　・101、109頁参照

〈1項6号〉予想と異なる事態に直面させて恐怖・驚愕（性交等の手段としてなされた場合）

　被疑者は、令和○年○月○日午後○時○分頃から同日午後○時○分頃までの間に、岡山県○○市○○町○丁目○番○号リラクゼーションA店内において、客である○○○○（当時○○歳）に対するマッサージの施術中、施術台に横になっていた同人に対し、いきなり同人の陰部を手で触り、性的行為が行われると予想していなかった同人を恐怖させたことにより、同意しない意思を表明することが困難な状態にさせ、その膣に手指を挿入して性交等をしたものである。

〈1項6号〉予想と異なる事態に直面させて恐怖・驚愕（性交等の手段ではない場合）

　被疑者は、令和○年○月○日午後○時○分頃、岡山県○○市○○町○丁目○番○号先路上において、前方から歩いてきて被疑者と不意に衝突して転倒した○○○○（当時○○歳）に対し、同意しない意思を表明することが困難な状態でわいせつな行為をしようと考え、同人が驚愕していることにより同意しない意思を表明することが困難な状態にあることに乗じ、その下着内に手を差し入れ、その膣に指を挿入して性交等をしたものである。

112

留意点　・102〜103、109頁参照

〈1項7号〉虐待に起因する心理的反応（性交等の手段の場合）
　被疑者は、令和○年○月頃から令和○年○月頃までの間、鳥取県○○市○○町○丁目○番○号被疑者方において、同居の実子である○○○○に対し、暴力や性的虐待を繰り返し、それに起因する被疑者からの性的行為に抵抗できない心理状態を生じさせたことにより、同意しない意思を形成することが困難な状態にさせ、令和○年○月○日午後○時○分頃、前記被疑者方において、前記○○（当時○○歳）と性交をしたものである。

〈1項7号〉虐待に起因する心理的反応（性交等の手段ではない場合）
　被疑者は、令和○年○月○日午後○時○分頃、鳥取県○○市○○町○丁目○番○号A学習塾○○教室において、○○○○（当時○○歳）に対し、同人が幼少期における実父からの身体的虐待に起因する成人男性に対する恐怖心があることにより同意しない意思を表明することが困難な状態にあることに乗じ、その膣に性玩具を挿入して性交等をしたものである。

留意点　・103〜104、109頁参照

〈1項8号〉経済的・社会的関係上の地位に基づく影響力によって受ける不利益を憂慮（性交等の手段の場合）
　被疑者は、株式会社Aの人事部長として、同社従業員の採用等の業務を統括していたものであるが、令和○年○月○日午後○時○分頃、島根県○○市○○町○丁目○番○号前記株式会社A小会議室において、同社従業員としての採用を希望していた○○○○（当時○○歳）に対し、「胸触らせてくれ。」「うちで働きたいんだよね。」「断ったら君を採用することはできないよ。」などと言い、被疑者の要求に応じなければ被疑者の同社人事部長としての影響力によって同社に採用されないのではないかとの不安を生じさせたことにより、同意しない意思を表明することが困難な状態にさせ、その膣に指を挿入して性交等をしたものである。

〈1項8号〉経済的・社会的関係上の地位に基づく影響力によって受ける不利益を憂慮（性交等の手段ではない場合）

　被疑者は、株式会社Ａの人事部長として、同社従業員の採用等の業務を統括していたものであるが、令和○年○月○日午後○時○分頃、島根県○○市○○町○丁目○番○号前記株式会社Ａ小会議室において、同社従業員としての採用を希望していた○○○○（当時○○歳）に対し、同人が以前同社の人事課長Ｂから「人事部長が採用を見送ると言ったら希望者は採用されないんだ。採用されたいなら、人事部長に気に入られることが一番だ。」などと言われており、被疑者の要求に応じなければ被疑者との同社人事部長としての影響力によって同社に採用されないのではないかとの不安を生じさせられたことにより同意しない意思を表明することが困難な状態にあることに乗じ、その膣に指を挿入して性交等をしたものである。

留意点　・104～105、109頁参照

〈所定の行為・事由の混合型―酔余の上、不意をついた性交等（1項3・6号）〉

　被疑者は、令和○年○月○日午前○時○分頃、島根県○○市○○町○丁目○番○号被疑者方において、大量のアルコール飲料を飲んだ影響で寝ていた○○○○（当時○○歳）の隣にいき、これに気付いた同人に対し、「膣のしこりは病院に診てもらった方がいいよ。」などと言い、前記のとおり同人が大量のアルコール飲料を飲んだ影響下にあったことに加え、性的行為が行われると予想していなかった同人を驚愕させたことにより、同意しない意思を形成することが困難な状態にさせ、その下着内に手を差し入れ、その膣に指を挿入して性交等をしたものである。

■177条2項　不同意性交等

　　行為がわいせつなものではないとの誤信をさせ、若しくは行為をする者について人違いをさせ、又はそれらの誤信若しくは人違いをしていることに乗じて、性交等をした者も、前項と同様とする。

〈行為がわいせつなものではないと誤信〉

被疑者は、マッサージ師として、客に対するマッサージ等の施術を行っていたものであるが、令和○年○月○日午後○時○分頃、福岡県○○市○○町○丁目○番○号Aマッサージ店店内において、客として来店した○○○○（当時○○歳）に対し、真実は、肩こりを解消するために必要な行為ではなく性交等をする目的であるのに、「肩こりがひどいよ。治すためには、肩や首の周りだけでなく、陰部にあるリンパもマッサージした方がいい。」などと言い、同人に肩こりを解消するためのリンパマッサージに必要な行為であって性交等の行為ではないとの誤信をさせ、その膣に指を挿入して性交等をしたものである。

〈行為者を夫と誤信〉

被疑者は、令和○年○月○日午後○時○分頃、福岡県○○市○○町○丁目○番○号○○○○方において、前記○○（当時○○歳）に対し、暗闇の中で、同人が被疑者を夫であると人違いをしていることに乗じて、前記○○の膣に指を挿入して性交等をしたものである。

(留意点) ・106〜107、109頁参照

■177条3項　不同意性交等

16歳未満の者に対し、性交等をした者（当該16歳未満の者が13歳以上である場合については、その者が生まれた日より5年以上前の日に生まれた者に限る。）も、第1項と同様とする。

〈16歳未満の者に対する性交等—被害者が13歳未満の場合〉

被疑者は、○○○○（当時12歳）が13歳未満の者であることを知りながら、令和○年○月○日午後○時○分頃、佐賀県○○市○○町○丁目○番○号被疑者方において、前記○○の膣に指を挿入して性交等をしたものである。

〈16歳未満の者に対する性交等—被害者が13歳以上16歳未満の場合〉

被疑者は、○○○○（当時13歳）が16歳未満の者であり、かつ、自らが同人の生まれた日より5年以上前の日に生まれた者であることを知りながら、令和○年○月○日午後○時○分頃から同日午後○時○分頃までの間に、佐賀県○○市○○町○丁目○番○号被疑者方において、前記○○と性交をしたものである。

(留意点)　・107～109頁参照

〈不同意性交中の動画撮影—不同意性交等と性的姿態等撮影〉

　被疑者は

第1　令和○年○月○日午後○時○分頃から同日午後○時○分頃までの
　　間、佐賀県○○市○○町○丁目○番○号付近路上に停車中の自動車内
　　において、○○○○（当時○○歳）に対し、同人が飲酒して泥酔して
　　いることにより同意しない意思を形成することが困難な状態にあるこ
　　とに乗じ、同人の膣に指を挿入して性交等をし

第2　同日午後○時○分頃から同日午後○時○分頃までの間、前記場所に
　　おいて、同人に対し、前記状態にあることに乗じ、手に持った動画撮
　　影機能付きスマートフォンを使用し、被疑者が前記○○の陰部を触り
　　同人の膣に指を挿入して性交等をしている様子を動画撮影し

たものである。

■179条1項　監護者わいせつ罪

　　18歳未満の者に対し、その者を現に監護する者であることによる影響力が
　あることに乗じてわいせつな行為をした者は、第176条第1項の例による。

　被疑者は、内縁の妻の娘であるA（当時○○歳）と同居してその寝食の
世話をし、その指導・監督をするなどして、同人を現に監護する者である
が、同人が18歳未満の者であることを知りながら、同人にわいせつな行為
をしようと考え、令和○年○月○日午後○時頃、和歌山県○○市○○町○
丁目○番○号被疑者方○階○畳間において、同人を監護する者であること
による影響力があることに乗じて、同人に対し、パンティーを引き下げて
その陰部を触るなどして、わいせつな行為をしたものである。

■179条2項　監護者性交等罪

　　18歳未満の者に対し、その者を現に監護する者であることによる影響力が
　あることに乗じて性交等をした者は、第177条第1項の例による。

被疑者は、妻Aの連れ子であるB（当時○○歳）と同居してその寝食の世話をし、その指導・監督をするなどして、同人を現に監護する者であるが、同人が18歳未満の者であることを知りながら、同人と性交をしようと考え、令和○年○月○日午後○時○分頃、愛知県○○市○○町○丁目○番○号被疑者方○階○畳間において、同人を監護する者であることによる影響力があることに乗じて、同人に対し、「お前が高校に通えるのは、拾ってやった俺のおかげだ。母親と一緒に暮らしていきたかったら、言うことを聞け。」などと言った上、同人と性交をしたものである。

(留意点) 平成29年改正によって新設された規定である。
　　　　「現に監護する者」に該当する具体的な例としては、親（養親）が典型ではあるが、親以外であっても、事実上、子を引き取って親代わりとして養育している親族等も挙げることができる。養護施設等の職員については、生活全般にわたって保護・被保護の関係が認められるなど具体的な事実関係によっては、「現に監護する者」に該当する場合があり得る。

■180条　未　遂
　　　第176条、第177条及び前条の罪の未遂は、罰する。

〈不同意わいせつ未遂〉
　被疑者は、○○○○を同意しない意思を全うすることが困難な状態にさせてわいせつな行為をしようと考え、令和○年○月○日午後○時○分頃、長崎県○○市○○町○丁目○番○号Aビル○号機エレベーター内において、同人（当時○○歳）に対し、いきなりその身体に抱きつく暴行を加えたが、同人に抵抗されたため、その目的を遂げなかったものである。

〈不同意性交等未遂〉
　被疑者は、○○○○を同意しない意思を全うすることが困難な状態にさせて性交等をしようと考え、令和○年○月○日午後○時○分頃から同日午後○時○分頃までの間に、長崎県○○市○○町○丁目○番○号先路上において、同人（当時○○歳）に対し、その顔面を多数回殴るなどの暴行を加えたことにより、同人を同意しない意思を全うすることが困難な状態にさせたが、これを目撃した通行人から制止されたため、その目的を遂げなかったものである。

留意点 ・実行の着手時期は、同意しない意思を形成し、表明し又は全うすることが困難な状態で性的行為がなされる現実的危険性を有する行為が開始された時であり、各項・各号所定の事由・行為がなされた時もあれば、わいせつ行為を開始した時もあり、事案ごとに判断することとなる。

・既遂時期は不同意わいせつはわいせつ行為を行った時であり、不同意性交等は膣内、肛門内、口腔内に陰茎等を没入した時である。

■181条1項　不同意わいせつ等致死傷

第176条若しくは第179条第1項の罪又はこれらの罪の未遂罪を犯し、よって人を死傷させた者は、無期又は3年以上の懲役に処する。

被疑者は、令和○年○月○日午後○時○分頃、長崎県○○市○○町○丁目○番○号先路上において、○○○○（当時○○歳）に対し、その正面から同人の上半身を手でつかみ、その足を足で足払いして同人を地面に投げ倒し、仰向けに転倒した同人の上半身に覆い被さるなどの暴行を加えたことにより、同意しない意思を全うすることが困難な状態にさせ、同人の口元にキスをし、同人の陰部を下着の上から指で触るわいせつな行為をし、その際、同人に加療約○○日間を要する後頭部打撲等の傷害を負わせたものである。

留意点 不同意わいせつが未遂に終わっても、死傷の結果が生じれば本罪が成立する。

死傷の結果は、わいせつ行為自体や、その手段である暴行・脅迫行為から直接生じたものに限らず、わいせつ行為に通常随伴する行為から生じたものであれば足りる（大判明治44.6.29）。

電車内で強制わいせつ行為を終了した後、その場で被害者に腕をつかまれたため、車外に逃走して逮捕を免れる目的で暴行を加えた結果、被害者に傷害を負わせた場合、強制わいせつ致傷罪が成立する（東京高判平成12.2.21）。

改正点 ・令和5年刑法改正により、罪名が強制わいせつ（強制性交等）致死傷罪から不同意わいせつ（不同意性交等）致死傷罪に変更になった。

・法定刑は変わらないが、刑事訴訟法も改正され、不同意わいせつ致傷罪、不同意性交等致傷罪の公訴時効期間は20年（従前は15年）となる（刑事訴訟法250条3項）。被害者が18歳未満であると

きの公訴時効期間の延長も不同意わいせつ罪の場合と同様である。なお、不同意わいせつ致死罪及び不同意性交等致死罪の公訴時効期間は従前と同様である。

■181条2項　不同意性交等致死傷
第177条若しくは第179条第2項の罪又はこれらの罪の未遂罪を犯し、よって人を死傷させた者は、無期又は6年以上の懲役に処する。

被疑者は、令和○年○月○日午後○時○分頃から同日午前○時○分頃までの間、大分県○○市○○町○丁目○番○号A公園内において、同所内を徒歩で通行していた○○○○（当時○○歳）に対し、いきなり同人の背後から抱きつき、同人を押し倒し、同人の頸部を腕で羽交い絞めにして同公園内のトイレ脇に連れ込み、着衣の上からその胸をもみ、スカートの中に手を入れて下着の上から陰部を触るなどした上、「口で抜け。」「口でやったらすぐ行くから。」などと言いながら、その頭をつかんでその顔に露出した自己の陰茎を近づけるなどの暴行、脅迫を加えたことにより、同意しない意思を全うすることが困難な状態にさせ、口腔性交しようとしたが、同人に抵抗されたため、その目的を遂げず、その際、前記一連の暴行により、同人に全治約○週間を要する左前腕部打撲傷、右膝部打撲傷の傷害を負わせたものである。

(留意点)　「強姦行為をするに際し、相手方に傷害を加えた場合には、たとえその傷害が軽度のものであっても強姦致傷罪が成立する。」（最判昭和24.7.26）

「強姦に際し、婦女の身体のいかなる部分に傷害を与えても強姦致傷罪は成立し、処女膜裂傷も刑法181条の傷害にあたる。」（最判昭和24.7.12）

「強姦に際し、婦女に傷害を与えれば姦淫が未遂であっても強姦致傷罪の既遂となる。」（最判昭和24.7.12）

「殺意を有し、暴行をもって婦女を姦淫し、よって死に致した所為は強姦致死罪及び殺人の罪名に触れるもので、一個の行為にして数個の罪名に触れる場合である。」（最判昭和31.10.25）

「犯人が強姦致傷後、犯罪の発覚をおそれて即時被害者を絞殺した場合は、強姦致傷罪と殺人罪の併合罪である。」（大判昭和7.2.22）

「通謀による輪姦の場合において、強姦致傷の結果について共犯者のうち何人がこれを与えたか明確でなくても、全員について強姦致傷罪が成立する。」（最判昭和24.10.8）

(改正点)　・令和5年刑法改正により、罪名が強制わいせつ（強制性交等）致死傷罪から不同意わいせつ（不同意性交等）致死傷罪に変更になった。

・法定刑は変わらないが、刑事訴訟法も改正され、不同意わいせつ<u>致傷罪</u>、不同意性交等<u>致傷罪</u>の公訴時効期間は20年（従前は15年）となる（刑事訴訟法250条3項）。被害者が18歳未満であるときの公訴時効期間の延長も不同意わいせつ罪の場合と同様である。なお、不同意わいせつ致死罪及び不同意性交等致死罪の公訴時効期間は従前と同様である。

■182条1項　16歳未満の者に対する面会要求等

　わいせつの目的で、16歳未満の者に対し、次の各号に掲げるいずれかの行為をした者（当該16歳未満の者が13歳以上である場合については、その者が生まれた日より5年以上前の日に生まれた者に限る。）は、1年以下の拘禁刑又は50万円以下の罰金に処する。

(1)　威迫し、偽計を用い又は誘惑して面会を要求すること。

(2)　拒まれたにもかかわらず、反復して面会を要求すること。

(3)　金銭その他の利益を供与し、又はその申込み若しくは約束をして面会を要求すること。

〈1項1号〉13歳以上16歳未満の者に対する面会要求―威迫、偽計、誘惑

　被疑者は、○○○○（当時○○歳）が16歳未満の者であり、かつ、自らが前記○○の生まれた日より5年以上前の日に生まれた者であることを知りながら（⊕13歳未満の者に対する面会要求の場合は、『○○○○（当時○○歳）が13歳未満の者であることを知りながら』とする）、わいせつの目的で、令和○年○月○日午後○時○分頃、大分県○○市○○町○丁目○番○号被疑者方において、前記○○に対し、自己の携帯電話機を使用してアプリケーションソフトAのメッセージ機能を利用し、「必ずアイドルBに会える店を知っているんだ。連れて行ってあげるから、○月○日に会おうよ。」と記載したメッセージを送信し、その頃、前記○○にこれを閲読させ、もって誘惑して面会を要求したものである。

- - -

〈1項2号〉13歳以上16歳未満の者に対する面会要求―拒否されても反復して面会要求

被疑者は、○○○○（当時○○歳）が16歳未満の者であり、かつ、自らが前記○○の生まれた日より5年以上前の日に生まれた者であることを知りながら（㊟13歳未満の者に対する面会要求の場合は、『○○○○（当時○○歳）が13歳未満の者であることを知りながら』とする）、わいせつの目的で、前記○○から拒まれたにもかかわらず、令和○年○月○日午後○時○分頃から同日午後○時○分頃までの間、熊本県○○市○○町○丁目○番○号被疑者方において、前記○○に対し、自己の携帯電話機を使用してアプリケーションソフトＡのメッセージ機能を利用し、「会いたい。」と記載したメッセージを送信し、その頃、前記○○にこれを閲読させ、さらに、電話で、「早く会おうよ。」などと言い、もって拒まれたにもかかわらず反復して面会を要求したものである。

〈1項3号〉13歳以上16歳未満の者に対する面会要求—利益供与等して面会要求

被疑者は、○○○○（当時○○歳）が16歳未満の者であり、かつ、自らが前記○○の生まれた日より5年以上前の日に生まれた者であることを知りながら（㊟13歳未満の者に対する面会要求の場合は、『○○○○（当時○○歳）が13歳未満の者であることを知りながら』とする）、わいせつの目的で、令和○年○月○日午後○時○分頃から同日午後○時○分頃までの間、熊本県○○市○○町○丁目○番○号被疑者方において、前記○○に対し、自己の携帯電話機を使用して、「○月○日に会おうよ。会ってくれたら、○○さんの好きなブランド物のアクセサリーを買ってあげるよ。」と記載したメールを送信し、その頃、前記○○にこれを閲読させ、もって金銭その他の利益の供与の申込みをして面会を要求したものである。

■182条2項　16歳未満の者に対する面会要求等

前項の罪を犯し、よってわいせつの目的で当該16歳未満の者と面会をした者は、2年以下の拘禁刑又は100万円以下の罰金に処する。

〈2項〉13歳以上16歳未満の者との面会—威迫、偽計、誘惑

被疑者は、○○○○（当時○○歳）が16歳未満の者であり、かつ、自らが前記○○の生まれた日より5年以上前の日に生まれた者であることを知りながら（㊟13歳未満の者に対する面会要求の場合は、『○○○○（当時

〇〇歳）が13歳未満の者であることを知りながら』とする）、わいせつの目的で、令和〇年〇月〇日午後〇時〇分頃、鹿児島県〇〇市〇〇町〇丁目〇番〇号被疑者方において、前記〇〇に対し、自己の携帯電話機を使用してアプリケーションソフトAのメッセージ機能を利用し、「必ずアイドルBに会える店を知っているんだ。連れて行ってあげるから、〇月〇日に会おうよ。」と記載したメッセージを送信し、その頃、前記〇〇にこれを閲読させ、もって誘惑して面会を要求し、よって、同月〇日午後〇時〇分頃、同市〇〇町〇丁目〇番〇号ネットカフェA店において、わいせつの目的で同人と面会したものである（㊟2号、3号の面会要求の場合も、『もって〇〇して面会を要求し、よって、〈日時・場所〉において、わいせつの目的で同人〈㊟被害者〉と面会したものである。』となる）。

■182条3項　16歳未満の者に対する面会要求等

　16歳未満の者に対し、次の各号に掲げるいずれかの行為（第2号に掲げる行為については、当該行為をさせることがわいせつなものであるものに限る。）を要求した者（当該16歳未満の者が13歳以上である場合については、その者が生まれた日より5年以上前の日に生まれた者に限る。）は、1年以下の拘禁刑又は50万円以下の罰金に処する。

(1)　性交、肛門性交又は口腔性交をする姿態をとってその映像を送信すること。

(2)　前号に掲げるもののほか、膣又は肛門に身体の一部（陰茎を除く。）又は物を挿入し又は挿入される姿態、性的な部位（性器若しくは肛門若しくはこれらの周辺部、臀部又は胸部をいう。以下この号において同じ。）を触り又は触られる姿態、性的な部位を露出した姿態その他の姿態をとってその映像を送信すること。

〈3項1号〉13歳以上16歳未満の者に対する映像送信要求―性交、口腔性交等

　被疑者は、〇〇〇〇（当時〇〇歳）が16歳未満の者であり、かつ、自らが前記〇〇の生まれた日から5年以上前の日に生まれた者であることを知りながら（㊟13歳未満の者に対する映像送信要求の場合は、『〇〇〇〇（当時〇〇歳）が13歳未満の者であることを知りながら』とする）、令和〇

年○月○日午後○時○分頃、鹿児島県○○市○○町○丁目○番○号被疑者
方において、前記○○に対し、自己の携帯電話機を使用してアプリケー
ションソフトＡのメッセージ機能を利用し、「○○ちゃん（㊟被害者）が
彼氏とセックスしているところを撮影して送ってよ。」と記載したメッ
セージを送信し、その頃、前記○○にこれを閲読させ、もって性交をする
姿態をとってその映像を送信することを要求したものである。

〈3項2号〉13歳以上16歳未満の者に対する映像送信要求―性的部位接触等
姿態

　被疑者は、○○○○（当時○○歳）が16歳未満の者であり、かつ、自ら
が前記○○の生まれた日から5年以上前の日に生まれた者であることを知
りながら（㊟13歳未満の者に対する映像送信要求の場合は、『○○○○
（当時○○歳）が13歳未満の者であることを知りながら』とする）、令和○
年○月○日午後○時○分頃、宮崎県○○市○○町○丁目○番○号被疑者方
において、前記○○に対し、自己の携帯電話機を使用してアプリケーショ
ンソフトＡのメッセージ機能を利用し、「○○ちゃん（㊟被害者）が自分
の胸を触っているところを撮影して送ってよ。」と記載したメッセージを
送信し、その頃、前記○○にこれを閲読させ、もって性的な部位を触る姿
態をとってその映像を送信することを要求したものである。

〈3項〉16歳未満の者に対する映像送信要求とわいせつ

　被疑者は、○○○○（当時○○歳）が13歳未満の者であることを知りな
がら、令和○年○月○日午前○時○分頃から同日午前○時○分ころまでの
間、宮崎県○○市○○町○丁目○番○号被疑者方において、前記○○に対
し、自己の携帯電話機を使用してアプリケーションソフトＡのメッセージ
機能を利用し、「あとほんとにできるならだけど普通に胸とか下とか裸姿
も見たい笑」「撮れるなら撮って欲しい！」「下の毛のところも撮って欲し
い！」などと記載したメッセージを送信し、その頃、前記○○にこれを閲
読させ、もって性的な部位を露出した姿態をとってその映像を送信するこ
とを要求し、同日午前○時○分頃、同人方において、同人の乳房を露出し
た姿態をとらせ、これを同人が使用する携帯電話機で撮影させて被疑者が
使用する携帯電話機に送信させるわいせつな行為をしたものである。

(留意点)　・若年者の性被害を未然に防止するため、令和5年刑法改正（令和
　　　　　　5年法律第66号）により、対面した状態で行われる性犯罪の防止
　　　　　　の観点からわいせつの目的で16歳未満の者に対して不当な手段で
　　　　　　面会を要求する行為（1項）や面会する行為（2項）、離隔した
　　　　　　状態で行われる性犯罪の防止の観点から16歳未満の者に対して性
　　　　　　的な姿態をとってその映像を送信することを要求する行為（3
　　　　　　項）が処罰対象とされた（同年7月13日施行）。
　　　　　　　つまり、性犯罪に至る前の段階の行為を処罰対象とするもので
　　　　　　あり、その保護法益は、16歳未満の者が性被害に遭う危険性のな
　　　　　　い状態、つまり、性被害に遭わない環境にあるという性的保護状
　　　　　　態である。
　　　　　・行為の対象が13歳未満の場合、主体に特に制限はないが、行為の
　　　　　　対象が13歳以上16歳未満である場合、主体は行為の対象者よりも
　　　　　　5歳以上年長の者となる（94頁参照）。
　　　　　・面会要求の結果として面会した場合、面会要求罪は面会罪の前提
　　　　　　であることから、面会要求罪（1項）は面会罪（2項）に吸収さ
　　　　　　れる。
　　　　　・面会をしてわいせつ行為（性交等）に及んだ場合、面会罪は性的
　　　　　　保護状態を保護するものである一方、不同意わいせつ罪や不同意
　　　　　　性交等罪は性的自由・性的自己決定権を保護するものであり、両
　　　　　　者は異なる罪質であることから、面会罪と不同意わいせつ罪・不
　　　　　　同意性交等罪が成立し、両者は牽連犯となることが多いと思われ
　　　　　　る。
　　　　　・性的行為をさせてその姿態をとらせてその映像を送信させた場
　　　　　　合、本罪は性的保護状態を保護するものである一方、不同意わい
　　　　　　せつ罪や不同意性交等罪は性的自由・性的自己決定権を保護する
　　　　　　ものであり、両者は異なる罪質であることから、本罪と不同意わ
　　　　　　いせつ罪・不同意性交等罪が成立し、両者は牽連犯となることが
　　　　　　多いと思われる。

124

■183条　淫行勧誘

　　営利の目的で、淫行の常習のない女子を勧誘して姦淫させた者は、3年以下の懲役又は30万円以下の罰金に処する。

　被疑者は、令和○年○月○日頃、福井県○○市○○町○丁目○番○号ホテル「A」において、営利の目的で、淫行の常習のない同ホテル従業員B（当時○○歳）に対し、「あなたも生活が大変だろうから客をとったらどうか。その気になればお客はいくらでもいる。○回で○万円はもらえる。」などと言って淫行を勧誘し、同人にその決意をさせ、よって、同日夜、同ホテル客室において、同人に、Cを相手に○万円の対価を得て姦淫させたものである。

■184条　重　婚

　　配偶者のある者が重ねて婚姻をしたときは、2年以下の懲役に処する。その相手方となって婚姻をした者も、同様とする。

　被疑者は、Aと婚姻をし、令和○年○月○日福井県B市役所に婚姻届を提出しているものであるが、同人との折り合いが悪くなり、同人と離婚してCと婚姻をしようとしたが、前記Aが離婚に応じなかったため
(1)　令和○年○月○日、同市○○町○丁目○番○号被疑者方において、行使の目的で、届出人A、証人D、Eの各氏名を記入し、その横に各印鑑を押印してAとの協議離婚届○通を偽造し、同日、同市役所戸籍係員に対し、真正に成立したもののように装ってこれを提出して行使し、同係員に戸籍簿の原本にその旨不実の記載をさせ、その頃同所において、これを備え付けさせて行使し
(2)　同年○月○日、前記被疑者方において、前記協議離婚が無効であるのに、Cとの婚姻届を作成し、同日、同市役所戸籍係員に提出し、同係員に前記届出が正当なものであると誤信させて戸籍簿の原本にその旨記載させ
もって重ねて婚姻をしたものである。

第21　賭博及び富くじに関する罪

■185条　賭　博

賭博をした者は、50万円以下の罰金又は科料に処する。ただし、一時の娯楽に供する物を賭けたにとどまるときは、この限りでない。

被疑者は、令和○年○月○日頃、石川県○○市○○町○丁目○番○号ホテル「A」○○号室において、Bほか○名とともに、花札を使用し、金銭を賭けて、俗に「コイコイ」と称する賭博をしたものである。

被疑者ら○名は、令和○年○月○日午後○時頃から翌○日午前○時頃までの間、石川県○○市○○町○丁目○番○号被疑者A方において、金銭を賭け、俗に「サンマー」と称する麻雀賭博をしたものである。

被疑者は、令和○年○月○日午後○時頃から同日午後○時頃までの間、富山県○○市○○町○丁目○番○号A方において、同人ほか○名とともに、サイコロを使用し、金銭を賭けて、俗に「丁半」と称する賭博をしたものである。

（留意点）　本罪は、偶然の事情によって決せられる勝負に関し財物を賭けることにより成立する。

当事者の能力が結果に影響を及ぼす場合でも、偶然性に依拠する部分が残されていれば本罪が成立する。将棋、麻雀、さらには野球や相撲等のスポーツも賭博となり得る。

一方当事者にとって、勝敗の結果が確定的であれば、賭博とならない。そのことを秘して相手に賭けさせて財物を得る行為は詐欺罪に該当し、その被害者は賭博罪にはならない（最判昭和26.5.8）。

■186条1項　常習賭博

　　常習として賭博をした者は、3年以下の懲役に処する。

　　被疑者は、常習として、令和○年○月○日午後○時頃から翌○日午前○時頃までの間、富山県○○市○○町○丁目○番○号A方において、前記Aほか○名とともに、花札を使用し、金銭を賭けて、俗に「アトサキ」と称する賭博をしたものである。

（留意点）　「本条1項にいわゆる賭博常習者とは、賭博を反復累行する習癖あるものをいい、必ずしも賭博を渡世とする博徒の類を指すものではない。」（最判昭和24.2.24）

　　　　　　「約2か月半の間に3回に亘り「カブ」外1種の賭博を反覆したという事実で常習性を認定しても実験則に反しない。」（最判昭和25.10.6）

■186条2項　賭博場開張等図利

　　賭博場を開張し、又は博徒を結合して利益を図った者は、3月以上5年以下の懲役に処する。

　　被疑者は、令和○年○月○日午前○時頃から同日午前○時頃までの間、広島県○○市○○町○丁目○番○号旅館「A」客室において、賭博場を開張し、Bほか○○名の賭客を集め、花札を使用して金銭を賭け、俗に「バッタマキ」と称する賭博をさせ、その際、同人らから寺銭名義で金銭を徴収し、もって賭博場を開張して利益を図ったものである。

- - - - - - - - - - - -

第1　被疑者Aは、令和○年○月○日午後○時頃から翌○日午前○時頃までの間、広島県○○市○○町○丁目○番○号被疑者B方において、賭博場を開張し、Cほか十数名の賭客を集め、花札を使用して金銭を賭け、俗に「バッタマキ」と称する賭博をさせ、その際、同人らから寺銭名義で金銭を徴収して利益を図った

第2　被疑者E、同Bは、被疑者Aが前記日時場所において、賭博場を開

　張し、Cらの賭客を集めて前記賭博をさせ、寺銭名義で金銭を徴収して利益を図った際、その情を知りながら

(1)　被疑者Eは、前記賭博場において、客に金銭を賭けさせ、寺銭を徴収するなどしていわゆる中盆役をつとめ、

(2)　被疑者Bは、前記B方を賭博場として提供し、

　もってそれぞれ被疑者Aの前記犯行を容易にさせてこれを幇助したものである。

留意点　「賭博場の開張」とは、自ら主宰者となり、その支配下に賭博の場所を開設することをいう（最判昭和25.9.14）。

　　　図利の目的とは、「その賭場において、賭博をする者から、寺銭、又は手数料等の名義をもって、賭場開設の対価として、不法な財産的利得をしようとする意思」をいう（最判昭和24.6.18）。

　　　賭博場開張図利罪と賭博罪とは別個独立の犯罪であるから、賭博の開張者が賭博に加わった場合、習癖の有無に応じて、賭博罪又は常習賭博罪が成立し（大判大正3.2.4）、両者は併合罪となる（大判大正4.3.30）。

　　　もっとも、当該賭博を成立させることにより寺銭を得て利益を図るために賭博の当事者となる場合など、賭博が賭博場開張図利罪の手段としての性格を有する場合は、賭博行為は賭博場開張図利罪に含めて評価され、別に賭博罪（常習賭博罪）は成立しない（最決昭和48.2.28、大阪高判平成17.1.20）。

第22　礼拝所及び墳墓に関する罪

■188条１項　礼拝所不敬

神祠、仏堂、墓所その他の礼拝所に対し、公然と不敬な行為をした者は、
６月以下の懲役若しくは禁錮又は10万円以下の罰金に処する。

被疑者は、令和○年○月○日午後○時頃、山口県○○市○○町○丁目○
番○号Ａ寺墓地において、Ｂほか数名の面前で、「この野郎は面白くない
奴だった。小便でも引っかけてやれ。」などと放言しながら、Ｃの墓碑に
放尿し、もって墓所に対し公然と不敬な行為をしたものである。

被疑者は、令和○年○月○日午後○時頃、山口県○○市○○町○丁目○
番○号Ａ教会において、Ｂほか十数名が礼拝中の同教会礼拝堂の門扉に向
けて下水溝の汚水をふりまき、もって礼拝所に対し公然と不敬な行為をし
たものである。

留意点　「既に祭祀礼拝の対象でなくなった古墳は墳墓に該当しない。」（大
判昭和９.６.13）

■188条２項　説教等妨害（葬式妨害）

説教、礼拝又は葬式を妨害した者は、１年以下の懲役若しくは禁錮又は10
万円以下の罰金に処する。

被疑者は、令和○年○月○日午前○時頃、岡山県○○市○○町○丁目○
番○号Ａ教会において、同教会牧師Ｂが信者Ｃほか数名に対して説教をし
ていた際、「そんな話はやめろ。そんなもの聞いてもしようがない。さあ
みんな帰れ帰れ。」などと大声でわめき、もって同牧師の説教を妨害した
ものである。

被疑者は、令和○年○月○日午後○時頃、岡山県○○市○○町○丁目○
番○号Ａ寺において行われていたＢの告別式会場において、蛇十数匹を放

ち、約○○名の会葬者に対し不快の念を抱かせ、もって同人の葬式を妨害
したものである。

■189条　墳墓発掘

墳墓を発掘した者は、2年以下の懲役に処する。

被疑者は、遺骨を持ち去る目的で、令和○年○月○日午後○時頃、鳥取
県○○市○○町○丁目○番○号の共同墓地において、A方の墳墓をシャベ
ルで掘り起こして遺骨箱を露出させ、もって墳墓を発掘したものである。

被疑者は、以前から感情的に対立していたAに対するうらみからA家の
墳墓を荒そうと考え、令和○年○月○日午後○時頃、鳥取県○○市○○町
○丁目○番○号B寺内のA方墳墓をスコップで掘り起こして遺骨箱等を露
出させ、もって墳墓を発掘したものである。

■190条　死体損壊等

死体、遺骨、遺髪又は棺に納めてある物を損壊し、遺棄し、又は領得した
者は、3年以下の懲役に処する。

被疑者は、妻子あるAと情交を重ねるうちに妊娠し、令和○年○月○日
午後○時頃、島根県○○市○○町○丁目○番○号被疑者方便所において、
死産児（女児）を分娩したが、世間体を恥じ、その処置に窮した結果、同
月○日午前○時頃、前記死体をビニール袋に包み、同県○○市○○町○○
先の○○橋上まで運んだ上、これを同橋上から○○川中に投げ棄て、もっ
て死体を遺棄したものである。

被疑者は、Aが殺害したBの死体の処置を前記Aから依頼され、同人と
共謀の上、令和○年○月○日午後○時頃、島根県○○市○○町○丁目○番
○号○○荘の前記Aの居室から前記Bの死体を自動車の後部トランクに入

れて同県○○市○○町○丁目○番○号C方山林内まで運び込み、同山林内の土中に前記死体を埋没させ、もって死体を遺棄したものである。

(留意点) 「妊娠4か月以上の死胎は本条の死体に該当する。」(大判昭和6.11.13)

「死体遺棄罪は、死体を他に移してこれを遺棄する場合はもちろん、葬祭をする責務を有する者が葬祭の意思がなく死体を放置し、その所在の場所より離れ去るような場合にも成立する。」(大判大正6.11.24)

「犯人がその殺した死体を屋内床下に運びこれを隠匿した所為は死体遺棄罪に該当する。」(最判昭和24.11.26)

■191条　墳墓発掘死体損壊等

第189条の罪を犯して、死体、遺骨、遺髪又は棺に納めてある物を損壊し、遺棄し、又は領得した者は、3月以上5年以下の懲役に処する。

被疑者は、令和○年○月○日午後○時頃、福岡県○○市○○町○丁目○番○号A寺墓所において、Bの墳墓をスコップで発掘した上、その棺内の遺体から金冠○個を取り出して領得したものである。

被疑者は、Aの棺内に指輪が納棺されていることを知ってその領得を考え、令和○年○月○日午後○時頃、福岡県○○市○○町○丁目○番○号の共同墓地において、前記Aの墳墓を発掘した上、その棺内からダイヤモンド指輪○個(時価○○万円相当)を取り出して領得したものである。

■192条　変死者密葬

検視を経ないで変死者を葬った者は、10万円以下の罰金又は科料に処する。

被疑者は、令和〇年〇月〇日午後〇時頃、被疑者の長男Ａ（当時〇〇歳）が被疑者方で自殺したのを発見したのに、検視を経ないで、同日午後〇時頃、これを佐賀県〇〇市〇〇町〇丁目〇番〇号の共同墓地内に密かに埋葬したものである。

第23　汚職の罪

■193条　公務員職権濫用

　　公務員がその職権を濫用して、人に義務のないことを行わせ、又は権利の行使を妨害したときは、2年以下の懲役又は禁錮に処する。

　被疑者は、○○県事務職員として、同県○○市○○町の同県A児童相談所に勤務して児童の資質鑑別に関する事務を担当していたものであるが、同相談所鑑別室において、児童を鑑別するに当たり、その鑑別に仮託して、
　1　令和○年○月○日、B（当時○○歳）を
　2　同年○月○日、C（当時○○歳）を
　3　同月○日、D（当時○○歳）を
それぞれ強要して全裸にさせ、もって職権を濫用して前記Bら○名に義務のないことを行わせたものである。

（留意点）　「凡そ公務員たる者は法令若しくは習慣に従い誠意その職務に従事すべきは論をまたざる所なれば、もしその職権を行使するに適当なる条件を具備せざる場合なることを認識したるにかかわらず、他人を害するの故意をもって、右条件を具備したる場合と同一なる処方を為したるときはこれは法令若しくは慣例を無視しその職権を濫用したるものに外ならず、刑法193条の規定はこの如き場合をも包含するものと解するを相当とす。」（大判大正11.10.20）

■194条　特別公務員職権濫用

　　裁判、検察若しくは警察の職務を行う者又はこれらの職務を補助する者がその職権を濫用して、人を逮捕し、又は監禁したときは、6月以上10年以下の懲役又は禁錮に処する。

　被疑者は、○○県巡査として、○○県○○市○○町○丁目○番○号の○○県A警察署に勤務しているものであるが、知人Bから同人がCに対して

金〇〇万円を貸し付けたのに同人がこれを返済しないため、同人から前記金銭を取り立ててもらいたい旨依頼を受けるや、それが単なる民事上の債務不履行であることを知りながらこれを承諾し、犯罪捜査に仮装して、令和〇年〇月〇日午後〇時、〇〇県Ａ警察署に前記Ｃを呼び出して取り調べた上、同人が「来月には必ず払うから待ってくれ。」と弁解するや、同人に詐欺罪が成立するとして同罪容疑で、かつ、裁判官の令状を求めることができない緊急の要ありとして、同人に手錠をかけて逮捕し、もってその職権を濫用して同人を逮捕したものである。

■195条　特別公務員暴行陵虐

　　裁判、検察若しくは警察の職務を行う者又はこれらの職務を補助する者が、その職務を行うに当たり、被告人、被疑者その他の者に対して暴行又は陵辱若しくは加虐の行為をしたときは、7年以下の懲役又は禁錮に処する。
　2　法令により拘禁された者を看守し又は護送する者がその拘禁された者に対して暴行又は陵辱若しくは加虐の行為をしたときも、前項と同様とする。

　被疑者は、〇〇県巡査として、〇〇県〇〇市〇〇町〇丁目〇番〇号の〇〇県Ａ警察署に勤務し、犯罪捜査の職務に従事していたものであるが、令和〇年〇月〇日午後〇時頃、同警察署取調べ室において、詐欺被疑事件の告訴人Ｂ（当時〇〇歳）から事情を取調中、捜査の必要ありとして同人の陰部を検し、手指でその陰部を触り、もって同人に対して陵辱の行為をしたものである。

　被疑者は、〇〇県巡査として、〇〇県〇〇市〇〇町〇丁目〇番〇号の〇〇県Ａ警察署に勤務し、犯罪捜査の職務に従事していたものであるが、令和〇年〇月〇日午後〇時頃、同警察署取調べ室において、窃盗被疑事件被疑者Ｂ（当時〇〇歳）を取調中、同人が否認して弁解を申し立てたのに憤慨し、同人に対し、拳でその顔面を数回殴って暴行を加えたものである。

　被疑者は、法務事務官でＡ刑務所看守として勤務していたものである

が、令和○年○月○日午後○時頃、○○県○○市○○町○丁目○番○号の同刑務所内において、受刑者であるB（当時○○歳）の態度が悪いと因縁をつけ、同人に対し、その顔面を平手で殴り、その脚部を足で蹴るなどして暴行を加えたものである。

> (留意点) 「巡査にして権限あるものの命令に基づき犯罪捜査をなす以上は刑法第195条にいう警察の職務を補助するものというべく、その職務を行なうにあたり同条所定の暴行又は陵虐の行為あるときはこれが犯罪を免かるることを得ず。」（大判大正5.10.12）
>
> 「本条にいう職務とは、公務員がその地位に伴い公務として取り扱うべき一切の執務を指称するものである。独立した指導監督の権限を有せず、上司の指揮のもとにその命を受けてその事務を取り扱うものであっても本条にいう職務たるを失わない。」（最判昭和28.10.27）

■196条　特別公務員職権濫用等致死傷

　前2条の罪を犯し、よって人を死傷させた者は、傷害の罪と比較して、重い刑により処断する。

　被疑者は、法務事務官でA刑務所看守として勤務していたものであるが、令和○年○月○日午後○時○分頃、○○県○○市○○町○丁目○番○号の同刑務所内において、受刑者であるB（当時○○歳）が作業上の注意を守らなかったことに憤激し、同人に対し、拳でその顔面を殴る暴行を加え、よって、同人に加療約○○日間を要する顔面打撲挫傷の傷害を負わせたものである。

■197条1項前段　収　賄

　公務員が、その職務に関し、賄賂を収受し、又はその要求若しくは約束をしたときは、5年以下の懲役に処する。

　被疑者は、財務事務官でＡ税務署所得税課に勤務し、管内納税義務者に対する所得税などの賦課算定の基礎となる所得金額の調査決定などを行う職務に従事していたものであるが、令和〇年〇月〇日頃、佐賀県〇〇市〇〇町〇丁目〇番〇号飲食店「Ｂ」において、電気器具商Ｃから、同人の令和〇年度の所得金額の決定、所得税の査定などについて好意ある取扱いを受けたい趣旨の下に供与されるものであることの情を知りながら、現金〇〇万円の供与を受け、もってその職務に関して賄賂を収受したものである。

(留意点)　「職務執行と密接な関係を有する行為をすることにより相手方より金品を収受すれば賄賂罪の成立をさまたげるものではない。」(最判昭和25.2.28)

　　　　　「異性間の情交は賄賂の目的物たりうる。」(最判昭和36.1.13)

　　　　　「賄賂とは、法律上財産と称される有形無形のものは勿論、その他人の需要を充すに足りる一切の利益を網羅指称するから飲食物の饗応も賄賂となる。」(大判明治38.2.14)

■197条１項後段　受託収賄

　この場合において、請託を受けたときは、７年以下の懲役に処する。

　被疑者は、〇〇県警巡査として〇〇県Ａ警察署刑事課に勤務し、犯罪捜査の職務に従事していたものであるが、令和〇年〇月〇日、〇〇県〇〇市〇〇町〇丁目〇番〇号Ｂ方において、同人を詐欺被疑者として取り調べたが、その際、同人から、前記詐欺被疑事件をもみ消して穏便な取扱いを受けたい旨の請託を受け、その報酬として供与されるものであることの情を知りながら、現金〇〇万円の交付を受け、もってその職務に関し賄賂を収受したものである。

　被疑者は、長崎県立Ａ高等学校に勤務して国語科を担当し、同校の入学試験問題の作成、採点、合格判定の職務に従事しているものであるが、令

和○年○月○日、長崎県○○市○○町○丁目○番○号被疑者方において、Bから、同年3月施行の同校の入学試験について受験する同人の長男Cに対し特別有利な取扱いをしてもらいたいとの請託を受け、その報酬として供与されるものであることの情を知りながら、前記Bから現金○○万円の供与を受け、もってその職務に関し賄賂を収受したものである。

被疑者は、A市役所職員であって同市役所税務課審査係として勤務し、未届新築家屋の取得価格の調査、不動産取得税の賦課、審査決定の事務を担当していたものであるが、令和○年○月○日頃、大分県○○市○○町○丁目○番○号のB株式会社所有の新築家屋の不動産取得税の税額査定実施のため、同市○○町○丁目○番○号の同会社に赴いた際、同会社専務取締役Cから、前記の査定に手心を加えてもらいたい旨の請託を受けてその報酬として供与されるものであることを知りながら、同人から現金○○万円の供与を受け、もってその職務に関し請託を受けて賄賂を収受したものである。

■197条の2　第三者供賄

公務員が、その職務に関し、請託を受けて、第三者に賄賂を供与させ、又はその供与の要求若しくは約束をしたときは、5年以下の懲役に処する。

被疑者は、A市役所職員で同市役所建設部用地課長の職にあり、市立学校用地等市有地の取得に関し、取得価格の決定、売買契約の締結、代金支払などの事務を掌理していたものであるが、令和○年○月○日午前○時頃、大分県○○市○○町○丁目○番○号B不動産事務所において、Cから、同市○○町○丁目○番○号の同人所有の宅地を市立小学校用地として有利な価格で買収してもらいたい旨請託を受けてその趣旨を了承し、その報酬として、同市役所用地課職員の親睦団体で被疑者が会長をしている「D会」に○○万円を供与するように申し込み、前記Cに、その場で、被疑者を介して前記「D会」に○○万円を供与させ、もって自己の職務に関し請託を受けて第三者に賄賂を供与させたものである。

　被疑者は、特殊公衆浴場「Ａソープランド」を経営しているものであるが、○○県Ｂ警察署捜査員により同ソープランド支配人Ｃが売春防止法違反により検挙されたためその捜査がさらに拡大されることをおそれて、令和○年○月○日、○○県○○市○○町○丁目○番○号○○県Ｂ警察署において、この捜査につき捜査員を指揮監督する職務にある同署署長Ｄに対し、穏便寛大な取扱いをされたい旨請託した上、同署で使用中の自動車の改造費用の負担を申し出て、もって同署長Ｄの職務に関し請託をして第三者である同警察署に賄賂供与の申込みをしたものである。

(留意点)　「第三者は個人たると地方公共団体その他の法人たるとを問わない。」(最判昭和29.8.20)

　　　　　「警察署長に対し、その職務に関し請託をして、その警察署において使用する自動車の改造費用の負担を申し込んだときは、その警察署は本条にいう第三者にあたる。」(最判昭和31.7.3)

　　　　　「請託とは、公務員に対して、その職務に関して一定の行為を行うことを依頼することであって、その依頼が不正な職務行為であると、正当な職務行為であるとを問わない。」(最判昭和27.7.22)

■197条の3第1項、2項　加重収賄

　公務員が前2条の罪を犯し、よって不正な行為をし、又は相当の行為をしなかったときは、1年以上の有期懲役に処する。

　2　公務員が、その職務上不正な行為をしたこと又は相当の行為をしなかったことに関し、賄賂を収受し、若しくはその要求若しくは約束をし、又は第三者にこれを供与させ、若しくはその供与の要求若しくは約束をしたときも、前項と同様とする。

　被疑者は、令和○年○月から○○運輸支局に勤務し、自動車の新規登録の受付等に関する職務に従事していたものであるが、令和○年○月○日頃、熊本県○○市○○町○丁目○番○号Ａ交通株式会社事務所において、Ｂから、○○年式乗用自動車○台の新規登録申請について、前記申請書に添付すべき○○運輸支局発行の廃車証明書が偽造のものであるが看過され

138

たい旨の請託を受け、その報酬として供与されるものであることを知りながら、同人から、その場で、現金〇万円の供与を受け、もって職務に関し賄賂を収受し、よって、前記自動車について、同月〇日、前記会社名義の新規登録申請書に偽造の廃車証明書が添付されて提出されたがこれを黙認し、その旨を上司に報告する等のその職務上当然なすべき行為をしなかったものである。

　被疑者は、〇〇県警察本部交通部運転免許試験場に〇〇県技術職員として勤務し、運転免許技能試験の実施、採点等の職務に従事していたものであるが、令和〇年〇月〇日、〇〇県〇〇市〇〇町〇丁目〇番〇号の同試験場内において、普通自動車運転免許技能試験受験者Aから、同試験の採点を甘くするなど便宜な取扱いをされたい旨請託を受け、その報酬として供与されるものであることを知りながら、同人から、その場で、現金〇〇万円の供与を受け、もって職務に関し賄賂を収受し、よって、同日、同試験場付近路上コースで実施された同人の技能試験に関し、真実は合格点に達しないのに虚偽の採点をして合格点である〇〇点を取得したかのような採点をし、もって職務上不正の行為をしたものである。

留意点　「収賄した公務員が、法令上管掌する職務に関してではなく、その職務に密接な関係を有する行為につき不正の行為をなした場合にも197条ノ3、1項の罪が成立する。」（最判昭31.7.12）
　　　　「犯罪捜査の衝に当る巡査が特に被疑者の要望を容れて証拠品の押収を取り止めた場合のごときは、本条にいわゆる「相当の行為をなさざるとき」に当る。」（最判昭和29.9.24）

■197条の3第3項　事後収賄

　公務員であった者が、その在職中に請託を受けて職務上不正な行為をしたこと又は相当の行為をしなかったことに関し、賄賂を収受し、又はその要求若しくは約束をしたときは、5年以下の懲役に処する。

　被疑者は、令和〇年〇月〇日まで〇〇県A警察署に警部補として勤務

し、同署管内の犯罪の捜査検挙等の職務に従事していたものであるが、在職中の同年〇月〇日頃、〇〇県〇〇市〇〇町〇丁目〇番〇号B医院の院長医師Cが医師免許を有しないD及びEを使って同医院の患者に外科手術などの医業を行わせていた医師法違反の事実を認知しながら、前記〇名の請託を受けてこれを検挙せず黙認し、退職後の同年〇月〇日頃、同医院において、職務上相当の行為をしなかった報酬の趣旨で供与されるものであることの情を知りながら、前記〇名から現金〇〇万円の供与を受け、もって公務員在職当時職務上相当の行為をしなかったことに関して賄賂を収受したものである。

■197条の4　あっせん収賄

　　公務員が請託を受け、他の公務員に職務上不正な行為をさせるように、又は相当の行為をさせないようにあっせんをすること又はしたことの報酬として、賄賂を収受し、又はその要求若しくは約束をしたときは、5年以下の懲役に処する。

　被疑者は、〇〇県議会議員であるが、令和〇年〇月〇日頃、〇〇県〇〇市〇〇町〇丁目〇番〇号被疑者方において、同県A市の上水道工事期成会会長Bから、前記上水道工事は工事予算金額が少なく、したがって県からの補助金交付の基準に達しないのにかかわらず、特別の取り計らいにより同県から補助金の交付を受けられるようにあっせんされたい旨の請託を受けてこれを了承し、同月〇日頃、同県〇〇市〇〇町〇丁目〇番〇号ホテル「C」において、前記補助金交付の事務を担当している同県土木部長Dに対し、前記水道工事につき同工事代金が県の基準に達していることにして特に補助金を交付するよう取り計らわれたい旨申し入れて、同人にその職務上不正の行為をさせるようにあっせんし、同日、前記被疑者方において、前記Bから、前記あっせんをしたことの報酬として供与されるものであることを知りながら、現金〇〇万円の供与を受けて賄賂を収受したものである。

■198条　贈　賄

　　第197条から第197条の４までに規定する賄賂を供与し、又はその申込み若しくは約束をした者は、３年以下の懲役又は250万円以下の罰金に処する。

> 　被疑者は、令和○年○月○日午後○時頃、○○県○○市○○町○丁目○番○号先路上において自動車を窃取したところを○○県Ａ警察署刑事課巡査部長Ｂに発見されて現行犯人として逮捕されそうになったため、逮捕を免れようとして、同巡査部長に対し、できるだけ寛大な処置を取ってもらうことの報酬として現金○万円を差し出し、同巡査部長の職務に関し賄賂の申込みをしたものである。

　（留意点）　「贈賄罪における賄賂の供与等の行為は、必ずしも完全な自由意思を要するものではなく、不完全ながらも、いやしくも贈賄すべきか否かを決定する自由が保有されていれば足りる。」（最判昭和39.12.8）

第24　殺人の罪

■199条　殺　人
　　人を殺した者は、死刑又は無期若しくは5年以上の懲役に処する。

　被疑者は、令和○年○月○日午後○時頃、鹿児島県○○市○○町○丁目○番○号先路上において、A（当時○○歳）に対し、殺意をもって（あらかじめ用意していた、計画的犯行の場合）果物ナイフ（刃体の長さ約○センチメートル）でその胸部、腹部を多数回にわたり突き刺し、よって、その頃、同所において同人を心臓損傷による失血により死亡させたものである。

　被疑者は、夫が愛人を作って家出したことから将来を悲観し、長男A（当時○歳）を殺害して自らも死のうと考え、令和○年○月○日午後○時○分頃、鹿児島県○○市○○町○丁目○番○号被疑者方において、台所のガス栓からゴムホースを同人の就寝している居間まで引いた上、前記ガス栓を開いていわゆる都市ガスを同室内に放出して同人に吸入させ、よって、同日午後○時頃、同室において、同人を一酸化炭素中毒のため死亡させたものである。

　被疑者は、Aと共謀の上、令和○年○月○日午前○時頃、宮崎県○○市○○町○丁目○番○号被疑者方において、前記Aが分娩した女児の処置に困り、同人を殺害しようと考え、同人に対し、果物ナイフでその頸部、胸部などを多数回突き刺し、よって、その頃、同所において、同人を頸動脈切断、心臓損傷による失血により死亡させたものである。

　被疑者は、令和○年○月○日午後○時○分頃、宮崎県○○市○○町○丁目○番○号飲食店「A」店舗内において、B（当時○○歳）と口論となり、同人から顔面を拳で数回殴られたことに憤激して、同人を殺害しようと考え、持っていた切出しナイフ（刃体の長さ約○センチメートル）で同人の左側胸部を突き刺し、よって、翌○日午後○時頃、同市○○町○丁目

○番○号Ｃ病院において、同人を左側胸部刺創に基づく失血等により死亡させたものである。

被疑者は、勤務していた株式会社Ａ店から解雇通告を受け、将来を悲観して同居していた実母Ｂ（当時○○歳）を殺害した後、自殺しようと考え、令和○年○月○日午後○時頃、沖縄県○○市○○町○丁目○番○号被疑者方○畳間において、就寝していた前記Ｂに対し、殺意をもって野球用バットでその頭部を強打した上、登山ナイフ（刃体の長さ約○○センチメートル）でその頭部を数回突き刺し、よって、その頃、同所において、同人を総頸動脈切断により死亡させたものである。

被疑者は、令和○年○月○日午後○時頃、沖縄県○○市○○町○丁目○番○号実父Ａ（当時○○歳）方に赴き、同人に金の無心をしたところ、同人から「この極道野郎。お前の顔なんか二度と見たくない。出て行け。出て行かないと警察を呼ぶぞ。」などと言われてかっとなり、同日午後○時○分頃、同人方○畳間において、殺意をもって同人に対し椅子でその頭部を多数回強打し、よって、その頃、同所において、同人を頭蓋骨骨折による脳損傷により死亡させたものである。

留意点 「胎児が生活機能を具えて母体からその全部または一部を露出した以上、たとえ仮死の状態にあって未だ呼吸作用を開始しなくても、生命を保有するものであるから、殺人罪の客体としての人といい得る。」（大判大正8.12.13）
　　　　「いやしくも自己の行為により他人を死に致すべき結果の発生を予見したる者があえてその行為に出てしかも実験法則に照らせば死亡の結果によりて惹起せられたるものと認むべき関係の存する以上その行為は致死の唯一若は直接の原因たらざる場合においてもなおかつその行為をもって被害者の死去の原因と認むべきものとす。」（大判昭和15.6.27）
　　　　殺意については、確定的殺意とともに未必の殺意も含まれる。
　　　　「被害者が通常の意思能力もなく、自殺の何たるかを理解せず、し

かも被告人の命ずることは何でも服従することを利用して、その被害者に縊首の方法を教えて縊首せしめて死亡するに至らしめた行為は殺人罪にあたる。」（最判昭和27. 2. 21）

■201条　予　備

　　第199条の罪を犯す目的で、その予備をした者は、２年以下の懲役に処する。ただし、情状により、その刑を免除することができる。

　被疑者は、隣家の主婦A（当時○○歳）と折り合いが悪く絶えず口論をし合っていたものであるが、同人が被疑者を近隣に中傷していることを知り、憎しみのあまり同人を殺害しようと考え、令和○年○月○日午後○時頃、宮城県○○市○○町○丁目○番○号被疑者方から文化包丁（刃体の長さ約○○センチメートル）を持ち出して手にしたまま同町○丁目○番○号先路上まで同人を尾行して同人殺害の機会をうかがい、もって殺人の予備をしたものである。

（留意点）　「殺人の意思をもって決闘の準備をした場合には殺人予備罪が成立する。」（最判昭和26. 3. 16）

■202条　自殺関与及び同意殺人

　　人を教唆し若しくは幇助して自殺させ、又は人をその嘱託を受け若しくはその承諾を得て殺した者は、６月以上７年以下の懲役又は禁錮に処する。

〈嘱託殺人〉
　被疑者は、令和○年○月○日午後○時頃、福島県○○市○○町○丁目○番○号被疑者方において、妻A（当時○○歳）から「私の体はもう治らない。このままでは迷惑をかけるばかりだ。死にたいが自分では死にきれない。殺してほしい。早く楽になりたい。」と哀願され、これを承諾し、同日午後○時頃、被疑者方○畳間において、手ぬぐいを同人の頸部に巻きつけて絞めつけ、よって、その頃、同所において、同人を窒息死させ、もって同人の嘱託を受けてこれを殺害したものである。

〈自殺幇助〉

　被疑者は、A（当時○○歳）と婚約していたが、被疑者及び前記Aの両親にその結婚に強く反対されたことに悲観し、同人から自殺したい旨を打ち明けられてともに自殺することを考え、令和○年○月○日午後○時頃、福島県○○市○○町○丁目○番○号ホテル「B」客室において、同人の求めにより、あらかじめ用意していた青酸カリ一包みを同人の口に入れて飲ませ、よって、その頃、同所において、同人を青酸カリ中毒により死亡させ、もって同人の自殺を幇助したものである。

（留意点）　「自殺幇助は自殺の企図を有ししかも自らこれを実行せんとするにあたり、その方法を示し、若は、器具を供する等実行を容易ならしめる行為をいい、嘱託殺人とは、被害者自殺の企図を有するも自らこれを実行する意思なき場合においてその嘱託を受け受託者自ら手を下してその企図を実現させる行為をいう。」（大判大正11.4.27）

■203条、199条　未遂罪
　第199条及び前条の罪の未遂は、罰する。

　被疑者は、令和○年○月○日午後○時○分頃、山形県○○市○○町○丁目○番○号簡易旅館「A」において、B（当時○○歳）から「この間抜け野郎。」などとばかにされたことに憤激し、同人を殺害しようと考え、牛刀(刃体の長さ約○○センチメートル)でその左胸部を突き刺したが、その場にいたCに取り押さえられたため、Bに加療約○か月間を要する左胸部刺創の傷害を負わせたにとどまり、死亡させるに至らなかったものである。

（留意点）　障害未遂と中止未遂のいずれに当たるかを明らかにするため、「居合わせた○○に制止されたため」、「同人から激しく抵抗されたため」、「被害者の子供が泣き出したため、殺してしまえばその子がかわいそうと思い」などと具体的に記載すべきである。
　　　　　　「自殺若しくは被殺者たる本人と犯人との間に同死するの合意ありたると否とによりて本条の成立に影響を及ぼすことなし。」（大判大正4.4.20）

第25　傷害の罪

■204条　傷　害

人の身体を傷害した者は、15年以下の懲役又は50万円以下の罰金に処する。

被疑者は、令和○年○月○日午前○時○分頃、岩手県○○市○○町○丁目○番○号先路上において、A（当時○○歳）に対し、その顔面を拳で殴り、腹部を足で蹴るなどの暴行を加え、よって、同人に加療約○週間を要する顔面打撲症等の傷害を負わせたものである。

被疑者は、Aと共謀の上、令和○年○月○日午後○時頃、岩手県○○市○○町○丁目○番○号先路上において、B（当時○○歳）に対し、それぞれ、その顔面を拳や角材で殴るなどの暴行を加え、よって、同人に加療約○○日間を要する顔面打撲挫傷の傷害を負わせたものである。

被疑者は、令和○年○月○日午後○時○分頃、秋田県○○市○○町○丁目○番○号A（当時○○歳）方において、同人とBが口論しているのを見て仲裁に入ったところ、前記Aから「お前は関係ない。」と言われたことに憤激し、同人に対し、持っていた果物ナイフ（刃体の長さ約○センチメートル）でその頭部に切りつけ、よって、同人に全治まで約○か月間を要する前頭部切創の傷害を負わせたものである。

被疑者は、令和○年○月○日午後○時頃、秋田県○○市○○町○丁目○番○号被疑者方において、自己が交際していたA（当時○○歳）がBと情交したことを知って憤激し、同人に対し、その顔面を拳で殴って同人をその場に転倒させた上、火のついたたばこをその背部に押しつけるなどし、よって、同人に加療約○週間を要する顔面挫傷等の傷害を負わせたものである。

　被疑者は、令和○年○月○日午前○時○分頃、青森県○○市○○町○丁目○番○号スナック「Ａ」店舗内において、被疑者と交際のあったＢ（当時○○歳）に冷たく扱われたことに立腹し、同人に対し、用意した塩酸○○グラムをその顔面等に浴びせかけ、よって、同人に全治○週間を要する顔面火傷等の傷害を負わせたものである。

　被疑者は、令和○年○月○日午後○時頃、青森県○○市○○町○丁目○番○号Ａ建設有限会社作業員宿舎において、作業員Ｂ（当時○○歳）と酔ったあげくささいなことから口論の上、同人に対し、その頭部、背部をその場にあった角材（長さ約○メートル）で多数回殴る暴行を加え、よって、同人に加療約○か月間を要する左後頭部陥没骨折・脳挫傷の傷害を負わせたものである。

　被疑者は、ＳＮＳ等のやり取りを通じて知り合ったＡ（当時○○歳）が被疑者を訪れたことから、令和○年○月○日から、青森県○○市（以下略）所在のホテル「Ｂ」に同人と宿泊し、性的な関係を持つなどしていたが、同月○日、同人が帰宅したいと言い出したことから、同人を監禁しようと考え、同ホテルの客室内において、同人に対し、「帰りたいと言うな」などと言った上、その頸部を手で強く絞め付け、「俺のために死んでみろ。殺してやろうか」などと言い、その顔面を平手で殴るなどの暴行や脅迫を加えて、同人を同所から脱出することが困難な心理状態に陥らせた上、同日から同月○日までの間、同ホテル客室内及び青森県○○市（以下略）所在のホテル「Ｃ」客室内において、同人の行動を監視したり、同人に対し、帰ったら家族を殺す旨言うなどの脅迫を加え、同人を前記各所から脱出することが困難な心理状態に陥らせ、脱出を不能にして不法に監禁し、よって、同人に全治不明の解離性障害及び外傷後ストレス障害の傷害を負わせたものである。

（留意点）　傷害の意義

　　　　「刑法上の傷害とは、他人の身体に対する暴行によりその生活機能

に障害を与えることであって、あまねく健康状態を不良に変更した場合を含む」（最決昭和32.4.23）。

　傷害を与える手段は、通常は暴行によることが多いが、これに限られない。例えば、自宅から隣家に向けてラジオを大音量で鳴らし続けて被害者に慢性頭痛症を生じさせた場合（最決平成17.3.29）、病毒を感染させる場合（最判昭和27.6.6）や、嫌がらせ電話によって相手方を精神衰弱症に陥らせた場合（東京地判平成16.4.20）、睡眠薬等を摂取させて数時間にわたり意識障害及び筋弛緩作用を伴う急性薬物中毒症状を生じさせた場合（最決平成24.1.30）などにも本罪が成立する。

傷害の犯意

　「傷害罪は結果犯であって、その成立には傷害の原因たる暴行についての意思があれば足り、特に傷害の意思の存在を必要としない。」（最判昭和25.11.9）

　「数人共同して208条の罪を犯し、よって人を傷害した場合は本条の罪だけ成立し、暴力行為等処罰ニ関スル法律１条1項の罪は成立しない。」（最判昭和32.12.26）

■205条　傷害致死

　身体を傷害し、よって人を死亡させた者は、３年以上の有期懲役に処する。

　被疑者は、令和○年○月○日午前○時○分頃、北海道○○市○○町○丁目○番○号キャバレー「Ａ」店舗内において飲酒中、客のＢ（当時○○歳）と口論となり、同店舗内及び同店舗前路上において、その顔面を拳で殴り、その胸部を蹴りつけてその場に転倒させアスファルト舗装の路面に後頭部を強打させるなどの暴行を加えて、同人に脳挫傷、硬膜下血腫の傷害を負わせ、よって、同月○日午前○時頃、同市○○町○丁目○番○号Ｃ病院において、同人を前記傷害により死亡させたものである。

- - -

　被疑者は、令和○年○月○日午後○時頃、北海道○○市○○町○丁目○番○号Ａ（当時○○歳）方において、同人らと麻雀遊戯中、同人からイカ

サマをしたと言われて腹を立て、持っていた小刀（刃体の長さ○センチ
メートル）で同人の顔面、右腕部を数回切りつけ、よって、その頃、同所
において、同人を顔面切創、右腕部切創により失血死させたものである。

　被疑者は、令和○年○月○日午前○時頃、北海道○○市○○町○丁目○
番○号先路上をA及びBの両名と通行中、通りかかったC（当時○○歳）
から肩が触れたと因縁をつけられ、顔面を平手で殴られたことに腹を立
て、前記A及びBの両名と共謀の上、前記Cに対し、それぞれ拳で顔面を
殴り、その頭部等を靴履きのまま足で蹴るなどの暴行を加え、同人に頭蓋
骨骨折等の傷害を負わせ、よって、その頃、同所において、同人を前記傷
害に基づく外傷性くも膜下出血により死亡させたものである。

（留意点）　故意
　　　　「傷害致死の犯意も傷害と同様暴行の犯意で足り傷害の結果を認識
　　　　する必要はない。」（大判大正15.7.31）
　　　　因果関係
　　　　「被害者の体質が普通人よりも脆弱であるため死亡したものだとし
　　　　ても、一定の行為が原因となって死亡の結果が発生した場合には、そ
　　　　の行為は傷害致死の原因となったものだと認定することは正当であ
　　　　る。」（最判昭和22.11.14）

■206条　現場助勢

　　　前2条の犯罪が行われるに当たり、現場において勢いを助けた者は、自ら
　　人を傷害しなくても、1年以下の懲役又は10万円以下の罰金若しくは科料に
　　処する。

　被疑者は、令和○年○月○日午後○時頃、香川県○○市○○町○丁目○
番○号先路上において、A（当時○○歳）とB（当時○○歳）が口論の上
殴り合いのけんかとなり、AがBの顔面を拳で殴り、同人に加療約○週間
の顔面打撲症の傷害を負わせた際、その現場において、「がんばれ。どっ
ちも負けるな。もっとやれ。」などと大声で声援し、もってその勢いを助

けたものである。

　被疑者は、令和○年○月○日午後○時頃、徳島県○○市○○町○丁目○番○号先路上において、A（当時○○歳）とB（当時○○歳）が殴り合いのけんかをしてAがBの顔面等を拳や角材で殴って同人に加療約○週間の顔面挫傷等の傷害を負わせた際、その現場において、他の見物人に交じって大声で「やれやれ。のばしちゃえ。二人ともがんばれ。」などと言って声援し、もって傷害現場においてその勢いを助けたものである。

（留意点）　本条の行為は、傷害現場における単なる助勢行為を処罰するものであって、特定の正犯者の傷害行為を容易ならしめた場合は傷害の従犯である（大判昭和2.3.28）。

■207条　同時傷害の特例

　　　二人以上で暴行を加えて人を傷害した場合において、それぞれの暴行による傷害の軽重を知ることができず、又はその傷害を生じさせた者を知ることができないときは、共同して実行した者でなくても、共犯の例による。

　被疑者は、令和○年○月○日午後○時頃、高知県○○市○○町○丁目○番○号先路上において、A（当時○○歳）に対し、「ガンをつけた。」と因縁をつけ、その顔面を拳で殴り、胸部を両手で突き飛ばす暴行を加え、そのためよろめいたAが通りかかったB（当時○○歳）に突き当たり、前記Bが立腹して前記Aの顔面を拳で殴り、前記両名の暴行により前記Aに加療約○週間の顔面挫傷の傷害を負わせたが、その傷害の軽重を知ることができないものである。

第1　被疑者Aは、令和○年○月○日午後○時○分頃、愛媛県○○市○○町○丁目○番○号料理店「B」店舗内において、同店の客C（当時○○歳）と口論となり、同人に対し、拳でその顔面を殴る暴行を加え、

第2　被疑者Dは、前記日時・場所において、前記けんかの仲裁に入ったところ、前記Cから「お前は関係ない。」などと言われたため腹を立

> て、同人に対し、拳でその顔面を殴る暴行を加え、
> よって、前記Cに加療約○週間の顔面打撲症の傷害を負わせたが、前記傷害がいずれの被疑者の行為によるものかを知ることができないものである。

(留意点)　「二人以上の者が共同的行為でなく、各別に暴行を加え、他人を傷害し、しかも傷害の軽重又は傷害を生ぜしめた者を知ることができない場合の規定であって、その暴行が、同時、同所で行われたか否かは問わない。」(大判昭和11.6.25)

　　しかし、時間的場所的接着性を要するとするのが多数説。
　　本条は、共謀の存する場合には適用がない。
　　本条は傷害致死罪にも適用がある(最判昭和26.9.20)。

■208条　暴　行

　　暴行を加えた者が人を傷害するに至らなかったときは、2年以下の懲役若しくは30万円以下の罰金又は拘留若しくは科料に処する。

> 　被疑者は、令和○年○月○日午後○時頃、東京都○○区○○町○丁目○番○号A(当時○○歳)方において、同人に対し、拳でその顔面を数回殴る暴行を加えたものである。

> 　被疑者は、令和○年○月○日午後○時頃、神奈川県○○市○○町○丁目○番○号先路上において、A(当時○○歳)から立ち小便をしたことを注意されて立腹し、同人に対し、両手で同人着用のジャンパーの襟首をつかんで強く締めあげるなどの暴行を加えたものである。

> 　被疑者は、令和○年○月○日午後○時頃、神奈川県○○市○○町○丁目○番○号飲食店「A」において、B(当時○○歳)からばか呼ばわりされたことに腹を立て、同人に対し、その顔面を拳で殴り、その腹部を足で蹴るなどの暴行を加えたものである。

　被疑者は、令和○年○月○日午後○時頃、埼玉県○○市○○町○丁目○番○号先路上において、同所を通行中のA（当時○○歳）が被疑者の身体に触れたことから因縁をつけ、同人に対し、その顔面を拳で殴り、その頭髪をつかんで強く引っ張って路上に転倒させるなどの暴行を加えたものである。

　被疑者は、令和○年○月○日午後○時頃、埼玉県○○市○○町○丁目○番○号A建設作業員宿舎前空地において、同僚のB（当時○○歳）と口論となり、同人に対し、角材（長さ約○メートル）でその腹部を突くなどの暴行を加えたものである。

（留意点）　「暴行とは人の身体に対する不法な一切の攻撃方法を包含し、その暴行が性質上傷害の結果を惹起すべきものであることを必要としない。」（大判昭和8.4.15）

　「人の身体に対して不法な攻撃を加えることをいい、加害者が室内において相手方の身辺において大太鼓、鉦等を連打し、同人等をして頭脳の感覚が鈍り、意識もうろうたる気分を与え、又は脳貧血を起こさせたりする程度に達せしめた場合をも包含する。」（最判昭和29.8.20）

　「狭い室内で被害者を脅すため日本刀の抜き身を振り回した行為は、同人に対する暴行にあたる。」（最判昭和39.1.28）

　自動車の運転により人を死傷させる行為等の処罰に関する法律（平成25年法律第86号、平成26年5月20日から施行）により、従来、刑法に規定が置かれていた危険運転致死傷罪（従来の刑法208条の2）及び自動車運転過失致死傷罪（従来の刑法211条2項）が新法に移動されたほか、新たな危険運転に関する規定や無免許運転の場合の加重処罰規定を設けるなどの罰則の整備が行われた。
　本書においても、この新法に対応する記載例を、「第3編　特別法」（第4章　交通）にて取り上げることとする。

■208条の2第1項　凶器準備集合

　　二人以上の者が他人の生命、身体又は財産に対し共同して害を加える目的
　で集合した場合において、凶器を準備して又はその準備があることを知って
　集合した者は、2年以下の懲役又は30万円以下の罰金に処する。

■208条の2第2項　凶器準備結集

　　前項の場合において、凶器を準備して又はその準備があることを知って人
　を集合させた者は、3年以下の懲役に処する。

　被疑者は、A（当時○○歳）に暴行されたことに腹を立て、その仕返し
をするため、B（当時○○歳）ら○○名と共同して前記Aの身体に危害を
加える目的で、令和○年○月○日午後○時頃、千葉県○○市○○町○丁目
○番○号前記B方に日本刀、木刀等を持って前記Bらとともに集合し、
もって共同して他人の身体に危害を加える目的で凶器を準備して集合した
ものである。

　被疑者は、暴力団A組の幹部であるが、以前から対立抗争中の暴力団B
組組長C（当時○○歳）方に赴き同人に危害を加える目的で、令和○年○
月○日午後○時頃、茨城県○○市○○町○丁目○番○号被疑者方に日本刀
八振などを準備した上、輩下のDほか○○名を呼び集め、もって共同して
他人の生命、身体に危害を加える目的で凶器を準備して人を集合させたも
のである。

　(留意点)　凶器には、日本刀などの本来の凶器のほか、角材、鉄パイプなど用
　　法上の凶器も含まれる。
　　　「兇器の準備とは、兇器を必要に応じていつでも同条所定の加害行
　　為に使用し得る状態に置くことをいう。」（名古屋高金沢支判昭和36.
　　4.18）

第26　過失傷害の罪

■209条 1 項　過失傷害

　　過失により人を傷害した者は、30万円以下の罰金又は科料に処する。

　被疑者は、令和○年○月○日午後○時○分頃、栃木県○○市○○町○丁目○番○号先の路上において、Aを相手に軟式野球ボールを使用してキャッチボールを始めようとしたが、同所は通行人が多く、ボールが通行人に当たって負傷させるおそれがあったので、同所でのキャッチボールを避けるべき注意義務があるのに危険はないものと軽信して漫然キャッチボールを開始した過失により、同所を通行していたB（当時○○歳）の後頭部に被疑者の投げたボールを当て、よって、同人に加療約○○日間を要する後頭部挫傷等の傷害を負わせたものである。

（留意点）　本罪は親告罪である。

　　　　　本条の過失は、業務上の過失、重過失、自動車運転上の過失に当たらない注意義務違反を意味する。具体例としては、日常の家事や動物の散歩の際の事故、スポーツでの事故、歩行者同士や歩行者と自転車の事故などが挙げられる。

■210条　過失致死

　　過失により人を死亡させた者は、50万円以下の罰金に処する。

　被疑者は、令和○年○月○日午後○時頃、群馬県○○市○○町○丁目○番○号被疑者方において、長女A（令和○年○月○日生）に対し、添い寝して授乳していたが、被疑者は睡気を催しており、そのまま授乳を続ければ睡眠して乳房で同人の鼻口をふさいで窒息させるおそれがあったのであるから、いったん授乳を中止して危険の発生を未然に防止すべき注意義務があるのに、漫然授乳を継続してそのまま睡眠した過失により、同日午後○時○分頃、乳房で前記Aの鼻口をふさいで圧迫し、よって、その頃、同

154

所において同人を窒息死させたものである。

（留意点）　「生後間もない嬰児に対し、添寝しつつ授乳する者は、その授乳に
　　　　　伴い通常生ずることあるべき一切の危険を防止すべき義務があり、も
　　　　　し、授乳者がその義務を怠り授乳中睡眠したため、乳房で乳児の鼻口
　　　　　を圧して窒息死に至らせた場合は、不作為による過失致死の責任を免
　　　　　れない。」（大判昭和 2 . 10. 16）

■211条前段　業務上過失致死傷

　業務上必要な注意を怠り、よって人を死傷させた者は、5 年以下の懲役若
しくは禁錮又は100万円以下の罰金に処する。

　被疑者は、土木建築請負を業とする静岡県○○市○○町○丁目○番○号
A建設株式会社の従業員で、同社がB市から請負った同市○○町○丁目○
番○号先道路上の水道管補修工事現場の現場監督として同工事の施工の指
導監督、同工事現場の保安などの業務に従事していたものであるが、令和
○年○月○日午後○時○分頃、同工事を終えて現場を立ち去る際、同現場
には縦約○メートル、横約○メートル、深さ約○メートルの穴が掘られて
いたのであるから、鉄板などで蓋をした上、その周囲を保全柵で完全に囲
い、かつ、赤色灯を点灯させるなどして通行車両に対する危険を未然に防
止すべき業務上の注意義務があるのにこれを怠り、鉄板で同穴に蓋をする
のを失念した上、簡単に縄でその周囲を囲っただけで赤色灯を点灯するの
も忘れてその場を立ち去った過失により、同日午後○時○分頃、同所を通
りかかったC（当時○○歳）運転の自動二輪車を同工事用穴内に墜落させ
、よって、同人に加療約○か月間を要する頭蓋骨骨折等の傷害を負わせ
たものである。

- -

　被疑者は、医師として山梨県○○市○○町○丁目○番○号A病院に勤務
し、患者の治療の業務に従事しているものであるが、令和○年○月○日午
後○時○分頃、治療のため通院していた患者であるB（当時○○歳）にC
注射液を注射しようとしたが、医師としてあらかじめ注射液を調査して前

記注射液である旨確認して危険の発生を未然に防止すべき業務上の注意義務があるのに、これを怠り、点眼薬Ｄのアンプルを何ら調査せず前記Ｃ注射液であると軽信して同人の左腕静脈に注射した過失により、同日午後○時○分頃、前記注射による呼吸麻痺により、同人を同病院で死亡させたものである。

■211条後段　重過失致死傷
重大な過失により人を死傷させた者も、同様とする。

　被疑者は、飲酒すると病的酩酊に陥り、心神喪失若しくは心神耗弱の状態となり他人に暴行を加えるなどして危害を加える習癖を有し、かつ、これまで飲酒の上他人に傷害を負わせることを繰り返してその習癖を自覚していたものであるから、飲酒を抑止し、又は酒量を極力制限するなどして危険の発生を未然に防止すべき注意義務があるのに、令和○年○月○日午後○時頃から○時頃にかけて、長野県○○市○○町○丁目○番○号飲食店「Ａ」において、自ら求めて○リットル以上の日本酒を飲酒した重大な過失により、ついに心神喪失の状態となり、その頃、同店内において、同店客Ｂ（当時○○歳）に対し、一方的に因縁をつけてその腹部を足で蹴り、木製椅子でその胸部を殴るなどし、よって、同人に加療約○○日間を要する胸部打撲等の傷害を負わせたものである。

(留意点)　「多量に飲酒するときは病的酩酊におちいり、心神喪失の状態になって他人に犯罪の害悪を及ぼす危険のある素質を有することを自覚する者は、右の原因となる飲酒を抑止又は制限するなど前示危険を未然に防止するよう注意する義務がある。」（最判昭和26.1.17）

　従来の刑法211条2項（自動車運転過失致死傷）は、自動車の運転により人を死傷させる行為等の処罰に関する法律（平成25年法律第86号）第5条に移動されたため、「第3編　特別法（第4章　交通)」にて取り上げた。

第27　堕胎の罪

■212条　堕　胎

　妊娠中の女子が薬物を用い、又はその他の方法により、堕胎したときは、1年以下の懲役に処する。

　被疑者は、令和○年○月頃から妻子のあるＡと情交を重ねるうち令和○年○月頃妊娠したが、世間体を恥じて堕胎することを考え、同年○月○日頃、新潟県○○市○○町○丁目○番○号被疑者方において、腹部を圧迫するなどの方法で、妊娠○か月の胎児を体外に排出し、もって堕胎したものである。

(留意点)　「堕胎」とは、自然の分娩期に先だって、人為的に胎児を母体外に排出することをいう。妊娠1か月でも堕胎罪は成立する（大判昭和7．2．1）。

　　　　　胎児は堕胎行為時において、生存していることを要し、既に死亡している胎児を排出しても堕胎罪は成立しない。

■213条　同意堕胎及び同致死傷

　女子の嘱託を受け、又はその承諾を得て堕胎させた者は、2年以下の懲役に処する。よって女子を死傷させた者は、3月以上5年以下の懲役に処する。

　被疑者は、情交関係にあったＡから妊娠の事実を告げられたものであるが、世間体を恥じて堕胎に及ぶことを考え、令和○年○月○日頃、大阪府○○市○○町○丁目○番○号被疑者方において、同人の承諾を得て、同人の子宮内にブジー（㊟医療器具）を挿入し、これによって妊娠約○か月の胎児を体外に排出させ、もって堕胎させたものである。

■214条　業務上堕胎及び同致死傷

　　医師、助産師、薬剤師又は医薬品販売業者が女子の嘱託を受け、又はその承諾を得て堕胎させたときは、3月以上5年以下の懲役に処する。よって女子を死傷させたときは、6月以上7年以下の懲役に処する。

　被疑者は、医師の資格を有し、京都府〇〇市〇〇町〇丁目〇番〇号でA産婦人科病院を開業し医療業務に従事しているものであるが、B（当時〇〇歳）から堕胎手術の依頼を受けてこれを承諾し、令和〇年〇月〇日午後〇時頃、前記病院において、同人に対し、拡張器、胎盤鉗子などを用いて堕胎手術を施し、妊娠〇か月の胎児を体外に排出させ、もって同人の嘱託を受けて堕胎させたが、前記手術における拡張器による子宮頸管拡張の際、子宮頸管に穿孔を生じさせ、よって、同日午後〇時頃、同病院において、前記穿孔部位からの出血により、同人を失血のため死亡させたものである。

第28　遺棄の罪

■217条　遺　棄
　　老年、幼年、身体障害又は疾病のために扶助を必要とする者を遺棄した者は、1年以下の懲役に処する。

　　被疑者は、令和○年○月○日午後○時頃、兵庫県○○市○○町○丁目○番○号被疑者方敷地内に、生後約○か月の乳児Aが毛布にくるまれた状態のまま捨てられているのを発見したが、これに関わり合いになることをおそれ、同所から約○○キロメートル離れた同県○○市○○町○丁目○番○号B公園まで同人を自動車で運び、同公園に同人を放置して立ち去り、もってこれを遺棄したものである。

（留意点）　本罪の主体は、法律上特別の保護責任のある者に限られないので、遺棄には場所的移転を要すると解されている。
　　　　　軽犯罪法第1条第18号参照のこと。

■218条　保護責任者遺棄等
　　老年者、幼年者、身体障害者又は病者を保護する責任のある者がこれらの者を遺棄し、又はその生存に必要な保護をしなかったときは、3月以上5年以下の懲役に処する。

　　被疑者は、令和○年○月○日午後○時頃、奈良県○○市○○町○丁目○番○号先路上において、自動車を運転中、対向車を避けるため進行方向左側にハンドルを切った際、自車を通行人A（当時○○歳）に接触させて路上に転倒させ、同人に左下腿開放性骨折の傷害を負わせたものであるが、同人を自車に乗車させ病院に向かう途中、同人が泥酔者で、かつ、前記受傷により歩行不能の状態にあったことから、同人を路上に放置すれば前記事故が発覚しないと考え、同日午後○時○分頃、同県○○市○○町○丁目○番○号先路上において、前記Aを自車から降ろし、同人を同所に放置し

たまま自車を運転して同所を立ち去り、もってこれを遺棄したものである。

（留意点）　保護責任の根拠は、法令、契約、慣習、事務管理、条理などにある。

本罪の遺棄の態様は置去りを含む。

前記記載例は、最判昭和34.7.24の事例である。

■219条　遺棄等致死傷

前2条の罪を犯し、よって人を死傷させた者は、傷害の罪と比較して、重い刑により処断する。

被疑者両名は、令和○年○月下旬から、実兄Aの遺児B（令和○年○月○日生）を引き取り、滋賀県○○市○○町○丁目○番○号被疑者方において養育してきたものであるが、同人は虚弱のため養育に手数がかかったことから愛情を失い、同年○月上旬頃より十分の食事や衣類を与えなかったため、同年○月上旬頃、同人の身体が特に衰弱して高熱を発し容態が悪化したものであるところ、共謀の上、同人の生存に必要な保護を加うべき責任があるにもかかわらず、医師の診断を受けさせることもなく病院等における療養看護をなさず、かつ、十分な食事を与えることもなく、ことさら前記生存に必要な保護を加えずに放置し、よって、同月○日、同人を栄養失調に基づく全身衰弱により死亡させたものである。

（留意点）　本罪は殺意がなく遺棄の故意があれば足りる。殺意があれば、殺人罪が成立する。

第29 逮捕及び監禁の罪

■220条　逮捕及び監禁

　　不法に人を逮捕し、又は監禁した者は、3月以上7年以下の懲役に処する。

　　被疑者は、令和○年○月○日午後○時頃、和歌山県○○市○○町○丁目○番○号先路上で自動車を運転中、同所付近路上を通行中のA（当時○○歳）を認めるや、同車に同乗していたB、Cと共謀の上、前記Aの近くに同車を停車させて下車した上、「自動車に乗れ。乗らなかったら痛い目にあうぞ。」などと言って脅迫し、さらに同人の手を引っ張るなどして、付近に待機させてあった前記自動車後部座席に乗車させ、同人の両側に前記B及び前記Cが座り、被疑者が運転して同車を発車させ、前記Aが降車を求めても、「バタバタするな。騒ぐとためにならないぞ。」などと言って脅迫し、同所から奈良県○○市○○町○丁目○番○号先路上まで、約○時間にわたり、同車を疾走させて、同人を不法に監禁したものである。

- - - - - - - - - - - - - - - - - - - -

　　被疑者は、暴力団A組幹部であるが、同組組員Bがその友人に前記A組を離脱し、いわゆる堅気になりたい旨語っていることを知ると、同組組員らに対する見せしめのため、前記Bに制裁を加えようと考え、令和○年○月○日午後○時頃、和歌山県○○市○○町○丁目○番○号A組事務所において、同人に対し、その手足を麻縄で縛った上、約○時間にわたり、同人の身体をロープで同建物のはりにつり下げ、もって同人を不法に逮捕したものである。

（留意点）　「逮捕」とは、多少の時間継続して直接人の身体を拘束し、自由を束縛することをいう。

　　「監禁」とは、一定の場所から脱出不能か脱出困難とさせることをいい、多少の時間的継続を要する。

　　「刑法第220条第1項の監禁は、暴行又は脅迫によってなされる場

合だけでなく、偽計によって被害者の錯誤を利用してなされる場合をも含む。」（最決昭和33.3.19）

逮捕に引き続いて監禁した場合は、第220条第1項の単純な一罪となる（最判昭和28.6.17）。また、逮捕・監禁の手段である暴行、脅迫は吸収され、別罪を構成しない（最決昭和42.4.27）。他方、暴行・脅迫が逮捕・監禁の手段としてではなく、全く別個の動機からなされたときは、別に暴行罪・脅迫罪を構成する（最判昭和28.11.27）。

なお、傷害の手段として監禁し傷害を加えた場合、両者は牽連犯を構成しない（最決昭和43.9.17）。

■221条　逮捕等致死傷

前条の罪を犯し、よって人を死傷させた者は、傷害の罪と比較して、重い刑により処断する。

被疑者は、暴力団A組組員であるが、自己の愛人Bが同組と対立抗争関係にある暴力団C組組員Dから無理に性行為をされたことを知り、前記Dを謝罪させようと考え、令和○年○月○日午後○時頃、愛知県○○市○○町○丁目○番○号Eマンション○階の自室に前記Dを呼び出し、同人に謝罪を求めたが同人がその非を認めなかったため、前記A組組員Fほか○名と共謀の上、その頃から同日午後○時頃までの間、同所において、同室の出入口に施錠し、前記Dの行動を監視した上、同人に対し、その頭部・顔面などを多数回にわたり拳で殴り、足で蹴るなどし、さらに、「逃げるなら逃げてもいいんだ。その代わり、氷風呂に入ってゆっくり頭を冷やすか、熱湯につかって汚い汗をたっぷり流すかしろ。」「謝りたくなければ、死ぬまでここにいろ。」などと言って、暴行・脅迫を加え、その間、同人を同室内から脱出困難な状態におき、もって同人を不法に監禁したが、その際、前記暴行により、同人に対し、加療約○週間を要する頭部・顔面挫傷等の傷害を負わせたものである。

(留意点)　本罪が成立するには、逮捕・監禁行為と人の死傷との間に因果関係が必要である。因果関係が認められれば、被害者に外傷後ストレス障

害（PTSD）を発症させた場合も、本罪が成立する（最決平成24.
7.24）。

　人の死傷が逮捕・監禁行為そのもの又はその手段である行為から生
じた場合には、因果関係が肯定される（名古屋高判昭和31.5.31）。

　被害者が監禁されていた自動車から飛び降りて死亡するなど、被害
者自身又は第三者の行為により死傷の結果が生じた場合も、因果関係
を肯定しうる（東京高判昭和42.8.30）。

　なお、逮捕・監禁の手段としてではなく、全く別個の動機から被害
者に暴行を加えて負傷させた場合には、本罪ではなく、別個に傷害罪
を構成する。

第30　脅迫の罪

■222条　脅　迫

　生命、身体、自由、名誉又は財産に対し害を加える旨を告知して人を脅迫した者は、2年以下の懲役又は30万円以下の罰金に処する。
　2　親族の生命、身体、自由、名誉又は財産に対し害を加える旨を告知して人を脅迫した者も、前項と同様とする。

　被疑者は、Ａが○○市内の飲食店などで、自己のことを「ろくでなしのばかだ。」などと悪口を言いふらしていることを知り腹を立て、令和○年○月○日午後○時頃、同市○○町○丁目○番○号所在の前記被疑者方から同人を付近路上に呼び出し、同所において、同人に対し、その腹部に持っていたナイフを突き付け、「きさまの悪口でおれは町中の物笑いの種になっている。ドテッ腹を切り裂いてやる。」「きさまのようなやつを殺せば、感謝する連中が多いんだ、俺は喜んで刑務所へ行ってやる。」などと言い、同人の生命、身体にいかなる危害をも加えかねない気勢を示して同人を脅迫したものである。

　被疑者は、以前からＡと情交関係を続けてきたものであるが、同人がＢ（当時○○歳）と婚約したことを知るや、同人に対する嫉妬から前記婚約を解消させることを考え、令和○年○月○日午後○時頃、三重県○○市○○町○丁目○番○号被疑者方において、○○県○○市○○町○丁目○番○号前記Ｂ方に電話をかけ、同人に対し、「あんたがＡと別れなければ、ヤクザ者を使って顔に傷をつけてやる。」「Ａの家の者に、あんたが尻軽女だと言いふらしてやる。」「結婚式の場所も時間も分かっている。そこでどんなハプニングが起こるか楽しみに待っていろ。」などと言い、同人の身体、名誉に危害を加える旨を告知し、脅迫したものである。

　被疑者は、令和○年○月○日午後○時頃、岐阜県○○市○○町○丁目○番○号先路上において、通行中のＡ（当時○○歳）と視線が合ったとして

因縁をつけ、同人に対し、「おれにガンをつけたな。生意気な野郎は目で
もつぶしてやるか。」「この傘でお前の目をぶち抜いてやる。」などと怒鳴
り、持っていた傘の先端をその顔面に突き付け、同人の身体にいかなる危
害をも加えかねない気勢を示して同人を脅迫したものである。

被疑者は、暴力団A組の組員であるが、令和○年○月○日午前○時頃、
岐阜県○○市○○町○丁目○番○号喫茶店「B」付近路上において、前記
A組と対立抗争関係にある暴力団C組組員D（当時○○歳）が通行してい
るのを見るや、同人に対し、「ここはA組のシマだ。お前らC組の若造が
出入りする場所ではない。」「とっとと消えうせろ。嫌なら俺と勝負する
か。俺は血に飢えているんだ。」などと言い、同人の生命、身体にいかな
る危害をも加えかねない気勢を示して同人を脅迫したものである。

被疑者は、以前から親密な交際のあった夫のあるA（当時○○歳）から
交際を断わられるや、同人を脅迫しようと考え、令和○年○月○日頃、福
井県○○市○○町○丁目○番○号前記A方の同人に宛て、「僕とぜひ会っ
て下さい。会ってくれなければ、あなたの実家や兄弟の家を訪ね、僕との
仲を言いふらしてやる。」などと書いた手紙を郵送して、同人に閲読させ、
同人の親族に対し夫のある同人が被疑者と親密な交際のあった事実を暴露
し同人の名誉に危害を加える旨を告知し、もって脅迫を加えたものであ
る。

被疑者は、以前Aに現金○○万円を貸し付けたが、同人が約束どおり返
済しないことに憤慨し、令和○年○月○日午後○時頃、福井県○○市○○
町○丁目○番○号所在A方に赴き、同所において、同人に対し、「お前の
娘Bは○○歳の娘ざかりらしいな。俺は顔も知っているし、C女子高校に
通学していることも分かっている。」「俺の知り合いのヤクザはバーを経営
しているが、若いホステスを欲しがっている。お前の娘をさらって、お前
に貸した分だけ稼がせるか。」などと言い、同人の親族である長女B（当
時○○歳）の自由、名誉に危害を加える旨を告知し、脅迫したものであ
る。

留意点　脅迫とは、相手又はその親族の生命・身体・自由・名誉・財産に対し害を加えるべきことを告知することであり、貞操も保護の対象とされている。

　　　脅迫罪は、憲法第21条に違反するものではない（最判昭和33.4.22）。

　　　害悪告知の方法は限定されないが害悪の告知を相手方が知り得る手段であることを要する。落とし手紙でもよい。葉書郵送の事例として、最判昭和35.3.18参照。

　　　本罪は未遂がなく、害悪の告知で既遂に達し、被害者が現実に畏怖したことを要しない。

　　　犯罪事実には、害悪告知の手段方法や害悪の内容を具体的に記載しなければならない。

■223条　強　要

　生命、身体、自由、名誉若しくは財産に対し害を加える旨を告知して脅迫し、又は暴行を用いて、人に義務のないことを行わせ、又は権利の行使を妨害した者は、3年以下の懲役に処する。

2　親族の生命、身体、自由、名誉又は財産に対し害を加える旨を告知して脅迫し、人に義務のないことを行わせ、又は権利の行使を妨害した者も、前項と同様とする。

3　前2項の罪の未遂は、罰する。

　被疑者は、いわゆる暴力団A組組員であるが、自己の若衆Bが令和○年○月○日夜、石川県○○市○○町○丁目○番○号所在飲食店「C」ことC方でいわゆる無銭飲食により逮捕されたことを知り、同月○日午後○時頃、前記C方において、同人に対し、「お前の店はA組が面倒をみなければつぶれるんだ。俺の若衆を警察に訴えるとは、大した度胸だ。」「飲み食いの代金は、後で払ってやる。今、支払を受けたことにして領収証と嘆願書を書け。」「書かなければ、毎晩気の荒いのをこの店によこして商売できないようにしてやる。」などと言い、その要求に応じないときは、同人の身体、財産等にいかなる危害をも加えかねない気勢を示して同人を怖がらせ、よって、その頃、同所において、同人に、前記飲食代金の支払を受け

た旨の領収証及び前記Bの処罰を望まない旨記載した嘆願書各○通を作成させ、もって義務のないことを行わせたものである。

(留意点) 強要罪は、脅迫・暴行により、義務なきことを行わせ、又はその行うべき権利を妨害することにより成立する。義務なきことを行わせる場合、それが財産処分行為であれば恐喝罪が成立する。非財産的な行為が本罪の対象とされる（高松高判昭和46.11.30）。

第31　略取、誘拐及び人身売買の罪

■224条前段　未成年者略取

　　未成年者を略取し、又は誘拐した者は、3月以上7年以下の懲役に処する。

　被疑者は、令和○年○月○日午後○時頃、富山県○○市○○町○丁目○番○号A児童公園において、同所で遊んでいたBの長男C（当時○歳）の姿を見て、あまりのかわいさに同人を略取して自己において養育しようと考え、同人を抱えそのまま○○市○○町○丁目○番○号被疑者方まで連れ帰り、もって未成年者である同人を略取したものである。

（留意点）　「刑法第224条の未成年者略取罪は、暴行又は脅迫を加えて不法に幼児を自己の実力内に移し、一方において監督者の監督権を侵害するとともに他方において幼児の自由を拘束する犯罪である。」（大判明治43. 9. 30）

　　　　　「略取および誘拐は等しく不法に人を自己又は第三者の現実の支配内に置くことをいい、略取は暴行または脅迫を手段とするのに反し、誘拐は欺罔又は誘惑を手段とするものである。」（大判昭和10. 5. 1）

　　　　　「未成年者」は18歳未満の者をいう（民法4条）。ただし、令和4年4月1日より前に成立している未成年者略取誘拐罪における「未成年者」は20歳未満の者をいう（民法改正附則25条）。

■224条後段　未成年者誘拐

　被疑者は、令和○年○月○日午後○時頃、富山県○○市○○町○丁目○番○号A児童公園において、同所で遊んでいたBの長男C（当時○歳）の姿を見て、同人が死んだ自己の長男とあまりに似ていたため、前記Cを誘拐して養育しようと考え、同人に対し、「おばちゃんがおいしいものを買ってやるからついておいで。」などと甘言を用いてこれを誘惑し、よって、その頃から翌○日午後○時頃までの間、○○市○○町○丁目○番○号

被疑者方及び同所付近に同人を連れ出し、もって、未成年者である同人を誘拐したものである。

■225条後段　営利目的誘拐

営利、わいせつ、結婚又は生命若しくは身体に対する加害の目的で、人を略取し、又は誘拐した者は、1年以上10年以下の懲役に処する。

被疑者は、A（当時○○歳）を誘拐してバーホステスとしてあっせんして前借金名目に利益を得ようと考え、令和○年○月○日、広島県○○市○○町○丁目○番○号被疑者方において、同人に対し、「楽な仕事でいくらでも金をもらえる仕事を世話してやる。何でも好きなものが自由に買えるようになる。」などと甘言を用いて同人を誘惑し、同人をその旨誤信させ、同日、同県○○市○○町○丁目○番○号バー「B」まで同行し、同店ホステスとして住み込ませ、もって営利の目的で同人を誘拐したものである。

被疑者は、交際していたA（当時○○歳）が知慮が浅いのに乗じて同人を誘拐して同人を芸妓置屋に芸者として引き渡し、前借金名目に金銭を取得しようと考え、令和○年○月○日、広島県○○市○○町○丁目○番○号第○アパートの被疑者方において、同人に対し、「仕事でどうしても○○万円必要になった。お前ひとつ芸者となって働いてくれないか。そうしたら○○万円置屋から借りられる。○○日で金を作って必ず迎えに行くから。そうしたら楽させてやるからな。」などと言って同人を誘惑し、同人を○○県○○市○○町○丁目○番○号芸妓置屋「B屋」方で芸妓として稼働することを承諾させた上、同月○日、同人を前記「B屋」方まで連れて行き、同所において、同置屋経営者Cに引き渡し、その際、前借金として現金○○万円を受領し、同人を同年○月○日まで、前記「B屋」に芸者として住み込ませ、もって営利の目的で同人を誘拐したものである。

（留意点）　「営利誘拐罪は、被害者が未成年であると成年者であると問わず成立する。」（大判昭和 2 . 6 .16）

「本条にいう営利の目的とは、利益を得る目的をいい、継続、又は反覆して利益を得る目的を必要としない。」（大判昭和 9 . 3 . 1 ）

「営利誘拐罪における営利の目的とは、誘拐行為によって財産上の利益を得ることを動機とする場合をいうものであり、その利益は、必しも被誘拐者自身の負担によって得られるものに限らず、誘拐行為に対して第三者から報酬として受ける財産上の利益をも包含する。」（最判昭和37.11.21）

■225条後段　わいせつ目的誘拐

被疑者は、令和○年○月○日午後○時○分頃、山口県○○市○○町○丁目○番○号A小学校校庭において、同所で遊んでいたB（当時○歳）の姿を見て、同人を誘拐してわいせつ行為をしようと考え、同人に対し、「おじちゃんがいい所へ連れていってやる。好きなものは何でも買ってやるよ。」などと言って同人を誘惑し、同所から○○市○○町○丁目○番○号被疑者方まで連行し、もってわいせつの目的で同人を誘拐したものである。

（留意点）　平成29年改正により、わいせつ・結婚目的に係る略取・誘拐罪（225条）等について、非親告罪化された。

■225条の 2 第 1 項　身の代金目的略取等

近親者その他略取され又は誘拐された者の安否を憂慮する者の憂慮に乗じてその財物を交付させる目的で、人を略取し、又は誘拐した者は、無期又は 3 年以上の懲役に処する。

被疑者は、金策に窮し、医師Aの長男B（当時○歳）を拐取して同人の安否を気遣う前記Aの憂慮に乗じて同人から金銭を交付させようと考え、令和○年○月○日午後○時頃、岡山県○○市○○町○丁目○番○号被疑者

方前路上において、帰宅途中の前記Bを無理矢理抱きかかえて自動車に連れ込み、同所から自動車で連れ去り、同県○○市○○町○丁目○番○号被疑者方まで連行し、もって前記Aの憂慮に乗じ、同人から金銭を交付させる目的で前記Bを拐取したものである。

(留意点) 「その他略取され又は誘拐された者の安否を憂慮する者」には、里子に対する里親、住込み店員に対する店主、金融機関の職員と支店長など、被拐取者の身の安全を親身になって憂慮するのが社会通念上当然と見られるような特別な関係にある者もこれに含まれる（最決昭和62.3.24）。

■225条の2第2項　拐取者身の代金取得等

　　人を略取し又は誘拐した者が近親者その他略取され又は誘拐された者の安否を憂慮する者の憂慮に乗じて、その財物を交付させ、又はこれを要求する行為をしたときも、前項と同様とする。

　被疑者は、令和○年○月○日午前○時頃、鳥取県○○市○○町○丁目○番○号A児童公園において、同所で遊んでいたBの長女C（当時○歳）の姿を見て、かわいさのあまりいきなり同人を抱きかかえて同市○○町○丁目○番○号被疑者方まで連れ帰って同人を拐取したものであるが、同人の父親が医院を開業していることを知るや、前記Cの父Bが前記Cの安否を憂慮しているのに乗じ、前記Bから身の代金を取ろうと考え、同日午後○時頃、被疑者方から○○市○○町○丁目○番○号の前記B方に電話をかけ、同人に対し、「娘さんを預っている。無事に返して欲しいのなら○○万円用意しろ。時間と場所は後で指定する。」などと言い、もって前記Cの安否を気遣う前記Bの憂慮に乗じて金銭を要求したものである。

■226条　所在国外移送目的略取及び誘拐

　　所在国外に移送する目的で、人を略取し、又は誘拐した者は、2年以上の有期懲役に処する。

> 　被疑者は、被疑者の実子で、被疑者の虐待により児童養護施設Aに入所措置となっていたB（当時○歳）を同施設長Cに無断で連れ去り、被疑者の兄の住むD国へ出国させることを考え、令和○年○月○日午前○時○分頃、前記児童養護施設Aに車で乗り付け、小児病棟○○号室に立ち入り、ベッドに寝ていた同人の両足を引っ張って逆さにつり上げ、脇腹に抱えて連れ去り、止めていた車に乗せて発進し、もって日本国外に移送する目的で同人を略取したものである。

■226条の２　人身売買

　人を買い受けた者は、３月以上５年以下の懲役に処する。

　２　未成年者を買い受けた者は、３月以上７年以下の懲役に処する。

　３　営利、わいせつ、結婚又は生命若しくは身体に対する加害の目的で、人を買い受けた者は、１年以上10年以下の懲役に処する。

　４　人を売り渡した者も、前項と同様とする。

　５　所在国外に移送する目的で、人を売買した者は、２年以上の有期懲役に処する。

■226条の３　被略取者等所在国外移送

　略取され、誘拐され、又は売買された者を所在国外に移送した者は、２年以上の有期懲役に処する。

■227条　被略取者引渡し等

　第224条、第225条又は前３条の罪を犯した者を幇助する目的で、略取され、誘拐され、又は売買された者を引き渡し、収受し、輸送し、蔵匿し、又は隠避させた者は、３月以上５年以下の懲役に処する。

　２　第225条の２第１項の罪を犯した者を幇助する目的で、略取され又は誘拐された者を引き渡し、収受し、輸送し、蔵匿し、又は隠避させた者は、１年以上10年以下の懲役に処する。

　３　営利、わいせつ又は生命若しくは身体に対する加害の目的で、略取され、誘拐され、又は売買された者を引き渡し、収受し、輸送し、又は蔵匿した者は、６月以上７年以下の懲役に処する。

　4　第225条の2第1項の目的で、略取され又は誘拐された者を収受した者は、2年以上の有期懲役に処する。略取され又は誘拐された者を収受した者が近親者その他略取され又は誘拐された者の安否を憂慮する者の憂慮に乗じて、その財物を交付させ、又はこれを要求する行為をしたときも、同様とする。

■228条の3　身の代金目的略取等予備

　　第225条の2第1項の罪を犯す目的で、その予備をした者は、2年以下の懲役に処する。ただし、実行に着手する前に自首した者は、その刑を減軽し、又は免除する。

第32　名誉に対する罪

■230条１項　名誉毀損

　　公然と事実を摘示し、人の名誉を毀損した者は、その事実の有無にかかわらず、３年以下の懲役若しくは禁錮又は50万円以下の罰金に処する。

　被疑者は、令和○年○月○日午後○時頃、福岡県○○市○○町○丁目○番○号先の多数人の通行していた道路上において、Ａ（当時○○歳）の腕をつかんで、「俺の財布をする気か。この男は泥棒だ。俺の金を狙って俺の懐に手を入れた。」などと大声で叫び、もって公然と事実を摘示して同人の名誉を毀損したものである。

　被疑者は、令和○年○月○日、福岡県○○市○○町○丁目○番○号のＡ方ほか○○箇所において、同人ほか○○名に対し、「○○日前の殺人の犯人はＢだ。女房が浮気をしたので殺してしまったと私に自白した。」などとふれて回り、もって公然と事実を摘示し、前記Ｂの名誉を毀損したものである。

　被疑者は、佐賀県○○市○○町○丁目○番○号に事務所を置く日刊新聞「Ｂ日報」の編集者であるが、令和○年○月○日付同新聞紙面に「副市長に汚職の嫌疑」と題して、「○○市副市長Ｃは同市市役所新築工事に関し請負業者であるＤ建設株式会社から○○万円の賄賂をもらった上、連日市内の料亭等で同社の接待を受けている。」旨の記事を執筆して掲載し、同日、同新聞約○○部を同市内の多数の購読者に販売し、もって公然と事実を摘示して前記Ｃの名誉を毀損したものである。

　被疑者は、令和○年○月○日に施行された佐賀県○○市議会議員選挙に立候補したものであるが、同月○日、同市○○町○丁目○番○号○○市立第○小学校で開催された個人演説会場において、約○○名の聴衆に対し、対立候補者であるＡに関し、「Ａは○人と不倫をしている。その○人に

バーなどをやらせて金をしぼり取っている。」などと言い、もって公然と事実を摘示して前記Aの名誉を毀損したものである。

（留意点）　本罪は親告罪である。

事実が真実であっても230条の2（公共の利害に関する場合の特例）の要件がない限り処罰される。

被害者である名誉の主体は「人」であり、行為者以外の自然人、株式会社等の法人、その他の団体が含まれる（大判大15.3.24）。

「たとえ、背徳、又は破廉恥の行為ある人といえども名誉権を有すること勿論にして名誉毀損罪の被害者たることを得るものとす。」（大判大正5.12.13）

「本条にいう公然事実を摘示するとは、他人の名誉を毀損すべき事実を不特定多数の人に認識させる状態に置くことをいう。」（大判大正8.4.18）

■231条　侮　辱

事実を摘示しなくても、公然と人を侮辱した者は、1年以下の懲役若しくは禁錮若しくは30万円以下の罰金又は拘留若しくは科料に処する。

被疑者は、令和○年○月○日午後○時頃、長崎県○○市○○町○丁目○番○号A方において、町内会の会合に集合した同人ほか○○名を前にして、「Bは町内会の行事に全く協力しない。彼は人非人で売国奴である。」などと発言し、もって公然と前記Bを侮辱したものである。

（留意点）　本罪も親告罪である。

名誉毀損とは具体的事実を摘示しない点において異なる。

かつて法定刑は拘留又は科料のみであったが、令和4年改正により懲役刑や罰金刑が加えられた（令和4年7月7日施行）。

第33　信用及び業務に対する罪

■233条前段　信用毀損

　　　虚偽の風説を流布し、又は偽計を用いて、人の信用を毀損し、又はその業務を妨害した者は、3年以下の懲役又は50万円以下の罰金に処する。

　被疑者は、電気製品の販売店を経営しているものであるが、近隣の電気製品販売業Aの商況が盛んなのをねたんで同人の信用を失墜させようと考え、令和○年○月○日、大分県○○市○○町○丁目○番○号飲食店「B寿司」において開かれたC商店会の会合において、Dほか○○名に対し、「Aさんの店は危ないらしい。この間銀行でAさんに対する融資が焦げつき同然で困っている、手形も不渡りを出す寸前の状態だと聞いた。皆さんもAさんとの取引には注意した方がよい。」などとうそを言って虚偽の風説を流布し、もって前記Aの信用を毀損したものである。

　被疑者は、A信用組合から免職されたのを恨んで同組合の信用を失墜させようと考え、令和○年○月○日頃、大分県○○市○○町○丁目○番○号被疑者方において、「A信用組合は経営が危ない。幹部職員が大金を横領し、さらに相当額の不正貸付けもあり損害は○億円近くにのぼりそうだ。同組合では必死にもみ消し工作しているが近く県の査察が始まる。」などと虚偽の事実を記載したチラシ約○○枚を作成した上、翌○日頃、被疑者方付近の電柱に前記チラシ約○○枚を貼付して虚偽の風説を流布し、もって前記A信用組合の信用を毀損したものである。

　留意点　虚偽の風説の流布とは、真実と異なる内容の事項を不特定又は多数の人に伝播させることをいう。犯人自らが直接に不特定・多数の人に告知する必要はない。

　　　　偽計とは、人を欺き、あるいは、人の錯誤・不知を利用したり、人を誘惑したりするほか、計略・策略を講じるなど、威力以外の不正な手段を用いることをいう。

176

　「刑法第233条にいう信用毀損罪は人の経済的方面における価値即ち人の支払能力に対する社会的信頼を失墜せしめるおそれある行為をなすによって成立する。」（大判昭和8．4．12）

　「信用毀損の成立には人の信用を害するおそれある虚偽の風説を流布するを必要とするも現実に信用毀損の結果を生じたる必要はない。」（大判大正2．1.27）

■233条後段　業務妨害

　被疑者は、A商店株式会社から解雇されたことに憤激して同会社の営業を妨害しようと考え、令和○年○月○日午後○時頃、熊本県○○市○○町○丁目○番○号の同会社の取引先「株式会社B屋」に電話をかけ、同会社営業課長Cに対し、「A商店の資材課の者だが、会社の資金繰りが急に悪化したため、先日注文した複写機○○台の注文は取り消してもらいたい。」などと虚偽の事実を言い、もって偽計を用いて前記A商店株式会社の業務を妨害したものである。

（留意点）　「本条にいう業務とは、公務を除くほか精神的であると経済的であるとを問わず、広く職業その他継続して従事することを要する事務又は事業を総称する。」（大判大正10.10.24）

■234条　威力業務妨害
　威力を用いて人の業務を妨害した者も、前条の例による。

　被疑者は、令和○年○月○日午後○時頃、鹿児島県○○市○○町○丁目○番○号のスナック「A」（経営者B）店内において、同人から酔っているから帰ってほしいと言われたことに立腹し、「この野郎、客に対して酒を出せないというのか。よくも恥をかかせてくれたな。」などと怒鳴りながら同店内のテーブルや椅子を蹴りつけてひっくり返すなどして同店を混乱に陥れ、○名の客を店外に立ち去らせて同店の営業を一時中止させ、もって威力を用いて同人の業務を妨害したものである。

　被疑者は、自己所有の店舗を賃貸していたＡとの間の賃貸借契約のもつれから腹を立て、令和○年○月○日午前○時頃、鹿児島県○○市○○町○丁目○番○号のＡが経営する雑貨店々店舗の出入口を杉板を何枚にも重ねて釘で打ちつけ、店舗看板を黒ペンキで塗りつぶして、同店の営業を一時不能にさせ、もって威力を用いて前記Ａの業務を妨害したものである。

（留意点）　「本条にいう威力とは、犯人の威勢、人数および四囲の状勢よりみて被害者の自由意思を制圧するに足る勢力を指称し、現実に被害が自由意思を制圧されたことを要しない。」（最判昭和28.1.30）

■234条の2　電子計算機損壊等業務妨害

　　人の業務に使用する電子計算機若しくはその用に供する電磁的記録を損壊し、若しくは人の業務に使用する電子計算機に虚偽の情報若しくは不正な指令を与え、又はその他の方法により、電子計算機に使用目的に沿うべき動作をさせず、又は使用目的に反する動作をさせて、人の業務を妨害した者は、5年以下の懲役又は100万円以下の罰金に処する。
　　2　前項の罪の未遂は、罰する。

　被疑者は、株式会社Ａ製作所の従業員として、宮崎県○○市○○町○丁目○番○号所在の同会社工場において、高圧バルブ用継ぎ手部分の製品製造に使用する精密○○旋盤○○型コンピュータ制御式旋盤機○号機の操作を担当していたものであるが、同会社の被疑者に対する処遇に不満を抱き、同会社を退社するに当たり、同会社に対して嫌がらせをしようと考え、令和○年○月○日、同工場において、前記旋盤機○号機の記憶回路に入力されている「○分の継ぎ手のねじ切加工」を作業内容とするプログラムを全文消去し、もって同会社の業務に使用する電子計算機の用に供する電磁的記録を損壊し、前記電子計算機に使用目的に沿うべき動作をさせず、同会社の前記製造業務を妨害したものである。

（留意点）　本罪は、電子計算機に対する加害を手段とする業務妨害行為を独立

に処罰しようとするもの。

　「損壊」とは、電子計算機又は電磁的記録の物体自体を物理的に毀損することのほかに、磁気ディスクなどに記録されているところを消去することを含む。

　「使用目的に沿うべき動作をさせず」とは、電子計算機設置管理者の使用目的に適合した電子計算機の活動を停止させること。上例では、「4分の継ぎ手のねじ切加工」のプログラムを消去することである。

　本罪は具体的危険犯であり、現実に業務妨害の結果を発生したことを要しない反面、電子計算機をして使用目的にそう動作をさせなくても、それが直ちに発見、修正されたため、業務自体に支障をきたす状況に至らなかったときは本罪は成立しない。

第34　窃盗及び強盗の罪

■235条　窃　盗

　　他人の財物を窃取した者は、窃盗の罪とし、10年以下の懲役又は50万円以下の罰金に処する。

〈官公署荒し〉

　被疑者は、窃盗の目的で令和○年○月○日午前○時頃、○○市土木課長○○が看守する沖縄県○○市○○町○丁目○番○号所在○○市役所土木課室内に出入口ドアの施錠を外して侵入し、その頃、同所において、前記土木課長○○管理のカメラ○台等○点（時価合計約○○万円相当）を窃取したものである。

〈事務所荒し〉

　被疑者は、窃盗の目的で令和○年○月○日午前○時頃、○○組合組合長○○が看守する沖縄県○○市○○町○丁目○番○号のＡ農業協同組合事務所に合い鍵を使用するなどして侵入し、その頃、同所において、Ｂ所有の現金○○円を窃取したものである。

〈学校荒し〉

　被疑者は、令和○年○月○日午前○時頃、○○小学校校長○○が看守する宮城県○○市○○町○丁目○番○号○○小学校内に○年Ａ組教室ガラス窓の施錠を外して侵入し、その頃、同校職員室において、Ｂほか○名所有の現金合計○万円及びカメラ○台（時価約○万円相当）を窃取したものである。

〈金庫破り〉

　被疑者は、令和○年○月○日午前○時頃、株式会社○○代表取締役○○が看守する宮城県○○市○○町○丁目○番○号株式会社Ａ商店事務室内に無施錠の○階掃出窓から侵入し、その頃、同所において、同店内の金庫の

施錠を外して、同金庫から同会社所有の現金○○万円を窃取したものである。

〈病院荒し〉

被疑者は、令和○年○月○日午後○時頃、○○病院医師○○が看守する福島県○○市○○町○丁目○番○号所在A病院内に○階勝手口ドアの施錠を外して侵入し、その頃、○階○号病室において、B所有の現金○○円を窃取したものである。

〈工場荒し〉

被疑者は、令和○年○月○日午後○時頃、○○株式会社○○工場工場長○○が看守する福島県○○市○○町○丁目○番○号A水産株式会社第○工場内に出入口ドアの施錠を外して侵入し、その頃、同所において、同会社所有のさけなどの缶詰合計○○個（時価合計約○○万円相当）を窃取したものである。

〈倉庫荒し〉

被疑者は、令和○年○月○日午前○時頃、○○株式会社商品管理部長○○が看守する山形県○○市○○町○丁目○番○号株式会社A倉庫のB第○倉庫内に無施錠の○階出入口ドアから侵入し、その頃、同所において、前記○○管理の背広等衣類合計○○着（時価合計約○○万円相当）を窃取したものである。

〈空き巣〉

○ 被疑者は、令和○年○月○日午前○時頃、山形県○○市○○町○丁目○番○号A方に無施錠の勝手口から侵入し、その頃、同人方○階○畳間において、同人所有の現金○万円を窃取したものである。

○ 被疑者は、令和○年○月○日午後○時頃、山形県○○市○○町○丁目○番○号A方に玄関ガラス戸の施錠を外して侵入し、その頃、同所において、同人所有の現金約○万円を窃取したものである。

○ 被疑者は、令和○年○月○日午後○時頃、山形県○○市○○町○丁目

○番○号Ａ荘○号室Ｂ方に合い鍵を使用して侵入し、その頃、同所において、同人所有のパーソナルコンピュータ○台（時価約○万円相当）を窃取したものである。

〈忍込み〉
○ 被疑者は、令和○年○月○日午前○時頃、岩手県○○市○○町○丁目○番○号Ａ方に玄関の施錠を外して侵入し、その頃、同所において、同人所有の現金○万円を窃取したものである。
○ 被疑者は、令和○年○月○日午前○時頃、岩手県○○市○○町○丁目○番○号Ａ方に同人方便所窓から侵入し、その頃、同人方寝室○畳間の机引き出しから同人所有の現金○○円を窃取したものである。

〈出店荒し〉
被疑者は、令和○年○月○日午前○時頃、○○商店こと○○が看守する岩手県○○市○○町○丁目○番○号Ａ商店ことＡ方閉店中の店舗内に無施錠の出入口ドアから侵入し、その頃、同所において、ビール○○本ほか○○点（時価合計約○万円相当）を窃取したものである。

〈侵入窃盗（その他）〉
被疑者は、令和○年○月○日午後○時頃、秋田県○○市○○町○丁目○番○号Ａ方で火災が発生した際、消火作業に協力するよう装って同人方玄関から侵入し、その頃、同所において、同人所有の指輪等○点（時価合計約○万円相当）を窃取したものである。

〈追出し盗〉
○ 被疑者は、令和○年○月○日午後○時頃、秋田県○○市○○町○丁目○番○号Ａ方において、同人の妻Ｂに対し、「御主人らしい人がその先で車にはねられましたよ。」とうそを言って同人を外出させ、そのすきに前記Ａ方から同人所有の現金○万円を窃取したものである。
○ 被疑者両名は、共謀の上、令和○年○月○日午後○時頃、秋田県○○市○○町○丁目○番○号Ａ方において、被疑者Ｂが前記Ａの妻Ｃに対

し、「私は御主人の同僚だが、御主人がこの先で急に倒れてしまった。私が案内します。」などとうそを言って前記Cを誘い出し、そのすきに、被疑者Dが前記A方に上がり込み、同人所有の現金〇〇万円を窃取したものである。

〈職権盗〉

被疑者は、令和〇年〇月〇日午後〇時〇分頃、青森県〇〇市〇〇町〇丁目〇番〇号A方において、同人の妻Bに対し、「Cガスのものです。ガス器具の交換に来ました。」と詐称して前記A方台所に上がり込み、前記Bのすきを見て、台所茶ダンス上から同人所有の腕時計〇個（時価約〇万円相当）を窃取したものである。

〈慶弔盗〉

被疑者は、令和〇年〇月〇日午後〇時頃、青森県〇〇市〇〇町〇丁目〇番〇号A寺において行われていたBの葬儀の弔問客を装って受付係付近に近づき、受付係のすきを見て、受付机上から現金合計〇万円入りの香典袋〇袋を窃取したものである。

〈詐欺盗〉

〇　被疑者は、令和〇年〇月〇日午後〇時頃、北海道〇〇市〇〇町〇丁目〇番〇号A方に間借りさせてもらいたいので部屋を見せてほしいとうそを言って部屋に上がり込み、応対した同人のすきを見て、茶ダンスの上に置いてあった同人所有の現金〇〇円在中の財布〇個を窃取したものである。

〇　被疑者は、令和〇年〇月〇日朝、北海道〇〇市〇〇町〇丁目〇番〇号A方にお手伝いとして雇われたが、同日午後〇時〇分頃、家人のすきをうかがい、同家〇畳間から同人所有の現金〇万円及び指輪〇個（時価約〇万円相当）を窃取したものである。

〈訪問盗〉

〇　被疑者は、令和〇年〇月〇日午後〇時頃、北海道〇〇市〇〇町〇丁目

　　〇番〇号A方を訪問した際、同人のすきをうかがい、同人方〇畳間机の
　　引き出しから同人所有の指輪〇個（時価約〇万円相当）を窃取したもの
　　である。
〇　被疑者は、令和〇年〇月〇日午後〇時頃、香川県〇〇市〇〇町〇丁目
　　〇番〇号A時計店に電話をかけさせてほしいと言って入り、同店経営者
　　Bが奥の居間に行ったすきに同店陳列棚から腕時計〇個（時価約〇万円
　　相当）を窃取したものである。
〇　被疑者は、令和〇年〇月〇日午前〇時頃、香川県〇〇市〇〇町〇丁目
　　〇番〇号A時計店において、同店経営者Bのすきをうかがい、同店舗陳
　　列ケースから同人所有の腕時計〇個（時価合計約〇万円相当）を窃取し
　　たものである。

〈自動車盗〉
　被疑者は、令和〇年〇月〇日午後〇時頃、香川県〇〇市〇〇町〇丁目〇
番〇号のA方軒下において、同所に駐車してあった同人所有の自動車〇台
（時価約〇〇万円相当）を窃取したものである。

〈オートバイ盗〉
　被疑者は、令和〇年〇月〇日午後〇時頃、徳島県〇〇市〇〇町〇丁目〇
番〇号A方において、同人方物置から、同人所有の自動二輪車〇台（時価
約〇万円相当）を窃取したものである。

〈自転車盗〉
　被疑者は、令和〇年〇月〇日午後〇時頃、徳島県〇〇市〇〇町〇丁目〇
番〇号のA駅前自転車置場において、B所有の自転車〇台（時価約〇万円
相当）を窃取したものである。

〈さい銭ねらい〉
　被疑者は、令和〇年〇月〇日午後〇時頃、徳島県〇〇市〇〇町〇丁目〇
番〇号A神社において、同神社社殿前に設置されたさい銭箱内に、先端に
粘着物をつけた棒を差し入れ、同神社宮司B管理の現金約〇〇円を窃取し

184

たものである。

〈色情ねらい〉

　被疑者は、令和〇年〇月〇日午後〇時〇分頃、高知県〇〇市〇〇町〇丁目〇番〇号Ａ荘において、同荘〇階軒下に干してあったＢ所有の女性用下着〇点（時価合計約〇〇円相当）を窃取したものである。

〈す　り〉

〇　被疑者は、令和〇年〇月〇日午後〇時頃、高知県〇〇市〇〇町〇丁目〇番〇号Ａ競馬場勝馬投票券売場前において、Ｂの背広内ポケットから現金〇万円在中の財布〇個を抜き取って窃取したものである。

〇　被疑者は、令和〇年〇月〇日午後〇時〇分頃、高知県〇〇市〇〇町〇丁目付近を進行中の電車内において、Ａが持っていたカバンをカミソリを使用して切断し、同人所有の現金〇〇万円を窃取したものである。

〇　被疑者は、令和〇年〇月〇日午後〇時〇分頃、高知県〇〇市〇〇町〇丁目〇番〇号付近を進行中のＡ線Ｂ駅行電車内において、Ｃ等の背広内ポケット内に指を差し入れて同人所有の財布を窃取しようとしたが、同人に気付かれたため、その目的を遂げなかったものである。

〈室内ねらい〉

　被疑者は、令和〇年〇月〇日午後〇時頃、愛媛県〇〇市〇〇町〇丁目〇番〇号Ａ方玄関において、同人所有の革靴〇足（時価合計〇万円相当）を窃取したものである。

〈工事場ねらい〉

　被疑者らは、共謀の上、令和〇年〇月〇日午前〇時〇分頃、愛媛県〇〇市〇〇町〇丁目〇番〇号ビル建築工事現場において、Ａ建設有限会社所有のセメント〇〇袋（時価合計約〇万円相当）を窃取したものである。

〈車上ねらい〉

　被疑者は、令和〇年〇月〇日午後〇時〇分頃、東京都〇〇区〇〇町〇丁

目○番○号先路上において、同所に駐車中のＡ所有の自動車内から、同人所有の現金○○円を窃取したものである。

〈仮睡者ねらい〉
○　被疑者は、令和○年○月○日午後○時頃、東京都○○区○○町○丁目○番○号Ａ駅ホームにおいて、酔いのためベンチにもたれていたＢを介抱するよう装いながら、同人の背広内ポケットから現金○万円在中の財布○個を抜き取って窃取したものである。
○　被疑者は、令和○年○月○日午後○時頃、東京都○○区Ａ公園内において、酔いのため寝ていたＢの所持していた現金○○円及び万年筆等○○点（時価合計約○万円）在中の手提げカバン○個を窃取したものである。

〈ひったくり〉
　被疑者は、令和○年○月○日午後○時頃、神奈川県○○市○○町○丁目○番○号先路上において、通行中のＡが手に持っていた現金○○円在中のハンドバッグ○個（時価約○万円相当）をその背後からひったくって窃取したものである。

〈置引き〉
　被疑者は、令和○年○月○日午後○時頃、神奈川県○○市のＡ駅待合室において、Ｂがベンチに荷物を置いたまま同所を離れたすきに、同人所有のズボン○本等○点（時価合計約○万円相当）在中の旅行カバン○個を窃取したものである。

〈万引き〉
　被疑者は、令和○年○月○日午後○時○分頃、埼玉県○○市○○町○丁目○番○号Ａストア株式会社Ｂ店において、同店店長Ｃ管理のトイレットペーパー○個等○○点（販売価格合計○万○○円）を窃取したものである。

〈万引き―個人経営の商店での万引き〉

186

　被疑者は、令和○年○月○日午後○時○分頃、埼玉県○○市○○町○丁目○番○号Ａ商店において、同店経営者Ｂ所有のトイレットペーパー○個等○○点（販売価格合計○万○○円）を窃取したものである。

〈脱衣場ねらい〉

　被疑者は、令和○年○月○日午後○時○分頃、埼玉県○○市○○町○丁目○番○号の公衆浴場「Ａ湯」男子脱衣場において、Ｂ所有の背広上下○着（時価約○万円相当）を窃取したものである。

〈客室ねらい〉

　被疑者は、令和○年○月○日午前○時頃、千葉県○○市○○町○丁目○番○号被疑者が宿泊していた旅館「Ａ荘」○号客室に忍び込み、宿泊客Ｂ所有の現金○万円を窃取したものである。

〈店員の売上金ねらい〉

　被疑者は、令和○年○月○日午前○時○分頃、千葉県○○市○○町○丁目○番○号所在のパチンコ店Ａ１階事務室において、同店店長Ｂ管理の現金○○万円を窃取したものである。

〈同居ねらい〉

　被疑者は、令和○年○月○日から茨城県○○市○○町○丁目○番○号のＡアパート○号室にＢと同居していたものであるが、同月○日午後○時頃、同人の不在中、同人所有のカメラ○台（時価約○万円相当）を窃取したものである。

〈非侵入窃盗（その他）〉

○　被疑者は、パチンコ店に設置されている回胴式遊技機が引込み抽選乱数を使用して、大当たりが連続して発生する場合を抽選していることを利用して、この乱数周期と同期させる機能を有する、いわゆる体感器と称する電子機器を使用して、大当たりを意図的に連続して発生させ、不正に回胴式遊技機から遊技メダルを窃取する目的で、あらかじめ自己の

身体に前記体感器を密かに装着した上、令和○年○月○日午後○時○分頃から同日午後○時○分頃までの間、株式会社AプロジェクトB支店店長Cが看守する○○市○○町○丁目○番○号所在の同店に設置された回胴式遊技機「D」○○番台の前に着席し、前記体感器を使用して、同遊技機から同店店長の管理にかかる遊技メダル約○○枚（貸出価格合計約○万円相当）を窃取したものである。

○　被疑者は、令和○年○月○日午後○時頃、栃木県○○市○○町○丁目○番○号パチンコ遊技場「A会館」において、磁石を使用して玉を当たり穴に誘導する方法で、同会館経営者B所有のパチンコ玉約○○個（時価○万円相当）を窃取したものである。

○　被疑者は、令和○年○月○日午前○時頃、栃木県○○市○○町○丁目○番○号先路上において、同所に設置してある電柱に架設してあったA電力株式会社所有の電線をペンチを使用して約○○メートルにわたって切断して、同電線約○○キログラム（時価約○万円相当）を窃取したものである。

○　被疑者は、令和○年○月○日午後○時頃、群馬県○○市○○町○丁目○番○号A方庭において、同人所有の蘭の鉢○個（時価約○万円相当）を窃取したものである。

○　被疑者は、令和○年○月○日午後○時頃、群馬県○○市○○町○丁目○番○号のA所有の畑から同人が栽培していたキュウリ○○本（時価約○万円相当）を窃取したものである。

○　被疑者は、令和○年○月○日午後○時頃、群馬県○○市のA駅構内において、電車内からB所有のトランク○個（衣類○○点在中、時価約○万円相当）を窃取したものである。

〈機密資料等の持ち出し〉

○　被疑者は、A証券株式会社が保有する同社の顧客情報を不正に取得して売却しようと考え、令和○年○月○日午後○時○分頃、静岡県○○市○○町○丁目○番○号所在のA証券株式会社システム部オペレーティンググループにおいて、同社が保有し、同部部長Bが管理する同社の顧客情報（掲載数約○○万件）が書き込まれたCD-R○枚（同CD-Rのみ

188

の時価約○円相当）を同所から持ち出して窃取した。

〈特殊詐欺の一形態としてのキャッシュカードのすり替え窃盗〉

○　被疑者は、全国銀行協会の職員等になりすましてキャッシュカードを窃取しようと考え、氏名不詳者らと共謀の上、令和○年○月○日、前記協会の職員等になりすました氏名不詳者らが、静岡県○○市○○町○丁目○番○号Ａ方に電話をかけ、同人（当時○○歳）に対し、同人名義のキャッシュカードが不正に使用されている可能性があり、キャッシュカードを封印する必要があるため、前記協会の職員が前記Ａ方を訪問する旨うそを言い、さらに、同日、前記協会の職員になりすました被疑者が、前記Ａ方を訪れ、同所において、同人に同人名義のキャッシュカード○枚を封筒に入れさせた上、同人が目を離したすきに、同封筒を別の封筒とすり替え、同人管理のキャッシュカード○枚を窃取したものである。

○　被疑者は、警察官になりすましてキャッシュカードを窃取しようと考え、氏名不詳者らと共謀の上、令和○年○月○日、警察官になりすました氏名不詳者らが、静岡県○○市○○町○丁目○番○号Ａ方に電話をかけ、同人（当時○○歳）に対し、同人名義の口座が詐欺に使われており、同人方を別の警察官が訪問する旨うそを言い、さらに、同日、警察官になりすました被疑者が、前記Ａ方を訪れ、同所において、同人に対し、キャッシュカードを確認する旨うそを言い、同人から同人名義のキャッシュカード○枚を受け取って封筒に入れ、同人が目を離したすきに、同封筒を別の封筒とすり替え、同人管理のキャッシュカード○枚を窃取したものである。

〈不正取得したカードで現金自動預払機の現金を窃取〉

被疑者は、令和○年○月○日午後○時○分頃、山梨県○○市○○町○丁目○番○号所在のＡ銀行Ｂ支店において、同所に設置された現金自動預払機に前記窃取に係る（詐取に係る）キャッシュカードを挿入して同機を作動させ、同機から同支店店長Ｃ管理の現金○○万円を引き出して窃取したものである。

(留意点)　「強、窃盗罪において奪取行為の目的となる財物とは、財産権殊に所有権の目的となり得べき物をいい、それが金銭的ないし経済的価値を有するや否やは問うところでない。」（最判昭和25.8.29）

「使用済の印紙であっても財物であって、窃盗罪の目的となる。」（最判昭和30.8.9）

「窃盗の目的で人の家屋に侵入し、財物を物色したときは、既に窃盗の着手があったものとみるべきである。」（最判昭和23.4.17）

「刑法第235条のいわゆる窃取とは物に対する他人の所持を侵しその意に反してほしいままにこれを自己の所持に移すことをいい、その所持とは一般の慣習に従い事実上物を支配する関係をいうものとす。」（大判大正4.3.18）

「不法領得の意思をもって事実上他人の支配内に存する財物を自己の支配内に移したときは必ずしも犯人がこれを自由に処分し得べき安全な位置に置かなくても窃盗罪は既遂になる。」（最判昭和23.10.23）

「窃盗罪は、他人の支配に属する物件を不正領得の意思をもって自己の支配内に移すことにより既遂となり、犯人がその贓物を運搬中逮捕されることなく警察官の警戒網を完全に離脱することによって初めて既遂となるものではない。」（最判昭和23.12.4）

「窃盗罪の成立に必要な故意とは、法定の犯罪構成要件たる事実の認識のほかに不法に物を自己に領得する意思のあることを要する。」（大判大正4.5.21）

「窃盗罪の成立には他人の財物につき不正領得の意思をもってその所持を侵しこれを自己の所持に移すことを必要とするが故に単に一時使用のためにこれを自己の所持に移すがごときは窃盗罪を構成せざるものとす。」（大判大正9.2.4）

「窃盗罪に必要なる自己領得の意思は権利者を排除し他人の物を自己の所有物として経済的用法に従い利用もしくは処分するの意思をもって足り永久的にその物の経済的利益を保持する意思たることを要せず。」（大判大正5.1.17）

「船を乗り捨てる意思で肥料船に対する柴田国松の所持を奪った以上、一時的にも該船の権利者を排除し終局的に自ら該船に対する完全な支配を取得して所有者と同様の実を挙げる意思即ちいわゆる不法領

得の意思がなかったという訳にはいかない。」（最判昭和26.7.13）

　「雇人が雇主の居宅において雇主の物品を販売する場合においてはその物品は雇主の占有に属し雇人の占有に属するものにあらず従って雇人が雇主の右占有を侵すときは窃盗罪が成立し横領罪をもって論ずべきものにあらず。」（大判大正7.2.6）

　「他人の共同占有している物を、共同占有者の占有を奪って自己の単独の占有に移したときは横領罪でなく窃盗罪が成立する。」（最判昭和25.6.6）

　「刑法上の占有は、人が物を実力的に支配する関係であって、その支配の態様は物の形状その他の具体的事情によって一様でなく、必ずしも物の現実的所持又は監視を必要とするものではなく、物が占有者の支配力の及ぶ場所に存在するをもって足り、その物が占有者の支配内にあるといえるか否かは社会通念によって決する。」（最判昭和32.11.8）

　「旅館が旅客に提供する丹前等の所持は旅館に存するものと解するを相当とする。」（最判昭和31.1.19）

　「車掌が乗務中の貨物列車中で、これに積載されている荷物を不正に領得する行為は窃盗罪を構成する。」（最判昭和23.7.27）

　「磁石を用いてパチンコ機械から玉を取る所為はたとえその目的がパチンコ玉を景品交換の手段とするものであったとしても窃盗罪が成立する。」（最決昭和31.8.22）

　自動販売機から硬貨類似のものを使用して物品を領得する行為も窃盗に当たる。

　窃盗罪が既遂に達した後は、犯人が目的物を費消・損壊しても、横領罪・器物損壊罪などの別罪を構成しない（不可罰的事後行為）。

　他方、盗品の事後処分と同視することのできない場合は、別個の罪が成立する。例えば、郵便貯金通帳を窃取し、これを利用して郵便局係員を欺き貯金を払い戻した場合、窃盗罪と詐欺罪が成立して併合罪となる。また、窃取した財物が法律で所持を禁じられている物（覚醒剤など）であるときは、それを占有することは別に所持罪を構成し、窃盗罪と併合罪となる。

　すり替え窃盗の場合、被疑者及び被害者において、その場でキャッ

シュカードを返還することが前提になっており、被害者から被疑者に
キャッシュカードの占有を完全に被疑者に移転させることが前提に
なっていないことから、財産的処分行為（＝完全な占有移転）に向け
られた欺罔行為がなく、窃盗罪が成立する。

コンビニエンスストア等の「アルバイト店員」

　　→通常は店長等の責任者が商品を管理している

　　→アルバイト店員が商品を取った場合は他人が占有する他人の
　　所有物を取ったことになる

　　→窃盗罪

「雇われ店長」が売上金を取った場合

　　→売上金を管理・支配しているのはその店長自身

　　→しかし、売上金の所有権は店の経営者（ないし法人）にある
　　ので、店長は、自分が占有する他人の所有物を取ったことにな
　　る

　　→業務上横領罪

■235条の2　不動産侵奪

他人の不動産を侵奪した者は、10年以下の懲役に処する。

　被疑者は、令和○年○月○日頃、長野県○○市○○町○丁目○番○号の
Ａ所有の宅地（面積約○○平方メートル）に、情を知らないＢ工務店経営
者Ｂに木造平家建居宅○棟を建築させ、もって前記宅地を侵奪したもので
ある。

　被疑者は、令和○年○月○日頃、長野県○○市○○町○丁目○番○号の
Ａ所有の木造平家建居宅○棟（建坪約○○平方メートル）が空家になって
いるのに乗じて、家財道具を搬入して同家屋で居住を開始し、もって前記
家屋を侵奪したものである。

　被疑者は、新潟県○○市○○町○丁目○番○号被疑者方で鉄工所を経営
しているものであるが、自宅南側に隣接するＡ所有の宅地（面積○○平方

メートル）が空地になっているのに乗じてこれを侵奪しようと考え、令和
○年○月○日頃、前記宅地の周囲を板囲いした上、木造の物置を建築して
資材置場として使用を開始し、もって前記宅地を侵奪したものである。

　被疑者は、新潟県○○市○○町○丁目○番○号の被疑者の畑地の隣地が
利用されずに放置されているのに乗じてこれを侵奪しようと考え、令和○
年○月○日、前記隣地であるＡ所有の畑地（面積○○平方メートル）との
境界に植えられていた樹木○○本を切り倒した上、同畑地を耕作して大根
の種子をまき、もって前記畑地を侵奪したものである。

■262条の2　境界損壊

　　　境界標を損壊し、移動し、若しくは除去し、又はその他の方法により、土
　地の境界を認識することができないようにした者は、5年以下の懲役又は50
　万円以下の罰金に処する。

　被疑者は、大阪府○○市○○町○丁目○番○号に居住している者である
が、隣家のＡとの間で土地の境界のことで争い、円満に解決する見通しは
全くなかったことから、令和○年○月○日午前○時頃、同人居住の宅地と
の境界に設置されていたコンクリート製境界柱○本を掘り起してこれを取
り除き、もって土地の境界を認識することができないようにしたものであ
る。

　留意点　「板塀で囲み上部をトタン板で覆ってある他人所有の土地を所有者
　　　の黙認のもとに、建築資材などの置場として使用していた者が、台風
　　　による右囲いの倒壊後、所有者が工事中止方を強硬に申し入れたにも
　　　かかわらず、右土地の周囲に高さ2.75メートルのコンクリートブロッ
　　　ク塀を構築し、その上をトタン板で覆い、建築資材などを置く倉庫と
　　　して使用していた行為は不動産侵奪罪に該当する。」（最決昭和42.11.
　　　2）
　　　　本条の行為も継続犯でなく即時犯である。

　本条では、不動産侵奪の手段としてなされることが多いものと思われるが、その場合、本条と不動産侵奪とは一所為数法の関係になる。

■236条１項　強　盗

　暴行又は脅迫を用いて他人の財物を強取した者は、強盗の罪とし、５年以上の有期懲役に処する。

■236条２項　強　盗

　前項の方法により、財産上不法の利益を得、又は他人にこれを得させた者も、同項と同様とする。

　被疑者は、令和○年○月○日午後○時○分頃、京都府○○市○○町○丁目○番○号先路上において、通行中のＡ（当時○○歳）に対し、持っていた果物ナイフ（刃体の長さ約○センチメートル）を突き付け、「金を出せ。逃げたりすると刺すぞ。人を刺すぐらいは簡単だ。」などと言って脅迫し、その反抗を抑圧した上、同人所有の現金○○円を強取（強奪、奪った、も可）したものである。

　被疑者は、令和○年○月○日午前○時頃、京都府○○市○○町○丁目○番○号Ａ方に侵入した上、同人（当時○○歳）に対し、持っていた文化包丁（刃体の長さ約○○センチメートル）を突き付けて、「静かにしろ。騒ぐと殺すぞ。」などと言って脅迫し、さらに、同人の手足を麻縄で縛りつけてその反抗を抑圧し、同人所有の現金○万円及びカメラ○台（時価約○万円相当）を強取したものである。

　被疑者は、令和○年○月○日午後○時○分頃、兵庫県○○市○○町○丁目○番○号Ａ方に窃盗の目的で侵入したが、物音に目を覚ました同人（当時○○歳）に姿を見付けられるや、同人に飛びかかってその場に押し倒し、その頸部を絞めつけながら、「静かにしないと殺すぞ。」などと言ってその反抗を抑圧し、同人所有の現金○万円を強取したものである。

被疑者○名は、共謀の上、令和○年○月○日午後○時頃、兵庫県○○市○○町○丁目○番○号のＡ公園内にＢ（当時○○歳）を呼び出した上、同人に対し、拳でその顔面を殴り、その腹部を足で蹴るなどの暴行を加えて同人の反抗を抑圧し、同人所有の現金○万円及び腕時計○個（時価約○万円相当）を強取したものである。

被疑者は、令和○年○月○日午後○時○分頃、奈良県○○市○○町○丁目○番○号先道路において、前方からＡ（当時○○歳）が一人で歩いてくる姿を認めるや、同人から金品を強奪しようと考え、同人の腕をつかんで道路脇草むらに引きずり込んだ上、その場に押し倒して頸部に両手を当てて、「騒ぐと殺すぞ。」と言ってその反抗を抑圧し、同人所有の現金○○円在中のハンドバッグ○個を強取したものである。

被疑者は、タクシー強盗を考え、令和○年○月○日午後○時頃、奈良県○○市○○町○丁目○番○号先路上でＡ（当時○○歳）運転のタクシーに乗車した上、同日午後○時○分頃、○○市○○町○丁目○番○号先路上で停車を命じ、背後から持っていた文化包丁（刃体の長さ約○○センチメートル）を突き付けて、「静かにしろ。声を出すと刺すぞ。」と言ってその反抗を抑圧し、同人管理の現金○○円を強取したものである。

被疑者は、令和○年○月○日午後○時○分頃、滋賀県○○市のＡ駅からＢ（当時○○歳）運転のタクシーに乗車した上、同日午後○時○分頃、滋賀県○○市○○町○丁目○番○号先路上で停車を命じて、その背後からタオルで同人の頸部を絞めつけてその反抗を抑圧し、同人管理の現金○万円を強取するとともに、その場から逃走してタクシー料金○○円の支払を免れて財産上不法の利益を得たものである。

（留意点）「強盗罪が成立するには、社会通念上相手方の反抗を抑圧するに足る暴行又は脅迫を加え、それによって相手方から財物を強取した事実が存すれば足り、その暴行脅迫によって相手方が精神及び身体の自由

を完全に制圧されることは必要でない。」（最判昭和23.11.18）

　反抗を抑圧する程度に達していたかどうかは、日時・場所・相手方の性別、年齢等客観的な基準で判断される。

　「暴行又は脅迫の手段により被害者を畏怖させ、又はその反抗を抑圧し、よって、財物を領得したる場合においては、被害者より財物を提供せしめて収受したると、その提供をまたずして進んでこれを奪取したるとを問わず、ともに第236条第1項の強盗罪を構成することとす。」（大判昭和6.5.8）

　「数人が強盗を共謀し、そのうち一人が屋外の見張りを担当した場合には、その者についても、強盗の共同正犯が成立する。」（最判昭和23.5.25）

　2項強盗の「財産上不法の利益」は、積極的財産の増加であるか、消極的財産の減少（債務の免除など）であるかを問わない。具体的には、被害者に支払の請求をしない旨意思表示させて支払を免れた場合であっても、事実上支払請求できない状態にして支払を免れた場合であってもよい。

■237条　強盗予備

　強盗の罪を犯す目的で、その予備をした者は、2年以下の懲役に処する。

　被疑者は、他家に押し入って金品を強取しようと考え、令和○年○月○日午後○時頃、出刃包丁、麻縄を持って和歌山県○○市○○町○丁目○番○号のA方前まで赴き、同人方敷地内に侵入して金品強取（強奪、も可）の機会をうかがい、もって強盗の予備をしたものである。

（留意点）　「金品の強奪を企て、これに使用するため、出刃包丁、刺身包丁、ジャックナイフ及び懐中電灯を買求め、これを携えて徘徊する行為は強盗予備罪にあたる。」（最判昭和24.12.24）

■238条　事後強盗

　　窃盗が、財物を得てこれを取り返されることを防ぎ、逮捕を免れ、又は罪
跡を隠滅するために、暴行又は脅迫をしたときは、強盗として論ずる。

　被疑者は、令和○年○月○日午後○時○分頃、愛知県○○市○○町○丁
目○番○号Ａ（当時○○歳）方に窃盗の目的で侵入し、同人所有の現金○
万円を窃取し、さらに同人方居間内を物色中、同人に発見されたため、前
記現金を取り返されることを防ぐとともに逮捕を免れるため、同人に対
し、同人方台所から持ち出した文化包丁（刃体の長さ約○○センチメート
ル）を突き付けながら、「近寄ると殺すぞ。静かにしろ。」などと怒鳴っ
て同人を脅迫したものである。

(留意点)　「窃盗」犯人とは、窃盗の実行に着手した者をいう。

　　　　　財物を取り返されることを防ぐ目的の場合は、窃盗が既遂となって
　　　いることが前提となる。

　　　　　窃盗の実行行為中に相手方に発覚したため、強盗の犯意が生じて暴
　　　行・脅迫を行い、さらに財物を取得する場合（いわゆる居直り強盗）
　　　は、本罪ではなく、強盗罪（236条）が成立する。

　　　　　事後強盗罪の既遂・未遂は、財物取得の有無（窃盗の既遂・未遂）
　　　により区別する。本条所定の目的（財物の取り返しを防ぐ、逮捕を免
　　　れる、罪跡を隠滅する）を遂げたか否かは、既遂・未遂の判断には関
　　　係がない。

■239条　昏酔強盗

　　人を昏酔させてその財物を盗取した者は、強盗として論ずる。

　被疑者は、Ａ（当時○○歳）が高価な仏像（時価約○○万円相当）を
持っていることを知り、同人を昏酔させてこれを盗取しようと考え、令和
○年○月○日午後○時頃、三重県○○市○○町○丁目○番○号の同人方に
おいて、同人に対し、風邪薬と偽って睡眠薬○錠を服用させて、間もなく
同人を昏酔状態にさせた上、同人方納戸から前記仏像○体を盗取したもの

である。

（留意点）　窃盗が未遂の場合には準強盗未遂となる。

■240条前段　強盗致傷（傷人）
強盗が、人を負傷させたときは無期又は6年以上の懲役に処し、

> 　被疑者は、令和〇年〇月〇日午後〇時頃、岐阜県〇〇市〇〇町〇丁目〇
> 番〇号Ａ（当時〇〇歳）方に金品強取の目的で侵入した上、同人に対し、
> 持っていた特殊警棒でその頭部、腹部等を殴り、その腹部を足で蹴るなど
> の暴行を加えてその反抗を抑圧し、同人所有の現金〇万円を強取（強奪、
> 奪った、も可）したが、その際、前記暴行により、同人に対し、加療約〇
> 週間を要する顔面裂傷等の傷害を負わせたものである。

（留意点）　「刑法第240条前段の罪は、強盗犯人が強盗をなす機会において他
　　　　　　人に傷害を加えたことにより成立し、いやしくも傷害が強盗の手段と
　　　　　　してなされるかぎり、それが財物強取の手段として行われなかった場
　　　　　　合でも、その犯罪を構成する。」（大判大正6.10.29）
　　　　　　強盗の共謀をした場合において、共犯者の1人が財物奪取の手段た
　　　　　　る暴行により被害者を負傷させたときは、他の共犯者も強盗致傷罪の
　　　　　　刑責を負う。

■240条後段　強盗致死
死亡させたときは死刑又は無期懲役に処する。

> 　被疑者は、令和〇年〇月〇日午後〇時頃、福井県〇〇市〇〇町〇丁目〇
> 番〇号Ａ公園内において、Ｂ（当時〇〇歳）に対し、持っていた刺身包丁
> （刃体の長さ約〇〇センチメートル）を突き付けながら、「金を出せ。声を
> たてると殺すぞ。」と言って脅迫し、さらに、同人が逃げ出そうとする
> のを見てその大腿部を前記包丁で突き刺してその反抗を抑圧し、同人所有の
> 現金〇万円を強取（強奪、奪った、も可）したが、その際、前記行為によ

り、同人に大腿部刺創の傷害を負わせ、同人に、その頃、同所において、前記傷害による出血多量により死亡させたものである。

（留意点）　結果として死亡させた場合（強盗致死罪）と、故意に殺害した場合（強盗殺人罪）を含む。したがって、殺意を有して実行した場合は、強盗殺人一罪で処断される。

■240条後段　強盗殺人

　被疑者は、借財の返済に追われたあげく、知人のＡ（当時〇〇歳）を土地取引の名目でおびき出して同人を殺害しその所持する現金を強取（強奪、奪おうと、も可）しようと考え、令和〇年〇月〇日、同人を土地代金の内金の名目で現金〇〇万円を持たせて石川県〇〇市〇〇町〇丁目〇番〇号被疑者方に呼び出して、同日午後〇時〇分頃、前記被疑者方〇畳間において、同人に対し、野球用バットでその頭部を数回殴り、その頃、同所において、同人を頭蓋骨陥没骨折による脳損傷により殺害した上、同人所有の現金〇〇万円を強取したものである。

（留意点）　死傷の結果を生じさせたときは、財物強取の目的を遂げなくても強盗致死傷の既遂となる。

■241条１項　強盗・不同意性交等
　　強盗の罪若しくはその未遂罪を犯した者が第177条の罪若しくはその未遂罪をも犯したとき、又は同条の罪若しくはその未遂罪を犯した者が強盗の罪若しくはその未遂罪をも犯したときは、無期又は７年以上の懲役に処する。

　被疑者は、令和〇年〇月〇日午後〇時〇分頃、富山県〇〇市〇〇町〇丁目〇番〇号Ａ方に金品強取（強奪、も可）の目的で侵入し、その頃、同所において、同人の妻であるＢ（当時〇〇歳）に対し、刃体の長さ約〇〇センチメートルの出刃包丁を突き付けて、「静かにしろ。声を立てると殺すぞ。」と言って脅迫し、その反抗を抑圧して、Ａ所有の現金〇〇万円を強

取し、その際、前記Bが前記脅迫を受けたことにより同意しない意思を全うすることが困難な状態にあることに乗じ、前記Bと性交をしようと考え、前記Bを押し倒して馬乗りになり、同人と性交したものである。

（留意点）　平成29年改正後は、<u>強盗と不同意性交等の先後関係を問わず</u>、同一の機会に行われれば、本罪が成立することとなった。

■241条3項　強盗・不同意性交等致死
　　第1項の罪に当たる行為により人を死亡させた者は、死刑又は無期懲役に処する。

　被疑者は、令和○年○月○日午後○時○分頃、広島県○○市○○町○丁目○番○号先路上において、通行中の○○○○（当時○○歳）に対し、登山ナイフ（刃体の長さ約○○センチメートル）を突き付け、「金を出せ。逃げても無駄だ。人を殺すのなんか何とも思っていないんだ。」などと言って脅迫し、その反抗を抑圧して、同人所有の現金○○万円を強取し、その際、前記○○が前記脅迫を受けたことにより同意しない意思を全うすることが困難な状態にあることに乗じ、同人と性交しようと考え、同人に登山ナイフを突き付けたまま、同人を道路脇草むらに押し倒してその頸部を締め付けながら同人に馬乗りになって性交したが、前記絞扼により、同人をその場で窒息死させたものである。

（留意点）　平成29年改正後の本罪は、強盗の罪と不同意性交等の罪とが同一の機会に犯された場合において、<u>不同意性交等に当たる行為のみならず、強盗に当たる行為から死の結果が生じた場合にも成立する。</u>
　　また、本罪は、殺意なく人を死亡させた場合（強盗・不同意性交等致死罪）のみならず、殺意をもって人を殺した場合（強盗・不同意性交等殺人罪）も含む。例えば、強盗犯人が、被害者と性交し、かつ、殺意をもって被害者を殺害した場合、改正後は、強盗・不同意性交等殺人罪の一罪が成立する。

（改正法）　・令和5年刑法改正により、罪名が強盗・強制性交等及び同致死罪

　　　から強盗・不同意性交等及び同致死罪に変更になった。
・法定刑は変わらないが、刑事訴訟法も改正され、強盗・不同意性
　交等罪の公訴時効期間は20年（従前は15年）となる（刑事訴訟法
　250条3項）。被害者が18歳未満であるときの公訴時効期間の延長
　も不同意わいせつ罪の場合と同様である。なお、強盗・不同意性
　交等致死罪の公訴時効期間は従前と同様である。

第35　詐欺及び恐喝の罪

■246条　詐　欺

　　人を欺いて財物を交付させた者は、10年以下の懲役に処する。
　　2　前項の方法により、財産上不法の利益を得、又は他人にこれを得させた
　者も、同項と同様とする。

〈借用（寸借）〉
○　被疑者は、令和○年○月○日午後○時頃、山口県○○市○○町○丁目
　○番○号Ａ方において、同人に対し、返済の意思も能力もないのにある
　ように装い、「明日必ず返しますから、○万円貸して下さい。」とうそを
　言って同人を欺き、同人をその旨誤信させ、よって、その頃、同所にお
　いて、同人から寸借名義で現金○万円の交付を受けたものである。
○　被疑者は、令和○年○月○日午前○時頃、山口県○○市○○町○丁目
　○番○号スナック「Ａ」前路上において、通りがかりのタクシー運転手
　Ｂに対し、返済の意思も能力もないのにあるように装い、「Ａで飲んだ
　が所持金が足りず料金が払えない。家までタクシーで乗せて行ってくれ
　ればタクシー料金と一緒に必ず返す。○万円貸してくれ。」などとうそ
　を言って同人を欺き、同人が確実に返済を受けられるものと誤信させ、
　よって、その頃、同所において、同人から寸借名義で現金○万円の交付
　を受けたものである。
○　被疑者は、令和○年○月○日午後○時○分頃、岡山県○○市○○町○
　丁目○番○号先路上において、Ａに対し、返済の意思も能力もないのに
　あるように装い、「すぐそこで事故を起こしてしまった。相手は○万円
　出してくれればすぐ示談にしてくれると言っているが、持合せが○万円
　しかないので○万円貸して下さい。明日自宅へ返しに行きますから。」
　とうそを言って同人を欺き、同人をその旨誤信させ、よって、その頃、
　同所において、同人から寸借名義で現金○万円の交付を受けたものであ
　る。
○　被疑者は、令和○年○月○日午後○時頃、岡山県○○市○○町○丁目

○番○号Ａ方において、同人の妻Ｂに対し、返済の意思も能力もないのにあるように装い、「御主人の部下のＣと言います。近くまで所用で来たのですが、財布を落としてしまい用が足せません。明日御主人に返しますから○万円ほど貸して下さい。」などとうそを言って同人を欺き、その旨同人を誤信させ、よって、その頃、同所において、同人から寸借名義で現金○万円の交付を受けたものである。

○　被疑者は、令和○年○月○日午後○時頃、鳥取県○○市○○町○丁目○番○号Ａ方において、同人の妻Ｂに対し、返還の意思がないのにあるように装い、「御主人の友達でＣと言いますが、近くのＤ公園まで家族とハイキングに来たがカメラを忘れてしまい困っています。すぐ返しに来ますからカメラを貸して下さい。」とうそを言って前記Ｂを欺き、その旨同人を誤信させ、よって、その頃、同所において、同人からカメラ○台（時価約○万円相当）の交付を受けたものである。

○　被疑者は、遊興費に窮して友人からカメラを詐取しこれを質入れして金策しようと考え、令和○年○月○日午後○時頃、鳥取県○○市○○町○丁目○番○号Ａ方において、同人に対し、返還の意思がないのにあるように装い、「今度旅行に行くことになったのでカメラを貸してくれ。来週の月曜日には必ず返すから。」とうそを言って同人を欺き、その旨同人を誤信させ、よって、その頃、同所において、同人からカメラ○台（時価約○万円相当）の交付を受けたものである。

○　被疑者は、令和○年○月○日午後○時○分頃、島根県○○市○○町○丁目○番○号Ａ方において、同人の妻Ｂに対し、真実は前記Ａとは何らの関係もないのにあるように装い、「御主人と新宿で飲んでいたのですが、所持金が少なく払えなくなったので○万円持って来るように御主人から言われて来ました。」とうそを言って前記Ｂを欺き、同人をその旨誤信させ、よって、その頃、同所において、同人から現金○万円の交付を受けたものである。

〈借用（前借）〉

○　被疑者は、令和○年○月○日頃、島根県○○市○○町○丁目○番○号土木建築請負業Ａ工務店ことＡ方において、同人に対し、同人方で稼働

する意思も返済する意思もないのにあるように装い、「明日から真面目に働きます。働いた給料で月々返しますから〇万円貸して下さい。」などとうそを言って同人を欺き、同人をその旨誤信させ、よって、その頃、同所において、同人から前借名目で現金〇万円の交付を受けたものである。

〇　被疑者は、令和〇年〇月〇日午後〇時頃、福岡県〇〇市〇〇町〇丁目〇番〇号バー経営者Ａ方において、同人に対し、同人経営のバーで稼働する意思がないのにあるように装い、「ホステスとして明日から働かせてもらいます。当座の生活費として必要なので〇〇万円前借させて下さい。月〇万円ずつ返していきます。」とうそを言って同人を欺き、同人をその旨誤信させ、よって、その頃、同所において、同人から前借金名目で現金〇〇万円の交付を受けたものである。

〇　被疑者は、福岡県〇〇市〇〇町〇丁目〇番〇号新聞販売店Ａ方で稼働しているものであるが、同人方を辞める際同人から前借名目で金品を詐取しようと考え、令和〇年〇月〇日、同人方において、同人に対し、その日のうちに同人方を辞める意思であるのに長期間稼働するように装い、かつ、返済の意思がないのにあるように装い、「父親が死んだので葬式の費用として〇〇万円ほど必要です。必ず働いて月々返しますから〇〇万円貸して下さい。」などとうそを言って同人を欺き、同人をその旨誤信させ、よって、その頃、同所において、同人から同人振出名義の金額〇〇万円の小切手〇通の交付を受けたものである。

〈無銭（1項―飲食）〉

〇　被疑者は、令和〇年〇月〇日午後〇時頃、佐賀県〇〇市〇〇町〇丁目〇番〇号飲食店「Ａ屋」において、同店経営者Ｂに対し、代金支払の意思も能力もないのにあるように装って酒食を注文して同人を欺き、同人に飲食後直ちに代金の支払を受けられるものと誤信させ、よって、その頃、同所において、同人から順次日本酒〇本、あたりめ〇皿ほか〇点（代金合計〇〇円相当）の交付を受けたものである。

〇　被疑者は、令和〇年〇月〇日午後〇時〇分頃から翌〇日午前〇時頃までの間、佐賀県〇〇市〇〇町〇丁目〇番〇号飲食店「Ａ」において、同

店従業員Ｂに対し、代金支払の意思も能力もないのにあるように装い、「〇万円までなら払えるから頼む。」などとうそを言って飲食物を注文して同人を欺き、同人を飲食後直ちに代金の支払を受けられるものと誤信させ、よって、その頃、同所において、同人から順次ビール〇本、刺身〇皿など飲食物合計〇〇点（代金合計〇万円相当）の交付を受けたものである。

〈無銭（２項─宿泊）〉

被疑者は、令和〇年〇月〇日午後〇時頃、長崎県〇〇市〇〇町〇丁目〇番〇号旅館「Ａ荘」において、同旅館従業員Ｂに対し、代金支払の意思がないのにあるように装い、「明日まで泊めてもらいます。」などと言って宿泊方を申し込んで同人を欺き、同人を宿泊後直ちに代金の支払を受けられるものと誤信させ、よって、その頃から翌〇日午前〇時頃まで同旅館に宿泊して宿泊の利便を受け、もって前記宿泊代金〇〇円相当の財産上不法の利益を得たものである。

〈無銭（２項─無賃）〉

被疑者は、令和〇年〇月〇日午後〇時頃、長崎県〇〇市〇〇町〇丁目〇番〇号先路上において、タクシー運転手Ａに対し、料金支払の意思も能力もないのにあるように装ってＢ駅までの乗車を申し込み同人を欺いて乗車し、同人を目的地到着後直ちに料金の支払を受けられるものと誤信させ、よって、同人に、同所から長崎県〇〇市〇〇町〇丁目〇番〇号Ｂ駅付近路上まで前記タクシーを運転走行させ、もってその料金〇〇円相当の財産上不法の利益を得たものである。

〈横取り（集金）〉

〇　被疑者は、令和〇年〇月〇日午後〇時頃、大分県〇〇市〇〇町〇丁目〇番〇号Ａ方において、Ｂ新聞の購読者である同人に対し、Ｂ新聞販売店の集金係ではないのにそのように装い、「Ｂ新聞ですが、〇月分の集金に来ました。」などとうそを言って同人を欺き、同人をその旨誤信させ、よって、その頃、同所において、同人からＢ新聞〇月分購読料名目

に現金〇〇円の交付を受けたものである。

〇　被疑者は、令和〇年〇月〇日頃から同年〇月〇日まで建材卸商株式会社Ａ商店に集金係員として勤務し、その間同会社の顧客である大分県〇〇市〇〇町〇丁目〇番〇号建材商Ｂ方に集金人として赴いていたものであるが、同月〇日午後〇時〇分頃、前記Ｂ方において、同人に対し、既に株式会社Ａ商店を退職しているのにその情を秘し、いまだ同会社に勤務して同会社のため集金に赴いたかのように装い、「Ａ商店ですが、〇月分の売掛金の集金に来ました。」とうそを言って同人を欺き、同人を被疑者が株式会社Ａ商店のために正当に集金する権限があるものと誤信させ、よって、その頃、同所において、同人から売掛金受領名目に現金〇〇万円の交付を受けたものである。

〈横取り（広告料）〉

被疑者は、広告料名義で現金を詐取しようと考え、令和〇年〇月〇日午後〇時頃、熊本県〇〇市〇〇町〇丁目〇番〇号電気器具商Ａ商店ことＡ方において、同人に対し、Ｂ新聞Ｃ販売所とは何の関係もないのに同販売所係員であるように装って、「Ｂ新聞Ｃ販売所の者ですが、今度チラシ広告料を値下げしました。あなたの店でも大売出しのチラシ広告をしたらどうですか。」などとうそを言って同人を欺き、同人をその旨誤信させ、よって、その頃、同所において、同人からチラシ広告料名目で現金〇万円の交付を受けたものである。

〈売り付け〉

〇　被疑者は、令和〇年〇月〇日、熊本県〇〇市〇〇町〇丁目〇番〇号バー「Ａ」において、同店経営者Ｂに対し、ホステスをあっせんする意思がないのにあるように装い、「いい女の子が〇人おります。使ってくれるなら明日にでも連れてきます。〇人あたり〇万円であっせんしましょう。」などとうそを言って同人を欺き、同人をその旨誤信させ、よって、その頃、同所において、同人からホステス周旋の謝礼内金名目で現金〇万円の交付を受けたものである。

〇　被疑者は、Ａがその所有の日本刀一振を売却する意思であることを知

るや、売却あっせん名目でそれを詐取しようと考え、令和○年○月○日、鹿児島県○○市○○町○丁目○番○号Ａ方において、同人に対し、日本刀売却をあっせんする意思がないのにあるように装い、真実はこれを質入れして換金する意図であるのにその情を秘し、「刀を欲しいという人がいます。Ｂの方で大きな地主でいくらでも出すと言っています。私があなたの刀をその人に売ってあげましょう。相手に見せてくるので、○日ほど預からせてください。」とうそを言って同人を欺き、同人をその旨誤信させ、よって、その頃、同所において、同人から日本刀一振（時価約○○万円相当）の交付を受けたものである。

○　被疑者は、令和○年○月○日午後○時頃、鹿児島県○○市○○町○丁目○番○号コーポＡにおいて、Ｂに対し、大型冷蔵庫の購入をあっせんする意思もそのあてもないのにあるように装い、「私の知り合いで家電販売店をしていた男が店を閉めることになったので、電気製品を安く手に入れることができます。大型冷蔵庫でも○万円位で手に入ります。明日にでも届けますよ。」などとうそを言って同人を欺き、同人をその旨誤信させ、よって、その頃、同所において、同人から代金受領名目で現金○万円の交付を受けたものである。

〈買受け（月賦）〉

○　被疑者両名は、共謀の上、月賦購入名目で液晶テレビ○台を詐取しようと考え、令和○年○月○日午後○時頃、宮崎県○○市○○町○丁目○番○号「Ａ電器店」において、同店経営者Ａに対し、月賦代金完済の意思も能力もないのにあるように装い、かつ、受領後直ちに質入れして換金する意図であるのにその情を秘し、「毎月の給料日毎に○回払いで必ず支払います。」などとうそを言って同人を欺き、頭金名目で○万円を提供するなどして液晶テレビ○台の購入を申し込み、同人を確実に月賦代金が完済されるものと誤信させ、よって、その頃、同所において、同人から月賦購入名目で、液晶テレビ○台（価格約○○万円相当）の交付を受けたものである。

○　被疑者は、令和○年○月○日頃、宮崎県○○市○○町○丁目○番○号株式会社Ａ家具センターにおいて、同センター係員Ｂに対し、月賦代金

を支払う意思もそのあてもないのにあるように装い、かつ、受領後は直ちに換金する意図であるのにこれを秘して洋服タンス〇棹の月賦による購入方を申し込み同人を欺いて、同人を月賦代金が確実に完済されるものと誤信させ、よって、同日、同市〇〇町〇丁目〇番〇号の被疑者方において、同人から洋服タンス〇棹（時価約〇万円相当）の交付を受けたものである。

〈買受け（取込み）〉

　被疑者は、沖縄県〇〇市〇〇町〇丁目〇番〇号においてA靴店の商号で靴類販売業を営んでいるものであるが、運転資金に窮し、以前からの靴類仕入れ先である同市〇〇町〇丁目〇番〇号株式会社B靴店から商品仕入れ名目で靴類を取り込んで詐取しようと考え、別紙一覧表記載のとおり、令和〇年〇月〇日から同月〇日までの間、前後〇回にわたり、前記A靴店の店舗から前記株式会社B靴店事務所に電話をかけ、同会社営業係員Cに対し、代金支払の意思も能力もなく、かつ、仕入れ後は直ちに仕入れ価格以下の安値で換価処分する意思であるのにこれを秘し、紳士靴〇万足の卸売を求め、「代金は、〇月〇日期日の約束手形で必ず支払う。」旨うそを言って同人を欺き、同人を確実に代金の支払を受けられるものと誤信させ、その都度、A靴店において、前記Cから商品仕入れ名目で紳士靴〇万足（販売価格〇〇万円相当）の交付を受けてこれを詐取したものである。（一覧表略）

〈横取り（預金払戻し）〉

　被疑者は、令和〇年〇月〇日午前〇時〇分頃、沖縄県〇〇市〇〇町〇丁目〇番〇号A信託銀行B西口支店において、行使の目的で、同支店備付けの普通預金支払請求書の請求金額欄に「金〇〇万円」、氏名欄に「C」とそれぞれ記入し、お届印欄に被疑者の窃取に係る「C」と刻した印鑑を押印し、もってC作成名義の〇〇万円の普通預金支払請求書〇通を偽造し、同支店係員Dに対し、これを真正に成立したもののように装って、同様窃取に係るC名義の普通預金通帳とともに提出行使して普通預金支払を請求して同人を欺き、同人をその旨誤信させ、よって、その頃、同所におい

て、同人から普通預金払戻し名目で現金○○万円の交付を受けてこれを詐取したものである。

〈釣銭・両替〉

　被疑者は、令和○年○月○日午後○時頃、宮城県○○市○○町○丁目○番○号A荘の被疑者方から同市○○町○丁目○番○号飲食店「B」へ電話をかけ、同店の従業員Cに対し、「天丼○人前頼む。○万円しかないので釣銭も用意して来てくれ。」とうそを言って同人をその旨誤信させ、同日午後○時○分頃、被疑者方へ来た同人に対し、「隣の○号室で皆で麻雀をしているんだ。仲間から○万円取ってくるから先に釣りをくれ。」とうそを言って同人を欺き、同人をその旨誤信させ、よって、その頃、同所において、同人から釣銭名目で現金○○円の交付を受けてこれを詐取したものである。

〈受託〉

○　被疑者は、手形割引あっせん名目で約束手形を詐取しようと考え、令和○年○月○日、福島県○○市○○町○丁目○番○号株式会社Aにおいて、同会社経理部長Bに対し、手形割引あっせんの意思もそのあてもないのにあるように装い、真実は手形を受領後直ちに逃走する意図であるのにこれを秘し、「Bの地主で銀行利息で手形を割ってくれるという人がいます。○○万円までならすぐにでも割ると言っています。私が話を通してやりましょう。相手に確かめてもらうため一時手形を預けてください。」とうそを言って同人を欺き、その旨同人を誤信させ、よって、その頃、同所において、同人から手形割引あっせん名目で同会社振出の約束手形○通（金額合計○○万円）の交付を受けたものである。

○　被疑者は、令和○年○月○日、福島県○○市○○町○丁目○番○号A方において、同人に対し、真実は同人から手形受領後直ちに割り引いて割引金を自己の用途に消費する目的であるのにこれを秘し、「債権者からの催促がきつく困っている。支払の猶予を得るため相手に見せるだけだから、手形を一時貸してほしい。○日後には必ず返すから。」とうそを言って同人を欺き、その旨同人を誤信させ、よって、その頃、同所に

おいて、同人から借用名目で同人振出の約束手形○通（金額○○万円）の交付を受けてこれを詐取したものである。

〈売り付け〉
○　被疑者は、令和○年○月○日、山形県○○市○○町○丁目○番○号A方において、同人に対し、真実は自動車を所有しておらず、かつ、販売する意思もないのにあるように装い、同人に対し、「自動車を買い替えることにしたので安く売ってあげますから買いませんか。」などとうそを言って同人を欺き、その旨同人を誤信させ、よって、その頃、同所において、同人から自動車代金名目で現金○○万円の交付を受けてこれを詐取したものである。
○　被疑者は、令和○年○月○日、山形県○○市○○町○丁目○番○号A方において、同人の妻Bに対し、真実は価格○反○○円相当の混紡織のものであるのに、京都西陣織羽二重の高級な反物であるかのように装い、「特別なルートがあるので西陣織でも安く手に入るのですよ。」などとうそを言って同人を欺き、同人をその旨誤信させ、よって、その頃、同所において、同人から反物○反の代金名目で現金○万円の交付を受けたものである。
○　被疑者は、令和○年○月○日、岩手県○○市○○町○丁目○番○号のビル建築工事現場において、Aに対し、同工事現場にあるブルドーザー○台を示しながら、真実はB建設株式会社所有のものであり、かつ、被疑者は同会社とは何の関係もなくその処分権限がないのにあるよう装い、「整地がすんだのでブルドーザーは必要なくなった。B建設では新しいのを買い入れたので、このブルドーザーを買って欲しい。私はB建設の総務課長で、この処分を任されている。」などとうそを言って同人を欺き、その旨同人を誤信させ、よって、その頃、同所において、同人からブルドーザー売却代金内金として現金○○万円の交付を受けてこれを詐取したものである。

〈募集〉
被疑者は、Aから出資金名目で現金を詐取しようと考え、令和○年○月

〇日午後〇時頃、岩手県〇〇市〇〇町〇丁目〇番〇号の同人方において、同人に対し、飲食店を経営する意思もなく、受領した現金は被疑者の借財の返済に充てる意図であるのに、「Ｂ駅地下街で中華料理店の権利が〇〇万円で売りに出ている。私が営業に責任を持つから共同して経営してみないか。必ず儲かる。〇〇万円は私が出すので、残金を出して欲しい。」などとうそを言って同人を欺き、同人をその旨誤信させ、よって、その頃、同所において、同人から出資金内金名目で同人振出名義の小切手〇通（金額〇〇万円）の交付を受けたものである。

〈有価証券等利用〉

〇 被疑者は、Ａ産業株式会社振出しの約束手形〇通（金額〇〇万円）を所持していたことに乗じて手形割引金名目で現金を詐取しようと考え、令和〇年〇月〇日、秋田県〇〇市〇〇町〇丁目〇番〇号Ｂ方において、同人に対し、Ａ産業株式会社は倒産同然で、期日に決済される見込みは全くないのにあるように装って前記手形の割引方を申し込み、「この会社は繁盛していますよ。月商〇億円はあり、決済の心配は全くない。」などとうそを言って同人を欺き、同人をその旨誤信させ、よって、その頃、同所において、同人から手形割引金名目で現金〇〇万円の交付を受けたものである。

〇 被疑者は、行使の目的で、令和〇年〇月〇日、秋田県〇〇市〇〇町〇丁目〇番〇号被疑者方において、Ａ銀行Ｂ支店発行の約束手形用紙〇枚の振出地・振出人欄に「秋田県〇〇市〇〇町〇丁目〇番〇号株式会社Ｃ商店代表取締役Ｄ」と刻した記名印及び「Ｄ」と刻した丸印を押印し、金額欄にチェックライターで「〇〇万円」と、支払期日欄に「〇〇.〇.〇〇」と、受取人欄に「Ｅ商店」とそれぞれ記入して株式会社Ｃ商店振出名義の金額〇〇万円の約束手形〇通を偽造し、これを、同日、〇〇市〇〇町〇丁目〇番〇号のＦ商事株式会社において、同会社代表取締役Ｇに対し、真正に成立したもののように装ってその割引を求めて提出して行使し同人を欺いて、同人を真正に成立したものであると誤信させ、よって、その頃、同所において、同人から手形割引金名目で現金〇〇万円の交付を受けてこれを詐取したものである。

〈不動産利用〉

○　被疑者は、Aから同人所有の青森県○○市○○町○丁目○番○号宅地（面積○○平方メートル）の権利証を預っていたことに乗じて、これを担保に現金を借用しようと考え、令和○年○月○日、○○市○○町○丁目○番○号B方において、同人に対し、前記Aから担保にすることの承諾を得ておらず、かつ、その承諾を得る見込みもないのに、かつ、返済の意思も能力もないのにそれぞれあるように装い、「○○万円貸して欲しい。この土地を担保に入れますから。Aさんとは昔からの付き合いで、もちろん承諾を取ってあります。」などとうそを言って現金の借用方を申し込み同人を欺いて、同人をその旨誤信させ、よって、その頃、同所において、同人から借用名目で現金○○万円の交付を受けたものである。

○　被疑者は、A所有の青森県○○市○○町○丁目○番○号宅地（面積○○平方メートル）を入手する見込みも、それを入手して売却する意思もないのにあるように装って現金を詐取しようと考え、令和○年○月○日、○○市○○町○丁目○番○号B方において、同人に対し、「この土地はAさんのものですが、Aさんから私が○○万円で買う約束になっている。私も資金が必要なので、○○万円上乗せしてくれれば売りますから買いませんか。代金を払ってくれれば、すぐにでも登記を移せます。」とうそを言って同人を欺き、同人をその旨誤信させ、よって、その頃、同所において、同人から手付金名目で現金○○万円の交付を受けたものである。

○　被疑者は、A所有の北海道○○市○○町○丁目○番○号宅地（面積○○平方メートル）を同人になりすまして売却して現金を詐取しようと考え、令和○年○月○日、同市○○町○丁目○番○号B方において、同人に対し、あたかもAであるかのように装い、「この土地を買ってくれませんか。私も資金繰りが苦しくなったので、ある程度安くても手放すのですよ。坪当たり○○万円で結構です。」などとうそを言って同人を欺き、同人を被疑者がA本人で同人が前記宅地を売り渡してくれるものと誤信させ、よって、その頃、同所において、同人から手付金名目で現金

○○万円の交付を受けたものである。

○　被疑者は、令和○年○月○日、北海道○○市○○町○丁目○番○号の
　A所有の宅地において、Bを同所に案内しながら、同人に対し、あたか
　もその土地が被疑者所有の同市○○町○丁目○番○号の同人に購入を勧
　めた宅地であるかのように装い、「ここは駅から近いし、買物にも便利
　ですよ。学校もすぐ近くでお買得ですよ。」などとうそを言って同人を
　欺き、同人を前記宅地が同市○○町○丁目○番○号であると誤信させ、
　よって、その頃、同所において、同人から手付金内金名目で現金○○万
　円の交付を受けたものである。

○　被疑者は、知人Aがその所有の宅地（香川県○○市○○町○丁目○番
　○号、面積○○平方メートル）を売りに出しているのを知って売却あっ
　せん名目でその権利証等を詐取しようと考え、令和○年○月○日午後○
　時○分頃、同市○○町○丁目○番○号の同人方において、同人に対し、
　前記宅地の売却をあっせんする意思がないのにあるように装い、これを
　他に売却して受領した金銭は自己の用途に消費する意図であるのにその
　情を秘し、「私は不動産の知識に詳しいので、あなたの土地を売ってや
　りますよ。買いたいという人を何人か知っています。高い値で売ってや
　ります。」などとうそを言って同人を欺き、その旨同人を誤信させ、
　よって、その頃、同所において、同人から前記宅地の登記済の権利証○
　通及び同人の実印○個の交付を受けたものである。

〈受託〉

　被疑者は、学校法人「A学園高等学校」とは何ら関係がなく、かつ、同
法人の理事長等とは何ら面識もないのにあるように装って同校への入学
あっせん名目で現金を詐取しようと考え、令和○年○月○日、香川県○○
市○○町○丁目○番○号B方において、同人に対し、「私はA学園の理事
長はじめ理事全員と親しく交際している。同校には特別の入学枠があっ
て、理事に○○万円ほど出してやれば成績が悪くとも入学できます。私が
息子さんが入学できるよう運動してやりましょう。」などとうそを言って
同人を欺き、同人を被疑者の運動によって同人の長男が前記高校に確実に
入学できるものと誤信させ、よって、その頃、同所において、同人から運

動費及び報酬名目で現金○○万円の交付を受けたものである。

〈買受け〉

被疑者は、令和○年○月○日午後○時頃、徳島県○○市○○町○丁目○番○号古物商「A商店」前路上において、同商店に古書○○冊を売りに来たBに対し、同商店の従業員ではないのにあたかも従業員であるかのように装い、かつ、古書受領後は同店裏口から直ちに逃走する意図であるのにその情を秘し、「私はこの店の者ですが、この本○○冊なら○万円で買い入れますよ。ここで待っていてください。主人に聞いてみますから、ちょっと貸してください。」などとうそを言って同人を欺き、その旨同人を誤信させ、よって、その頃、同所において、同人から古書○○冊（時価約○万円相当）の交付を受けたものである。

〈詐欺（その他―結婚）〉

○　被疑者は、以前独身と偽ってA（当時○○歳）と交際し、結婚の意思がないのに婚約していたものであるところ、同人が被疑者と真実結婚できるものと信じているのに乗じて現金を詐取しようと考え、令和○年○月○日頃、徳島県○○市○○町○丁目○番○号喫茶店「B」において、同人に対し、返済の意思も能力もないのにあるように装い、「来年3月には式を挙げられるようにしたい。それまでに私も仕事を軌道に乗せたい。仕事の資金として○○万円はどうしても必要だ。結婚するといっても式の日までには必ず返すから。」などとうそを言って同人を欺き、同人を令和○年○月には被疑者と結婚することができ、かつ、期日には返済されるものと誤信させ、よって、令和○年○月○日午後○時頃、前記喫茶店において、同人から現金○○万円の交付を受けたものである。

○　被疑者は、令和○年○月○日頃、高知県○○市○○町○丁目○番○号「A荘アパート」○○号室被疑者方において、B（当時○○歳）に対し、同人と結婚する意思はないのにあるように装って、「私と結婚してほしい。妻とは別居しており、すぐ籍が抜けるようになっている。○月には式を挙げよう。」などとうそを言って同人を欺き、その旨同人を誤信させ、さらに、同月○日頃、同所において、同人に対し、妻と離婚の手続

をしている事実がないのに、「離婚の手続はすぐできるのだが、妻があと○○万円くれなければ籍を抜かないと言っているので困っている。私も○○万円用意できたが、残り○○万円の金策がつかない。早くきれいになってあなたと結婚したいので、○○万円出してほしい。」などとうそを言ってその旨同人を誤信させ、よって、同月○日、同所において、同人から現金○○万円の交付を受けたものである。

〈詐欺（その他―賭博）〉

　被疑者は、街頭で詐欺賭博をして金銭を詐取しようと考え、令和○年○月○日午後○時○分頃、高知県○○市○○町○丁目○番○号先路上において、紙片に１以外の数字を書いたものを小さくもみ丸めて紙玉を作り、○○個位入っている中に別に「１」という数字を書いたものを丸めて紙玉となし、これをその中に混ぜて客に金を賭けさせ、金を賭けた者が「１」の数字のある紙玉を拾い上げたときは賭金の○倍相当の金をやり、もし他の数字のある紙玉を拾ったときはその賭金は胴元の所得となるいわゆる「モミ」賭博において、被疑者はあたかも「１」の数字を書いた紙玉を自分の手から箱の中に落として混ぜるように見せかけ、実際は混入せずに巧みに自分の手中で他の数字を書いた紙玉を落として同人を欺き、客であるＡを真実の賭博であるものと誤信させ、同人に○○回にわたり金○○円ずつ合計○万円を賭金させた上「１」の数字以外の紙玉を拾い上げさせ、よって、賭金名目で、同人から現金○万円の交付を受けたものである。

〈詐欺（その他―窃取した財物をもって現金等を詐取した）〉

被疑者は

第１　令和○年○月○日午後○時頃、愛媛県○○市○○町○丁目○番○号株式会社Ａ百貨店Ｂ店ゴルフ用品売場において、同売場の陳列商品であるゴルフパター○本（価格合計○万円）を窃取し、

第２　前記日時・場所において、同売場担当の同会社従業員Ｃに対し、前記窃取にかかるゴルフパター○本を、「これは私が買って人に贈ったものである。」とうそをついて示した上、「その人が左ききで

使えないから返したい。」と言って同人を欺き、同人を前記ゴルフパター○本は真実被疑者が同売場において買い求めたものであると誤信させ、よって、その頃、同所において、同人から前記ゴルフパター○本と引き換えに金額○万円相当の商品取換票○枚の交付を受け

たものである。

〈特殊詐欺—かけ子〉

被疑者○名は、他人の親族になりすまし、その親族が現金を至急必要としているかのように装って現金をだまし取ろうと考え、氏名不詳者らと共謀の上、令和○年○月○日、愛媛県○○市○○町○丁目○番○号において、複数回にわたり、愛媛県○○市○○町○丁目○番○号所在のA方や同人の携帯電話に電話をかけ、同人（当時○○歳）に対し、電話の相手が同人の息子等であり、前記Aの息子が現金○○万円を至急必要としている旨うそを言い、前記Aにその旨誤信させ、よって、その頃、同所において、同人から、現金○○万円の交付を受け、もって人を欺いて財物を交付させたものである。

〈特殊詐欺（いわゆる受け子・直接手渡し型）〉

被疑者は、他人の親族等になりすまし、その親族等が現金を至急必要としているかのように装って現金をだまし取ろうと考え、A及び氏名不詳者らと共謀の上、令和○年○月○日午前○時○分頃から同日午後○時○分頃までの間、氏名不詳者らが、複数回にわたり、東京都○○区○○町○丁目○番○号B（当時○○歳）に電話をかけ、同人に対し、電話の相手方が同人の息子等であり、前記Bの息子が電車の中に会社の売上金の入ったかばんを忘れ現金○○万円を至急必要としているので、現金を用意して、同人の息子が勤務する会社の営業の社員が代わりに取りに行くので書類だと言って渡してほしい旨うそを言い、同日午後○時○分頃、被疑者が、前記B方玄関前において、同人に対し、営業のCを名乗り、前記営業の社員になりすまして、前記Bの息子のために現金を預かるもののように装い、前記Bを、電話の相手が同人の息子であり、前記Bの息子が現金を至急必要

としており、前記Bの息子が依頼した被疑者が前記Bの息子のために現金を預かるものと誤信させ、よって、その頃、同所において、前記Bから現金○○万円の交付を受け、もって人を欺いて財物を交付させたものである。

〈特殊詐欺—いわゆる受け子・宅配ボックス利用交付型〉

被疑者は、他人の親族等になりすまし、その親族が現金を至急必要としているかのように装って現金をだまし取ろうと考え、氏名不詳者らと共謀の上、令和○年○月○日頃、氏名不詳者が、東京都○○区○○町○丁目○番○号所在のA方に電話をかけ、同人（当時○○歳）に対し、電話の相手が同人の息子等であり、前記Aの息子が現金○○万円を至急必要とし、現金○○万円を東京都○○区○○町○丁目○番○号○○マンション○○号室B宛てに宅配便で送付する必要がある旨うそを言い、前記Aにその旨誤信させ、同月○日、前記B宛てに現金○○万円在中の荷物を宅配便で発送させ、同月○日、被疑者が、前記マンションに設置された宅配ボックスに届けられた前記荷物を取り出して前記Aから現金○○万円の交付を受け、もって人を欺いて財物を交付させたものである。

〈重要な事項を偽る行為（通帳詐取）〉

被疑者は、暴力団A組B会二代目C組の構成員すなわち暴力団員であるが、被疑者名義の総合口座通帳及びキャッシュカードを詐取しようと考え、令和○年○月○日、神奈川県○○市○○町○丁目○番○号D銀行から口座開設手続等の委託を受けているEに対し、真実は自己が暴力団員であるのにこれを秘し、総合口座利用申込書の「私は、申込書○枚目裏面の内容（反社会的勢力でないことなど）を表明・確約した上、申込みます。」と記載のある「おなまえ欄」に「F」と記入するなどして、自己が暴力団員でないものと装い、前記申込書を提出して被疑者名義の総合口座の開設及びこれに伴う総合口座通帳等の交付を申し込み、前記Eらに、被疑者が暴力団員でないものと誤信させ、よって、その頃、同所において、前記Eから被疑者名義の総合口座通帳○通の交付を受け、さらに、同月○日、神奈川県○○市○○町○丁目○番○号の当時の被疑者方において、同人名義

のキャッシュカード○枚の郵送交付を受け、もって人を欺いて財物を交付させたものである。

〈重要な事項を偽る行為（携帯電話詐取）〉

　被疑者は、携帯電話販売店から携帯電話機を詐取しようと考え、令和○年○月○日午前○時○分頃、神奈川県○○市○○町○丁目○番○号A店において、同店従業員Bに対し、真実は、購入する携帯電話機を契約名義人である被疑者が使用せず他人に譲渡する意図であるのにこれを秘し、被疑者が携帯電話機を使用するように装って、被疑者を契約名義人とする通信サービスの提供及び携帯電話機の購入を申し込み、前記Bを、被疑者が携帯電話機を使用して通信サービスを利用するものと誤信させ、よって、その頃、同所において、前記Bから通信可能な携帯電話機○台（販売価格○万円）の交付を受けたものである。

〈重要な事項を偽る行為（航空券詐取）〉

　被疑者は、Aらと共謀の上、航空機により○○国への不法入国を企図している氏名不詳者のため、航空会社係員を欺いて、B国際空港発○○行きの搭乗券を交付させようと考え、令和○年○月○日午後○時頃、○○県○○市○○町○丁目○番○号所在のC国際空港旅客ターミナルビル内のD航空チェックインカウンターにおいて、Aが、D航空から業務委託を受けている株式会社Eの係員Fに対し、真実は、○○行きD航空○○便の搭乗券を同国に不法入国しようとしてC国際空港のトランジット・エリア内で待機している氏名不詳者に交付し、同人を搭乗者として登録されているAとして航空機に搭乗させて○○国に不法入国させる意図であるのにその情を秘し、あたかもAが搭乗するかのように装い、Aに対する航空券及び日本国旅券を提示して、前記D航空○○便の搭乗券の交付を請求し、前記係員Fをその旨誤信させ、よって、その頃、同所において、同係員からAに対する同便の搭乗券○枚の交付を受け、もって人を欺いて財物を交付させたものである。

〈クレジットカードを利用した詐欺（他人名義のクレジットカードの不正使用）〉

被疑者は、不正に入手したA名義のクレジットカードを使用して商品購入の名目で商品をだまし取ろうと考え、令和○年○月○日午前○時○分頃、千葉県○○市○○町○丁目○番○号B店において、同店従業員Cに対し、真実は、同クレジットカードの正当な使用権限も同クレジットカードシステム所定の方法により代金を支払う意思もないのに、これらがあるように装い、同クレジットカードを提示するなどしてパーソナルコンピュータ○台（販売価格○○円）の購入を申し込み、前記Cをその旨誤信させ、よって、その頃、同所において、同人から前記パーソナルコンピュータ○台の交付を受け、もって人を欺いて財物を交付させたものである。

〈クレジットカードを利用した詐欺（他人のクレジットカード情報を不正に登録したスマートフォンを使用し、電子決済サービスを利用して物を詐取）〉

被疑者は、不正に入手した他人のクレジットカード情報を利用して商品をだまし取ろうと考え、令和○年○月○日午前○時○分頃、千葉県○○市○○町○丁目○番○号A店において、同店従業員Bに対し、真実は、C名義のクレジットカード情報の使用権限も、クレジットカードシステム所定の方法により代金を支払う意思もなく、同人名義のクレジットカード情報を登録したスマートフォンを使用した電子決済サービスの正当な使用権限がないのに、これらがあるように装い、ゲーム機○台を、スマートフォンを使用する方法による電子決済サービスにより購入する旨申し込み、あらかじめCのクレジットカード情報を登録したスマートフォンを同店設置の電子決済端末にかざすなどし、前記Bを、被疑者に前記電子決済サービスの正当な使用権限があり、同システム所定の方法により代金の支払が受けられるものと誤信させ、よって、前記Bから、前記ゲーム機○台（販売価格○○万円）の交付を受け、もって人を欺いて財物を交付させたものである。

〈持続化給付金詐欺〉

　被疑者は、中小企業庁が所管する持続化給付金制度を利用して同給付金の名目で現金をだまし取ろうと考え、氏名不詳者らと共謀の上、令和〇年〇月〇日、茨城県〇〇市〇〇町〇丁目〇番〇号被疑者方において、インターネット回線に接続された電子機器を使用して、同庁から同給付金申請の審査等について業務委託を受けた一般社団法人Ａが開設した給付申請用ホームページに接続し、真実は、被疑者が平成〇年〇月〇日に開業した〇〇業を営む個人事業者であり同事業の前年同月比の事業収入が〇〇パーセント以上減少した月があるなどの事実が存在しないのに、同事実が存在し、同給付金の給付要件を満たすかのように装い、被疑者が平成〇年〇月〇日に開業した〇〇業を営む個人事業者であり、前年の年間事業収入が〇万円、売上減少の対象月が〇月、売上減少の対象月の月間事業収入が〇円、売上減少の対象月の前年売上額が〇万円であるなどの虚偽の情報を入力し、同入力内容に沿う内容虚偽の所得税確定申告書の控え、売上台帳等の画像データを添付し、これらを送信して同給付金の給付申請をし、その頃、茨城県内又はＢ県内において、前記Ａ〇〇（㊞役職名）Ｃら審査担当者らにこれを閲覧させ、同給付申請が給付要件を満たす個人事業者からの正当な給付申請であると誤信させ、令和〇年〇月〇日、前記Ｃに、被疑者に対する同給付金〇〇万円の給付を決定させ、よって、同月〇日、前記Ａから業務委託を受けた株式会社Ｄの担当者に、株式会社Ｅ銀行に開設された被疑者名義の普通預金口座に現金〇〇万円を振込入金させ、もって人を欺いて財物を交付させたものである。

〈生活保護の不正受給─収入・資産隠匿〉

　被疑者は、生活保護法に基づく生活扶助等の名目で現金をだまし取ろうと考え、令和〇年〇月〇日、〇〇県〇〇市〇〇町〇丁目〇番〇号Ａ市健康福祉部生活援護課において、同課相談係主事Ｂに対し、真実は、〇〇万円の預金残高等の資産を有しており、証券の分配金等の収入を得ていたにもかかわらず、その情を秘し、現金及び預貯金合計〇〇円の資産しかない旨記載した資産申告書及び前記分配金等を記載しない収入・無収入申告書を提出するなどして、被疑者には支給基準を下回る資産及び収入しかなく、生活保護が必要であるように装って生活保護の申請をし、前記Ｂらを介

し、同課課長をその旨誤信させ、同年○月○日、被疑者につき生活保護を開始する旨の決定をさせた上、引き続き、同年○月○日に被疑者が契約していた生命保険の解約返戻金として現金○○万円の支払いを受け、同年○月○日に被疑者が契約していた年金保険の解約に伴い○○万円の支払いを受けるなどの収入を得ていたのであるから（㊟他には、「令和○年○月頃から令和○年○月頃までの間、株式会社Cで稼働して勤労収入を得ていたのであるから」）、同課課長に対し、その都度速やかにこれらの事実を届け出る義務があるのに、あえてこれらを届け出ず、かつ、令和○年○月○日頃、これらの収入を記載しない収入・無収入申告書を同課職員に提出するなどして、同課課長らを、引き続き被疑者につき、生活保護が必要であると誤信させ、よって、別表記載のとおり（㊟省略）、令和○年○月○日から令和○年○月○日までの間、○○回にわたり、株式会社D銀行E支店に開設された被疑者名義の普通預金口座に生活扶助等の名目で合計○○万円を振込入金させ、もって人を欺いて財物を交付させたものである。

〈生活保護の不正受給―暴力団員であることを秘匿〉

被疑者は、指定暴力団A会B一家C組組員であるが、暴力団員であることを秘して生活保護法に基づく生活扶助等の名目で現金をだまし取ろうと考え、令和○年○月○日、栃木県○○市○○町○丁目○番○号D市福祉事務所において、同市職員に対し、真実は、被疑者が暴力団員であるのにこれを秘し、暴力団員ではないように装って、同法による生活保護申請書を提出するなどして生活扶助等の支給を請求し、前記職員らを介し、D市福祉事務所長に、被疑者が暴力団員ではなく、同法による保護適用の要件を充足するものと誤信させ、同月○日、被疑者に対する生活扶助等の支給を決定させ、よって、別表記載のとおり（㊟省略）、令和○年○月○日から令和○年○月○日までの間、○○回にわたり、現金合計○○万円の交付を受け、もって人を欺いて財物を交付させたものである。

〈交通事故に関する保険金詐欺―事故自体を仮装〉

被疑者は、交通事故を仮装して保険金支払名目で現金をだまし取ろうと考え、Aと共謀の上、真実は、被疑者が、令和○年○月○日午前○時○分

頃、栃木県○○市○○町○丁目○番○号付近において、自転車を運転中、単独転倒事故を起こした事実も、同事故の衝撃で傷害を負い、前記Aが開設したA接骨院に通院して施術を受けた事実もなく、被疑者とB損害保険株式会社との間で締結され、被保険者を被疑者として加入している保険契約に基づく保険金の支払を受けられる場合でないのに、あたかも事故を起こして前記保険契約に基づく保険金の支払を受けられる場合であるかのように装い、同年○月○日、栃木県内において、栃木県○○市○○町○丁目○番○号前記B損害保険株式会社あんしんサポートセンターに電話をかけ、同センター係員に対し、前記交通事故が発生して被疑者が通院した旨内容虚偽の申告をし、その頃、情を知らない同係員に、同虚偽申告内容を事故受付システムに入力させ、同社のオンラインシステムを通じて、栃木県○○市○○町○丁目○番○号同社損害サービス部サービスセンター係員に前記虚偽申告内容を受付させた上、同サービスセンター係員に対し、電話で前記内容虚偽の事故状況等を申告し、同年○月○日頃、被疑者が同サービスセンター宛てに、被疑者が合計○○日間にわたり前記A接骨院に通院して施術を受けた旨の前記A名義の内容虚偽の「入院・手術・通院診断書（治療証明書）」とともに被疑者名義の「傷害保険金請求書」等を郵送により提出して前記保険契約に基づく保険金の支払を請求し、同サービスセンター所長Cに、同請求が前記保険契約に基づく正当なものである旨誤信させて保険金の支払決定をさせ、よって、同月○日、被疑者の管理する株式会社D銀行に開設された被疑者名義の普通預金口座に、傷害保険金として現金○○万円を振込入金させ、もって人を欺いて財物を交付させたものである。

〈交通事故に関する保険金詐欺―事故を前提に休業損害を仮装〉

　被疑者は、自動車を運転中に交通事故に遭ったことを利用して保険会社から休業損害金の名目で金銭をだまし取ろうと考え、令和○年○月下旬頃、群馬県内又はその周辺において、真実は、被疑者が株式会社Aに雇用されて給与の支払を受けていた事実がなく、前記交通事故により前記Aを休業して休業損害が発生した事実もないのに、これらがあるように装い、被疑者が前記Aに雇用されて給与の支払を受けており、前記交通事故によ

り休業したため給与の支払を受けられなかった旨記載された内容虚偽の「休業損害証明書」等を群馬県○○市○○町○丁目○番○号Ｂ保険株式会社宛てに郵送し、同月○日、同社自動車損害サービス部損害サービス課係員に対し、休業損害金の支払を請求し、同課課長代理らに、同請求が正当な休業損害金の支払請求である旨誤信させて被疑者に対する支払を決定させ、よって、同年○月○日、株式会社Ｃ銀行Ｄ支店に開設された被疑者名義の普通預金口座に、休業損害金として○○万を振込入金させ、もって人を欺いて財物を交付させたものである。

(留意点)　「詐欺罪は所有をおかす必要はなく、所持をおかすをもって足るものであり、従って詐欺罪の成立にはその被害物件の所有権が被害者又は第三者の何人に属するやは関するところでない。」（最判昭和23.10.9）

「単純な事実の緘黙によって他人を錯誤に陥入れ又は錯誤を保持させた場合には、事実を告知すべき法律上の義務が存するのでなければ欺罔があったとはいえない。」（大判大正6.11.29）

「詐欺の手段は必ずしも積極的行為を要するものにあらず一定の事情を告知すべき義務あるものがことさらにこれを黙秘するが如きもまた人を錯誤に陥らしむべき欺罔手段と認むるを妨げざるものとす。」（大判大正13.3.18）

「刑法第246条第1項に規定する詐欺取財の罪は欺罔手段により財物を騙取することによって成立しいやしくも財物騙取の手段として欺罔手段が用いられた以上はその欺罔手段とともに真実なる手段が併用せられたことは同罪の成立に影響なきものとす。」（大判明治43.5.17）

「詐欺罪の成立には必ずしも犯人の欺罔手段のみによりて被害者を錯誤に陥ることを要せず被害者のなせし自己判断の過誤がその錯誤の一原因をなすも詐欺罪成立を阻却せざるものとす。」（大判大正14.4.7）

「窃取又は騙取した郵便貯金通帳を利用して郵便局員を欺罔し、真実名義人において貯金の払戻しを請求するものと誤信させて貯金の払戻名義の下に金員を騙取することは、更に新法益を侵害する行為であ

るから、ここにまた犯罪の成立を認むべきであって、これをもって、贓物の単なる事後処分と同視することはできない。」（最判昭和25.2.24）

「売買の目的物の数量をいつわって、代金の交付を受けたときは、実在数量をこえた部分に対応する金額についてだけでなく、その全部について詐欺罪が成立する。」（最判昭和32.11.29）

「債務の支払を免れることによって財産上不法の利益を得たと認めるには、債権者を欺罔して債務免除の意思表示をさせることが必要であって、単に逃走して事実上支払をしなかったというだけでは足りない。」（最判昭和30.7.7）

「不法の利益とは利益を取得する手段の不法の場合をいうのであって、利得の生ずる原因である法律行為が私法上有効であるかどうかを問わない。」（大判昭和13.10.4）

「詐欺罪の如く財産権の侵害を本質とする犯罪が処罰されるのは、単に被害者の財産権の保護のみにあるのではなく、かかる違法な手段による行為は社会の秩序をみだす危険があるからである。」（最判昭和25.7.4）

「私人の所持が禁じられているものであっても、それがために詐欺罪の目的となり得ないものではなく、他人が現実に所持している物を騙取すれば詐欺罪が成立する。」（最判昭和24.2.15）

「詐欺罪の目的物たる財物とは、財産権、ことに所有権の目的となることを得べき物をいい、必ずしも金銭的価値を有すると否とを問わない。」（最判昭和25.6.1）

「詐欺罪は、財産上の損害を受ける者が、被欺罔者であると第三者であるとを問わず成立する。」（最判昭和24.2.22）

「本条1項に定める財物の騙取とは、犯人の施用した欺罔手段により他人を錯誤に陥れ、財物を犯人自身又はその代人若しくは第三者に交付せしめるか或いはこれ等の者の自由支配内に置かしめることをいう。」（最判昭和26.12.14）

「欺罔手段によって相手方の財物に対する支配権を侵害した以上、相手方の財物交付が不法の原因に基づいたものであって民法上返還又は損害賠償を請求することができないものであっても詐欺罪は成立す

る。」（最判昭和25.7.4）

　「不動産の騙取を目的とする詐欺罪の成立には、人を欺罔してその所有権移転に関する意思表示をなさしめただけでは足らず、なお現実にその占有を移転せしめ若しくはその所有権取得の登記を経ることを要する。」（大判大正11.12.15）

　「他人の事務を処理する者が自己の利益を図る目的で任務に関して本人を欺き財物を交付せしめたときは、詐欺罪が成立し別に背任罪は構成しない。」（最判昭和28.5.8）

　「前借契約の民事的効力いかんにかかわらず前借金詐欺は詐欺罪を構成する。」（最判昭和33.9.1）

　「商品の効能などにつき真実に反する誇大な事実を告知して相手を誤信させ、金員の交付を受けたときは、たとえ価格相当の商品を提供したとしても、真実を告知したならば相手方は金員を交付しなかったであろうというような場合は、詐欺罪が成立する。」（最判昭和34.9.28）

　「人を欺く行為（欺罔行為）」とは、財産的処分行為の判断の基礎となるような重要な事項を偽ることをいう（最決平成19.7.17、最決平成22.7.29)。「重要な事項を偽る」行為としては、次のものが挙げられる。

・第三者に譲渡する意図や反社会的勢力であることを秘した口座開設行為（最決平成19.7.17、最決平成26.4.7）

・第三者への無断譲渡の意図を秘して、自己名義で携帯電話機の購入や航空券の交付を請求する行為（東京高判平成24.12.13、最決平成22.7.29)

・政治集団の活動拠点として使用することを告知せずに賃貸借契約を結ぶ行為（大阪地判平成17.3.29）

・自己の口座に誤振込みされた預金の払戻し行為について、誤振込みであることを秘して預金の払戻しを請求する行為（最決平成15.3.12)

　ＳＩＭカードごと譲渡する意図がある場合に成立する。携帯端末のみを買取業者に売却する場合、換金目的であっても代金支払意思があれば詐欺罪に問えないことに留意。

　記載例は生活保護受給決定時からの不正受給を対象とするものである。生活保護受給の途中からの受給を対象とする場合は、「被疑者は、〇〇県Ａ市健康福祉部生活援護課から生活保護法に基づく生活扶助等の給付を受けていたものであるが、資産及び収入を隠して生活保護費をだまし取ろうと考え、真実は・・」と記載する。

■246条の２　電子計算機使用詐欺

　前条に規定するもののほか、人の事務処理に使用する電子計算機に虚偽の情報若しくは不正な指令を与えて財産権の得喪若しくは変更に係る不実の電磁的記録を作り、又は財産権の得喪若しくは変更に係る虚偽の電磁的記録を人の事務処理の用に供して、財産上不法の利益を得、又は他人にこれを得させた者は、10年以下の懲役に処する。

＜br＞

　被疑者は、静岡県〇〇市〇〇町〇丁目〇番〇号所在のＡ協同組合総務課電算室長をしているものであるが、同組合の電子計算機及び同組合がオンラインシステムとして利用している同県〇〇市〇〇町〇丁目〇番〇号所在の静岡県Ａ協同組合連合会電算室（以下「県Ａ連電算室」という。）の電子計算機をそれぞれ操作して金銭を不正に入手しようと考え、令和〇年〇月〇日、同組合の電子計算機に、同組合の事務処理を誤らせる目的で、虚偽の給与計算をして、同組合Ｂ支所の被疑者名義の普通貯金口座番号〇〇に給料〇〇万円を振り込む旨の虚偽の情報を与え、県Ａ連の電子計算機に入力するための磁気ディスクにその旨記憶させて財産権の得喪、変更に係る不実の電磁的記録を作り、同組合の事務処理の用に供する権利、義務又は事実証明に関する電磁的記録を不正に作った上、これを県Ａ連に送付し、情を知らない県Ａ連の職員に、県Ａ連の電子計算機にその旨入力させて、同組合の事務処理の用に供し、よって、同月〇日、被疑者名義の前記普通貯金口座に〇〇万円を振込入金させ、もって財産上不法の利益を得たものである。

（留意点）　不正電磁的記録供用罪（161条の２第２項）と電子計算機業務妨害罪（234条の２）及び本罪とは観念的競合。

数回にわたり他人の事務処理用電子計算機に虚偽の情報を入力したことによって財産上の利益を得た場合は、本罪の包括的一罪である。

本罪によって虚偽の預金を得た者が、後にその預金を引き出す行為は不可罰的事後行為である。

〈クレジットカードを利用した詐欺（電子マネーの詐取）〉

被疑者は、不正に入手したクレジットカード情報等を利用して、財産上不法の利益を得ようと考え、令和○年○月○日午前○時○分頃、山梨県○○市○○町○丁目○番○号Ａ店において、携帯電話機を操作し、電気通信回線を通じて、株式会社Ｂが山梨県内に設置して管理する前払式支払手段「○○」の加算等の業務処理に使用する電子計算機であるサーバコンピュータに対し、ＢのＩＤ「○○」に前記「○○」○○ポイント（換算価格○○円相当）を加算するための決済手段として、不正に入手したＣ名義のクレジットカード情報等の虚偽の情報を与え、同サーバコンピュータを介して、被疑者が管理する前記ＢのＩＤに前記「○○」○○ポイントを加算させて財産権の得喪及び変更に係る不実の電磁的記録を作成し、もって○○円相当の財産上不法の利益を得たものである。

（留意点）　記載例は、自己の電子マネーを不正に入手するため他人のクレジットカードで不正に決済した事例。

■247条　背　任

他人のためにその事務を処理する者が、自己若しくは第三者の利益を図り又は本人に損害を加える目的で、その任務に背く行為をし、本人に財産上の損害を加えたときは、5年以下の懲役又は50万円以下の罰金に処する。

被疑者は、長野県○○市○○町○丁目○番○号Ａ信用組合Ｂ支店長として同支店における業務全般を統括処理していたものであるが、同支店と証書貸付、当座取引などを行っていた株式会社Ｃ産業代表取締役Ｄの依頼を受け、同組合の債権回収に支障を来すことのないよう債権に対する担保の保持を確実に行うべき組合職員としての任務に違背し、同会社の利益を図

る目的で、同会社が同支店に対しその借入金に対する担保として差し入れていた定期預金の担保権を喪失させようと考え、令和○年○月○日、同支店事務室において、同会社から担保に提供されていた定期預金○○万円（令和○年○月○日預入れ）を同会社の通知預金口座に振り替えた上、令和○年○月○日から同年○月○日までの間に全額を現金払い又は同会社の当座預金口座に振り替えるなどして、同組合の前記定期預金に対する担保権を喪失させ、もって同組合に財産上の損害を加えたものである。

被疑者は、長野県○○市○○町○丁目○番○号Ａ信用組合本店次長として貸付等の業務に従事していたものであるが、同本店と証書貸付等の取引を行っていたＢに対し既に○○万円の滞貸債権を有し十分な物的担保も提供されていなかったのであるから、更に同人に対して貸付を行うときは回収をできないおそれが高く、貸付けを行ってはいけないにもかかわらず、同人の依頼を受け、その任務に違背し、同人の利益を図る目的で、令和○年○月○日、前記本店において、同人に対し、無担保で金○○万円を貸し付けてその回収を著しく困難にさせ、もって同組合に対し財産上の損害を加えたものである。

被疑者は、令和○年○月○日、Ａから金○○万円を借用するに際し、その債務の担保として自己所有の新潟県○○市○○町○丁目○番○号の宅地（面積○○平方メートル）に抵当権を設定していたものであるが、いまだその設定登記がないのに乗じて、同年○月○日、同市○○町○丁目○番○号被疑者方において、自己の利益を図る目的で、前記Ａに対し前記抵当権設定登記に協力すべき任務に違背し、Ｂに代金○○万円で前記宅地を売却し、即日その所有権移転登記を了して前記抵当権設定登記を不能にさせ、もって前記Ａに財産上の損害を加えたものである。

被疑者は、新潟県○○市○○町○丁目○番○号Ａ商事株式会社取締役経理部長として同会社振出名義の約束手形の振出し等の業務に従事していたものであるが、令和○年○月○日、前記会社事務室において、自己の利益を図る目的で、同会社の支払のためにのみ約束手形を振り出すべき任務に

背き、自己の用途の支払に充てる目的で金額○○万円の同会社振出しの約束手形を振り出した上、これをBに交付して同会社に前記○○万円の債務を負担させ、もって同会社に財産上の損害を加えたものである。

(留意点)　「甲に対し自己の不動産につき根抵当権設定後、いまだその登記なきを利用し、更に乙に対して根抵当権を設定してその登記を了する所為は、甲に対する関係で背任罪を構成する。」（最判昭和31.12.7）

図利目的における「第三者」とは、自己又は本人以外の者を指す。図利加害目的の要件があることから、本人の利益を図る目的でした行為は、背任罪を構成しない。

しかし、自己又は第三者の利益を図る目的と、本人の利益を図る目的が併せて認められる場合（例えば、自己や融資先の利益を図る目的とそれまでの融資の焦げ付きを防ぐ目的が併存など）は、目的の主従により背任罪の成否を決する（最決昭和29.11.5）。

株式投資等の一定の危険を伴ういわゆる冒険的取引も、委託信任の趣旨に反しない合理的な範囲内で行われる限り任務違反とならないが、委託の趣旨に反する場合は背任罪となる。

「本条にいわゆる財産上の損害を加えたるときとは、財産上の実害を発生させた場合だけでなく、実害発生の危険を生じさせた場合も包含する。」（最判昭和38.3.28）

手形等の振出権限のない者が、手形等を振り出す行為は、偽造になる。

■248条　準詐欺

未成年者の知慮浅薄又は人の心神耗弱に乗じて、その財物を交付させ、又は財産上不法の利益を得、若しくは他人にこれを得させた者は、10年以下の懲役に処する。

被疑者は、令和○年○月○日午後○時頃、大阪府○○市○○町○丁目○番○号先路上において、同所で遊んでいたA（当時○歳）が未成年者で知慮浅薄であるのに乗じて、同人に対し、「お嬢ちゃん。いいものを着てい

るね。私にちょっと見せてくださいな。」と言って同人を惑わせ、その着用のサマーセーター〇着（時価約〇〇円相当）を脱がせて自己に交付させたものである。

　被疑者は、令和〇年〇月〇日午後〇時頃、大阪府〇〇市〇〇町〇丁目〇番〇号Ａ荘の自己の居室において、Ｂ（当時〇〇歳）が精神障害により心神耗弱の状態にあるのに乗じ、同人に対し、「いいものを買ってもらったな。俺も買いたくなったから、ちょっとの間貸してくれ。」と申し向け、同人を惑わせ、その所持する腕時計〇個（時価約〇万円相当）を外させて自己に交付させたものである。

（留意点）　「刑法第248条にいう心神耗弱とは全然意思能力を喪失するに至らざるも、精神の健全を欠き事物の判断をなすに充分なる普通人の知能を具えざる状態をいうものとす。」（大判明治45.7.16）

■249条１項　恐　喝（１項恐喝）
　人を恐喝して財物を交付させた者は、10年以下の懲役に処する。

　被疑者は、通行人から現金を脅し取ろうと考え、令和〇年〇月〇日午後〇時頃、京都府〇〇市〇〇町〇丁目〇番〇号先路上において、Ａ（当時〇〇歳）に対し、「おい、あんちゃん、〇〇円貸してくれ。俺はＢ組の者だ。お前なんかのしてしまうのは簡単だ。」などと言って現金の交付を要求し、もしこの要求に応じなければその身体にいかなる危害を加えかねない気勢を示して同人を怖がらせ、よって、その頃、同所において、同人から現金〇〇円の交付を受けてこれを脅し取ったものである。

　被疑者は、通行人に因縁をつけて現金を脅し取ろうと考え、令和〇年〇月〇日午後〇時頃、京都府〇〇市〇〇町〇丁目〇番〇号先路上において、Ａ（当時〇〇歳）とわざとぶつかった上、「この野郎どこを見ているんだ。」などとどなってその顔面を数回拳で殴り、さらに、「落としまえをつけろ。もっとやられたいのか。」などと言って暗に現金の交付を要求し、

もしこの要求に応じなければ更にその身体に危害を加えかねない気勢を示して同人を怖がらせ、よって、その頃、同所において、同人から現金○万円の交付を受けてこれを脅し取ったものである。

被疑者は、A（当時○○歳）が自己の愛人Bと情交したことに因縁をつけて前記Aから現金を脅し取ろうと考え、令和○年○月○日午後○時頃、兵庫県○○市○○町○丁目○番○号の同人方において、同人に対し、「この野郎、よくも俺の女に手を付けたな。落としまえを付けろ。お前なんか片付けるのは簡単。会社にばらして首にすることもできるんだ。」などと言って暗に現金の交付を要求し、もしこの要求に応じなければ同人の身体、名誉等にいかなる危害を加えかねない気勢を示して同人を怖がらせ、よって、同月○日午後○時頃、同所において、同人から現金○○万円の交付を受けてこれを脅し取ったものである。

被疑者は、令和○年○月○日午後○時○分頃、兵庫県○○市○○町○丁目○番○号料理店「A」店舗内において飲酒中、同店経営者B（当時○○歳）から以前同店で無銭飲食した犯人と間違われたことに因縁をつけて同人から現金を脅し取ろうと考え、同人に対し、「よくも俺に恥をかかせてくれたな。この始末をどうするんだ。俺はC組の者だ。仲間がいっぱいいるんだ。こんな店つぶすのはわけない。」などとどなって暗に現金の交付を要求し、もしこの要求に応じなければその身体及び財産にいかなる危害を加えかねない気勢を示して同人を怖がらせ、よって、その頃、同所において、同人から現金○万円の交付を受けてこれを脅し取ったものである。

（留意点）　告知される害悪の種類には制限がない。また、告知の手段・方法にも制限がない。明示的・積極的な言動によることを要せず、暗黙の告知でもよい。自己の性行・経歴・地位・風評・不法の勢威等を利用して、そのことを知っている者に対して、害悪を暗示してもよい（最判昭和26.4.12）。

強盗とは、その程度が反抗を抑圧する程度になったかどうかで区別される。

　　「恐喝罪における害悪の告知は人をして普通畏怖せしむるものなる
をもって足り、被害者が現実畏怖したるや否やを要せざるものとす。」
（大判昭和12．4．28）

　　「およそ人を畏怖せしむるべきに足る行為にしてその意思の反抗を
抑圧する程度に達せざるものは恐喝の手段たるを得るものにして脅迫
罪におけるが如くその手段を制限することなし。」（大判大正11.11.22）

　　「被恐喝者が畏怖して、黙認しているのに乗じて恐喝者が財産を奪
取した場合にも本罪は成立する。」（最判昭和24．1．11）

　　他人に対して権利を有する者が、その権利を実行することは、その
権利の範囲内であり、かつ、その方法が社会通念上認容すべきものと
認められる範囲を超えない限り、違法ではないが、その範囲を逸脱す
るときには、恐喝罪が成立し得る。

　　行為者が恐喝によって取得した財物の一部につき正当に受領する権
限を有する場合であっても、財物全体について本罪が成立する（最判
昭和30.10.14）。

■249条2項　恐　喝（2項恐喝）

　　前項の方法により、財産上不法の利益を得、又は他人にこれを得させた者
も、同項と同様とする。

　　被疑者は、A（当時○○歳）から借り受けた○○万円の借金を棒引きさ
せようと考え、令和○年○月○日午後○時頃、奈良県○○市○○町○丁目
○番○号被疑者方に貸金の支払請求に来た同人に対し、「俺はB会の幹部
だ。B会の怖さはお前も知っているだろう。俺の所には若い者がゴロゴロ
している。お前がそんなにしつこいと、若い者が何をするかわからない。
俺の借金はあきらめて帰った方が身のためだぞ。」などと言い、貸金の請
求を断念しなければ同人の身体にいかなる危害を加えかねない気勢を示し
て同人を怖がらせ、よって、同人に貸金の請求を断念させた上、その債務
を免除する旨の意思表示をさせ、もって財産上不法の利益を得たものであ
る。

　⟨留意点⟩　財産上の利益の取得は、永久的利益である必要はなく、一時的利益

（債務の支払いを一時猶予させるなど）であってもよい。

　飲食代金の請求を受けた者が、請求者を脅迫して畏怖させ、よって
その請求を一時断念させたときは、そこに被害者の黙示的な支払猶予
の処分行為が存在するから、2項恐喝罪が成立する（最決昭和43.12.
11）。

第36　横領の罪

■252条　横　領

　　自己の占有する他人の物を横領した者は、5年以下の懲役に処する。

　　2　自己の物であっても、公務所から保管を命ぜられた場合において、これを横領した者も、前項と同様とする。

〈売却横領(1)〉

　被疑者は、知人Aから同人所有のB発行のC百科事典○○冊（○巻から○○巻まで、時価合計約○○万円相当）を借り受け、同人のため保管中、令和○年○月○日頃、滋賀県○○市○○町○丁目○番○号D古書店ことD方において、同人に対し、これを代金○万円で売却して横領したものである。

〈売却横領(2)〉

　被疑者は、知人Aからデジタルカメラ○台（時価約○万円相当）を借り受け、同人のため保管中、令和○年○月○日頃、滋賀県○○市○○町○丁目○番○号古物商B方において、同人に対し、これを代金○○円で売却し、もって横領したものである。

〈入質横領(1)〉

　被疑者は、知人Aから腕時計○個（時価約○万円相当）を借り受け、同人のため保管中、令和○年○月○日頃、和歌山県○○市○○町○丁目○番○号質商B方において、同人に対し、前記腕時計を金○万円で入質し、もって横領したものである。

〈入質横領(2)〉

　被疑者は、令和○年○月○日頃、A自動車販売株式会社（代表取締役B）から、自動車○台（時価約○○万円相当）を、契約時の初回金○○万円を支払い残代金○○万円を翌○月から各月○万円を支払う○○か月月賦

とし、代金を完済したとき同会社から被疑者にその所有権を移転する旨の契約の下にその引渡しを受け、同会社のため保管中、いまだ代金完済に至らない同年〇月〇日頃、和歌山県〇〇市〇〇町〇丁目〇番〇号金融業者C方において、同人に対し、自己が金〇〇万円を借り受ける担保として入質して引き渡し、もって横領したものである。

〈拐帯横領〉

被疑者は、愛知県〇〇市〇〇町〇丁目〇番〇号所在酒類卸商Aに経理担当事務員として稼働しているものであるが、令和〇年〇月〇日頃、前記Aから同市内の小売店に酒類の配送を依頼され、普通貨物自動車に洋酒〇〇本（時価合計約〇〇万円相当）及び日本酒〇〇本（時価合計約〇〇万円相当）を積み込み、これを同人のため保管中、遊興費欲しさからこれを売却しようと考え、同日頃、前記洋酒等を積載した前記普通貨物自動車を運転し、同市内から静岡県〇〇市方面に逃走し、もって拐帯して横領したものである。

〈費消横領(1)〉　※1

被疑者は、令和〇年〇月〇日頃、愛知県〇〇市〇〇町〇丁目〇番〇号A方において、クリーニング業を営む同人から洗剤購入方を依頼されて承諾し、同購入代金として現金〇〇万円を預り、同人のため保管中、同月〇日頃、同市〇〇町〇丁目〇番〇号B方において、これを自己の同人に対する債務の弁済として同人に支払い、もって費消して横領したものである。

〈費消横領(2)〉

被疑者は、令和〇年〇月〇日頃、勤務先である三重県〇〇市〇〇町〇丁目〇番〇号A有限会社において、上司Bから同人の飲食店に対する支払を依頼されて承諾し、現金〇万円を預り、同人のため保管中、同日頃、同市〇〇町〇丁目〇番〇号飲食店「クラブC」ことD方において、自己の飲食代金の支払に充てて費消し、もって横領したものである。

〈着服横領(1)〉　※2

　被疑者は、令和○年○月○日頃、Aから株式会社B代表取締役C振出しに係り、金額が○○万円、支払期日が同年○月○日、支払場所がD銀行E支店の約束手形○通の割引方を依頼され、同年○月○日頃、三重県○○市○○町○丁目○番○号金融業者F商事ことF方において、同人から割引を受けて手形割引金○○万円を受け取り、これを前記Aのため預り保管中、同月○日頃、同市○○町○丁目○番○号被疑者方において、自己の用途に充てるため、これを着服して横領したものである。

〈着服横領(2)〉　※3

　被疑者は、自動車事故の被害者Aから加害者Bとの示談交渉及び治療費・慰謝料等の受領方を依頼されて承諾し、令和○年○月○日頃、岐阜県○○市○○町○丁目○番○号所在前記B方において、同人から前記Aの治療費等として現金○○万円の交付を受け、これを同人のため預り保管中、同月○日頃、これを自己の勝馬投票券購入等の遊興費に充てる目的で、同市内において、着服して横領したものである。

〈土地の二重売買〉　※4

　被疑者は、令和○年○月○日頃、自己が所有する岐阜県○○市○○町○丁目○番○号の宅地○○平方メートルを代金○○万円でAに売却する契約をし、その代金全額を受領したものであるが、いまだ所有権移転登記が未了で、被疑者の所有名義としたまま、前記Aのため前記宅地を占有して保管中、同月○日頃、同市○○町○丁目○番○号B方において、同人に対し、勝手に前記宅地を代金○○万円で売却し、即日、同人に対する所有権移転の登記を完了し、もって横領したものである。

〈共有物件の横領〉　※5

　被疑者は、A及びBとともに、福井県○○市○○町○丁目○番○号所在の木造平家建店舗○棟（建て面積○○平方メートル）を共同して所有していたものであるが、被疑者が前記両名から委託を受けて同店舗を占有し、電気器具製品の小売店として使用してきたものであるところ、同店舗が未登記であることに乗じて、これを自己のため他に転売しようと考え、令和

〇年〇月〇日、前記店舗を自己の単独の所有名義に保存登記の上、同月〇日頃、同市〇〇町〇丁目〇番〇号Ｃ方において、前記建物を売主が被疑者、買主が前記Ｃとして、代金〇〇万円で売却する旨の契約をし、同月〇日、同市〇〇町〇丁目〇番〇号Ｄ地方法務局Ｅ支局において、同支局係員に対し、売買を理由とする所有権移転登記申請をして、即日同登記を完了し、もって前記建物を横領したものである。

〈自己所有物の横領〉　※6

　被疑者は、令和〇年〇月〇日、福井県〇〇市〇〇町〇丁目〇番〇号被疑者方において、被疑者の債権者Ａの委任を受けたＢ地方裁判所執行官Ｃにより、自己所有のエアコン等〇〇点の家財道具（時価合計約〇〇万円相当）を差し押さえられ、これらに差押物件であることを示す公示書を貼付された上で保管を命ぜられたが、同月〇日頃、前記被疑者方において、古物商Ｄに対し、これを代金〇〇万円で売却して同所から搬出させ、もって横領したものである。

（留意点）　横領罪にいわゆる「占有」とは、財物に対する事実上又は法律上の支配をいう。第252条の占有は第254条の遺失物横領の占有と異なり、所有者等よりの委託任務に基く必要があり、犯罪事実にも記載を要する。

　　　　　「横領」とは、自己の占有する他人の物を不法に領得することをいう。横領罪の成立に必要な不法領得の意思とは、他人の物の占有者が委託の任務に背いて、その物につき権限がないのに所有者でなければできないような処分をする意思をいい、必ずしも自己の利益を意図することを必要としない（最判昭和24.3.8）。態様としては、売却・入質・拐帯・費消・着服等があり、犯罪事実にはその具体的内容を記載する必要がある。

　　　　　※1ないし※3は金銭の横領であるが、使途を決めて寄託された金銭・有価証券を受寄者が所定の使途以外に使用すれば横領罪が成立する（最決昭和36.10.31）。

　　※2は手形割引の委託により受領した金銭の横領であるが、手形割引の委託を受けた者がその委託の趣旨に従い第三者より金銭を受領したときは、特約ないし特殊の事情の認められないかぎり上記金銭は委託者の所有に帰属し、受託者が着服等に及んだ場合には横領罪が成立する（最判昭和33.12.26）。

　　※4は、不動産のいわゆる二重売買が横領罪を構成する事例である（最判昭和33.10.8）。

　　※5は、共有物件の横領罪の成立する事例である。他人所有の建物を適法な権限に基づき使用管理するときは、第252条1項の「占有」にあたる（最判昭和30.4.5）。

　　※6は、横領罪の成立する事例であるが、刑法第96条封印破棄罪も成立し、両罪は観念的競合の関係に立つ（最決昭和36.12.26）。

■253条　業務上横領

　　業務上自己の占有する他人の物を横領した者は、10年以下の懲役に処する。

〈集金横領〉

　　被疑者は、石川県○○市○○町○丁目○番○号新聞販売業Aに雇われ、新聞の配達及び同代金の集金等の業務に従事していたものであるが、令和○年○月○日頃、別紙一覧表記載のとおり、同市○○町○丁目○番○号Bほか○○名から同月分の新聞代金として集金した現金合計○万円を前記Aのため業務上預り保管中、同月○日頃、同市内において、自己の用途に充てる目的で着服して横領したものである。（一覧表略）

- -

〈売上金の横領〉

　　被疑者は、A株式会社（代表取締役B）に雇われ、同会社が経営する石川県○○市○○町○丁目○番○号所在喫茶店「C」の店長として、同店の売上金を保管し、これを同会社に納金するなどの業務に従事していたものであるが、令和○年○月○日午後○時頃、同日の同店売上金である現金合計○○万円を前記A株式会社のため業務上預り保管中、その頃、同店にお

いて、前記売上金中○○万円を、自己の用途に充てる目的で着服して横領したものである。

〈従業員給料の横領〉

被疑者は、富山県○○市○○町○丁目○番○号所在有限会社Ａ（代表取締役Ｂ）に雇われ、経理担当事務員として、同会社従業員に対する給料支払等の業務に従事していたものであるが、令和○年○月○日頃、前記従業員Ｃほか○名の同月分給料現金合計○○万円を同会社のため業務上預り保管中、同日頃、同市○○町○番地先路上において、自己の用途に充てる目的で、これを着服して横領したものである。

〈集金した小切手の横領〉

被疑者は、富山県○○市○○町○丁目○番○号所在Ａ株式会社（代表取締役Ｂ）に雇われ、宅地建物の売買及びその仲介、前記売買代金の集金等の業務に従事していたものであるが、令和○年○月○日頃、Ｃとの間で、同会社所有に係る同県○○市○○町○丁目○番○号の宅地○○平方メートルを代金○○万円で売却する旨の不動産売買契約を締結の上、同人から手付金として現金○○万円及び同人振出しの金額○○万円の小切手○通の交付を受け、これを前記Ａ株式会社のため業務上預り保管中、同月○日頃、同県○○市○○町○丁目○番○号Ｄ銀行Ｅ支店において、自己の用途に充てる目的で、前記小切手を同支店の自己の預金口座に振り込み、もって横領したものである。

〈商品外交販売員の商品の入質横領〉

被疑者は、広島県○○市○○町○丁目○番○号で貴金属外交販売業を営むＡに雇われ、貴金属の外交販売等の業務に従事していたものであるが、令和○年○月○日頃、同県○○市○○町○丁目○番○号質商Ｂ方において、同人に対し、前記Ａのため業務上預り保管中のエメラルド付指輪及びダイヤモンド付指輪各○個（時価合計○○万円相当）を、金○○万円で入質し、もって横領したものである。

〈店長の売上金横領〉

　被疑者は、株式会社Ａが経営する広島県○○市○○町○丁目○番○号Ｂ店の店長として、同店の売上金の管理等の業務に従事していたものであるが、令和○年○月○日、同店において、同店の売上金○○万円を同社のため業務上預かり保管中、自己の用途に費消する目的で、これを着服して横領したものである。

留意点　刑法第253条は憲法第14条に違反しない（最判昭和29.9.21）。業務上他人の物を占有するということは、犯罪者の属性による刑法上の身分であるが、憲法第14条にいわゆる「社会的身分」ではない（最判昭和30.8.18）。

　　　　「業務」とは、その人が社会生活上の地位に基づいて継続的又は反覆して行う事務をいう。犯罪事実には、横領の対象物を占有する右業務の具体的内容を明示し記載する必要がある。その事務の根拠は法令・慣習・契約によるとを問わず、またそれにより生活を維持するものであることを要しない。

　　　　業務上の占有者と非占有者が共謀し本罪に及んだ場合、非占有者は、刑法第65条第1項により第253条の共犯となる。しかし、刑は第252条第1項が適用される。

　　　　店の売上金の管理を経営者等から委託されている店長が店の売上金を持ち去り自己の物とした場合は、店長自身に売上金の占有が認められることから（業務上）横領となる。他方、店の売上金を事実上取り扱っているだけ（例えばレジの出し入れなど）で売上金の管理を委託されていない店員が店の売上金を持ち去り自己の物とした場合は、店員自身に売上金の占有が認められず窃盗となる（☞173頁の〈店員の売上金ねらい〉）。

■254条　遺失物等横領

　遺失物、漂流物その他占有を離れた他人の物を横領した者は、1年以下の懲役又は10万円以下の罰金若しくは科料に処する。

　被疑者は、令和○年○月○日午後○時頃、山口県○○市○○町○丁目○

番○号先路上で、Aが遺失した同人所有の現金約○万円在中の財布○個（時価○○円相当）を拾得したものであるが、その頃、これを自己に領得する目的で、同市○○町○丁目○番○号被疑者方に持ち帰り、もって横領したものである。

被疑者は、A鉄道B線電車に車掌として乗務するものであるが、令和○年○月○日午後○時頃、山口県○○市○○町○丁目○番○号A鉄道C駅○番ホームに停車中の同線電車内において、乗客Dの遺留した現金○万円及び書籍・衣類等○○点在中の手提げかばん○個（物品時価合計○万円相当）を発見したが、その頃、これを自己のものとするため、同町○丁目○番○号被疑者方に持ち帰り、もって横領したものである。

被疑者は、令和○年○月○日頃、岡山県○○市○○町○丁目○番○号先海岸に漂着したA所有の木造伝馬船○隻（時価○○万円相当）を発見し、拾得したが、同日頃、これを自己の遊漁用に供する目的で、同市○○町○丁目○番○号先B河岸に係留し、もって横領したものである。

留意点　「遺失物」「漂流物」は、占有者の意思に基づかず占有を離れた物である。電車内・村役場内に遺留された物は、これにあたる。しかし、旅館内に遺留された物は旅館主の占有に属し、これを領得すれば窃盗罪が成立する。

　当初は不法領得の意思がなく、遺失者に返還する（警察署長に提出する）つもりで拾得した者が、後に不法領得の意思を生じて、隠匿・費消・売却等したときは、その時点で本罪が成立する。

　事実記載例は、所有権の帰属が明確であるが、本罪成立には当該物件が他人所有と認められるだけで十分である。

第37　盗品等に関する罪

■256条1項　盗品等無償譲受け

　　盗品その他財産に対する罪に当たる行為によって領得された物を無償で譲り受けた者は、3年以下の懲役に処する。

　被疑者は、令和○年○月○日頃、鳥取県○○市○○町○丁目○番○号被疑者方において、Aから、同人が他から窃取してきたカメラ○台（時価○万円相当）を、その情を知りながらもらい受け、もって盗品を無償で譲り受けたものである。

　被疑者は、令和○年○月○日頃、鳥取県○○市○○町○丁目○番○号A方において、同人から、同人がその勤務先である株式会社B商店の集金業務に際し集金の上、横領してきた現金であることの情を知りながら、現金○万円（1万円札○枚）をもらい受け、もって横領品を無償で譲り受けたものである。

（留意点）　本罪における「盗品その他財産に対する罪に当たる行為によって領得された物」とは、財産罪たる犯罪行為により不法に領得された財物で被害者が法律上追求することができるものをいう。したがって、犯罪事実には、客体が財産罪により得たものであることを記載しなければならない。

■256条2項　盗品等運搬、保管、有償譲受け、処分あっせん

　　前項に規定する物を運搬し、保管し、若しくは有償で譲り受け、又はその有償の処分のあっせんをした者は、10年以下の懲役及び50万円以下の罰金に処する。

〈盗品等運搬(1)〉
　被疑者は、令和○年○月○日午前○時頃、島根県○○市○○町○丁目○

番○号先路上において、Aから、同人が他の酒類販売業者の倉庫から窃取してきた洋酒○○本（時価合計約○万円相当）の運搬の依頼を受け、それが盗品であることの情を知りながら、同所から同県○○市○○町○丁目○番○号所在前記A方まで、これを自動車に積載して運転し、もって盗品を運搬したものである。

〈盗品等運搬(2)〉

被疑者は、令和○年○月○日午前○時頃、Aから依頼を受け、同人が他から窃取してきたデジタルカメラ○台ほか○点（時価合計約○○万円相当）を、その情を知りながら、島根県○○市○○町○丁目○番○号所在前記A方から同県○○市○○町○丁目○番○号質商B方まで持ち運び、もって盗品を運搬したものである。

〈盗品等保管(1)〉　※1

被疑者は、福岡県○○市○○町○丁目○番○号で質商を営むものであるが、令和○年○月○日午後○時頃、Aから、同人が他から窃取してきた携帯用テレビ○台及び腕時計○個（時価合計約○万円相当）を、それが盗品であるかもしれないと思いながら、合計金○万円で質取りし、もって盗品を保管したものである。

〈盗品等保管(2)〉

被疑者は、令和○年○月○日午後○時頃、福岡県○○市○○町○丁目○番○号飲食店「ナイトクラブA」において、知人Bから依頼を受け、同人が他から強取してきた約○カラットのダイヤモンド裸石○個及び約○カラットのダイヤモンド付プラチナ指輪○個（時価合計約○○万円相当）を、その情を知りながら預り、同日から同年○月○日頃までの間、同県○○市○○町○丁目○番○号被疑者方にこれを保管し、もって強取品を保管したものである。

〈盗品等有償譲受け(1)〉

被疑者は、佐賀県○○市○○町○丁目○番○号で廃品回収業を営むもの

であるが、令和○年○月○日午後○時頃、前記所在の店舗において、Aから、同人がBと共に窃取してきた銅板約○○キログラム（時価約○万円相当）を、その情を知りながら、代金○万円で買い受け、もって盗品を有償で譲り受けたものである。

〈盗品等有償譲受け(2)〉　※2

　被疑者は、佐賀県○○市○○町○丁目○番○号で古物商を営むものであるが、令和○年○月○日午後○時頃、前記店舗において、Aから、同人が他から窃取してきたエメラルド付指輪○個及び腕時計○個（時価合計約○○万円相当）を、それが盗品である事情を察知しながら、代金合計○万円で買い受け、もって盗品を有償で譲り受けたものである。

〈盗品等有償の処分のあっせん〉

　被疑者は、令和○年○月○日頃、長崎県○○市○○町○丁目○番○号被疑者方で、知人Aから、同人が他から窃取してきたテレビ○台及びDVDプレーヤー○台（時価合計約○○万円相当）の売却方を依頼され、それが盗品であることの情を知りながら、前記依頼を引き受け、同月○日頃、同市○○町○丁目○番○号B方に赴き、同所において、同人にこれを代金○万円で売却し、もって盗品の有償の処分のあっせんをしたものである。

　留意点　　本罪は故意犯で対象物が財産犯により不法に領得された物であることの認識が必要である。未必の故意でも足りるが、その記載例は前記※1、※2である。本犯の犯罪行為につき具体的な認識を要しないため、具体的な記載を要しない。

　　　　「無償譲り受け」とは、対価を伴わないで処分権を取得することをいう。

　　　　「運搬」とは、盗品等の所在を現実に移転することをいう。運んだ距離がさほど遠くなくとも、被害者の対象物に対する権利の実行を困難ならしめれば十分である（最判昭和33.10.24）。

　　　　「保管」とは、委託を受けて本犯のために盗品等を保管することをいう（最判昭和34.7.3）。質受も含まれる。

　「有償で譲り受け」とは、対価を伴う処分権の取得をいう。契約が成立しただけでは足りず、現実の引渡しを要する。

　「有償の処分のあっせん」とは、盗品等の売買・質入等法律上の有償の処分を媒介周旋することをいう。窃盗を決意した者の依頼に応じ同人が将来窃取すべき物の売却を周旋しても、それは窃盗幇助罪が成立するにとどまる。盗品等有償の処分のあっせんの成立には本犯の実行行為が完成し対象物の存在することが必要である（最決昭和35.12.13）。

第38　毀棄及び隠匿の罪

■258条　公用文書等毀棄

　　公務所の用に供する文書又は電磁的記録を毀棄した者は、3月以上7年以下の懲役に処する。

　被疑者は、令和○年○月○日午後○時○分頃、大分県○○市○○町○丁目○番○号被疑者方において、収税職員Ａ税務署所得税係財務事務官Ｂが被疑者に対する令和○年度所得税の滞納処分として被疑者の財産の差押え手続を行った際、前記Ｂが作成した差押調書を同人から取り上げて引き裂き、もって公務所の用に供する文書を毀棄したものである。

　被疑者は、令和○年○月○日午前○時頃、大分県○○市○○町○丁目○番○号被疑者方において、大分県Ａ警察署司法警察員警部補Ｂから同月○日Ｃ簡易裁判所裁判官Ｄの発付した傷害容疑の逮捕状を示され、逮捕する旨告げられた際、前記逮捕状を奪い取って引き裂き、もって公務所の用に供する文書を毀棄したものである。

　被疑者は、令和○年○月○日、大分県○○市○○町○丁目○番○号Ａ地方裁判所刑事第○部書記官室書棚から同地裁刑事○部○係に係属中の被告人Ｂに対する殺人被告事件の公判記録○冊をひそかに同県○○市○○町○丁目○番○号被疑者方に持ち出し、天井裏に前記記録を隠匿してその使用を不能にし、もって公務所の用に供する文書を毀棄したものである。

留意点　刑法96条の封印破棄の罪も成立するときは、その罪とは一所為数法の関係にある。

　　「公務所の用に供する文書とは公務所において現に使用し又は使用に供する目的で保管している文書を総称し、その文書が証明の用に供せられるべき性質を有することを要するものでない。」（最判昭和38.12.24）

246

私人の作成した文書でもよい。

「文書の毀棄とは、必ずしも文書を有形的に毀損する場合のみでなく無形的に一時その文書を利用することができない状態におく場合も指す。」（大判昭和9.12.22）

■259条　私用文書等毀棄

権利又は義務に関する他人の文書又は電磁的記録を毀棄した者は、5年以下の懲役に処する。

被疑者は、令和○年○月○日午後○時頃、熊本県○○市○○町○丁目○番○号被疑者方において、Aから被疑者が作成して前記Aに差入れていた金○○万円の借用証を提示されてその返済を請求されるや、前記借用証を奪い取って引き破り、もって権利義務に関する他人の文書を毀棄したものである。

被疑者は、令和○年○月○日頃、熊本県○○市○○町○丁目○番○号A株式会社事務室において、同会社経理課係員Bから被疑者がC株式会社宛に発行した金額○○万円の約束手形○通の提示を受けて手形金の支払を請求されるや、同人から前記手形を取り上げて引き破り、もって権利義務に関する他人の文書を毀棄したものである。

(留意点)　「私文書の連名者中の1人の署名を抹消した行為で、内容に影響を及ぼさないものでも文書毀棄罪を構成する。」（大判大正11.1.27）

■260条前段　建造物損壊

他人の建造物又は艦船を損壊した者は、5年以下の懲役に処する。

被疑者は、令和○年○月○日午後○時頃、鹿児島県○○市○○町○丁目○番○号A方○畳間において、同室天井板や床板などを斧で叩き割り、前記A所有の木造平屋建建物（時価約○○万円相当うち損害額約○○万円相当）を破壊して他人の建造物を損壊したものである。

　被疑者は、隣家のＡ方家屋が自己の敷地内にはみ出ているとして同人にその部分の撤去方を要求したが拒絶されたため、令和○年○月○日頃、鹿児島県○○市○○町○丁目○番○号所在の前記Ａ所有の木造平屋建建物のうち、被疑者方に面した東南に位置した部分（長さ○メートル幅○メートル延べ○○平方メートル損害額約○○万円相当）を情を知らないＢ工務店従業員Ｃらをして切り取らせ、もって他人の建造物を損壊したものである。

（留意点）　「建造物とは、少なくとも屋蓋を有し、人の起居出入に適するものをいい、単に棟上を終ったのみでまだ屋蓋または周壁等を有するに至らない程度の物件は建造物ではなく刑法261条に規定する物にすぎない。」（最判昭和4.10.14）

　　　　　「硝子障子のような器物が建造物の一部を構成するというには単に建造物の一部に建て付けられているというだけでは足りず、さらにこれを毀損しなければ取り外すことのできない状態にあることを必要とする。」（大判明治43.12.16）

　　　　　「損壊とは、物質的に形態を変更又は滅尽させた場合だけでなく、事実上その用法に従って使用することができない状態に至らしめた場合も包含する。」（大判昭和5.11.27）

■261条　器物損壊等（器物毀棄）

　前3条に規定するもののほか、他人の物を損壊し、又は傷害した者は、3年以下の懲役又は30万円以下の罰金若しくは科料に処する。

　被疑者は、令和○年○月○日午後○時頃、宮崎県○○市○○町○丁目○番○号バー「Ａ」店内において、同店経営者Ｂから「そんなに酔っているなら帰ってくれ。」と言われて腹を立て、コップ、皿などが置かれたテーブルを引っくり返してＢ所有のコップ、皿など○点（時価合計約○○円相当）を破壊し、もって他人の器物を損壊したものである。

248

　被疑者は、令和○年○月○日午後○時頃、宮崎県○○市○○町○丁目○番○号パチンコ遊技場「A」において、玉の出が悪いことに憤激し、パチンコ玉約○○個をパチンコ遊技台目がけて投げつけ、株式会社A所有のパチンコ遊技台ガラス板○枚（時価約○○円相当）を破壊し、もって他人の器物を損壊したものである。

　被疑者は、令和○年○月○日午前○時○分頃、沖縄県○○市○○町○丁目○番○号A方前路上を通行中、酔ったあげく、小石を同人方ガラス戸に投げつけて同人所有のガラス戸のガラス○枚（時価約○○円相当）を破壊し、もって他人の器物を損壊したものである。

(留意点)　本条は、私用文書毀棄、信書隠匿とともに親告罪である。

　「本条にいう物とは種類、性質の如何を問わず、また経済上の交換価値があるか否かを論ぜず、汎く財産権の目的となり得る一切の物件をいい、法名を記した紙片も包含される。」（大判昭和14.11.11）

　電磁的記録は、その本体たる情報内容そのものは「物」には含まれ得ないが、その記録媒体は「物」であり、その毀棄行為は本罪に該当する。

　いわゆるコンピュータウイルスをインターネット上に流し、感染者のパソコンの作動を害した行為は器物損壊罪に当たる。これは、ウイルスによって被害者らのハードディスクを損壊したことを問題にしているのであって、ウイルス作成自体を処罰しようとするものではないため、不正指令電磁的記録作成罪（刑法168条の2）の新設は、器物損壊罪の成否に影響しない（東京地判平23.7.20）。

・器物損壊罪における被害額の記載例

　　①　損害額が確定している場合
　　　　テレビ1台（損害額○○円）
　　②　損害額を見積書で認定する場合
　　　　窓ガラス1枚（損害見積額○○円）
　　③　損害額を被害届で認定する場合

洗濯機1台（時価約○○円相当）
・器物損壊罪における被害額は、その財物の価格のみではなく、財物
を損壊された場合に原状回復するのに要する額（取付費用や運搬費
など）を含めた額で特定する（条解刑法（4版）859頁）。

■263条　信書隠匿

他人の信書を隠匿した者は、6月以下の懲役若しくは禁錮又は10万円以下
の罰金若しくは科料に処する。

被疑者は、令和○年○月○日、沖縄県○○市○○町○丁目○番○号A荘
の自室において、同居人Bに宛てた発信人Cの封書○通を前記Bに代わっ
て受領しながら、同人を困惑させてやろうと考え、前記封書を被疑者使用
の同室押入れに投げ込んで隠し、もって他人の信書を隠匿したものであ
る。

第 3 編

特　別　法

第1章　刑　事

第1　暴力行為等処罰ニ関スル法律違反

■1条　（共同暴行）（共同脅迫）（団体仮装脅迫）（示兇器脅迫）

〈共同暴行〉

　被疑者ら○名は、令和○年○月○日午後○時頃、東京都○○区○○町○丁目○番○号先路上において、同所を通行中のA（当時○○歳）と口論となり、それぞれ同人の顔面を拳で殴り、その腹部を足で蹴るなどの暴行を加え、もって数人共同して暴行を加えたものである。

〈共同脅迫〉

　被疑者ら○名は、令和○年○月○日午後○時○分頃、東京都○○区○○町○丁目○番○号スナック「A」店舗内において、同店従業員B（当時○○歳）から「静かにしてください。」と注意されたことに腹を立て、それぞれ、同人に対し、「この野郎。誰に向かって口をきいているのだ。ぶっ殺すぞ。のされたいのか。」などと怒鳴り、もって数人共同して脅迫したものである。

〈団体仮装脅迫〉

　被疑者は、A（当時○○歳）に殴られたことを根に持ち、暴力団を装って同人を脅迫しようと考え、令和○年○月○日午後○時頃、神奈川県○○市○○町○丁目○番○号の前記A方において、同人に対し、「この前はよくもやってくれたな。俺は暴力団B会の者だ。このままではB会の連中も黙っていない。謝れ。町を歩けなくなってもいいのか。組の連中が待機しているんだ。」などと言い、もって団体を仮装して脅迫したものである。

〈示兇器脅迫〉

　被疑者は、令和○年○月○日午後○時頃、神奈川県○○市○○町○丁目

○番○号先路上において、A（当時○○歳）と口論となり、同人に対し、持っていた果物ナイフ（刃体の長さ約○センチメートル）を突きつけながら「この野郎。許せない。ぶっ殺してやる。」などと怒鳴り、もって凶器を示して脅迫したものである。

（留意点）　1　暴行、脅迫、器物損壊について適用がある。
　　　　　　2　態様として、⑴団体や多衆の威力を示し、又はそれらを仮装し、⑵凶器を示し、⑶数人共同（2人以上）しての3つがある。

■1条ノ2第1項　（加重傷害）

　被疑者は、令和○年○月○日午後○時頃、埼玉県○○市○○町○丁目○番○号先路上において、A（当時○○歳）に対し、日本刀（刃渡り約○○センチメートル）でその右腕部に切りつけ、よって、同人に対し、加療約○週間を要する右腕部切創の傷害を負わせたものである。

（留意点）　未遂処罰あり。（2項）
　　　　　　令和3年改正により、従来の銃砲、刀剣類のほか「クロスボウ」が加えられた。

■1条ノ3第1項　（常習傷害）（常習暴行）

〈常習傷害〉
　被疑者は、常習として、令和○年○月○日午後○時○分頃、千葉県○○市○○町○丁目○番○号バー「A」において、B（当時○○歳）に対し、その顔面を拳やビールの空き瓶で殴るなどの暴行を加え、よって、同人に加療約○週間を要する顔面打撲擦過傷の傷害を負わせたものである。

- -

〈常習暴行〉
　被疑者は、常習として、令和○年○月○日午後○時○分頃、千葉県○○

市○○町○丁目○番○号先路上において、A（当時○○歳）に対し、拳で
その顔面を殴り、その腹部を足で蹴るなどの暴行を加えたものである。

（留意点）　必ずしも同種前科のあることを必要とせず、前科の存在を被疑事実
　　　　に書くことを要しない。

■ 2条1項　（強談威迫）

被疑者らは、共謀の上、財産上不正の利益を得る目的で、令和○年○月
○日午後○時頃、茨城県○○市○○町○丁目○番○号バー「A」におい
て、同店経営者B（当時○○歳）に対し、それぞれ、「用人棒代を出せ。
いくらかもらえるまでは帰れない。」などと言って金銭を要求し、もって
数人共同して強談威迫の行為をしたものである。

被疑者は、A（当時○○歳）から金○○万円を借用していたが、その返
済に窮して多衆の威力を示して債務の免除を得る目的で、令和○年○月○
日午後○時頃、配下のBら約○○名を引きつれて茨城県○○市○○町○丁
目○番○号の前記A方に赴き、同人に対し、「親分にわざわざここまで来
てもらったんだ。この際、借金は全部棒引きにしろ。」などと言い、もっ
て強談威迫の行為をしたものである。

（留意点）　脅迫より程度の軽いもので一般の交際秩序に対して不安を与える程
　　　　度の行為を処罰する。

第2　盗犯等ノ防止及処分ニ関スル法律違反

■2条　（常習特殊窃盗）

〈共同による窃盗〉　※

被疑者は、常習として、Aと共謀の上、

第1　令和○年○月○日午後○時頃、栃木県○○市○○町○丁目○番○号B駅○番ホームに停車中のC線電車内において、両名共同し、前記Aが乗客Dのそばで新聞を広げ他の乗客の視線を前記Dから遮るためこれを読むふりをして、いわゆる幕となり、被疑者が前記Dの背広上着ポケット内に右手を差し入れ、同人所有の現金約○万円在中の黒革製財布○個（時価約○○円相当）を、すり取って窃取し

第2　同年○月○日午後○時頃、同県同市○○町○丁目○番○号公衆浴場「E湯」（経営者F）脱衣場において、両名共同して、前記Aがロッカーを物色中の被疑者のそばに殊更に立っていわゆる幕となり、被疑者が前記F管理にかかる入浴客用ロッカー内のG所有の現金約○○円を窃取し

たものである。

〈夜間侵入〉

被疑者は、常習として、令和○年○月○日午前○時頃から同年○月○日午前○時頃までの間、別紙犯罪一覧表のとおり前後○○回にわたり、いずれも夜間、栃木県○○市○○町○丁目○番○号A方住居ほか○○か所の住居に侵入し、同人ほか○○名所有の現金合計約○○万円及び腕時計など○○点（時価合計約○○万円相当）を窃取したものである。（一覧表略）

留意点　※は集団すり・万引の事例であるが、「直接に財物の占有奪取行為をなす者が1人であり、その他の者が見張り・幕・持ち出しなどの役割を分担したにとまる場合も、盗犯等ノ防止及処分ニ関スル法律2条2号の適用がある。」（最判昭和46.11.26）

　　本法2条ないし4条は、いずれも「常習性」すなわち、反復して犯罪行為を行う習癖から当該犯行に及んだことを要件とし、3条適用には一定の前科が要件として加重されるが、これら要件の記載は不可欠であるとともに、これら要件認定のため慎重な捜査を要する。

■3条　（常習累犯窃盗）

> 　被疑者は、令和○年○月○日○○簡易裁判所で窃盗罪により懲役○○月執行猶予○年に（同○年○月○日執行猶予取消）、同○年○月○日○○簡易裁判所で住居侵入・窃盗罪により懲役○年○月に、同○年○月○日○○地方裁判所で窃盗罪により懲役○年に各処せられ、いずれもそのころ前記各刑の執行を受け終わったものであるが、更に常習として、令和○年○月○日午前○時頃、群馬県○○市○○町○丁目○番○号Ａ方において、同人所有の現金約○万円及びカメラ○台ほか○点（時価合計約○○万円相当）を窃取したものである。

　(留意点)　前科の記載を、表形式で記載する例もある。

　　　　　被疑者は、下表の刑の執行を受けたものであるが、更に常習として、令和○年○月○日午前○時頃、群馬県○○市○○町○丁目○番○号Ａ方において、同人所有の現金約○万円及びカメラ○台ほか○点（時価合計約○○万円相当）を窃取したものである。

	判決宣告日	宣告裁判所	罪　　　名	刑期等
1	平成○年○月○日	○○地方裁判所	窃盗罪	懲役○年
2				
3				

■4条　（常習強盗傷人）

　被疑者は、常習として、令和〇年〇月〇日午前〇時頃、群馬県〇〇市〇〇町〇丁目〇番〇号Ａ方居間において、同人の妻Ｂ（当時〇〇歳）に対し「有り金残らず出せ。」などと言いながら、持っていた文化包丁（刃体の長さ約〇〇センチメートル）でその背部に切りつけ、その反抗を抑圧して、同人所有の現金約〇万円及び指輪等〇点（時価合計約〇〇万円相当）を強取したが、その際、同人に加療約〇か月間を要する左背部切創の傷害を負わせたものである。

第3　公職選挙法違反

■129条、239条1項1号　（事前運動）

　被疑者は、令和〇年〇月〇日施行の参議院議員通常選挙に際し、Aが静岡県選挙区から立候補する考えを有することを知り、同人に当選を得させる目的で、別紙一覧表記載のとおり、いまだ同人の立候補届出のない同年〇月〇日から同月〇日までの間前後〇〇回にわたり、静岡県〇〇市〇〇町〇丁目〇番〇号飲食店「B」ほか〇か所で、選挙人Cほか〇〇名に対し、来るべき参議院議員選挙にはAが立候補するから投票獲得のため尽力されたい旨の依頼をして、立候補届出前の選挙運動をしたものである。（一覧表略）

（留意点）　事前運動に当たる行為が数個ある場合は包括一罪である。

■225条2号　（自由妨害）

　被疑者は、令和〇年〇月〇日施行の衆議院議員総選挙に際し、山梨県〇〇市〇〇町〇丁目〇番〇号〇〇市立A小学校内の山梨県第〇区の立候補者Bの個人演説会場において、同候補者の選挙運動者Cが応援演説をしている際、大声で「ばか野郎。やめちまえ。」などとやじり、不自然な拍手をし、演壇に迫って大声で歌い踊るなどしてその演説を妨害し、もって選挙の自由を妨害したものである。

　被疑者は、令和〇年〇月〇日施行の〇〇市議会議員選挙に際し、同月〇日午後〇時〇分頃、山梨県〇〇市〇〇町〇丁目〇番〇号A方前路上において、同人方門扉に掲示された前記選挙に同市から立候補したBの選挙運動用（〇号）ポスター〇枚を勝手に剝ぎ取って毀棄し、もって不正の方法で選挙の自由を妨害したものである。

（留意点）　「必ずしも演説の継続を不能ならしめることを要するものでなく、演説の続行を困難にし、あるいは聴衆をして一時演説の聴取を困難にさせることでもさしつかえない。」（最判昭和23.12.24）

■138条1項、239条1項3号　（戸別訪問）

被疑者は、令和○年○月○日施行の○○市議会議員選挙に際し、同市から立候補したAに投票を得させる目的で、同月○日の午後○時頃から同○時頃までの間、別紙一覧表記載のとおり、同選挙区の選挙人である長野県○○市○○町○丁目○番○号B方ほか○○戸を戸々に訪問し、同人らに対して前記候補者に投票するよう依頼し、もって戸別訪問したものである。（一覧表略）

（留意点）　「投票を得若しくは得しめ又は得しめない目的を有する限り、他の用務をあわせ有し、又は他の用件に仮託した場合でも戸別訪問の禁止に触れる。」（大判昭和11.2.17）

■221条1項1号　（選挙運動者の現金供与）

被疑者は、令和○年○月○日施行の衆議院議員総選挙に際し、新潟県第○区から立候補したAの選挙運動者であるが、同候補者に当選を得させる目的で、同月○日、同県○○市○○町○丁目○番○号の被疑者方において、同選挙区の選挙人であるBに対し、前記候補者のため投票並びに投票の取りまとめ等の選挙運動をすることの報酬及び費用として現金○○万円を供与したものである。

（留意点）　「選挙運動者とは、一定の議員選挙において特定議員候補者のため当選を得、若しくは得しめざる目的をもって直接又は間接に必要かつ有利なる投票の獲得その他、諸般の運動をなし、又はなさんとする者を汎称する。」（大判昭和13.9.13）

「法の禁ずる行為をする者も選挙運動者たることを妨げない。」（大判昭和11.10.5）

260

■221条1項1号、4号　（選挙運動者の現金の受供与）

　被疑者は、令和○年○月○日施行の衆議院議員総選挙に際し、大阪府第○区の選挙人であるが、同月○日、同府○○市○○町○丁目○番○号のA方において、同選挙区から立候補したBの選挙運動者の前記Aから同候補者に当選を得させる目的の下に、同候補者のため投票並びに投票取りまとめ等の選挙運動をすることの報酬及び費用として供与されるものであることを知りながら、現金○○万円の供与を受けたものである。

■221条1項1号　（選挙運動者の供応）

　被疑者は、令和○年○月○日施行の衆議院議員総選挙に際し、大阪府第○区から立候補したAの選挙運動者であるが同候補に当選を得させる目的で、同月○日、同府○○市○○町○丁目○番○号料理店「B」において、同選挙区の選挙人であるCほか○○名に対し、同候補者のため投票並びに投票取りまとめ等の選挙運動をすることの報酬として1人当たり○○円相当の酒食の供応接待をしたものである。

(留意点)　「いわゆる饗応とは、同条所定の目的をもって、報酬謝礼の趣旨で選挙人又は選挙運動者に酒食を供与し、これが歓心を博せんとすることを指斥する。」（大判昭和10.2.1）
　　　　　社会通念上、社交上当然の儀礼と認められる程度を超えないものは違法性を欠く。

■221条1項1号、4号　（選挙運動者の受供応）

　被疑者は、令和○年○月○日施行の衆議院議員総選挙に際し、京都府第○区の選挙人であるが、同月○日、同府○○市○○町○丁目○番○号料理店「A」において、同選挙区から立候補したBの選挙運動者Cから、同人が前記候補者に当選を得させる目的で同候補者のため投票並びに投票取り

まとめ等の選挙運動をすることの報酬としてもてなすものであることを知りながら、Dほか○○名とともに、1人当たり○○円相当の酒食の供応接待を受けたものである。

■221条1項1号、5号　（買収資金の交付）

　被疑者は、令和○年○月○日施行の衆議院議員総選挙に際し、兵庫県第○区から立候補したAの選挙運動者であるが、同候補者に当選を得させる目的で、同月○日頃、同県○○市○○町○丁目○番○号被疑者方において、同候補者の選挙運動者であるBに対し、同人から同選挙の選挙人等に供与すべき投票獲得等の選挙運動の報酬及び費用の資金として現金○○万円を交付したものである。

　(留意点)　買収資金の交付を受けた者が更にその現金を供与したときは供与罪だけが成立し、受交付罪は供与罪に吸収される。

■221条1項1号、5号、3項2号　（総括主宰者の買収資金交付）

　被疑者は、令和○年○月○日施行の衆議院議員総選挙等に際し、兵庫県第○区から立候補したAの選挙運動を総括主宰したものであるが、同候補者に当選を得させる目的で、同月○日頃、同県○○市○○町○丁目○番○号被疑者方において、同候補者の選挙運動者Bに対し、同人から前記選挙区内の選挙人に供与すべき投票買収資金として現金○○万円を交付したものである。

　(留意点)　「総括主宰者とは候補者の選挙運動を推進する中心的存在としてこれを掌握指揮する立場にあった者をいう。」（最判昭和43.4.3）

■148条2項、201条の15第1項、243条1項6号 （新聞紙の頒布方法の違反）

　被疑者は、令和○年○月○日施行の衆議院議員総選挙に際し、公職選挙法第201条の15所定の機関新聞紙であるＡ党中央機関紙「Ｂ新聞」の奈良支局長としてその販売を業とする者であるが、その選挙運動期間中である同月○日頃、奈良県○○市○○町○丁目○番○号の奈良中央郵便局に、「Ａ党への1票があなたの生活を守る」との見出しで同県第○区から立候補したＣの写真、氏名、経歴等を紹介し、同人を推薦する旨を論じた選挙に関する報道評論を掲載した同月○日付「Ｂ新聞」臨時増刊号第○○号計○○枚を差し出し、同月○日頃、別紙一覧表記載のとおり、これを無償で、同紙の購読者でない同選挙区内居住のＤほか○○名にそれぞれ郵送配布し、もって同新聞紙を通常の方法によらないで頒布したものである。（一覧表略）

■142条1項、243条1項3号 （法定外選挙運動文書の頒布）

　被疑者は、令和○年○月○日施行の衆議院議員総選挙に際し、奈良県第○区から立候補したＡの選挙運動者であるが、同候補者に当選を得させる目的で、同月○日、「奈良○区から立候補したＡをよろしく」との見出しで、同候補者の政見を内容とする記事及び同候補者の写真を掲載した選挙運動文書を、別紙一覧表記載のとおり、同県○○市○○町○丁目○番○号Ｂほか○○名方の郵便受箱等に差し入れて同人らに配布し、もって法定外選挙運動文書を頒布したものである。（一覧表略）

■142条の4第2項、243条1項3号の2 （選挙運動用電子メールの送信制限違反）

　被疑者は、令和○年○月○日施行の衆議院議員総選挙に際し、滋賀県第

〇区から立候補したＡの選挙運動者であるが、同候補者に当選を得させる目的で、同選挙期間中である同月〇日頃、別紙一覧表記載のとおり、Ｂほか〇〇名が選挙運動用電子メールの送信をすることに同意する旨の通知を送信していないにもかかわらず、滋賀県〇〇市〇〇町〇丁目〇番〇号被疑者方において、同所に設置されたパーソナルコンピュータを使用して、前記Ｂ方ほかに設置されたパーソナルコンピュータに「今度の選挙では、Ａに１票を入れてください。」などと記載した文章を電子メールで送信し、もって選挙運動用電子メールを送信できない者に対して選挙運動用電子メールを送信したものである。（一覧表略）

■142条の４第７項、244条１項２号の２　（選挙運動用電子メールの表示義務違反）

被疑者は、令和〇年〇月〇日施行の衆議院議員総選挙に際し、滋賀県第〇区から立候補したＡの選挙運動者であるが、同人に当選を得させる目的で、同選挙期間中である同月〇日頃、滋賀県〇〇市〇〇町〇丁目〇番〇号被疑者方において、同所に設置されたパーソナルコンピュータを使用して、別紙一覧表記載のとおり、選挙運動用電子メールの送信をすることに同意する旨の通知を送信していたＢほか〇〇名に対して選挙運動用電子メールを送信するに際し、前記のＢ方ほかに設置されたパーソナルコンピュータに、選挙運動用電子メールであることを表示しないで、「この度の選挙では、Ａに投票してください。」などと記載した文章を電子メールで送信し、もって選挙運動用電子メールであることを表示しないで選挙運動用電子メールを送信したものである。（一覧表略）

第4　政治資金規正法違反

■9条、24条1号　（会計帳簿不備）

> 　被疑者は、和歌山県○○市○○町○丁目○番○号に主たる事務所を置く政治資金規正法第3条所定の政治団体である「A政治経済研究会」の財政部長であって、令和○年○月○日同法第6条所定の会計責任者に選任されて就任し、同日その届出を了したものであるが、同日から同年○月○日までの間、同団体に同法第9条所定の会計帳簿を備えなかったものである。

> (留意点)　寄附とは、選挙運動又は政治活動に関する全ての寄附を意味する。それ以外の目的のための寄附は含まない。

■12条、25条1項1号　（会計報告書不提出）

> 　被疑者は、和歌山県○○市○○町○丁目○番○号に主たる事務所を置く政治資金規正法第3条所定の政治団体である「A政治経済研究会」の同法第6条所定の会計責任者に令和○年○月○日選任されて就任し、同月○日その届出を了したものであるが、前記研究会が同年○月○日から同年○月○日までの間前後○○回にわたり合計○○万円の寄附を受けたのにかかわらず、法定の期間である令和○年○月○日までに、同法第12条所定の報告書を和歌山県選挙管理委員会に提出しなかったものである。

第5　公職にある者等のあっせん行為による利得等の処罰に関する法律違反

■1条1項　（収受）、4条　（供与）

被疑者Aは、B市議会議長として、議場の秩序を維持し、議事を整理し、議会の事務を統理し、議会を代表するとともに、議案の審査又は議会の運営に関し協議又は調整を行うための場を招集し、主宰するなどの権限を有していたもの、被疑者Cは、令和○年度B市職員採用資格試験を受験したDの父であるが

第1　被疑者Aは、令和○年○月○日頃、和歌山県○○市○○町○丁目○番○号所在のB市役所会議室において、同市役所職員の採用に関し、前記Cから、前記試験の合格者の決定及び同市職員の採用等に関する権限を有する同市職員に対し、前記Dを前記試験に合格させ、同市職員に採用するために有利かつ便宜な取り計らいをするように働きかけてほしい旨の請託を受け、これを承諾し、同月下旬頃、前記B市役所会議室において、同市試験委員会委員として前記試験を実施し合格者を決定する職務に従事するとともに、同市副市長として同市職員の採用に関する職務に従事していたEに対し、その頃同人らから議案の審査又は議会の運営に関し協議又は調整を行うための場を設けるよう要請されていた同市の美術館の建設等の問題に関し、前記市議会議長として同問題の協議等を進めたい旨の意向を示した上、前記Dを前記試験に合格させて同市職員に採用するために有利かつ便宜な取り計らいをするよう働きかけ、同年○月○日頃、被疑者A方において、前記Cから、その報酬として現金○○万円を受け取り、もって自己の前記市議会議長としての権限に基づく影響力を行使して公務員にその職務上の行為をさせるようにあっせんしたことに基づき、その報酬として財産上の利益を収受し

第2　被疑者Cは、同年○月○日頃、前記B市役所会議室において、前記Aに対して、同市職員の採用に関し、前記請託をした上、同年○月○日頃、前記A方において、同人に対し、同人が前記のとおり前記Eに前記

266

Ｄを前記試験に合格させて同市職員に採用するために有利かつ便宜な取り計らいをするよう働きかけたことの報酬として現金○○万円を供与し、もって前記Ａの前記市議会議長としての権限に基づく影響力を行使して公務員にその職務上の行為をするようにあっせんをしたことの報酬として財産上の利益を供与し
たものである。

(留意点) 公職にある者（衆議院議員、参議院議員、地方公共団体の議会の議員・議長）が、国・地方公共団体が締結する売買・貸借・請負その他の契約又は特定の者に対する行政庁の処分に関し、請託を受けて、その権限に基づく影響力を行使して、公務員にその職務上の行為をさせ又はさせないようにあっせんすること又はしたことにつき、その報酬として財産上の利益を収受したときは3年以下の懲役に処せられる（同法律1条1項）。他方、これらの利益を供与した者は、1年以下の懲役又は250万円以下の罰金に処せられる（同法律4条）。

　類似の犯罪として、刑法上のあっせん収賄罪があるが、公務員に不正な行為をさせ又は相当な行為をさせないこと自体は要件になっていない点などにおいて違いがみられる。

第6　入札談合等関与行為の排除及び防止並びに職員による入札等の公正を害すべき行為の処罰に関する法律違反

■8条　（秘密事項の漏洩）

被疑者Aは、平成○年○月○日から、東京都B区副区長として、同区区長を補佐し、同区が発注する公共工事の入札及び契約等に関する事務を指揮監督する職務に従事しているもの、被疑者Cは、前記Aの知人であり、同区の区政や建設業界に影響力を有しているもの、被疑者Dは、平成○年○月○日から、同区総務部契約検査課課長として、前記公共工事の契約業務全般を統括する職務に従事しているものであるが、被疑者3名は、共謀の上、被疑者Dが、令和○年○月○日に同区が入札を執行した別表記載（⑱別表省略）の「令和○年度B区立博物館改修工事」ほか○件のランク指定一般競争入札に関し、前記職務に従事するものとして適正に入札等に関する職務を行う義務があるのに、その職務に反し、同月○日午前○時頃、東京都○○区○○町○丁目○番○号所在のB区役所内において、被疑者Cに対し、同入札における秘密事項である別表記載（⑱別表省略）の入札参加申請業者名を記載した書面に基づき同入札参加申請業者名を教示し、もって入札等に関する秘密を教示することにより、当該入札等の公正を害すべき行為を行ったものである。

留意点　職員（国、地方公共団体の職員など）が、その所属する国等が入札等により行う売買、貸借、請負その他の契約の締結に関し、その職務に反し、①事業者その他の者に談合を唆すこと、②事業者その他の者に予定価格その他の入札等に関する秘密を教示すること、③その他の方法により、当該入札等の公正を害すべき行為を行ったときは、5年以下の懲役又は250万円以下の罰金に処せられる（入札談合等関与行為の排除及び防止並びに職員による入札等の公正を害すべき行為の処罰に関する法律8条）。

　「その他の方法」により入札の公正を害すべき行為としては、例えば、特定の事業者を落札させるため、指名競争入札の方式を決定した上、特定の事業者を含む談合に応じる事業者を指名業者に決定することが該当する。

第7　補助金等に係る予算の執行の適正化に関する法律違反

■29条1項　（偽りその他不正の手段による補助金の不正受給・補助金等不正受交付罪）

　被疑者Aは、東京都○○区○○町○丁目○番○号に本店を置き、○○機材の設計・製作・販売等を目的とするB株式会社の代表取締役として同社の業務全般を統括していたもの、被疑者Cは、同社の財務部長であったものであるが、被疑者両名は、D省が交付する「令和○年度○○補助金」（以下「本件補助金」という。）に関し、D省から不正に補助金の交付を受けようと考え、令和○年○月○日、東京都○○区○○町○丁目○番○号○○合同庁舎○号館内のD省○○局○○課事務室において、同課職員を介し、同局局長に対し、真実は、前記B株式会社を事業主体とする「○○機材普及事業」（以下「本件対象事業」という。）について交付を受けられる補助金額が○○万円であったにもかかわらず、本件対象事業の補助金対象経費を架空又は水増し計上するなどして、交付を受けられる補助金額が○○万円である旨の内容虚偽の実績報告書を提出するなどし、令和○年○月○日、前記局長に、本件対象事業に係る補助金額を○○万円と決定させた上、同日頃、前記D省○○局○○課事務室において、同課職員を介し、同局局長に対し、「○○補助金支払請求書」を提出して本件補助金の支払を請求し、令和○年○月○日、前記○○課職員に、E信用金庫F支店に開設した前記B株式会社名義の普通預金口座に○○万円を振込入金させ、もって偽りその他不正の手段により補助金等の交付を受けたものである。

　留意点　補助金の不正受給事案において、補助金等不正受交付罪（5年以下の懲役又は100万円以下の罰金、任意的併科あり、両罰規定あり）の要件を満たすとともに詐欺罪（10年以下の懲役）の要件をも満たす場合、詐欺罪の適用は排除されない（最決令和3.6.23判タ1494.44）。

第8　森林法違反

■197条　（森林窃盗）

　被疑者は、Aと共謀の上、令和○年○月○日頃から同月○日頃までの間、愛知県○○市○○町○丁目○番○号所在B所有の山林内において、同人所有の杉の立木約○○本を伐採し、これを窃取したものである。

> (留意点)　法197条の「森林の産物」とは、森林より産出する一切の物をいい、富士山より噴出した熔岩が森林の台地を成している場合の該熔岩をも含む（東高判昭和46.10.26）。
> 　窃取の意思をもって森林の産物である立木を伐採したときは、伐採行為終了と同時に既遂となる（最決昭和40.5.29）。

■198条　（保安林における森林窃盗）

　被疑者は、Aほか○名と共謀の上、令和○年○月○日頃、愛知県○○市○○町○丁目○番○号所在の農林水産大臣が保安林として指定した国有林において、松等の立木約○○本を伐採し、これを窃取したものである。

> (留意点)　保安林における犯行は、保安林であることの認識を要する（最判昭和25.2.21）。

■203条1項　（森林失火）

　被疑者は、令和○年○月○日午前○時頃、三重県○○市○○町○丁目○番○号○○岳登山道において、喫煙の後吸い殻を捨てようとしたものであるが、このような場合、吸い殻の残り火を確実に消火することなく付近草むらに捨てると、前記残り火が枯草に燃え移り、さらに立木に燃え移るおそれがあるから、喫煙に係る吸い殻の残り火を確実に消火して捨てるべき

注意義務があるのにこれを怠り、漫然と前記残り火の有無を確認すること
なく吸い殻を前記登山道脇のA所有の山林内に投げ捨てた過失により、同
吸い殻の残り火が枯草に燃え移って火を失し、同日午前○時頃から翌○日
午後○時頃までの間、同山林約○○平方メートルのトド松等の立木約○○
本を焼損したものである。

第9　農地法違反

■4条1項、64条　（無許可転用）

　被疑者は、法定の除外事由がなく、かつ、岐阜県知事の許可を受けないで、令和〇年〇月〇日頃、岐阜県〇〇市〇〇町〇丁目〇番〇号所在の農地約〇〇平方メートルを宅地に転用するため、同農地に約〇〇センチメートルの盛土をなし、もってこれを宅地に転用したものである。

> （留意点）　本条は、農地につき所有権その他の権原を有すると否とにかかわらず、一般に農地を転用しようとする者に適用がある（最決昭和39.8.31）。さらに本罪は、農地の肥培管理を不能若しくは著しく困難にして、耕作の目的に供される土地とはいいがたい状態にしたとき成立する（最判昭和41.5.31）。

■5条1項、64条　（転用目的による無許可の権利移動）

　被疑者は、Aと共謀の上、法定の除外事由がなく、かつ、岐阜県知事の許可を受けないで、令和〇年〇月〇日頃、岐阜県〇〇市〇〇町〇丁目〇番〇号において、前記A所有の同県〇〇市〇〇町〇丁目〇番〇号被疑者方所在の農地約〇〇平方メートルを被疑者が買受けた上、埋め立てて宅地にする目的で、前記Aが被疑者に同農地を代金〇〇万円で売却する旨の契約をし、その所有権を移転したものである。

> （留意点）　本罪は、法5条1項所定の権利の設定移転のためなされる法律行為を処罰の対象とするものであり、その効力が生ずるか否かを問わない（最決昭和38.12.27）。

第10　自然公園法違反

■20条 3 項 2 号、82条 2 号　（国立公園特別地域における木竹の伐採）

　　被疑者は、法定の除外事由がないのに、環境大臣の許可を受けないで、令和〇年〇月〇日頃から同年〇月〇日頃までの間、A国立公園の特別地域に指定されている福井県〇〇市〇〇町所在B湖第〇展望台西南約〇〇メートルの山林において、トド松約〇〇本を伐採したものである。

　(留意点)　特別地域として指定されていることの認識の存在につき捜査を尽くす必要がある。

第11　水産資源保護法違反

■28条、43条2号　（さけの採捕）

被疑者は、法定の除外事由がないのに、令和○年○月○日午後○時頃、石川県○○市○○町○丁目○番○号A橋上流約○○メートルの内水面であるB川において、かさねさし網を使用し、さけ○尾を採捕したものである。

（留意点）　法25条〔現28条〕の「採捕」には、現実の捕獲のみならず、捕獲目的の採捕行為も含まれる（最判昭和46.11.16）。

第12　弁護士法違反

■72条本文、77条3号　（非弁護士の法律事務などの取扱い）

被疑者は、弁護士でなく、かつ、法定の除外事由がないのに、報酬を得る目的をもって業として、

1　令和○年○月○日、富山県○○市○○町○丁目○番○号Ａ方において、同人から同人がＢ運転の自動車にひかれて負傷した交通事故による治療費、慰謝料等の請求等の依頼を受け、前記Ａを代理して前記Ｂに慰謝料等を請求し、同人との間で慰謝料○○万円を前記Ａに支払う旨の示談書を作成して、前記Ｂから内金として○○万円を受領するなどの法律事務を取り扱い、その報酬として、前記Ａから現金○万円の交付を受け、

2　同月○日、同市○○町○丁目○番○号Ｃ商事有限会社において、同社代表取締役Ｄから同社がＥに融資した融資金○○万円の取立てを依頼され、同月○日、同市○○町○丁目○番○号Ｅ方において、同人に前記融資金の支払を請求し、同人からその一部弁済として現金○○万円の支払を受けるとともに同人との間に残金の支払時期を同年○月末日限りにして利子についてはその支払を免除する旨合意して法律事務を取り扱い、その報酬として、前記Ｄから現金○万円の交付を受けたものである。

留意点　本条本文は、弁護士でない者が、報酬を得る目的で、業として、本文所定の法律事務を取り扱い又はこれらの周旋をすることを禁止する規定であり、いわゆる非弁行為処罰法である（最判昭和46.7.14）。

弁護士でない者が本人に代り、仮処分申請書等を作成し裁判所に提出する行為は、法72条の「代理」に包含される（最決昭和39.12.2）。

「業とする」とは反復継続して行う意思のもと同条列記の行為をなせば足り、具体的な行為の多少を問わない（最決昭和34.12.5）。

第13　有線電気通信法違反

■13条１項　（損壊等の行為）

> 被疑者は、令和○年○月○日午前○時頃、広島県○○市○○町○丁目○番○号先路上にＡ株式会社が設置した有線電気通信設備である公衆電話ボックス内の送受話器を床にたたきつけ、通信線をナイフで切断し、もって前記設備を損壊したものである。

第14　電波法違反

■4条、110条1号　（無免許での無線局の開設）

被疑者は、総務大臣の免許を受けないで、かつ、法定の除外事由に当たる場合でないのに、令和○年○月○日、○○県○○市○○町○丁目○番○号の被疑者方において、送受信機等の無線設備を設置して無線局を開設した上、△△県○○市○○町○丁目○番○号のＡの開設した無線局と交信するなどして無線局を運用したものである。

第15　麻薬及び向精神薬取締法違反

■12条1項、64条の2第1項　（所　持）

> 　被疑者は、みだりに、令和○年○月○日、岡山県○○市○○町○丁目○番○号先路上において、麻薬であるジアセチルモルヒネ粉末約○グラムを所持していたものである。

　(留意点)　モルヒネ等一般の麻薬については27条1項、28条1項によって規制が区別されている。

■12条1項、64条の3第1項　（施　用）

> 　被疑者は、法定の除外事由がないのに、令和○年○月○日、岡山県○○市○○町○丁目○番○号被疑者方において、麻薬であるジアセチルモルヒネを含有する注射液を自己の左腕に注射して施用したものである。

　(留意点)　施用は、他人に対するものだけでなく、自己の身体に対するものも含まれる。

■12条4項、64条の3第1項　（受施用）

> 　被疑者は、法定の除外事由がないのに、令和○年○月○日、鳥取県○○市○○町○丁目○番○号被疑者方において、Aに麻薬であるジアセチルモルヒネを含有する注射液を自己の右腕に注射させ、もって麻薬の施用を受けたものである。

■12条１項、64条の２第１項　（譲渡し、譲受け）

> 第１　被疑者Aは、みだりに、令和○年○月○日、島根県○○市○○町○
> 　　　丁目○番○号被疑者方において、被疑者Bに対し、麻薬であるジアセ
> 　　　チルモルヒネ粉末約○グラムを代金○○円で譲り渡し、
> 第２　被疑者Bは、みだりに、前記日時場所において、被疑者Aから前記
> 　　　麻薬の粉末を代金○○円で譲り受け
> たものである。

■64条の２第２項　（営利目的の場合）

> 　被疑者は、みだりに、営利の目的をもって、令和○年○月○日、島根県
> ○○市○○町○丁目○番○号飲食店「A」において、Bに対し、麻薬であ
> るジアセチルモルヒネ粉末約○グラムを代金○○万円で譲り渡したもので
> ある。

■27条４項、66条の２第１項　（中毒症状を緩和するための施用）

> 　被疑者は、福岡県○○市○○町○丁目○番○号のA病院院長として、麻
> 薬施用者の免許を受けているものであるが、法定の除外事由がないのに、
> 別紙一覧表記載のとおり、令和○年○月○日から○月○日までの間○○回
> にわたり、麻薬中毒者であるBに対し、麻薬中毒症状を緩和する目的で、
> 同病院において、オピスコ注射液（１cc入りアンプル）○○本をその身体
> に注射して麻薬を施用したものである。（一覧表略）

第16　覚醒剤取締法違反

■15条1項、41条1項　（製　造）

　被疑者は、みだりに、令和○年○月○日頃、佐賀県○○市○○町○丁目
○番○号被疑者方において、塩酸エフェドリンを主原料として化学的方法
により、フェニルメチルアミノプロパンを含有する覚醒剤粉末約○○グラ
ムを製造したものである。

■41条2項　（製造（営利目的））

　被疑者は、みだりに、営利の目的で、令和○年○月○日頃、佐賀県○○
市○○町○丁目○番○号被疑者方において、塩酸エフェドリンを主原料と
して化学的方法により、フェニルメチルアミノプロパンを含有する覚醒剤
結晶約○○グラムを製造し、もって営利の目的で覚醒剤を製造したもので
ある。

■41条2項　（輸入（営利目的））

　被疑者は、氏名不詳者らと共謀の上、営利の目的で、みだりに、令和○
年○月○日、A共和国所在のA国際空港において、同空港発B国際空港
（㊟本邦内の空港）行きの航空機に搭乗するに際し、覚醒剤約○グラムを
隠し入れたスーツケース○個を機内預託手荷物としてB国際空港までの運
送を委託し、同航空機に積み込ませて同航空機に搭乗し、同日午後○時○
分頃、○○県○○市○○町○丁目○番○号所在のB国際空港において、同
空港関係作業員に同空港に到着した同航空機から同スーツケースを機外に
搬出させ、もって覚醒剤を日本国内に輸入したものである。

■41条２項、１項、関税法109条３項、１項、69条の11第１項１号　（覚醒剤の営利目的輸入）

被疑者は、氏名不詳者と共謀の上、営利の目的で、みだりに、令和○年○月○日（現地時間）、Ａ共和国において、覚醒剤であるフェニルメチルアミノプロパンの塩酸塩を含有する白色結晶合計約○グラムを隠し入れた航空小口急送貨物○個を、長崎県○○市○○町○丁目○番○号被疑者宛てに発送し、同日（現地時間）、同国所在の空港において、同貨物をＢ空港行きの航空機に搭載させ、同年○月○日（現地時間）、Ｂ共和国所在の同空港において、同貨物をＣ空港行きの航空機に積み替えさせ、同月○日（現地時間）、Ｃ共和国所在のＣ空港において、同貨物をＤ国際空港（㊟本邦内の空港）行きの航空機に積み替えさせ、同日、○○県○○市所在のＤ国際空港に到着させた上、同空港関係作業員に航空機の外に搬出させて日本国内に持ち込み、もって覚醒剤を本邦に輸入するとともに、同日、同貨物を長崎県○○市○○町○丁目○番○号Ｅ株式会社Ｆ保税蔵置場に搬入させ、同月○日、長崎県○○市○○町○丁目○番○号○○港湾合同庁舎○階○○税関（本関）会議室において○○税関職員による検査を受けさせ、もって関税法上の輸入してはならない貨物である覚醒剤を輸入しようとしたが、同職員に発見されたため、その目的を遂げなかったものである。

（留意点）　覚醒剤取締法違反の覚醒剤輸入の既遂時期は、航空機等から取り下ろしたときであるのに対し、関税法違反の禁制品輸入の既遂時期は、一般的には通関手続が終了して引き取られたときであるが、郵便物の場合は、その特則により（関税法76条１項）、郵便官署から名宛人に薬物が交付されたときである。

■14条１項、41条の２第１項　（所　持）

被疑者は、みだりに、令和○年○月○日午後○時頃、大分県○○市○○町○丁目○番○号先路上において、フェニルメチルアミノプロパンを含有する覚醒剤粉末約○グラムを所持したものである。

■17条3項、41条の2第1項 （譲渡し）

被疑者は、みだりに、令和○年○月○日頃、大分県○○市○○町○丁目○番○号被疑者方において、Aに対し、フェニルメチルアミノプロパンを含有する覚醒剤粉末約○グラムを代金○○万円で譲り渡したものである。

■41条の2第2項 （営利目的）

被疑者は、みだりに、営利の目的で、令和○年○月○日頃、熊本県○○市○○町○丁目○番○号旅館「A」において、Bに対し、フェニルメチルアミノプロパンを含有する覚醒剤粉末約○グラムを代金○○万円で譲り渡したものである。

■17条3項、41条の2第1項 （譲受け）

被疑者は、みだりに、令和○年○月○日頃、熊本県○○市○○町○丁目○番○号被疑者方において、Aからフェニルメチルアミノプロパンを含有する覚醒剤粉末約○グラムを無償で譲り受けたものである。

■19条、41条の3第1項1号 （使　用）

被疑者は、法定の除外事由がないのに、令和○年○月○日、鹿児島県○○市○○町○丁目○番○号被疑者方の居室において、フェニルメチルアミノプロパンを含有する覚醒剤注射液を自己の左腕部に注射し、もって覚醒剤を使用したものである。

■30条の7、41条の4第1項3号　（覚醒剤原料の所持）

　　被疑者は、法定の除外事由がないのに、令和○年○月○日午後○時○分
頃、鹿児島県○○市○○町○丁目○番○号先路上において、覚醒剤原料で
ある塩酸エフェドリン粉末約○○グラムを所持していたものである。

第17　大麻取締法違反

■24条の2第1項　（大麻の所持）

> 　被疑者は、みだりに、令和○年○月○日、宮崎県○○市○○町○丁目○
> 番○号先路上に停車中の自動車内において、大麻を含有する乾燥植物片約
> ○○グラムを所持したものである。

> 留意点　大麻等の不正な施用が、麻薬及び向精神薬取締法における「麻薬」
> 　　　　として処罰対象とされる（法定刑は7年以下の懲役、令和6年中に施
> 　　　　行予定）。

■24条1項　（大麻の栽培）

> 　被疑者は、みだりに、令和○年○月頃から令和○年○月○日までの間、
> 宮崎県○○市○○町○丁目○番○号被疑者方において、コップに大麻の種
> をまいて発芽させた上、発芽した前記大麻草○本を植木鉢に移植するなど
> して育成し（乾燥させた葉片部の重量合計約○○グラム）、もって大麻を
> 栽培したものである。

> 留意点　大麻の栽培の既遂時期については、大麻草の種子を播種した時点と
> 　　　　する見解と播種しただけでは既遂とはならず大麻草の種子が発芽した
> 　　　　時点とする見解があるが、東京高判令和3.9.28は大麻草の種子を播
> 　　　　種すれば一定の環境下で大麻草が自然に発育する性質を重視し、播種
> 　　　　した時点で既遂になると判示した。

第18　毒物及び劇物取締法違反

■24条の３、３条の３、同法施行令32条の２　（シンナーの所持）

　被疑者は、みだりに吸入する目的で、令和○年○月○日、宮崎県○○市○○町○丁目○番○号先歩道上において、興奮、幻覚又は麻酔の作用を有する劇物であって、政令で定めるトルエンを含有するシンナー約○リットルを所持したものである。

第19　麻薬特例法違反

■5条4号、8条2項　（業として行う覚醒剤の譲渡し、8条2項との混合型）

　被疑者は、Aと共謀の上、営利の目的で、みだりに、令和〇年〇月〇日頃から同年〇月〇日までの間、前後〇回にわたり、別紙一覧表記載のとおり、沖縄県〇〇市〇〇町〇丁目〇番〇号B店専用駐車場ほか〇か所において、Cほか〇名に対し、覚醒剤であるフェニルメチルアミノプロパンの結晶合計約〇グラム、大麻を含有する樹脂状固形物合計約〇グラムを代金合計〇円で譲り渡したほか、覚醒剤をみだりに譲り渡す意思をもって、同年〇月〇日頃から同年〇月〇日までの間、多数回にわたり、沖縄県内又はその周辺において、多数人に対し、覚醒剤様の物を覚醒剤として有償で譲り渡し、もって覚醒剤を譲り渡す行為と薬物その他の物品を規制薬物として譲り渡す行為を併せてすることを業としたものである。

別紙一覧表

番号	犯行年月日（頃）	犯行場所	譲受人	譲渡薬物の種別	譲渡量（約）	代金額
1	令和〇年〇月〇日	沖縄県〇〇市〇〇町〇丁目〇番〇号B店専用駐車場	C	フェニルメチルアミノプロパンを含有する覚醒剤粉末	〇グラム	〇万円
（以下省略）						

　留意点　「……を業とした」とは、「業として……した」という場合と異なり、単に反復継続の意思をもってするだけでは足りない。規制薬物（2条1項）等を輸入し、輸出し、譲り渡し、譲り受ける等の行為を反復継続して行う意思の下に、業態的（営業的）活動と認められる形

態でこれらの行為を行うことを要する。

　　5条の罪は営利目的がある場合を含み、営利の目的で本条に規定する行為を業とした場合は、本条の罪一罪が成立する。

　　5条各号に規定する行為と8条に当たる行為とを併せて業とした場合は、5条の罪一罪が成立する。

■6条1項　（薬物犯罪収益仮装・隠匿）

> 　被疑者は、薬物犯罪収益等を他人名義の口座に振込入金させてその取得につき事実を仮装することを考え、別紙一覧表記載のとおり、令和○年○月○日頃から同年○月○日頃までの間、前後○○回にわたり、沖縄県○○市○○町○丁目○番○号所在のA銀行B支店ほか○か所において、Cほか多数人に対して譲り渡した規制薬物の代金及び非向精神薬の処方医薬品として譲り渡した物品の代金の合計○○万円を、あらかじめ準備していた被疑者の管理する同銀行本店営業部に開設されたD名義の普通預金口座に振込入金させ、もって薬物犯罪収益等の取得につき事実を仮装したものである。（一覧表略）

　(留意点)　本条の主体に限定はない。薬物犯罪の本犯者も含まれる。

　　薬物犯罪収益等の「取得につき事実を仮装する行為」は、例えば、覚醒剤の譲渡人が、取得した譲渡代金の取得原因について、正当な商品等の取引を装ってその旨の売買契約書を作成する行為、覚醒剤の譲渡代金として取得した現金を偽名口座あるいは第三者名義口座に入金する行為などがある。

　　薬物犯罪収益等の「処分につき事実を仮装する行為」は、例えば、架空名義ないし第三者名義で財産（不動産等）を購入する行為などがある。

　　薬物犯罪収益等を「隠匿する行為」は、物理的に隠匿する行為のほか、極めて銀行秘密の固い銀行に預金する行為などがある。

　　薬物犯罪収益の「発生の原因につき事実を仮装する行為」は、例えば、覚醒剤の買受人が、支払った売買代金について架空の債務を仕立ててその返済金を装う行為などがある。

　令和 4 年改正により10年以下の懲役又は500万円以下の罰金（任意的併科あり）に法定刑が引き上げられた（従前は、 5 年以下の懲役又は300万円以下の罰金、任意的併科あり）。

第20　組織的犯罪処罰法違反

■3条1項13号　（組織的な詐欺）

　被疑者は、株式売買代金名目で顧客から現金をだまし取ることを目的とする株式会社Aファンド及びB証券株式会社の実質的経営者であったもの、Cは前記Aファンドの従業員として、D及びEはいずれも前記B証券の従業員として、それぞれ株式売買代金名目で顧客から現金をだまし取るための勧誘等をしていたものであり、両社は、株式売買代金名目で顧客から現金をだまし取ることを共同の目的とする多数人の継続的結合体であって、被疑者の指揮命令に基づき、あらかじめ定められた任務の分担に従って一体として行動する組織により、その目的を実現する行為を反復して行っていた団体であるが、被疑者は、同団体の活動として、前記組織により、別表記載のとおり、F（当時○○歳）ほか○名から株式売買代金名目で現金をだまし取ろうと考え、別表「共犯者」欄記載のとおり、前記Cほか○名らと共謀の上、前記Fほか○名に対し、別表「詐欺の態様」欄記載のとおり、真実は、前記B証券が、株式売買代金を同人らに融資する意思も、同人らのためにG乳業株式会社ほか○社の株式を売買する意思もないのに、これらがあるように装い、別表「犯行日」欄記載のとおり、令和○年○月頃から同年○月○日頃までの間、別表「欺罔方法及び欺罔文言」欄記載のとおり、宮城県○○市○○町○丁目○番○号Hハイツ○○○号F方に、前記B証券が株式売買代金の○○パーセントから○○パーセントを無利息で融資する旨のうそが記載された書面を送付し、同人に閲読させた上、令和○年○月下旬頃、宮城県○○市○○町○丁目○番○号Iビル○○○号室前記B証券事務所において、同県又は福島県内にいた同人ほか○名に対し、電話で、「うちはあなたがこれまで取引をした証券会社が持っていない株の最新情報を得るルートを持っていますからもうけてください。G乳業は今極端に株価が下がっている時だから買っておいた方がいい有望な株です。値上がりするのは間違いありません。うちは売買利益から手数料をもらいます。○○万円出せるなら、信用取引で○○万円まで買い付け

できます。」などとうそを言い、同人ほか○名をその旨信じさせ、よって、同人ほか○名に、別表「振込日」欄記載のとおり、令和○年○月○日から令和○年○月○日までの間、別表「振込先」欄記載のとおり、宮城県○○市○○町○丁目○番○号所在の株式会社Ｊ銀行○○支店に開設された株式会社Ｂ証券名義の普通預金口座ほか1口座に、別表「詐取現金額」欄記載のとおり、前記Ｇ乳業ほか○社の株式合計○万株の売買代金として現金合計○○万円を振込送金させ、もっていずれも団体の活動として詐欺の罪に当たる行為を実行するための組織により、人を欺いて財物を交付させたものである。（別表略）

（留意点）　「団体の活動」とは、団体の意思決定に基づく行為であって、その効果又はこれによる利益が当該団体に帰属するものをいう。

　　　　　「当該罪に当たる行為を実行するための組織」とは、ある罪に該当する行為を実行することを目的として成り立っている組織、すなわち、当該行為を実行するという目的が構成員の結合関係の根拠となっている組織をいう。

■10条1項前段　（犯罪収益等隠匿）

　被疑者は、Ａら○名に電話をかけ、その息子になりすますなどして、会社の金を横領したので補塡金が必要であるなどとうそを言って、金銭をだまし取るに当たり、だまし取った金銭の帰属を仮装しようと考え、Ｂ、Ｃらと共謀の上、別紙一覧表記載のとおり、令和○年○月○日から同年○月○日までの間、○○回にわたり、前記Ａら○名に、合計○○万円を、福島県○○市○○町○丁目○番○号所在の株式会社Ｄ銀行○○支店に開設された被疑者らが管理するＥ名義の普通預金口座等○○口座に振込入金させて預け入れ、もって犯罪収益等の取得につき事実を仮装したものである。（一覧表略）

（留意点）　「隠匿」には、犯罪収益等の物理的な隠匿のほか、極めて銀行秘密

の固い海外の銀行への預金等がある。

　「犯罪収益等の取得につき事実を仮装」する行為として、「取得の原因を仮装する行為」と「取得した犯罪収益等の帰属を仮装する行為」がある。第三者名義の口座への振込入金は、取得した犯罪収益等の帰属を仮装するものであり、「隠匿」ではない。

　なお、第三者名義の口座に振り込ませて仮装した場合には、同口座を被疑者が管理している事実を摘示する。

　令和4年改正により10年以下の懲役又は500万円以下の罰金（任意的併科あり）に法定刑が引き上げられた（従前は、5年以下の懲役又は300万円以下の罰金、任意的併科あり）。

第21　犯罪収益移転防止法違反

■28条1項前段

> 　被疑者は、Aになりすまして特定事業者である株式会社B銀行との間における預金契約に係る役務の提供を受けることを目的として、令和○年○月○日頃、山形県○○市○○町○丁目○番○号所在の理髪店「C」において、同人から、B銀行本店営業部に開設された同人名義の普通預金口座からの預金の振込み等に必要なユーザーID及びログインパスワードの提供を受けた上、同年○月○日頃及び同月○日頃の○回にわたり、○○市内又はその周辺において、同人から、電話で、同人名義の前記普通預金口座からの預金の振込み等に必要なワンタイムパスワードの提供を受けたものである。

(留意点)　預貯金通帳、預貯金の引出用のカード、預貯金の引出し又は振込みに必要な情報のうち、一つでも譲り受けるなどすると、本項前段の罪が成立する。

■28条2項前段

> 　被疑者は、Aが被疑者になりすまして特定事業者との間における預貯金契約に係る役務の提供を受ける目的があることの情を知って、令和○年○月○日、山形県○○市○○町○丁目○番○号所在の○○郵便局において、同人に対し、株式会社B銀行○○支店に開設された被疑者名義の普通預金口座（口座番号△△△△△△△）のキャッシュカード○枚を山形県○○市○○町○丁目○番○号所在の○○ビル2階のC私書箱センターにD名義で開設された私書箱宛に郵送し、同月○日頃、これを同私書箱に到達させて前記Aに受領させ、もって前記キャッシュカードを譲り渡したものである。

(留意点)　本項の「相手方に前項前段の目的があることの情を知って」とは、いつ、誰が、どのような役務の提供を受ける目的があるかまでの認識は必要ではなく、未必的な認識で足りる。

第22　銃砲刀剣類所持等取締法違反

■ 3 条 1 項、31条の 3 第 1 項　（拳銃等の所持）

　被疑者は、法定の除外事由がないのに、令和○年○月○日午後○時頃、岩手県○○市○○町○丁目○番○号先路上において、拳銃（コルト小型回転式 6 連発）○丁を所持したものである。

　被疑者は、法定の除外事由がないのに、令和○年○月○日頃から同○年○月○日頃までの間、岩手県○○市○○町○丁目○番○号被疑者方 2 階天井裏に、猟銃自動 5 連銃○丁及び同猟銃用の弾丸実包○○発を隠匿所持したものである。

> (留意点)　「拳銃」か否かは、金属性弾丸発射機能が判断基準となる。モデルガンを改造したものや、故障した拳銃でも通常の用法による手入れ又は修理により発射機能を回復すべきものは、拳銃に当たる。
> 　実包所持は火薬類取締法違反であり、両罪は一所為数法の関係にある（最決昭和43.12.19）。

■ 3 条 1 項、31条の 3 第 2 項、1 項　（適合実包と共にする保管）

　被疑者は、法定の除外事由がないのに、自動装填式拳銃○丁を所持していたものであるが、令和○年○月○日、秋田県○○市○○町○丁目○番○号 A ホテル○号室において、前記拳銃○丁をこれに適合する実包○発と共に保管したものである。

■ 3 条 1 項、31条の 3 第 2 項、1 項　（適合実包と共にする携帯）

　被疑者は、A と共謀の上、法定の除外事由がないのに、回転弾倉式拳銃

○丁を所持していたものであるが、令和○年○月○日午前○時頃から同日午前○時頃までの間、秋田県○○市○○町○丁目○番○号B店前路上から同市○○町○丁目○番○号Cマンション前路上にかけて走行中の自動車内及び前記Cマンション2階○○号室前通路等において、前記拳銃○丁をこれに適合する実包○発と共に携帯したものである。

■3条1項、31条の3第3項1号、1項前段　（組織による拳銃の所持）

　被疑者は、青森県○○市付近一円を拠点とする指定暴力団A組B一家C総業組長であり、Dは、前記C総業若頭であり、Eは、前記C総業組員であり、前記C総業は、被疑者ら多数名で構成された継続的結合体であって、組織的に前記C総業の縄張り内の勢力を保持することなどを共同目的とする団体であるが、被疑者は、対立する組織である指定暴力団F組G会組員らが、前記C総業の縄張り内にて前記C総業関係者らに対し暴言を吐いたり暴行を加えたりしているなどとの風評を聞いたことから、前記G会事務所に向けて拳銃を発射して同会組員らを威嚇するため、拳銃を所持することを考え、D及びEと共謀の上、前記C総業の代表者である被疑者の意思決定に基づく行為であって、拳銃を所持することにより、これを対立するG会事務所に発射し、C総業の威力をG会関係者らに示すためのものとして、被疑者の指揮命令の下、被疑者らの間で定められた役割分担に従い、前記Eにおいて、法定の除外事由がないのに、令和○年○月○日午後○時頃、青森県○○市○○町○丁目○番○号先路上に停車中の自動車内において、拳銃（コルト小型回転式6連発）○丁を所持し、もって団体の活動として銃砲刀剣類所持等取締法違反の罪に当たる行為を実行するための組織により、拳銃を所持したものである。

（留意点）　団体の「活動」とは、団体の意思決定に基づく行為であって、その効果又はこれによる利益が当該団体に帰属するものをいう。「団体の活動として」の摘示方法として、要件に該当する具体的な事実摘示がなされることが望ましい（東京高判平成16.3.9判時1886・158）。

　「当該違反行為を実行するための組織により行われたとき」とは、当該行為が組織的な態様、すなわち、その組織に属する複数の自然人が、指揮命令関係に基づいて、それぞれあらかじめ定められた役割分担に従い、一体として行動することの一環として行われたことであり、その事実摘示として、例えば、「被告人の指揮命令の下、共犯者らの間で定められた役割分担に従い、本件犯罪の実行行為が行われたこと」が示されていなければならない（前記東京高判）。

■3条1項、31条の3第4項　（団体の不正権益を維持する目的での拳銃の所持）

　被疑者は、北海道○○市付近一円を拠点とする指定暴力団A組B一家C総業組長であり、Dは、前記C総業若頭であり、Eは、前記C総業組員であり、前記C総業は、被疑者ら多数名で構成された継続的結合体であって、組織的に前記C総業の縄張り内の事業者等にみかじめ料名下に現金を支払わせるなどし、これにより利益を図ることなどを共同目的とする団体であるが、被疑者は、D及びEと共謀の上、北海道○○市内で飲食店を営むFが、前記C総業に対し、みかじめ料名下に現金を支払うことを拒んでいる旨聞知したことから、前記F経営にかかる飲食店Gに向けて拳銃を発射して同人を威嚇し翻意させるため、拳銃を所持することを考え、前記C総業の○○市一円における縄張り内の勢力を保持し、その利権を維持する目的で、前記Eにおいて、法定の除外事由がないのに、令和○年○月○日午後○時頃、北海道○○市○○町○丁目○番○号先路上に停車中の自動車内において、拳銃（コルト小型回転式6連発）○丁を所持し、もって団体の不正権益を維持する目的で拳銃を所持したものである。

（留意点）　「不正権益」とは、例えば、暴力団がその縄張りとして設定した一定の地域内において、威力を背景として、当該暴力団又はその構成員が飲食店等からのみかじめ料等の獲得という不正な行為により継続的に利益を得ている場合における、当該縄張りをいう（前記東京高判）。

■ 3 条の13、31条 1 項　（発　射）

　被疑者は、令和○年○月○日午前○時○分頃、香川県○○市○○町○丁目○番○号○○マンション 2 階○○号室前通路において、回転式弾倉式拳銃○丁を用いて同室出入口ドアに向け弾丸○発を発射し、もって不特定若しくは多数の者の用に供される場所において拳銃を発射したものである。

■ 3 条 1 項、31条の16第 1 項 1 号　（日本刀・あいくちの所持）

　被疑者は、法定の除外事由がないのに、令和○年○月○日頃から同年○月○日頃までの間、香川県○○市○○町○丁目○番○号被疑者方において、日本刀一振（刃渡り約○○センチメートル）を所持したものである。

　被疑者は、法定の除外事由がないのに、令和○年○月○日午後○時頃、香川県○○市○○町○丁目○番○号先路上において、あいくち（刃渡り約○○センチメートル）及び45度以上に自動的に開刃する装置を有する飛出しナイフ（刃渡り約○○センチメートル）各一振を所持したものである。

（留意点）　「刀剣類」とは、鋼質性材料をもって、製作された刃物又はある程度の加工により刃物となりうるものであることを要する（最判昭和36. 3. 7）。

　　　　あいくちについては刃渡りの制限はないが、形態・刃渡り・刃幅・刃の厚み等を総合して認定しなければならない。一般に刃渡り 8 センチメートルを超えれば積極に解されている。

298

■10条１項、31条の18第２項１号 （所持の態様についての制限違反）

> 　被疑者は、狩猟の用途に供するため、徳島県公安委員会の許可を受けて猟銃○丁を所持するものであるが、正当な理由がないのに、令和○年○月○日午後○時頃、徳島県○○市○○町○丁目○番○号Ａ方において、前記Ａを脅迫する目的で、前記猟銃を携帯したものである。

　(留意点)　「正当な理由」とは、社会通念上、その携帯が是認されるような理由に基づく場合である。例えば、購入した刃物を自宅に持ち帰るための携行、研磨のために業者への携行などがこれに当たる。

■22条、31条の18第２項２号 （刃体の長さが６センチメートルを超える刃物の携帯）

> 　被疑者は、業務その他正当な理由による場合でないのに、令和○年○月○日午後○時頃、徳島県○○市○○町○丁目○番○号先路上において、くり小刀１丁（刃体の長さ約○○センチメートル）を携帯したものである。
>
> 　被疑者は、業務その他正当な理由による場合でないのに、令和○年○月○日午前○時頃、徳島県○○市○○町○丁目○番○号先路上において、文化包丁１丁（刃体の長さ約○○センチメートル）を携帯したものである。

　(留意点)　法３条の「所持」とは、物を自己の支配し得べき状態に置くことをいう（最判昭和23.9.21）。
　　　　　　法22条の「携帯」とは、その人が現にその身体に携えて持っているか、社会通念上これと同一視される程度に、その身辺に密着して所持している状態にあることをいう。携帯は、所持に比較し、はるかに狭い概念である。

■22条の2第1項、35条2号　（模造拳銃の所持）

　被疑者は、法定の除外事由がないのに、令和○年○月○日、高知県○○市○○町○丁目○番○号被疑者方において、模造拳銃○丁を所持したものである。

■24条1項、35条2号　（許可証、年少射撃資格認定証及び登録証不携帯による銃砲の携帯）

　被疑者は、高知県公安委員会の許可を受け、猟銃を所持するものであるが、令和○年○月○日午前○時頃、高知県○○市○○町○丁目○番○号先路上において、前記許可に係る許可証を携帯しないで、前記猟銃を携帯したものである。

第23　火薬類取締法違反

■3条、58条1号　（無許可製造業）

　被疑者は、経済産業大臣の許可を受けないで、業として、令和○年○月○日頃から同○年○月○日頃までの間、愛媛県○○市○○町○丁目○番○号所在被疑者方倉庫において火薬類である黒色火薬約○○キログラムを製造したものである。

> （留意点）　火薬類は法2条1項に細かな定義があり、犯罪事実記載に当たっては抽象的に「火薬類」と記載するだけでは足りず、具体的にその種類を明示する必要がある。

■4条、58条2号　（無許可製造）

　被疑者は、経済産業大臣の許可を受けず、かつ、法定の除外事由がないのに、令和○年○月○日頃から同月○日頃までの間、愛媛県○○市○○町○丁目○番○号被疑者方において、火薬類である導火線約○○メートルを製造したものである。

> （留意点）　本法は、適用除外（51条）や読み替えの規定（50条の2等）があり、認定には注意を要する。

■17条1項、59条4号　（無許可の譲受）

　被疑者は、東京都知事の許可を受けず、かつ、法定の除外事由がないのに、令和○年○月○日頃、東京都○○区○○町○丁目○番○号被疑者方において、Aから、火薬類であるダイナマイト○○本を譲り受けたものである。

■21条、59条2号　（不法な実包所持）

被疑者は、法定の除外事由がないのに、令和○年○月○日、東京都○○区○○町○丁目○番○号被疑者方において、火薬類である拳銃用実包○○発を所持したものである。

　(留意点)　実包を適合する拳銃と共に所持した場合は、銃砲刀剣類所持等取締法31条の3第2項によって重く処罰される。

第2章　生活安全

第1　軽犯罪法違反

■1条

〈1号違反〉
　被疑者は、正当な理由がないのに、令和○年○月○日午前○時○分頃、神奈川県○○市○○町○丁目○番○号の人が住んでおらず、かつ、看守していないＡの邸宅にひそんでいたものである。

〈2号違反〉
　被疑者は、正当な理由がないのに、令和○年○月○日午後○時○分頃、神奈川県○○市○○町○丁目○番○号先路上において、人の身体に重大な害を加えるのに使用されるような器具である長さ約○○センチメートルの鉄の棒○本を着衣の背広内側に隠して携帯していたものである。

〈3号違反〉
　被疑者は、正当な理由がないのに、令和○年○月○日午前○時頃、埼玉県○○市○○町○丁目○番○号先路上において、他人の建物等に侵入するのに使用されるような器具である合鍵、ドライバー、プライヤー各○個を背広内ポケットに隠して携帯していたものである。

〈4号違反〉
　被疑者は、生計の途がないのに、働く能力がありながら職業につく意思を有せず、かつ、一定の住居を持たないで、令和○年○月末頃、埼玉県○○市○○町○丁目○番○号○○駅周辺をうろついたものである。

〈5号違反〉
　被疑者は、令和○年○月○日午後○時○分頃、千葉県○○市○○町○丁

目○番○号飲食店「A」店舗内において、居合わせた客Bほか○名の面前で大声で歌を歌いながら靴で床を踏み鳴らすなどし、もって著しく粗野、かつ、乱暴な言動で同人らに迷惑をかけたものである。

〈8号違反〉

　被疑者は、正当な理由がないのに、令和○年○月○日午後○時○分頃、千葉県○○市○○町○丁目○番○号パチンコ店「A」から出火した火災現場において、同現場内に立ち入らないように指示していたB警察署巡査Cの指示に従うことを拒んで同現場内に立ち入ったものである。

〈14号違反〉

　被疑者は、A広報の名称で宣伝の業務を営んでいるものであるが、千葉県○○市○○町○丁目○番○号の電柱に取り付けた拡声器の音量についてB警察署巡査部長Cより数回にわたって高音を出さないよう注意を受けたのにその制止を聞かずに、令和○年○月○日、人声、音楽等を前記拡声器で異常に大きな音量で出し、もって静穏を害し近隣に迷惑をかけたものである。

〈15号違反〉

　被疑者は、警察官でないのに、令和○年○月○日午前○時頃、茨城県○○市○○町○丁目○番○号飲食店「A」において、同店従業員Bに対し、「C署の刑事だが、ちょっと調べたいことがある。」などと申し向けて官職を詐称したものである。

〈16号違反〉

　被疑者は、令和○年○月○日午後○時○分頃、茨城県○○市○○町○丁目○番○号先歩道上において、携帯電話機を使用して、その事実がないにもかかわらず、知り合いがヤクザに誘拐された旨110番通報し、A警察署勤務の警察官Bに対し、虚構の犯罪事実を申し出たものである。

〈23号違反〉

被疑者は、正当な理由がないのに、令和○年○月○日午後○時○分頃、栃木県○○市○○町○丁目○番○号公衆浴場「Ａ湯」裏から塀に登って同浴場女湯洗場及び脱衣場をひそかにのぞき見たものである。

〈26号違反〉

被疑者は、令和○年○月○日午後○時○分頃、栃木県○○市○○町○丁目○番○号先街路において、小便をしたものである。

〈28号違反〉

被疑者は、令和○年○月○日午後○時○分頃、栃木県○○市○○町○丁目○番○号先路上において、同所を通行中のＡ（当時○○歳）の進路に立ちふさがって立ち退こうとせず、さらに、同所から同丁目○番○号先路上まで、「おい、ねえちゃん。ちょっとぐらい付き合ってもいいだろう。」などと話しかけて不安を覚えさせるような仕方で同人につきまとったものである。

〈32号違反〉

被疑者は、正当な理由がないのに、令和○年○月○日午後○時頃、環境大臣の許可を受けない物品販売業者の立入りを禁止した群馬県○○市○○町○丁目○番○号所在のＡ内に、その許可を受けないで、とうもろこし販売の目的で立ち入ったものである。

〈33号違反〉

被疑者は、令和○年○月○日頃、群馬県○○市○○町○丁目○番○号付近路上のＡ電力株式会社所有の電柱○○本に、みだりに、海外旅行あっせんの広告ポスター○○枚を貼付したものである。

留意点　本法1条16号（虚偽申告の罪）、同条31号（業務妨害の罪）と刑法の偽計業務妨害罪との関係については、警察官に無用の捜査を強いたなど職務妨害の結果を発生させた場合には、偽計業務妨害罪が、虚偽の申告がなされたものの公務が妨害されるおそれがなかったか、あっ

たとしても、その程度が極めて軽微な場合は、本法1条16号が適用される。

第2　酒に酔つて公衆に迷惑をかける行為の防止等に関する法律違反

■4条1項　（公共の場所における酩酊者）

被疑者は、酒に酔い、令和○年○月○日午後○時頃、静岡県○○市○○町○丁目○番○号所在A線B駅改札口付近において、多数の乗降客に対し、「てめえら、大統領閣下の俺に文句があるのかよ。」「だんな、俺にからむのかよう。さしでけんかをやるか。」などと大声で怒鳴り、もって公共の場所で公衆に迷惑をかけるような著しく粗野で、かつ、乱暴な言動をしたものである。

（留意点）　犯罪事実には、公衆に迷惑をかけるような著しく粗野又は乱暴な言動と評価される具体的な事実を記載する必要がある。

■5条2項　（警察官の制止に従わない酩酊者）

被疑者は、令和○年○月○日午後○時頃、静岡県○○市○○町○丁目○番○号飲食店「A」（経営者B）において、酒に酔い、他の飲食客約○○名が在店する中で、「おやじ、ここの酒はまずいぞ。肴もなっちゃいない。」「客のどいつもこいつも、できそこないのツラさげてやがる。」などと大声でわめき散らしたものであるが、いわゆる110番通報により同店に赴いたC警察署勤務巡査Dから、その言動を制止されたにもかかわらずこれに従わないで、引き続き同店内で「俺はオマワリなんかちっとも怖くないんだ。」「てめえら、何が楽しくて酒を飲んでいるんだ。」「矢でも鉄砲でも持ってこい。」などと大声でわめきちらし、かつ、食器同士を打ち鳴らすなどし、もって公共の場所で公衆に迷惑をかけるような著しく粗野で、かつ、乱暴な言動をしたものである。

第3　特殊開錠用具の所持の禁止等に関する法律違反

■4条、16条

被疑者は、令和○年○月○日午前○時○分頃、山梨県○○市○○町○丁目○番○号付近路上において、業務その他正当な理由による場合でないのに、指定侵入工具である作用する部分の幅約○センチメートル、長さ約○○センチメートルのバール○本を、自己の胴部に装着したベルトに差し入れ、その上から上着を着用して、隠して携帯したものである。

(留意点)　本法は、建物への侵入に結び付く危険性が特に高い器具を業務その他正当な理由によらずに所持又は隠匿携帯する行為を禁止する（3条、4条）とともに、その違反に対して、違反行為の危険性に見合った処罰を可能とするものである（16条）。

　　3条が「特殊開錠用具を所持」することを禁止しているのに対し、4条は「指定侵入工具を隠して携帯」することを禁止している。

　　「特殊開錠用具」には、ピッキング用具のほかに、専用シリンダー壊しドライバー、サムターン回し等がこれに該当する。

　　「指定侵入工具」とは、ドライバー、バールその他の工具（特殊開錠用具に該当するものを除く。）であって、建物錠を破壊するため又は建物の出入口若しくは窓の戸を破るために用いられるもののうち、建物への侵入の用に供されるおそれが大きいものとして政令で定めるものをいう。

第4　性的な姿態を撮影する行為等の処罰及び押収物に記録された性的な姿態の影像に係る電磁的記録の消去等に関する法律違反

　近時、スマートフォンの普及や撮影機器の小型化などの情勢を反映し、スマートフォン等を用いた下着等の盗撮事案や、不同意性交等の性犯罪の犯行時に被害者の姿態を撮影する事案などが多数発生しているところ、性的な姿態を撮影する行為や、このような撮影行為によって生成された記録を提供する行為等は、撮影対象者に重大な権利利益の侵害を生じさせかねないものであり、このような行為等に厳正に対処する必要がある。

　そこで、性的な姿態を撮影する行為やこれにより生成された記録を提供する行為などを処罰する「性的な姿態を撮影する行為等の処罰及び押収物に記録された性的な姿態の影像に係る電磁的記録の消去等に関する法律」（令和5年法律第67号。以下「同法律」という。）が成立し、一部の規定を除き、令和5年7月13日から施行された。

　同法律中、罰則の主なものは、性的姿態等を撮影する行為を対象とする性的姿態等撮影罪（同法律2条）、撮影された記録が拡散するのを防止するため、性的影像記録を提供する行為等を対象とする性的影像記録提供等罪（同法律3条）、提供するために性的影像記録を保管する行為を対象とする性的影像記録保管罪（同法律4条）、不特定又は多数の者に影像送信する行為等を対象とする性的姿態等影像送信罪（同法律5条）、拡散された結果が固定化されることを防止するため、影像送信された影像を記録する行為を対象とする性的姿態等影像記録罪（同法律6条）がある。

■2条

〈性的姿態等撮影〉

　被疑者は、正当な理由がないのに、令和○年○月○日午後○時○分頃、愛知県○○市○○町○丁目○番○号地下鉄A線B駅○番出入口エスカレーター上において、ひそかに、後方から氏名不詳の女性に近づき、手に持っていた動画撮影状態の携帯電話機を同人が着用していたスカート下に差し

向け、同人が身に着けている下着の臀部を覆っている部分を同携帯電話機
で撮影したものである。

　被疑者は、正当な理由がないのに、令和○年○月○日午後○時○分頃、
千葉県○○市○○町○丁目○番○号株式会社Ａ○階女性更衣室において、
ひそかに、同所に置かれた段ボールに隠した動画撮影状態の小型カメラを
使用し、更衣中の○○○○（当時○○歳）が身に着けているショーツの臀
部を覆っている部分を撮影したものである。

　留意点　・撮影対象者が16歳未満の場合、撮影対象は性的姿態等であるが
　　　　　　（そのうち、撮影対象者が13歳以上16歳未満の場合、撮影対象者
　　　　　　の５歳以上年長の者が行為者となる。）、これら以外は撮影対象は
　　　　　　対象性的姿態等（性的姿態等から人が通常衣服を着ている場所
　　　　　　において不特定又は多数の者の目に触れることを認識しながら自
　　　　　　ら露出し又はとっているものを除いたもの。例えばグラビア撮影
　　　　　　会などが除外される。）となる。

■2条

〈性的姿態等撮影未遂〉

　被疑者は、女性が身に着けている下着を撮影しようと考え、正当な理由
がないのに、令和○年○月○日午後○時○分頃、千葉県○○市○○町○丁
目○番○号Ａ書店において、ひそかに、後方から○○○○（当時○○歳）
に近づき、手に持った動画撮影状態のスマートフォンを同人が着用してい
たワンピースの下方に差し入れ、同人が身に着けている下着の臀部を覆っ
ている部分を撮影しようとしたが、同人に気づかれたため、その目的を遂
げなかったものである。

　留意点　・未遂の例としては、１項各号の撮影行為に及んだものの、結果と
　　　　　　して撮影に至らなかった行為が該当し、例えば、撮影する目的で
　　　　　　撮影機器をスカートの下に差し向けてシャッターを押したが、た
　　　　　　またま露光不足で性的姿態の影像として記録されなかった場合が
　　　　　　ある。

〈トイレ内の盗撮―建造物侵入と性的姿態等撮影〉

被疑者は、用便中の女性の姿態を撮影する目的で、令和○年○月○日午後○時○分頃、株式会社Ａショッピングセンター店長○○○○が看守する埼玉県○○市○○町○丁目○番○号前記ＡショッピングセンターＢ棟女性トイレに、その出入口から侵入し、同所において、動画撮影機能付き携帯電話機を同女性トイレ個室扉の内側に設置し、正当な理由がないのに、同日午後○時○分頃から同日午後○時○分頃までの間に、ひそかに、同携帯電話機をスマートウォッチで遠隔操作して、同女性トイレ個室内で用便中の氏名不詳の女性の性器周辺部及び臀部を動画撮影したものである。

〈性的姿態等撮影と迷惑防止条例違反〉

被疑者は、正当な理由がないのに、令和○年○月○日午前○時○分頃から同日午前○時○分頃までの間、○○県○○市○○町○丁目○番○号Ａ鉄道株式会社Ｂ線Ｃ駅から同県○○市○○町○丁目○番○号同線Ｄ駅までを走行中の電車内において、ひそかに、後方から○○○○（当時○○歳）に近づき、手提げかばんに取り付けた小型カメラを同人が着用していたスカート後方に差し入れ、同人が身に着けていたスパッツの臀部を覆っている部分等を同カメラで動画撮影し、もって性的姿態等を撮影するとともに、公共の場所において、人を著しく羞恥させ、かつ、人に不安を覚えさせるような方法で、衣服等で覆われている人の身体及び下着を撮影したものである。

〈18歳未満の者を盗撮しデータを保存・編集保存した場合―性的姿態等撮影と児童ポルノ製造〉

被疑者は、正当な理由がないのに、ひそかに、令和○年○月○日午後○時○分頃から同日午後○時○分頃までの間、神奈川県○○市○○町○丁目○番○号Ａ温泉男性用脱衣場において、氏名不詳の女児が13歳に満たない児童であることを知りながら、同児童の胸部等が露出した全裸の姿態等を動画撮影機能付き携帯電話機で動画撮影し、その動画データ10点を同携帯電話機の内蔵記録装置に記録させて保存し、同日午後○時○分頃から同日

午後○時○分頃までの間、同市○○町○丁目○番○号被疑者方において、前記動画データ10点を編集して作成した動画データ10点を、前記携帯電話機の内蔵記録装置から被疑者が使用するパーソナルコンピュータの内蔵記録装置に記録させて保存し、もってひそかに、13歳に満たない人の性的な部位を撮影するとともに、衣服の全部又は一部を着けない児童の姿態であって、殊更に児童の性的な部位が露出され又は強調されているものであり、かつ、性欲を興奮させ又は刺激するものを視覚により認識することができる方法により、電磁的記録に係る記録媒体に描写することにより、児童ポルノを製造したものである。

（留意点）　・性的姿態等を撮影した者がこれにより生成された性的影像記録を提供目的で保管した場合、新たな別途の法益侵害が生じることから、性的姿態等撮影と性的姿態等影像記録の両罪が成立し、併合罪となる。

　　　　　・性的姿態等を撮影した者がこれにより生成された性的影像記録を提供した場合、新たな別途の法益侵害が生じることから、性的姿態等撮影と性的影像記録提供等の両罪が成立し、併合罪となる。

　　　　　・２号のように撮影行為が同時に不同意わいせつにも該当する場合、不同意わいせつと性的姿態等撮影の両罪の保護法益が異なることから、両罪が成立し、１つの行為と評価できる場合は観念的競合となるが、そうでない場合は併合罪となる。

　　　　　・児童の性的姿態等を撮影する行為が児童ポルノ製造にも該当する場合、性的姿態等撮影と児童ポルノ製造の両罪の保護法益が異なることから、両罪が成立し、１つの行為と評価できる場合は観念的競合となるが、そうでない場合は併合罪となる。

　　　　　・性的姿態等の撮影行為が同時に各都道府県の迷惑防止条例に規定する盗撮行為にも該当する場合、両罪の保護法益が異なることから（各都道府県迷惑防止条例違反の保護法益は、各都道府県における生活の平穏）、性的姿態等撮影と各都道府県条例違反の両罪が成立し、１つの行為と評価できる場合は観念的競合となるが、そうでない場合は併合罪となる。

第5　公衆に著しく迷惑をかける暴力的不良行為等の防止に関する条例違反

（昭和37年10月11日都条例第103号）

■2条1項、8条1項1号

> 被疑者は、令和○年○月○日午後○時頃、東京都○○区○○町○丁目○番○号所在のA遊園地入口付近において、通行人Bに対し、あらかじめ転売する目的で得た入場整理券○枚を示しながら「券をお持ちでなければありますよ。安くしておきますよ。」などと言い、通りすぎようとする同人に約○○メートルつきまとい、同入場整理券を売ろうとしたものである。

(留意点)　いわゆるダフヤ行為につき、興行主等が本人確認を実施している「特定興行入場券」（特定興行入場券の不正転売の禁止等による興行入場券の適正な流通の確保に関する法律2条3項）の場合は、インターネット上での転売も対象となる。

　他方、アトラクション等の入場整理券（予約券じたいは無料で、本人確認も行われていない。）の場合は、従来の条例による取締りの対象となる。前記の記載例は売る罪の未遂形態であるが、「つきまとう」外形的行為を要件としている。

■3条、8条4項1号

> 被疑者は、年末帰省客の列車の座席獲得が困難であることに乗じて、座席を占める便宜を供与することにより対価を得ようと考え、令和○年○月○日午後○時頃、東京都○○区○○町○丁目○番○号所在のA駅○番ホームにおいて、同日午後○時○分同駅発B行C新幹線に乗車し座席を占めるため並んでいる公衆の列に加わり、同日午後○時頃、同列車に乗車するため同ホームに来たDに対し「あんた、席を譲ろうか。○○円なら席を譲りますよ。」などと言った上、同人から現金○○円を得て、自己の占めていた行列の順位を供与したものである。

（留意点）　本条は、いわゆるショバヤ行為の処罰規定である。

■4条、8条4項2号

被疑者は、常習として、令和○年○月○日午後○時頃、東京都○○区○○町○丁目○番○号パチンコ店「A」前路上において、同店営業者が遊技客に賞品として交付したタバコを他に転売するため、賞品を得て同店を出た遊技客Bに対し「どうですか。景品を売りませんか。いい値で買い取りますよ。」などと言いながら同人につきまとい、同人からタバコ○○箱（銘柄「C」）を1箱○○円の割合で買い受け、もってこれを買い集めたものである。

（留意点）　本条は、パチンコ等遊技場の遊技客から景品を買い取る行為の処罰規定である。

■5条1項、8条1項2号

被疑者は、令和○年○月○日午後○時頃、東京都○○区○○町○丁目○番○号A駅前路上において、同所を通行中のB（当時○○歳）に対し、その前に立ちふさがりながら「今晩つきあえよ。」などと言い、もって公共の場所において、女性を著しく差恥させ、かつ、不安を覚えさせるような卑わいな言動をしたものである。

被疑者は、令和○年○月○日午後○時○分頃、東京都○○区○○町○丁目○番○号飲食店「A」前路上において、同所を通行中のB（当時○○歳）に対し、その背後から抱きつき、「おれと一緒に今晩は寝よう。」などと言い、もって公共の場所において、人を著しく差恥させ、かつ、不安を覚えさせるような卑わいな言動をしたものである。

〈痴漢〉

被疑者は、正当な理由がないのに、令和○年○月○日午後○時○分頃から同日午後○時○分頃までの間、東京都○○区○○町○丁目○番○号○○

鉄道株式会社Ａ駅から東京都○○区○○町○丁目○番○号同社Ｂ駅に至るまでの間を進行中の○○鉄道株式会社○○線電車内において、Ｃ（当時○○歳）に対し、その着衣の上から右大腿部を左手のひらでなで、引き寄せ、左手の小指を陰部に押し当て、もって公共の乗物において、衣服その他の身に着ける物の上から人の身体に触れ、人を著しく差恥させ、かつ、人に不安を覚えさせるような行為をしたものである。

〈盗撮（5条1項2号、8条2項1号、常習性につき8条7項）〉

　被疑者は、Ａと共謀の上、常習として、令和○年○月○日午後○時○分頃、東京都○○区○○町○丁目○番○号所在の洋菓子店「Ｂ」において、被疑者及び前記Ａが、持っていたデジタルカメラを使用して、店員のＣ（当時○○歳）のスカート内の下着を撮影し、もって公共の場所において、人の通常衣服で隠されている下着を撮影して、人を著しく差恥させ、かつ、人に不安を覚えさせるような卑わいな言動をしたものである。

（留意点）　本条1項は、人に対する卑わいな言語・動作の処罰規定である。「卑わいな言動」とは、普通人の正常な性的羞恥心を害し、嫌悪感を催させ、善良な道義観念に反する言動を指す。公然わいせつ罪のわいせつ行為と異なり、性欲を刺激・満足させる行為であることを要しない。単なるわいせつな言語は、同罪に該当しないが、本条1項に該当する。

　　　　　強制わいせつ罪（令和5年改正により不同意わいせつ罪）は暴行・脅迫によるわいせつ行為を処罰の対象としている。暴行・脅迫を伴わず、かつ、わいせつ行為に該当しない人の身体に対する抱擁等が、本条1項に該当する。

　　　　　「常習として」とは、当該行為が一定の行為を反復累行する習癖の現れとしてなされることを意味する。

　　　　　被害者が撮影行為に気付いておらず、また、被害者の着用したズボンの上からされたものであったとしても、前記事実関係のもとでは、社会通念上、性的道義観念に反する下品でみだらな動作であることは明らかであり、これを知ったときに被害者を著しく差恥させ、被害者に不安を覚えさせるものといえる（最決平成20.11.10）。

改正法　・性的な姿態を撮影する行為、これによって生成された記録を提供する行為、性的な姿態の影像を電気通信回線を通じて不特定又は多数の者に送信する行為、当該送信された影像を記録する行為などを全国一律的に処罰する「性的な姿態を撮影する行為等の処罰及び押収物に記録された性的な姿態の影像に係る電磁的記録の消去等に関する法律」が成立し、令和5年7月13日から施行された。

・性的姿態等の撮影行為が同時に各都道府県の迷惑防止条例違反に規定する盗撮行為にも該当する場合、両罪の保護法益が異なることから（性的姿態等撮影の保護法益は性的自由・性的自己決定権であるのに対し、迷惑防止条例違反は各都道府県における生活の平穏）、両罪が成立する。迷惑防止条例違反が性的姿態等撮影に吸収される関係に立たないことから現在でも迷惑防止条例違反の適用の余地がある。311頁参照

・性的姿態等撮影罪（2条）

　　正当な理由がないのに、ひそかに、性的姿態等（性的な部位、身に着けている下着、わいせつな行為、性交等がされている間における人の姿態）を撮影する行為など→3年以下の拘禁刑又は300万円以下の罰金。

■5条2項、8条1項2号

　被疑者は、Aほか○名と共謀の上、令和○年○月○日午後○時頃、東京都○○市○○町○丁目○番○号先路上において、前記Aらとともに多数でうろつき、通行人B（当時○○歳）に対し、「俺たちにガンをつけたな。俺たちは執念深いんだ。お前の顔を忘れないぞ。」などと言って、もって公共の場所において通行人に言い掛かりをつけ、不安を覚えさせるような言動をしたものである。

留意点　脅迫罪は、人を畏怖させるに足る生命・身体等に対する害悪の告知を処罰の対象とする。脅迫の程度に至らない「不安を覚えさせるよう

316

な言動」、すなわち身体に対する危険を覚えさせ、心理的圧迫感を与える言語・動作があれば、本条2項の罪は成立する。

■6条1項1号、8条4項4号

被疑者は、化粧品の訪問販売を行うものであるが、令和○年○月○日午後○時頃、東京都○○区○○町○丁目○番○号A方玄関先において、同人の妻B（当時○○歳）に、持参した化粧品の購入を勧めたが、これを断わられるや同人に対し、「奥さん、少しぐらい買ってくれてもいいじゃないか。」「俺は10日前に刑務所を出たばかりだ。もう5回もムショ暮らしをしてきたんだ。」「今度こそ、真面目に働こうと思っているんだ。これを買ってくれなければ食事代も出ない。腹ペコだし、どこかでタカリでもするほかなくなるなあ。」などと言い、もって戸々を訪れて物品の販売を行うに当たり、犯罪の前歴を告げ、暴力的性行をほのめかして、不安を覚えさせるような言動をしたものである。

（留意点）　本条は、いわゆる押売りの処罰規定である。恐喝罪、強要罪、脅迫罪は、いずれも相手を畏怖させるに足りる脅迫行為を要する。本条1項1号は、脅迫の程度に至らない「不安を覚えさせるような言動」があれば足りる。

■7条1項2号、8条4項5号

被疑者は、常習として、売春類似行為であるいわゆる男娼行為をする目的で、令和○年○月○日午後○時頃から同日午後○時○分頃までの間、東京都○○市○○町○丁目○番○号先から同市○○町○丁目○番○号先に至る路上において、うろつき、あるいは立ち止まるなどし、もって公衆の目にふれるような方法で客待ちをしたものである。

■7条1項4号、8条4項5号

　被疑者は、令和○年○月○日午後○時頃、東京都○○市○○町○丁目○番○号先路上において、通行中のA（当時○○歳）に対し、同人を飲食店「バーB」の客とする目的で、その腕をつかみ、「ねえ、社長さん。遊んでいかないか。若い娘がたっぷりサービスしますよ。」などと言って、同人が振り切って立ち去ろうとするや、さらにその前に立ちふさがるなどして同店の客となるように誘い、もって公共の場所において執ように客引きをしたものである。

第6　古物営業法違反

■3条、31条1号　（無許可営業）

　被疑者は、奈良県公安委員会の許可を受けないで、営業として
1　令和○年○月○日頃、奈良県○○市○○町○丁目○番○号被疑者方店舗において、Aから同人所有の中古自転車1台を金○○円で買い受け
2　同年○月○日頃、同所において、Bから同人所有の中古テレビ1台を金○万円で買い受け
3　同年○月○日頃、同所において、Cに対し、前記にかかるテレビ1台を金○万円で売却し
　もって古物の売買をなして古物商を営んだものである。

　被疑者は、奈良県公安委員会の許可を受けないで、令和○年○月○日頃から同年○月○日頃までの間、別紙一覧表記載のとおり、前後○○回にわたり、いずれも奈良県○○市○○町○丁目○番○号被疑者方において、Aほか○○名を相手方として、中古腕時計○○点ほか○○点の古物の売買をなし、もって古物商を営んだものである。（一覧表略）

■15条1項本文、33条1号　（相手方不確認）

　被疑者は、滋賀県公安委員会の許可を受け、滋賀県○○市○○町○丁目○番○号被疑者方店舗で古物商を営むものであるが、令和○年○月○日頃、前記被疑者方店舗において、法定の方法により、古物の売却人である相手方の住所、氏名、職業等を確認せず、自称Bから、裸銅線約○○キログラムを買い受けたものである。

■16条、33条 2 号　（帳簿不記載）

被疑者は、滋賀県公安委員会の許可を受け、滋賀県○○市○○町○丁目○番○号被疑者方店舗で古物商を営むものであるが、令和○年○月○日頃、前記被疑者方店舗において、Aから古物であるカメラ○台及び腕時計○個を買い受けたにもかかわらず、その都度、所定の帳簿に、取引の年月日等法定の事項を記載しなかったものである。

（留意点）　法17条〔16条〕の「その都度」とは、「その度ごとに」の意である。また、同条は故意に記帳しなかった者ばかりでなく、過失により記帳しなかった者を含む（最判昭和37.5.4）。

　　　　法31条ないし35条の違反行為を古物商の従業員がなした場合、同従業員は、法38条により処罰される。

　　　　法16条は、帳簿への記載のほか、電磁的方法による記録も認めている。

第7　風俗営業等の規制及び業務の適正化等に関する法律違反

■3条1項、2条1項1号、49条1号　（無許可営業）

> 被疑者は、和歌山県○○市○○町○丁目○番○号において、飲食店「A」を経営するものであるが、和歌山県公安委員会の許可を受けないで、令和○年○月○日午後○時頃、前記店舗客席において、Bほか○名の客に対し、ホステスCに接待させてビールなどを提供して飲食させ、もって設備を設けて客の接待をして客に遊興飲食させる営業を営んだものである。

■11条、3条1項、49条3号　（名義貸し）

> 被疑者は、和歌山県公安委員会の許可を受けて同県○○市○○町○丁目○番○号において、風俗営業であるスナック「A」を経営するものであるが、同公安委員会の許可を受けていないBとの間で1か月○○万円の報酬の約束のもとに被疑者の名義で営業を営ませる契約を結び、同人に、令和○年○月初め頃から○月○日までの間、前記店舗で被疑者名義でスナック営業を営ませたものである。

（留意点）　名義貸しとは、その営業に関する主権を貸与するとか譲渡した場合であって、名義人が営業所の経営を支配下の責任者に任せている場合は含まれない。

■22条1項1号、52条1号、56条　（客引行為）

　被疑者は、愛知県○○市○○町○丁目○番○号スナック「A」（経営者B）の従業者であるが、令和○年○月○日午後○時頃、同店前路上において、通行中のCに対し、前記店舗で遊興飲食させる目的で、同人の手をつかみながら「お兄さん寄っていらっしゃい。サービスするわよ。」と言って誘い、もって、客引きをしたものである。

■22条1項3号、50条1項4号　（年少従業者接待禁止）

　被疑者は、愛知県公安委員会の許可を受けて愛知県○○市○○町○丁目○番○号において、スナック「A」を経営するものであるが、令和○年○月○日午後○時○分頃、前記店舗において、従業員であるB（平成○年○月○日生）を客席にはべらせて客であるCほか○名の接待をさせ、もって営業所で、18歳未満の者に客の接待をさせたものである。

　(留意点)　前記記載例のような場合は、22条1項4号違反も成立することが多かろう。

■22条1項6号、50条1項4号　（年少者酒類等提供）

　被疑者は、三重県公安委員会から風俗営業の許可を受けて、三重県○○市○○町○丁目○番○号所在のAビル○階において、バー「B」を経営するものであるが、令和○年○月○日午後○時頃、前記営業所において、C（当時○○歳）、D（当時○○歳）がいずれも20歳に満たないことを知りながら、同人らにビール、サワー等の酒類を提供し、もって営業所で20歳未満の者に酒類を提供したものである。

第8　売春防止法違反

■5条　（勧誘等）

〈勧誘（1号違反）〉

　被疑者は、令和○年○月○日午後○時○分頃、岐阜県○○市○○町○丁目○番○号先道路上において、通行中のＡ（当時○○歳）に対し、売春をする目的で「ホテルへ行かない。○○円でいいわよ。」と言って、もって公衆の目にふれるような方法で売春の相手方となるよう勧誘したものである。

〈立ちふさがり（2号違反）〉

　被疑者は、令和○年○月○日午後○時頃、岐阜県○○市○○町○丁目○番○号先道路上において、売春をする目的でその相手方となるよう勧誘するため、同所を通りかかったＡ（当時○○歳）の前に立ちふさがり、もって公共の場所で売春の相手方となるよう勧誘するため人の身辺に立ちふさがったものである。

〈客待ち（3号前段違反）〉

　被疑者は、令和○年○月○日午後○時○分頃から同○時○分頃までの間、福井県○○市○○町○丁目○番○号先路上において、売春をする目的でその相手となるよう誘引するため、同所付近をうろついたり立ち止まったり、殊更にスカートをたくし上げるしぐさをしたりし、もって公衆の目にふれるような方法で客待ちをしたものである。

〈誘引（3号後段違反）〉

　被疑者は、令和○年○月○日午後○時○分頃、福井県○○市○○町○丁目○番○号付近路上に停車中の自動車○○台の運転席に「交際を求めています。お電話してください。○○（090―○○○○―××××）」と印刷した名刺を投げ入れ、もって不特定の者に対し売春の相手方となるよう誘引したものである。

（留意点）　売春の目的を有することを明記すること。

勧誘行為は具体的に記載すること。

「客待ち」の場合は、誰が見ても売春婦の客待ちと認めたであろう状況を明らかにすること。

■6条1項　（売春の周旋）

被疑者は、令和○年○月○日午後○時頃、石川県○○市○○町○丁目○番○号の自己の経営する旅館「A荘」の客室において、売春婦B（当時○○歳）に対し、遊客であるCを売春の相手方として紹介し、もって売春の周旋をしたものである。

被疑者は、令和○年○月○日午後○時頃、石川県○○市○○町○丁目○番○号先道路上において、通行中のAに対し、「いい子を世話しますよ。」と誘いかけて同人を同丁目○番○号「B荘」アパートの売春婦C方まで案内して同人に売春の相手方として紹介し、もって売春の周旋をしたものである。

（留意点）　周旋とは売春婦と客とを引き合わすだけで既遂になり、その結果売春の取引が成立したかどうかは問わない。

■6条2項1号　（周旋のための勧誘）

被疑者は、令和○年○月○日午後○時○分頃、富山県○○市○○町○丁目○番○号先路上において、通行中のA（当時○○歳）に対し、「いい娘がいますよ。サービスする娘ですよ。遊んで行きませんか。○○円でいいですよ。」と誘いかけ、もって売春の相手方となるよう勧誘したものである。

（留意点）　公衆の目に触れるような方法である必要はない。

■7条1項前段　（困惑による売春）

被疑者は、広島県○○市○○町○丁目○番○号において旅館「Ａ」を経営しているものであるが、同旅館従業員ハルことＢ（当時○○歳）に○○万円前貸ししていることを利用して同人に売春させようと考え、令和○年○月○日午後○時頃、同旅館において、同人に対し「うちの経営も苦しいから客を取ってくれ。いやなら○○万円返してくれ。すぐにでも返して出て行ってくれ。」などと言い、同人を困惑させ、よって、同人に、同日午後○時○分頃、同旅館客室において、不特定の客であるＣ（当時○○歳）を相手方として○万円の対償を受けて性交させ、もって人を困惑させて売春させたものである。

被疑者は、広島県○○市○○町○丁目○番○号において、旅館「Ａ」を経営している者であるが、令和○年○月○日頃、同旅館において、体が弱く他で働くあてのない従業員Ｂ（当時○○歳）に対し、「あんたのような者を使っていくのは大変なんだ。うちも苦しいんだから客を取ってくれないか。いやならすぐ辞めてもらうしかない。」などと言って同人を困惑させ、よって、同人に、同日夜、同旅館客室において、不特定の客であるＣ（当時○○歳）を相手に○万円の対償を受けて性交させ、もって人を困惑させて売春させたものである。

(留意点)　困惑売春は、売春させた事実が必要で、かつ、困惑等の手段と売春との間に因果関係があることが必要である。

その状況については、困惑せざるを得ないと客観的に認められる事情を記載すること。

■7条1項後段　（親族関係利用による売春）

被疑者は、山口県○○市○○町○丁目○番○号において、旅館「Ａ」を

経営するものであるが、令和○年○月○日、同旅館において、自己の養女Ｂ（当時○○歳）に対し、「このままでは客足が遠のくばかりでさびれる一方だ。お母さんを助けると思ってお客を取ってくれないか。」などと言って、よって、同人に、同日夜、同旅館客室において、不特定の客であるＣ（当時○○歳）を相手に○万円の対償を受けて性交させ、もって親族関係による影響力を利用して売春させたものである。

> **留意点**　被疑者と売春者がどのような親族関係にあるか記載すること。
> 　　　　　　７条の罪については未遂処罰規定あり。

■７条２項　（暴行、脅迫による売春強制）

> 　被疑者は、自己の愛人Ａ（当時○○歳）に売春させて遊興費を捻出しようと考え、令和○年○月○日午後○時頃、山口県○○市○○町○丁目○番○号「Ａ」の自己の居室において、同人に対し、「遊んでばかりいては生活ができないんだ。客でも取って稼いでこい。いやと言うならただではすまないぞ。裸にして外にほうり出してやる。」などと怒鳴りながら同人の顔面を平手で数回殴る暴行を加え、よって、同人に、同日午後○時頃、同丁目○番○号旅館「Ｂ」客室において、不特定の客であるＣ（当時○○歳）を相手に○万円の対償を受けて性交させ、もって人に暴行、脅迫を加えて売春させたものである。

■８条１項　（対償の収受）

> 　被疑者は、岡山県○○市○○町○丁目○番○号において、料理店「Ａ」を経営している者であるが、令和○年○月○日、同店において、同店従業員Ｂ（当時○○歳）に対し、「うちも債権者の請求がきつく借金の支払に追われ苦しい。あんたに貸している○○万円早く返して欲しい。すぐ返せないなら代わりにお客を取ってくれ。客でも取っていかないと店がつぶれる。」などと言って同人を困惑させ、よって、同人に、同日夜、同店○階

客室において、不特定の客であるC（当時○○歳）を相手に○万円の対償を受けて性交させ、もって人を困惑させて売春させ、翌○日、同店において、前記Bから前記対償のうち○万円を貸金返済名義で受領してこれを収受したものである。

（留意点）　売春の対償を入手した経路を明らかにしておくこと。

■8条2項　（親族関係利用の対償の要求）

被疑者は、長女A（当時○○歳）が住込み先の岡山県○○市○○町○丁目○番○号旅館「B」において不特定の相手と売春し、その対償として得た現金を蓄えていることを知るや、前記Aから自己の遊興費を出させようと考え、令和○年○月○日頃、前記旅館において、同人に対し、「客を取っているそうだな。金も大分たまっただろう。少しは家計にも入れてくれ。このままでは夜逃げしなくてはならない。」などと言い、もって親族関係による影響力を利用して売春の対償を提供するように要求したものである。

（留意点）　本件は、売春することについては影響力を行使していない事案である。

　　　　　売春させるについても影響力を行使しているときは8条1項で処断される。

■9条　（前貸等）

被疑者は、鳥取県○○市○○町○丁目○番○号において、料理店「A」を経営する者であるが、令和○年○月○日、同店においてB（当時○○歳）を従業員として雇い入れるに際し、同人の実家が金銭に窮していることを利用して、同人が、同店客室で不特定の遊客と売春することを条件として、現金○○万円を貸し付け、もって売春をさせる目的で前貸ししたものである。

　(留意点)　前貸等の相手は、売春をする者だけでなく、売春をする者と親族関係その他の密接な関係にあり、その者に供与することが売春をする者に対してするのと同一の効果があるような影響力を持つ者に対してでもよい。

■10条1項　（売春契約）

　被疑者は、鳥取県○○市○○町○丁目○番○号において、旅館「A」を経営するものであるが、令和○年○月○日、同旅館において、B（当時○○歳）を同旅館住込みの従業員として雇い入れるに際し、同人との間に、同人に前記旅館客室において不特定の遊客を相手方として売春させ、その対償を折半して取得する旨約し、もって人に売春させることを内容とする契約をしたものである。

　(留意点)　未遂処罰あり。

■11条1項　（場所提供）

　被疑者は、島根県○○市○○町○丁目○番○号において、旅館「A」を経営しているものであるが、令和○年○月○日午後○時○分頃、売春婦B（当時○○歳）が不特定の遊客であるCを相手方として売春するに際し、その情を知りながら、同人から○○円の部屋代を徴して同旅館客室を貸与し、もって売春を行う場所を提供したものである。

■11条2項　（業としての場所提供）

　被疑者は、島根県○○市○○町○丁目○番○号において、旅館「A」を経営している者であるが、別紙一覧表記載のとおり、令和○年○月○日頃から同年○月○日頃までの間、Bほか○名の売春婦が不特定の遊客であるCほか○○名を相手として売春するに際し、その情を知りながら、その都

度部屋代を徴して同旅館客室を貸与し、もって売春を行う場所を提供することを業としたものである。（一覧表略）

> (留意点) 業とするとは、継続的意思をもって営利目的で行うものをいう。
> 旅館の場合、売春婦から特別の料金を取ることまでは必要としない。

■12条 （管理売春）

被疑者は、福岡県○○市○○町○丁目○番○号において、旅館「A」を経営しているものであるが、別紙一覧表記載のとおり、令和○年○月○日頃から同年○月○日頃までの間、Bほか○名を同旅館内に住み込ませ、同旅館客室において、不特定の遊客を相手に対価を受けて性交させ、その対償を売春婦と折半し、もって人を自己の占有する場所に居住させ、これに売春をさせることを業としたものである。（一覧表略）

> (留意点) 営利の目的を必要とする。
> 売春をする者を居住させた場所については要件があるが、売春を行う場所については制限はない。

■13条1項、2項 （資金等の提供）

被疑者は、Aがその経営する旅館「B」（福岡県○○市○○町○丁目○番○号所在）において、以前から売春婦に対し客室を売春の場所として提供することを業としており、その営業のため、同旅館の改築費用に充てることの情を知りながら、令和○年○月○日、同市○○町○丁目○番○号被疑者方において、前記Aから○○万円の借用方の申込みを受けて、同人に現金○○万円を貸し付け、もって売春を行う場所を提供する業に要する資金を提供したものである。

- -

被疑者は、令和○年○月○日、福岡県○○市○○町○丁目○番○号の自

宅において、バー経営者Aから金銭の借用方の申込みを受けるや、同人が
同市○○町○丁目○番○号所在のバー「B」を改築して2階に居室を設け
て売春婦を住み込ませ、同室でこれに売春させることを業とするものであ
ることの情を知りながら現金○○万円を貸与し、もって人を自己の占有す
る場所に居住させ、これに売春させることを業とするのに必要とする資金
を提供したものである。

■14条　（両罰規定）

　被疑者Aは、佐賀県○○市○○町○丁目○番○号において旅館「B」を
経営する者、被疑者Cは、同旅館従業員で同旅館において、従業員の雇入
れ、営業の管理等に従事している者であるが、被疑者Cが、被疑者Aの業
務に関し、令和○年○月○日、前記旅館において、D（当時○○歳）を雇
い入れるに際し、同人との間に、同人に前記旅館客室において不特定の遊
客を相手方として売春させ、その対償を折半して取得する旨約し、もって
人に売春させることを内容とする契約をしたものである。

(留意点)　9条から13条までの行為に適用がある。

第9　職業安定法違反

■63条2号　（売春婦等のあっせん）

　　被疑者は、A（当時○○歳）から求職あっせんの依頼を受けるや長崎県○○市○○町○丁目○番○号の旅館「B館」の経営者Cが女性従業員として雇い入れる従業員を同旅館で売春させるものであることを知りながら、令和○年○月○日、前記B館において、前記Cに対し、前記Aを前記B館の女性従業員として紹介して雇い入れさせ、もって公衆道徳上有害な業務に就かせる目的で職業の紹介をしたものである。

　（留意点）　相手方が売春業者であること、又は売春婦として紹介するのであることについての認識を明記し、かつ、公衆衛生上、道徳上有害な業務に就かせようとする目的を明らかにしておくこと。

■30条1項、64条1号　（有料職業紹介事業）

　　被疑者は、厚生労働大臣の許可がないのに、別紙一覧表記載のとおり、令和○年○月○日頃から同年○月○日頃までの間、前後○回にわたり、長崎県○○市○○町○丁目○番○号バー「A」において、同店経営者Bに対し、C（当時○○歳）ほか○名を同店ホステスとしてあっせんし、○回につき○万円をあっせん料名義で取得し、もって有料の職業紹介事業を行ったものである。（一覧表略）

第10　競馬法違反

■30条3号　（のみ行為）

被疑者は、令和○年○月○日、大分県○○市○○町○丁目○番○号被疑者方において、同日開催のA競馬である令和○年第○回B競馬第○日目の第○レースから第○レースまでの競争に関し、Cほか○名に優勝馬を予想指定させ、勝馬投票券代に相当する○○円を○口として合計○○口、○○万円の金銭提供の申込みをさせながら、勝馬投票券を購入せず、予想の的中するときは、○口につき○万円を限度として、D競馬会が勝馬投票の的中者に払い戻す金銭と同率の金銭を的中者に交付し、的中しないときは、前記申込金の○割を自己の所得として財産上の利益を図るいわゆるのみ行為をし、もって勝馬投票類似の行為をさせて財産上の利益を図ったものである。

■34条　（勝馬投票類似行為）

被疑者は、Aが、令和○年○月○日、大分県○○市○○町○丁目○番○号A宅において、同日開催のB競馬である令和○年第○回C競馬第○日目の第○レースから第○レースまでの競走に関し、相手方に、優勝馬を予想指定させ、勝馬投票券代に相当する○○円を○口とした金銭提供の申込みをさせながら、勝馬投票券を購入せず、予想の的中するときは、○口につき○万円を限度として、D競馬会が勝馬投票の的中者に払い戻す金銭と同率の金銭を的中者に交付し、的中しないときは、前記申込金の○割を自己の所得として財産上の利益を図るいわゆるのみ行為をして財産上の利益を図った際、その相手方となり、前同日、前記各競走に関し、優勝馬を予想指定して口数合計○○口・金額合計○万円の申込みをし、もって勝馬投票類似の行為をしたものである。

第11　児童福祉法違反

■34条の各禁止行為の違反

〈身体障害等の児童を公衆の観覧に供する行為（1項1号、60条2項）〉

　被疑者は、見せ物業を営んでいるものであるが、令和○年○月○日、熊本県○○市○○町○丁目○番○号の空地に架設した興行場において、身体の発達不完全で身長○○センチメートルぐらい、体重○○キログラムぐらいの身体に障害及び形態上の異常がある児童であるA（平成○年○月○日生）をその舞台に立たせて約○○名の観客に観覧させ、もって身体に障害及び形態上の異常がある児童を公衆の観覧に供する行為をしたものである。

〈児童にこじきをさせる行為等（1項2号、60条2項）〉

　被疑者は、令和○年○月○日、別紙一覧表記載のとおり、熊本県○○市○○町○丁目○番○号A方ほか○○箇所を長女B（平成○年○月○日生）を伴って訪れ、前記Aらに対し、「体が弱くて働けません。この子の食事代だけでも恵んで下さい。」などと言って同情をひき、同人らから現金合計○○円をもらい受け、もって児童を利用してこじきをしたものである。

（一覧表略）

〈児童にかるわざなどをさせる行為（1項3号、60条2項）〉

　被疑者は、A曲芸団を経営している者であるが、令和○年○月○日、鹿児島県○○市○○町○丁目○番○号のB神社境内に架設した興行場において、満15歳に満たない児童であるC（平成○年○月○日生）に、約○○メートルの高所で綱渡りの演技をさせて見物人に観覧させ、もって公衆の娯楽を目的として、満15歳に満たない児童にかるわざをさせる行為をしたものである。

〈児童に遊芸させる行為（1項4号、60条2項）〉

被疑者は、いわゆるチンドン屋を業としているものであるが、令和○年○月○日、鹿児島県○○市○○町○丁目○番○号先路上において、チンドン屋の業務に従事する際、満15歳に満たない児童であるA（平成○年○月○日生）に絵看板を背負わせた上、クラリネットなどに合わせて太鼓をたたかせながら、さらに同所付近路上を歩き回らせ、もって道路において、満15歳に満たない児童に遊芸その他の演技を業務としてさせたものである。

〈児童に深夜物品の販売をさせる行為（1項4号の2、60条2項）〉

被疑者は、令和○年○月○日午後○時過ぎから翌○日午前○時頃までの間、鹿児島県○○市○○町○丁目○番○号先路上において、児童であるA（平成○年○月○日生）に、通行人に対し、花束を販売させ、もって児童に午後○時すぎから道路において物品の販売を業務としてさせる行為をしたものである。

〈接待飲食等営業を営む場所に児童を立ち入らせる行為（1項4号の3、60条2項）〉

被疑者は、スナック「A」を営む者であり、従業員として雇い入れた児童であるB（平成○年○月○日生）に、道路上で前記Aにかかる宣伝広告用ビラを配布することを業務として行わせていたものであるが、同児童が満15歳に満たない児童であることを知りながら、令和○年○月○日頃から同月○日までの間、同児童に、宮崎県○○市○○所在の設備を設けて客の接待をして飲食をさせることを業とするスナック「C」に、当該業務を行うために立ち入らせ、もって道路において物品の配布を業務として行う児童を、当該業務を行うために、接待飲食等営業を営む場所に立ち入らせたものである。

〈児童に酒席に侍する行為を業務としてさせる行為（1項5号、60条2項）〉

被疑者は、宮崎県○○市○○町○丁目○番○号において、バー「A」を

経営しているものであるが、同店のホステスとして雇い入れたA（平成○年○月○日生）に、令和○年○月○日頃から同年○月○日頃までの間、同店舗において客を相手に接待させ、もって満15歳に満たない児童に酒席に侍する行為を業務としてさせたものである。

〈児童に淫行をさせる行為（1項6号、60条1項）〉

被疑者は、沖縄県○○市○○町○丁目○番○号において、旅館「A」を経営しているものであるが、同旅館従業員として雇い入れたB（平成○年○月○日生）に対し、別紙一覧表記載のとおり、令和○年○月○日から同月○日までの間、○○回にわたり、同旅館客室において、遊客を同女に引き合わせる方法により、同女に、遊客であるCほか○○名を相手に売淫させ、もって児童に淫行させたものである。（一覧表略）

〈児童を引き渡す行為（1項7号、60条2項）〉

被疑者は、令和○年○月○日、沖縄県○○市○○町○丁目○番○号旅館「A館」において、同館経営者Bが従業員として雇い入れた者に同旅館客室で売淫させていることの情を知りながら、児童であるC（平成○年○月○日生）を同従業員として就業させる目的で同人に引き渡したものである。

〈営利目的で児童の養育をあっせんする行為（1項8号、60条2項）〉

被疑者は宮城県○○市○○町○丁目○番○号被疑者方で助産師を営んでいる者であるが、児童のための正当な職業紹介の機関でないのに、営利の目的をもって、同所でAが分娩した女児を、令和○年○月○日頃、前同所において、謝礼金○万円を徴して、Bに対し、その養育をあっせんしたものである。

〈児童を支配下に置く行為（1項9号、60条2項）〉

被疑者は、宮城県○○市○○町○丁目○番○号マンション「A」○○号室において、いわゆるタレント養成等の業務を営んでいる者であるが、法定の除外事由がないのに令和○年○月○日頃、タレント見習として住んで

いるＢ（平成〇年〇月〇日生）を、同月〇日頃から同年〇月〇日頃までの
間、同市〇〇町〇丁目〇番〇号所在のキャバレー「Ｃ」ほか〇箇所の店舗
にヌードダンサーとして派遣し、飲食客の面前で着衣を脱いで全裸体で踊
らせるなどし、もって児童の心身に有害な影響を与える行為をさせる目的
をもってこれを自己の支配下に置く行為をしたものである。

(留意点)　「児童」は、原則として満18歳に満たない者をいうが（4条1項）、
34条1項3号、4号、4号の3、5号においては満15歳に満たない者を
をいう。

　昭和57年法律66号により「不具奇形の児童」が「身体に障害又は形
態上の異常がある児童」に改正された。おおむね「障害」が「不具」
に、「形態上の異常」が「奇形」に該当し、その意義は従前と変わら
ない。なお「身体の障害」とは身体の機能上の障害をいい、形態上の
異常に対応するものである。

　業務としてさせる必要があるため、少なくとも反復継続する意思は
必要である。

　酒席に侍する行為とは、飲酒の席に出て客を相手に接待につとめる
行為など客に対して興を添える行為一切が含まれる。

　淫行とは、売春のように対価を必要とするものではない。

　「児童に淫行をさせる」とは、児童に第三者と淫行をさせた場合の
ほか、自己が直接児童の淫行の相手方となって淫行させた場合を含む
（最決平成10.11.2）。

　本件各違反について、児童であることの認識は必要であるが、60条
4項により、「児童を使用する者」は過失がないとされない限り、児
童の年齢を知らないことを理由に処罰を免れることはできない。

　令和5年刑事訴訟法改正により、自己を相手方として淫行させる行
為につき、公訴時効期間は12年に延長された。

第12　インターネット異性紹介事業を利用して児童を誘引する行為の規制等に関する法律違反

■6条1号、33条

被疑者は、令和○年○月○日午後○時○分頃、福島県○○市○○町○丁目○番○号所在の「A」店内において、同所に設置されたパーソナルコンピュータを使用し、「⑯以下の本番OKな子いない？　諭吉は3〜4を考えているけど、クリスマス前だしプラスαでサポするよ♪　プロ送ってね。こっちはアパレル勤務○○歳だよ。」旨の電子情報を株式会社Bが管理する福島県○○市○○町○丁目○番○号所在の○○ビル○階に設置されたサーバコンピュータに送信して記録・蔵置させ、同社が管理するインターネット異性紹介事業である「C」の電子掲示板に前記文言を掲示させて、インターネットに接続機能を有する携帯電話利用者が前記文言を閲覧可能な状況を設置し、もってインターネット異性紹介事業を利用して、児童を性交等の相手方となるように誘引したものである。

留意点　6条1号及び2号は、性交等を伴う誘引の場合であり、3号及び4号は、児童との対償を伴う異性交際（性交等を除く。）の誘引の場合である。これらの誘引行為があれば、実際に性交等が行われなくても、本条違反の罪が成立する。

■7条1項、32条1号

被疑者は、福島県公安委員会に届出をしないで、令和○年○月○日から同年○月○日までの間、福島県○○市○○町○丁目○番○号被疑者方において、同人方に設置してあるサーバコンピュータに「A」と称する電子掲示板を蔵置して、異性交際希望者の求めに応じ、その者がインターネットを利用して同電子掲示板上に入力することによって、その異性交際に関する情報をインターネットを利用して公衆が閲覧することができる状態に置いてこれに伝達した上、同電子掲示板に設定された機能を用いて、当該情

報の伝達を受けた異性交際希望者が電子メール等を利用して当該情報に係
る異性交際希望者と相互に連絡することができるようにする役務を提供す
る事業を行い、もって届出をしないで、インターネット異性紹介事業を
行ったものである。

338

第13　20歳未満ノ者ノ喫煙ノ禁止ニ関スル法律違反

■3条1項

被疑者は、長男Ａ（平成○年○月○日生）の親権者であるが、令和○年
○月○日午後○時頃、山形県○○市○○町○丁目○番○号被疑者方におい
て、前記Ａが喫煙しているのを目撃したにもかかわらず、これを制止しな
かったものである。

> (留意点)　被疑者において、20歳未満の者が喫煙し、又は20歳未満の者自身の
> 喫煙に供する事実について知情を必要とする。したがって、知情のあ
> ることを明示しなければならない。

■5条

被疑者は、山形県○○市○○町○丁目○番○号被疑者方店舗で、たばこ
及び喫煙具を販売しているものであるが、令和○年○月○日午後○時頃、
前記店舗において、Ａ（平成○年○月○日生）に対し、同人が20歳未満の
者であり、かつ、同人が自己の喫煙の用に供することの情を知りながら、
たばこ「Ｂ」○箱を販売したものである。

第14　20歳未満ノ者ノ飲酒ノ禁止ニ関スル法律違反

■1条3項、3条1項

　被疑者は、岩手県○○市○○町○丁目○番○号で酒類販売を業とするＡ
酒店を経営するものであるが、令和○年○月○日午後○時頃、前記店舗に
おいて、Ｂ（平成○年○月○日生）に対し、同人が20歳未満の者であり、
かつ、同人が自己の飲用に供することの情を知りながら、日本酒○リット
ルを販売したものである。

　留意点　20歳未満ノ者ノ喫煙ノ禁止ニ関スル法律違反の事実におけると同
　　　　様、20歳未満の者自身の飲用に供する事実の知情を要し、知情のある
　　　　ことを明示しなければならない。

第15　医薬品、医療機器等の品質、有効性及び安全性の確保等に関する法律（旧薬事法）違反

■13条1項、86条1項2号　（医薬品の無許可製造）

> 　被疑者は、厚生労働大臣から医薬品製造業の許可を受けないで、令和○年○月○日頃から同月○日頃までの間、業として、秋田県○○市○○町○丁目○番○号A方倉庫において、亜鉛ゴムほか○点を原料として、人の疾病の治療に使用することを目的とした医薬品である鎮痛剤「B」と称する粉末約○○キログラムを製造したものである。

（留意点）　法2条1項2号にいう「医薬品」とは、その物の成分、形状、名称、その物に表示された使用目的・効能効果・用法用量、販売方法、その際の演述・宣伝などを総合して、その物が通常人の理解において「人又は動物の疾病の診断、治療又は予防に使用されることが目的とされている」と認められるものをいい、これが客観的に薬理作用を有するものであるか否かを問わない（最判昭和57.9.28）。

　　　　　法13条1項にいう業としての医薬品の製造とは、一般の需要に応ずるため、反復継続して、医薬品の原料を変形又は精製し、若しくは既製の医薬品を配合する等の方法により医薬品を製出することをいい、必ずしも化学的変化を伴うことを要しない（最決昭和46.12.17）。

■23条の2の3第1項、86条1項5号　（医療機器の無許可製造）

> 　被疑者は、厚生労働大臣から医療機器製造業の許可を受けないで、令和○年○月○日頃から同年○月○日頃までの間、業として、秋田県○○市○○町○丁目○番○号被疑者方において、女性機能回復器と称し、ゴム製で男性性器を模し、乾電池を利用して振動させる医療機器約○○個を製造したものである。

■24条1項、84条9号　（医薬品の無許可販売）

> 被疑者は、○○県知事から薬局開設者又は医薬品販売業の許可を受けず、かつ、法定の除外事由がないのにもかかわらず、令和○年○月○日頃から同年○月○日頃までの間、業として、青森県○○市○○町○丁目○番○号所在の自己が雑貨販売業を営む店舗において、Aほか○○名に対し、医薬品である胃腸薬「B」と称する錠剤（○箱○○錠入り、定価○○円）合計約○○箱を販売したものである。

（留意点）　医薬品販売業の許可の種類は、法25条各号に規定がある。

■55条2項、84条18号　（無許可製造にかかる医薬品の販売・貯蔵）

> 被疑者は、○○県知事の許可を受け、青森県○○市○○町○丁目○番○号被疑者方店舗で、医薬品販売業を営むものであるが
> 第1　令和○年○月○日頃、前記店舗において、Aに対し、医薬品製造業の許可を受けていないBの製造した服用鎮痛剤「C」と称する医薬品の粉末約○○グラム（○箱約○グラム入り）を代金○○円で販売し
> 第2　販売の目的をもって、令和○年○月○日頃から同年○月○日頃までの間、前記店舗において前記第1記載の医薬品「C」粉末約○キログラムを貯蔵し
> たものである。

（留意点）　医療機器については、法64条の準用規定がある。
　　　　　「貯蔵」とは、単なる瞬間的所持で足りず、時間的に継続した保管を意味するものと解されており、犯罪事実記載においてもそれが継続的なものであることを明示すべきであろう。

■56条7号、84条20号　（不良医薬品の販売・陳列）

被疑者は○○県知事の許可を受け、北海道○○市○○町○丁目○番○号所在店舗で医薬品販売業を営むものであるが

第1　令和○年○月○日頃、前記店舗において、Aに対し、異物である小麦粉の混入した医薬品である鎮痛剤「B」と称するアンプル○本を、代金○○円で販売し

第2　販売の目的をもって、令和○年○月○日頃から同年○月○日頃までの間、前記店舗において、前記第1記載の小麦粉の混入した「B」と称するアンプル○○本を、同店舗内ショーウインドーに陳列し

たものである。

（留意点）　法2条4項の医療機器中、性具（施行令別表第1の衛生用品の項）とは、人が性交若しくは性交類似行為（自慰を含む）に際し、性感の刺激、増進ないし満足のために性器に付着あるいは接触させて使用する器具をいう（東高判昭和50.11.25）。

■76条の4、83条の9　（指定薬物の所持）

被疑者は、Aと共謀の上、医療等の用途以外の用途に供するために、令和○年○月○日、北海道○○市○○町○丁目○番○号先路上において、指定薬物であるN－（1－アダマンチル）－1－ペンチル－1H－インドール－3－カルボキサミド及びその塩類（通称APICA、2NE1）を含有する植物片○○グラムを所持したものである。

（留意点）　これまで指定薬物は、医療等の用途以外の用途に供するために製造し、輸入し、販売し、授与し、又は販売若しくは授与の目的で貯蔵し、若しくは陳列する行為が禁止されていたが、流通面からの規制のみならず、一般消費者が安易に指定薬物を入手し使用することのないように、所持・使用等についても規制の対象とされた。

第16　爆発物取締罰則違反

■1条　（爆発物の使用）

> 被疑者は、以前から対立抗争していたＡの家屋を爆破してそのうっぷんを晴らそうと考え、同人の財産を害する目的をもって、令和○年○月○日午前○時頃、香川県○○市○○町○丁目○番○号の同人方において、その玄関前に雷管及び約○メートルの導火線つきダイナマイト○本を装置してその導火線に点火して前記ダイナマイトを爆発させ、もって爆発物を使用したものである。

第17　動物の愛護及び管理に関する法律違反

■44条3項、4項1号　（愛護動物の遺棄）

> 　被疑者は、令和〇年〇月〇日午後〇時〇分頃、香川県〇〇市〇〇町〇丁目〇番〇号の敷地内において、段ボールに入れた愛護動物である犬〇匹を置き去りにし、もって愛護動物を遺棄したものである。

■44条1項　（愛護動物の傷害）

> 　被疑者は、令和〇年〇月〇日午後〇時〇分頃から同日午後〇時〇分頃までの間に、徳島県〇〇市〇〇町〇丁目〇番〇号被疑者方において、愛護動物である犬〇匹に対し、その首を手でつかんで壁に投げ付けるなどし、よって、同犬に肋骨骨折等の傷害を負わせ、もって愛護動物をみだりに傷つけたものである。

(留意点)　「愛護動物」とは、牛、馬、豚、めん羊、山羊、犬、猫、いえうさぎ、鶏、いえばと、あひる、その他人が占有している動物で哺乳類、鳥類又は爬虫類に属するものをいう（動物の愛護及び管理に関する法律44条4項）。

　動物の愛護及び管理に関する法律は令和元年に改正され（令和2年6月1日施行）、愛護動物をみだりに殺し、又は傷つけた者は、5年以下の懲役又は500万円以下の罰金、愛護動物を遺棄した者は、1年以下の懲役又は100万円以下の罰金というように、法定刑が引き上げられた。

第18　鳥獣の保護及び管理並びに狩猟の適正化に関する法律違反

■8条、83条1項1号　（狩猟鳥獣以外の鳥獣の捕獲）

　被疑者は、法定の除外事由がないのに、令和○年○月○日、徳島県○○市○○町○丁目○番○号先において、いわゆるカスミ網を使用し、狩猟鳥獣以外の鳥獣であるウグイス○羽を捕獲したものである。

留意点　鳥獣保護及狩猟ニ関スル法律1条の5、1項の「捕獲」とは、狩猟鳥獣を現実に自己の実力支配内に入れうる状態を生じさせたことをいい、単に銃砲を発射するなどして狩猟行為をしたにすぎない場合を含まない（仙高判昭和43.1.23）。

■55条1項、39条、83条1項5号　（無登録捕獲）

　被疑者は、○○県知事の狩猟免許を受けたが、狩猟者登録を受けずに、かつ、法定の除外事由がないのに、令和○年○月○日頃、徳島県○○市○○町○丁目○番○号先山林において、猟銃を使用し、熊○頭を捕獲したものである。

■55条2項、11条1項、83条1項2号　（狩猟期間外の捕獲）

　被疑者は、狩猟期間外である令和○年○月○日頃、高知県○○市○○町○丁目○番○号先において、いわゆるカスミ網を使用し、まがも○○羽を捕獲したものである。

346

■35条2項、83条1項4号　（特定猟具使用禁止区域内での捕獲）

> 被疑者は、○○県知事の承認を受けずに、かつ、法定の除外事由がないのに、令和○年○月○日頃、○○県知事が特定猟具使用禁止区域として定めた愛媛県○○市○○町○丁目○番○号先において、猟銃を使用し、やまどり○羽を捕獲したものである。

■27条、84条1項5号　（違法捕獲鳥獣等の譲受け）

> 被疑者は、令和○年○月○日頃、愛媛県○○市○○町○丁目○番○号A方において、同人から、同人が捕獲した狩猟鳥獣以外の鳥獣であるむくどり○羽を代金○○円で譲り受けたものである。

（留意点）　鳥獣保護及狩猟ニ関スル法律20条にいう「鳥獣」には、右鳥獣から摘出された胎児をも含む（札高判昭和44.5.29）。

第19　出資の受入れ、預り金及び金利等の取締りに関する法律違反

■2条1項、8条3項1号　（預り金の禁止）

　被疑者は、法定の除外事由がないのに、別紙一覧表記載のとおり、令和〇年〇月〇日から同年〇月〇日までの間、前後〇〇回にわたり、東京都〇〇区〇〇町〇丁目〇番〇号被疑者方事務所において、不特定かつ多数の相手方であるAほか〇〇名から現金〇〇万円を月〇分の利息を支払うことを約して預り受け、もって業として預り金をしたものである。（一覧表略）

■5条2項、8条1項　（高金利の取得）　⑴受領　⑵契約

　被疑者は、貸金業を行っている者であるが、令和〇年〇月〇日、東京都〇〇区〇〇町〇丁目〇番〇号被疑者方事務所において、Aに対し、同月〇日までの期限で金〇〇万円貸し付けるに当たり、〇〇円につき1日〇〇銭を超える割合の〇〇万円の利息を受領したものである。

　被疑者は、東京都〇〇区〇〇町〇丁目〇番〇号Aビル内の被疑者方事務所で貸金業を営んでいる者であるが、別紙一覧表記載のとおり、令和〇年〇月〇日から同年〇月〇日までの間、前記事務所において、前後〇〇回にわたり、Bほか〇〇名に対し、金銭を貸し付けるに当たり、〇〇円につき1日〇〇銭を超える利息を契約したものである。（一覧表略）

　(留意点)　形式的には賃金債権の債権譲渡であっても、条件により、実質的には返済合意のある金銭の交付と同様の機能を有する場合は、「貸付け」に該当する（最決令5.2.20）。

第20　貸金業法違反

■11条1項、3条1項、47条2号　（無登録貸金業）

被疑者は、○○県知事の登録を受けないで、別紙一覧表記載のとおり、令和○年○月○日から同年○月○日までの間、前後○○回にわたり、神奈川県○○市○○町○丁目○番○号所在被疑者方事務所において、Aほか○○名に対し、現金合計○○万円を貸し付け、もって貸金業を営んだものである。(一覧表略)

■21条1項、47条の3第1項3号　（取立て行為の規制）

被疑者は、○○県知事の登録を受け、神奈川県○○市○○町○丁目○番○号に事務所を置き、貸金業を営む者であるが、令和○年○月○日午後○時頃、神奈川県○○市○○町○丁目○番○号A方玄関において、同人に対する貸金債権の取立てをするに当たり、同人の妻B（当時○○歳）に対し、「この野郎。腎臓を売ってでも金を作ってこい。」などと大声を発して傘を投げつけ、さらに玄関扉を足で蹴るなどし、もって同人を威迫して困惑させたものである。

第21　不正競争防止法違反

■21条1項3号ロ　（営業秘密の領得）

　被疑者は、平成○年○月○日から令和○年○月○日までの間、通信事業者であるA株式会社に勤務し、同社の営業秘密である同社ネットワーク情報を同社から示されていたものであるが、不正の利益を得る目的で、その営業秘密の管理及び秘密保持に係る任務に背いて、令和○年○月○日、神奈川県○○市○○町○丁目○番○号被疑者方において、パーソナルコンピュータを操作し、同社が営業秘密を蔵置しているBクラウドサーバーにアクセスし、前記A株式会社の営業秘密であるネットワーク情報ファイル「○○」を電子メールに添付して自己が管理するメールアドレス宛てに送信し、アメリカ合衆国所在のCが管理するメールサーバに保存して前記ファイルの複製を作成し、もって前記A株式会社の営業秘密を領得したものである。

　(留意点)　「営業秘密」に該当するためには、①秘密として管理されている「秘密管理性」、②生産方法、販売方法その他の事業活動に有用な技術又は営業上の情報としての「有用性」、③公然と知られていない「公然性」が必要である（不正競争防止法2条6項）。

350

第22　宅地建物取引業法違反

■12条１項、79条２号　（無免許営業）

被疑者は、埼玉県知事の免許を受けないで、令和○年○月○日頃から同年○月○日頃までの間、埼玉県○○市○○町○丁目○番○号に事務所を設置し、同事務所において、業として、別紙一覧表記載のとおり前後○○回にわたり、Ａから宅地の買い入れ方のあっせんを依頼され、同人に対しＢがその所有する同市○○町○丁目○番○号所在宅地約○○平方メートルを売却するに付き、同売買の媒介をしたほか、○○件の宅地、建物の売買並びにその媒介をなし、もって宅地建物取引業を営んだものである。（一覧表略）

(留意点)　法２条１号「宅地」とは、現に建物の敷地に供されている土地に限らず、広く建物の敷地に供する目的で取引の対象とされた土地を指称し、その地目・現況のいかんを問わない（東京高判昭和46.12.15）。

■13条１項、79条３号　（名義貸し）

被疑者は、埼玉県知事の免許を受け、埼玉県○○市○○町○丁目○番○号に事務所を設置し宅地建物取引業を営むものであるが、令和○年○月○日頃から同年○月○日頃までの間、知人Ａから依頼されて同人に自己の名義を貸し、別紙一覧表記載のとおり、前記Ａに、被疑者の名義により、合計○○件の宅地・建物の売買の媒介をさせ、宅地建物取引業を営ませたものである。（一覧表略）

■47条１号、79条の２　（業務に関し重要事項の不告知）

　被疑者は、千葉県知事の免許を受け、千葉県○○市○○町○丁目○番○号に事務所を設置し宅地建物取引業を営むものであるが、令和○年○月○日頃、前記事務所において、その業務に関し、自己所有の同県○○市○○町○丁目○番○号所在の宅地約○○平方メートルの買い入れ方を申し入れたＡに対し、同宅地にはＢ信用金庫のため債権極度額○○万円の根抵当権が設定されているにもかかわらず、故意に重要な事項である前記根抵当権設定の事実を告げなかったものである。

第23　建築基準法違反

■6条1項1号、99条1項1号　（建築主事の確認を受けない建築）

被疑者は、法定の除外事由がなく、かつ、建築主事の確認を受けることなく、令和○年○月○日頃、茨城県○○市○○町○丁目○番○号において、共同住宅○棟（その用途に供する部分の床面積合計約○○平方メートル）の建築工事に着手し、同年○月○日頃、同工事を完成したものである。

第24　水質汚濁防止法違反

■2条2項2号、3条、12条1項、31条1項1号、34条、同法施行令1
条、別表第1、63のハ、65、66、排水基準を定める省令1条、別表第
2

　被疑会社A電機株式会社（代表取締役B）は、アルカリ電池等の製造販
売等を営業目的とし、栃木県○○市○○町○丁目○番○号に工場を設けて
法定の特定施設（カドミウム電極の化成設備、酸・アルカリによる表面処
理施設、電気メッキ施設）を設置し、これから1日○○立方メートル以上
の排出水を排出しているもの、被疑者Cは、同会社製造技術部長として公
害防止の業務を統括しているものであるが、被疑者Cは同社の業務に関
し、前記特定施設から排出する排出水は、その汚染の状態が排水口におい
て、省令で定める排水基準（水素イオン濃度については水素指数が5.8以
上8.6以下であること）に適合したものでなければならないのに、令和○
年○月○日、前記工場排水口において、水素指数が8.6を超える廃水を、
公共用水域である○級河川D川に放流し、もって排水基準に適合しない排
出水を排出したものである。

　留意点　　「排出」とは、一定の物質を不要物として、自己の管理の及ばない
　　　公共用水域に、放出若しくは流出させることをいう。
　　　　前記記載例は、直罰規定（12条1項、31条）適用の事例である。主
　　　体は「排出水を排水する者」であるが、一般的には、事業活動に伴う
　　　排水過程を有効に管理している者が、これに該当しよう。

第25　海洋汚染等及び海上災害の防止に関する法律違反

■4条1項、55条2項　（船舶からの油の排出―過失）

　被疑者は、漁船A（総トン数約○○トン）に○等機関士として乗り組むものであるが、令和○年○月○日午前○時頃、○○県○○市○○港岸壁に係留中の同船において、港内給油船B丸から油送ホース及び油送ポンプを使用し、前記A燃料タンクに重油を搭載しようとしたが、このような場合、スケールで各燃料タンク内の重油残量を計測し、新たに搭載可能な油量を算出した上で送油を指示すべき注意義務があるのに、これを怠り、重油が満載された同船○番燃料タンクが空であるものと軽信し、前記B丸送油担当員Cに対し、同タンクに送油の指示をなし送油ポンプを運転の上送油させた過失により、前記タンクからあふれ出た重油約○○リットルを、同タンク空気抜き口から海上に流出させたものである。

　(留意点)　油の排出量の確定の困難な場合が予想され、容積をもって確定できない場合には、海面に拡散した面積をもって特定する方法もある。

■8条1項、58条2号　（油記録簿の不備）

　被疑者は、貨物船A（総トン数約○万トン）の船長であるが、法定の除外事由がないのに、令和○年○月○日頃、静岡県○○市○○町○丁目○番○号沖約○○メートルの○○港に錨泊中の同船において、同船内に油記録簿を備え付けなかったものである。

第26　廃棄物の処理及び清掃に関する法律違反

■14条6項、25条1項1号、32条1項1号　（無許可で産業廃棄物処分
業を行った場合）

　被疑者株式会社Ａ産業は、静岡県○○市○○町○丁目○番○号に本店を
置き、産業廃棄物の収集・運搬等に関する事業を営むもの、被疑者Ｂは、
同社の代表取締役として、同社の業務全般を統括管理するものであるが、
被疑者Ｂは、同社の業務に関し、別表記載のとおり、令和○年○月○日頃
から同年○月○日頃までの間、○○回にわたり、同市○○町○番地付近又
は同市○○町○○番地付近の土地において、○○県知事から産業廃棄物処
分業の許可を受けておらず、かつ、法定の除外事由がないのに、山梨県○
○市○○町○丁目○番○号に本店を置き、産業廃棄物の収集・運搬等に関
する事業を営む有限会社Ｃクリーンサービスから、代金合計○○万円で処
分の委託を受けて産業廃棄物である混合汚泥肥料合計約○万トンを受け入
れ、これを野積みし、もって無許可で産業廃棄物の処分を業として行った
ものである。（別表略）

■16条、25条1項14号　（一般廃棄物の投棄）

　被疑者は、し尿浄化槽清掃業を営むものであるが、令和○年○月○日午
後○時頃、法令で定められた区域内である静岡県○○市○○町○丁目○番
○号先海面において、ふん尿約○○リットルを、みだりに投棄したもので
ある。

　被疑者は、青果業を営むものであるが、令和○年○月○日午後○時頃、
法令で定められた区域内である静岡県○○市○○町○丁目○番○号先路上
において、ダンボール箱及び紙袋に詰め込んだ野菜くずのごみ約○○キロ
グラムを、みだりに投棄したものである。

第27 著作権法違反

■119条2項3号、113条1項2号 （海賊版の販売）

> 被疑者は、法定の除外事由がなく、かつ、著作権者の許諾を受けないで、令和○年○月○日、Aに対し、株式会社Bが著作権を有する映画の著作物である「○○」を複製したDVD○枚を、前記著作権者の許諾を得ないで複製されたものであることの情を知りながら、静岡県○○市○○町○丁目○番○号C郵便局から○○県○○市○○町○丁目○番○号前記A方に宛てて発送し、同月○日、同所に到達させ、代金○○円で販売して頒布し、もって前記著作権者の著作権を侵害する行為とみなされる行為を行ったものである。

留意点　「著作物」とは、思想又は感情を創作的に表現したもので、文芸、学術、美術又は音楽の範囲に属するものをいう（著作権法2条1項1号）。思想、感情の創作的表現であることから単なる事実の羅列は除かれる。また、表現が必要であることから、内心にとどまっている単なるアイデアは該当しない。

　具体的な例示として、①小説、脚本、論文、講演その他の言語、②音楽、③舞踊又は無言劇、④絵画、版画、彫刻その他の美術、⑤建築、⑥地図又は学術的な性質を有する図面、図表、模型その他の図形、⑦映画、⑧写真、⑨プログラムがある（著作権法10条1項各号）。プログラム言語は該当しない（著作権法10条3項）。

　著作権は登録等の方式を必要とせず創作の時に生じる（著作権法17条2項、51条1項）。著作権の存続期間は、著作者の死後70年を経過するまでの間である（著作権法51条2項）。

第28　商標法違反

■78条の2、37条2項　（類似商標を付した物の販売譲渡目的所持）

> 　被疑者は、アクセサリー、貴金属、バッグ、衣料品等の輸入及び販売等を業とする株式会社Aの取締役として、その業務全般を統括するものであるが、商標使用に関し何ら権限がないのに、同社従業員であるBと共謀の上、令和○年○月○日、山梨県○○市○○町○丁目○番○号同社事務所において、C共和国所在のD社が商標権の設定登録をしている「H」の文字をかたどった図形からなる商標（国際登録第○○号）に類似する商標を付したベルト○○本を販売譲渡のために所持したものである。

留意点　　「商標」とは、人の近くによって認識することができるもののうち、文字、図形、記号、立体的形状若しくは色彩又はこれらの結合、音その他政令で定めるもので、①業として商品を生産し、証明し、又は譲渡する者がその商品について使用するもの（商品商標）、②業として役務を提供し、又は証明する者がその役務について使用するもの（役務商標）をいう（商標法2条1項）。例えば、企業や商品の文字や図形などをいう。

　　商標権は設定の登録により発生する（商標法18条1項）。商標権の存続期間は設定の登録の日から10年であるが（商標法19条1項）、更新登録により更新することができる（商標法19条2項）。

第29　ストーカー行為等の規制等に関する法律違反

■18条、2条4項、1項各号　（ストーカー行為）

〈つきまとい等（2条1項1号違反）〉

　被疑者は、A（当時○○歳）に対する恋愛感情その他の好意の感情を充足する目的で、別紙一覧表記載のとおり、令和○年○月○日から同月○日までの間、前後○回にわたり、山梨県○○市○○町○丁目○番○号所在のB鉄道株式会社C線D駅構内で通勤途中の同人を待ち伏せ、さらに、同駅から同県○○市○○町○丁目○番○号所在の同線E駅に至るまでの間、同人と同一の電車に乗車して同人を追尾するなどし、同人の身体の安全が害され、又は行動の自由が著しく害される不安を覚えさせるような方法により、同人を待ち伏せた上、つきまとうなどし、もって同人に対してつきまとい等を反復して行いストーカー行為をしたものである。（一覧表略）

〈行動を監視していると思わせるような事項の告知等（2条1項2号違反）〉

　被疑者は、かつて交際していたA（当時○○歳）に対する好意の感情が満たされなかったことに対する怨恨の感情を充足する目的で、別紙一覧表記載のとおり、令和○年○月○日から同月○日までの間、前後○○回にわたり、自己の携帯電話機を使用して、山梨県内にいた同人の携帯電話機に「また朝帰りですか。今日は黒いコートだね。」などと記載した電子メールを送信してこれを同人に閲読させ、同人の行動の自由が著しく害される不安を覚えさせるような方法により、同人の行動を監視していると思わせるような事項を告げ、もって、同人に対してつきまとい等を反復して行い、ストーカー行為をしたものである。（一覧表略）

〈面会その他義務のない行為の要求等（2条1項3号違反）〉

　被疑者は、A（当時○○歳）に対する恋愛感情その他の好意の感情を充足する目的で、別紙一覧表記載のとおり、令和○年○月○日頃から同月○

日頃までの間、前後〇〇回にわたり、長野県〇〇市〇〇町〇丁目〇番〇号先に設置されたポストほか〇か所において、同人宛に、「〇月〇日、君の家を訪ねます。」、「必ず近日中に連絡ください。俺は怖いものなしの状態だから異常だよ。君も将来つぶしたくないだろう。」などと記載した文書を投函し、いずれも、その頃、同人方にこれを到達させて、同人の身体の安全、住居等の平穏又は行動の自由が著しく害される不安を覚えさせるような方法により、同人に面会、交際その他の義務のないことを行うことを要求し、もってつきまとい等を反復して行いストーカー行為をしたものである。（一覧表略）

〈著しい粗野又は乱暴な言動等（2条1項4号違反）〉

　被疑者は、元妻であるA（当時〇〇歳）に対する恋愛感情その他の好意の感情が満たされなかったことに対する怨恨の感情を充足する目的で、別紙一覧表記載のとおり、令和〇年〇月〇日午前〇時〇分頃から同月〇日午後〇時〇分頃までの間、前後〇回にわたり、長野県〇〇市〇〇〇番地所在の同人方〇階居室ほか〇か所において、同人に持っていた包丁を示しその刃を自己に向けながらその柄を同人の手に握らせて、同人に対し、「俺と一緒に死んでくれ。そんなに嫌なら俺を刺して殺してくれ。」と告げるなどして、身体の安全が害される不安を覚えさせるような方法により、著しく粗野又は乱暴な言動をし、もってつきまとい等を反復して行い、ストーカー行為をしたものである。（一覧表略）

〈無言電話等（2条1項5号違反）〉

　被疑者は、かつて交際していたA（当時〇〇歳）に対する好意の感情が満たされなかったことに対する怨恨の感情を充足する目的で、別紙一覧表記載のとおり、令和〇年〇月〇日午後〇時〇分頃から同年〇月〇日午前〇時〇分頃までの間、前後〇〇回にわたり、新潟県〇〇市〇〇町〇丁目〇番〇号ほか〇か所に設置された公衆電話機から、同人が使用する携帯電話機に電話をかけて何も告げない行為を反復し、もってストーカー行為をしたものである。（一覧表略）

〈汚物等の送付等（2条1項6号違反）〉

　被疑者は、A（当時○○歳）に対する恋愛感情その他の好意の感情を充足する目的で、別紙一覧表記載のとおり、令和○年○月○日から同月○日までの間、前後○回にわたり、新潟県○○市○○町○丁目○番○号の同人方玄関付近において、被疑者の尿をまき散らすなどし、よって、著しく不快又は嫌悪の情を催させるような物を前記○○の知り得る状態に置き、もって同人に対してつきまとい等を反復して行いストーカー行為をしたものである。（一覧表略）

〈名誉を害する事項の告知等（2条1項7号違反）〉

　被疑者は、Aに対する恋愛の感情が満たされなかったことに対する怨恨の感情を充足する目的で、別紙一覧表記載のとおり、令和○年○月○日頃から同月○日頃までの間、前後○○回にわたり、○○県内から大阪府○○市○○町○丁目○番○号の同人方に同人の写真が印刷され、「この男は学生である。本来学生の本分は勉強であるにもかかわらず、この男は不特定多数の女性と不倫関係を結び、あらゆる女性を唆して高額な物品を購入させ、貢がせている。」などと記載されたビラ等を郵送して同人の名誉を害する事項を知り得る状態に置くなどし、もって同人に対しつきまとい等を反復して行いストーカー行為をしたものである。（一覧表略）

〈性的羞恥心を害する事項の告知等（2条1項8号違反）〉

　被疑者は、A（当時○○歳）に対する恋愛感情その他の好意の感情又はそれが満たされなかったことに対する怨恨の感情を充足する目的で

　1　令和○年○月○日頃、同女の性交性戯場面等を撮影した画像を記録したSDカード○枚を、○県○市○番地に設置された郵便ポストから郵送し、同月○日頃、同市○区○番地所在の同人が居住する○○ハイツ○○号室に送達させ、同人の性的羞恥心を害する物を送付し

　2　令和○年○月○日午前○時○分頃、同○所在の前記Aの実父であるB方玄関前において、同人方の郵便受けに前記Aの性交性戯場面等を露骨に撮影した画像が印刷された写真○○枚を投函し、同人の性的羞

　　恥心を害する物をその知りうる状態に置き

同人に対しつきまとい等を反復し、もってストーカー行為をしたものである。

〈ＧＰＳ装置の取り付け、位置情報の取得（２条３項２号違反）〉

　被疑者は、勤務先の部下であるＡ（当時○○歳）に対する恋愛感情その他の好意の感情を充足する目的で

1　令和○年○月○日頃、京都府○○市○○町○丁目○番○号○○店駐車場において、同人の承諾を得ないで、同所に駐車中の同人が使用する自動車に位置情報記録・送信装置であるＧＰＳトラッカーを取り付け

2　別表（省略）記載のとおり、同月○日午後○時○分から同月○日午後○時○分までの間、○○回にわたり、京都府内又はその周辺において、自己が使用する携帯電話機のアプリケーションソフト「Ｂ」を利用し、前記Ａの承諾を得ないで、前記自動車に取り付けた前記ＧＰＳトラッカーにより送信された当該装置の位置に係る位置情報が記録された電磁的記録を受信して位置情報を取得し

もって同人に対し、位置情報無承諾取得等を反復して行い、ストーカー行為をしたものである。

（留意点）　ストーカー行為は、従来、親告罪であったが、平成28年の法改正により非親告罪とされた。

　　　　　１号から４号までの行為は、身体の安全、住居等の平穏若しくは名誉が害される不安を覚えさせるような方法又は行動の自由が著しく害される不安を覚えさせるような方法により行われることを要する。

　　　　　１号では、令和３年の法改正により、自宅や勤務先等、相手方が通常所在する場所に限らず、相手方が現に所在する場所（店舗や旅行先等）にて見張り等をする行為も処罰対象となった。

　　　　　５号では、平成25年の法改正により、電子メールの送信が、平成28年の法改正により、ブログ、ＳＮＳ等を用いたメッセージの送信等が、令和３年の法改正により、何度も手紙を郵送したり、相手方のポストに投函する行為等が、処罰対象に追加された。

　　　　　また、令和３年の法改正では、２条３項の改正により、位置情報の無承諾取得等（例えば、相手方のスマートフォンに無断でインストー

ルした位置情報アプリを利用して、そのスマートフォンの位置情報を取得する行為など（1号）、相手方の車両に無断でＧＰＳ機器を取り付ける行為など（2号））が、処罰対象に追加された。

■19条1項、5条1項1号　（禁止命令違反）

被疑者は、つきまとい等をして、Ａ（当時○○歳）に身体の安全、住居等の平穏又は行動の自由が著しく害される不安を覚えさせたため、令和○年○月○日、○○県公安委員会から、ストーカー行為等の規制等に関する法律第5条第1項第1号の規定により、同人に対し、さらに反復して当該行為等をしてはならない旨の禁止命令を受けていたものであるが、同人に対する恋愛感情その他の好意の感情を充足する目的で、別紙一覧表記載のとおり、令和○年○月○日午後○時○分頃から同月○日午後○時○分頃までの間、前後○回にわたり、京都府○○市○○町○丁目○番○号同人方玄関前において、同人の身体の安全、住居等の平穏又は行動の自由が著しく害される不安を覚えさせるような方法により、同人を待ち伏せし、又は住居に押し掛け、もって同人に対しつきまとい等を反復して行いストーカー行為をしたものである。（一覧表略）

（留意点）　平成28年改正により、警告違反がなければ禁止命令等を発出できないというこれまでの制度が見直された（警告前置の廃止は、平成29年6月14日施行）。

　なお、禁止命令に違反してストーカー行為を行った場合の罰則であるから、禁止命令後の行為は、当該命令により禁止された内容の行為である必要がある。

第30　私事性的画像記録の提供等による被害の防止に関する法律違反

■3条2項

> 　被疑者は、令和○年○月○日午前○時○分頃から同日午後○時○分頃までの間、○○回にわたり、兵庫県○○市○○町○丁目○番○号被疑者方において、自己のパーソナルコンピュータを用いてインターネットを利用し、元交際相手であるＡの顔や陰部を撮影した画像データ及び同人が被疑者の陰茎を口淫する場面を撮影した画像データ等○○点を、株式会社Ｂが管理するＣ国内に設置されたサーバコンピュータに送信して記憶・蔵置させ、不特定多数のインターネット利用者に対し、同画像の閲覧が可能な状態を設定し、もって第三者が撮影対象者を特定することができる方法で、性交又は性交類似行為に係る人の姿態及び衣服の全部又は一部を着けない人の姿態であって、殊更に人の性的な部位が露出され又は強調されているものであり、かつ、性欲を興奮させ又は刺激するものである私事性的画像記録物を公然と陳列したものである。

（留意点）　「私事性的画像記録」とは、次の①から③のいずれかに掲げる人の姿態が撮影された画像に係る電磁的記録その他の記録をいう。
① 　性交又は性交類似行為に係る人の姿態
② 　他人が人の性器等を触る行為又は人が他人の性器等を触る行為に係る人の姿態であって性欲を興奮させ又は刺激するもの
③ 　衣服の全部又は一部を着けない人の姿態であって、殊更に人の性的な部位が露出され又は強調されているものであり、かつ、性欲を興奮させ又は刺激するもの
　　これらは、児童ポルノ禁止法における「児童ポルノ」の定義（同法2条3項各号）を参考にして規定されたものであり、姿態の主体が「児童」ではなく「人」とされていることを除けば、同法の規定と同一の内容である。

第31　配偶者からの暴力の防止及び被害者の保護等に関する法律違反

■29条、10条1項1号

被疑者は、令和○年○月○日、○○地方裁判所から、配偶者からの暴力の防止及び被害者の保護等に関する法律第10条に基づき、同日から起算して○か月間、奈良県○○市○○町○丁目○番○号の住居以外の場所において、被疑者の配偶者であるＡ（当時○○歳）の身辺につきまとい、又は同人の住居、勤務先その他その通常所在する場所の付近をはいかいしてはならないことを内容とする保護命令を受けていたものであるが、同年○月○日午後○時頃から同日午後○時頃までの間、同人が居住する同県○○市○○町○丁目○番○号同人方付近をはいかいし、もって同保護命令に違反したものである。

（留意点）　裁判所による保護命令の概要を記載することが必要である。

第32　児童買春、児童ポルノに係る行為等の規制及び処罰並びに児童の保護等に関する法律違反

■4条　（児童買春）

> 被疑者は
> 第1　令和○年○月○日頃、滋賀県○○市○○町○丁目○番○号所在のホテル「○○」において、A女（平成○年○月○日生、当時○歳）が18歳に満たない児童であることを知りながら、同児童に対し、現金○万円を対償として供与し、自己の性的好奇心を満たす目的で、同児童の性器を手指で触るなどし
> 第2　同月○日、前記ホテル「○○」において、B女（平成○年○月○日生、当時○歳）が18歳に満たない児童であることを知りながら、同人に対し、現金○万円を供与し、自己の陰茎を同人に手淫させるなどの性交類似行為をし
> 第3　同月○日、前記ホテル「○○」において、C女（平成○年○月○日生、当時○歳）が18歳に満たない児童であることを知りながら、同人に対し、現金○万円の対償を供与する約束をして、同人と性交し
> もって児童買春をしたものである。

(留意点)　「児童」とは18歳未満の自然人をいい、性別を問わない。

「対償」とは、児童に対して性交等をすることに対する反対給付としての経済的利益をいい、現金、物品、有価証券のみならず、金銭の貸付、返済の猶予、債務免除等も「対償」となりうる。

「（対償の）供与又はその供与の約束」は、性交等がなされる前に存することが必要である。

「性交類似行為」とは、実質的にみて、性交と同視しうる態様における性的な行為をいう。例えば、異性間の性交とその態様を同じくする状況下におけるあるいは性交を模して行われる手淫などである。

■5条1項 （児童買春周旋）

> 被疑者は、A女（平成○年○月○日生、当時○歳）が18歳に満たない児童であることを知りながら、令和○年○月○日頃、和歌山県○○市○○町○丁目○番○号先路上において、B男に対し、前記児童を買春の相手方として紹介し、もって児童買春の周旋をしたものである。

（留意点） 「周旋」とは、売春防止法6条の「周旋」と基本的に同義であるが（売春防止法6条の「周旋」とは「売春をする者とその相手方となる者の間に立って、売春が行われるように仲介すること」をいう。）、「児童買春」であるため若干の差異を生じる。具体的には、①周旋者が買春行為者と児童とを仲介し、買春行為者が児童に対償等を供与し又は供与の約束をする場合、②周旋者が買春行為者と児童とを仲介し、買春行為者が周旋者に対償等を供与し又は供与の約束をする場合、③周旋者が買春行為者と児童の保護者等とを仲介し、買春行為者が保護者等に対償等を供与し又は供与の約束をする場合がある。

　周旋については、児童を使用する者は、児童の年齢を知らないことを理由として処罰を免れることはできない（9条。無過失の場合を除く。）。ただし、証拠上、児童を使用する被疑者が犯行時に児童の年齢を知っていたと認められる場合は、犯情を明らかにするため、「○○が18歳に満たない児童であることを知りながら、」と記載するのがよい。

■6条1項 （児童買春勧誘）

> 被疑者は、A女（平成○年○月○日生、当時○歳）が18歳に満たない児童であることを知りながら、同人に対する児童買春の周旋をする目的で、令和○年○月○日、和歌山県○○市○○町○丁目○番○号先路上において、B男に対し、「かわいい○○歳の子がいますよ。○万円で最後までできますよ。どうですか。」などと言い、もって児童買春の勧誘をしたものである。

留意点　　「勧誘」とは、児童買春の仲介をする目的をもって、特定の者に対して、児童買春をするよう積極的に働きかけることをいう。

■7条　（児童ポルノ提供等）

〈3項前段〉

　被疑者は、令和○年○月○日頃、愛知県○○市○○町○丁目○番○号所在の被疑者方において、提供の目的で、全裸の状態で被疑者の陰茎を口にくわえさせたわいせつ行為に係る被害者の姿態や、全裸又は半裸の状態で陰部又は胸部を露出した被害者の姿態を被疑者が使用するスマートフォンで撮影し、その画像データである電磁的記録合計○○点を同スマートフォンの内蔵記録装置に記録して保存し、もって児童による性交類似行為に係る児童の姿態及び衣服の全部又は一部を着けない児童の姿態であって、殊更に児童の性的な部位が露出され又は強調されているものであり、かつ、性欲を興奮させ又は刺激するものを視覚により認識することができる方法により描写した情報を記録した電磁的記録に係る記録媒体である児童ポルノを製造したものである。

〈6項前段〉

　被疑者は、令和○年○月○日頃、愛知県○○市○○町○丁目○番○号先路上において、別紙一覧表記載のとおり、A男ほか○名に対し、児童を相手方とする又は児童による性交又は性交類似行為に係る児童の姿態を視覚により認識することができる方法により描写した児童ポルノであるDVD「○○」等合計○枚を代金合計○○円で販売し、もって児童ポルノを不特定又は多数の者に提供したものである。（一覧表略）

〈7項前段〉

　被疑者は、不特定又は多数の者に提供する目的で

第1　令和○年○月○日頃、三重県○○市○○町○丁目○番○号所在のビデオ店「A」において、衣服の全部又は一部を着けない児童の姿態であって性欲を興奮させ又は刺激するものを視覚により認識することが

できる方法により描写した児童ポルノであるＤＶＤ「○○」等○枚を
所持した
第2　同日、三重県○○市○○町○丁目○番○号被疑者方において、児童
　を相手方とする又は児童による性交又は性交類似行為に係る児童の姿
　態を視覚により認識することができる方法により描写した児童ポルノ
　である「○○」等の画像データを記憶・蔵置させたハードディスク○
　台を内蔵するパーソナルコンピュータ本体○台を所持した
ものである。

（留意点）　児童ポルノを他人に取得させる行為について、旧法では「譲渡」、
　　　「頒布」、「業としての貸与」を規定していたが、平成16年の改正で、
　　　有償か無償かを問わず、特定かつ少数の者に対するものを「提供」と
　　　し、これを基本的な概念とした上、不特定又は多数の者に対するもの
　　　を「不特定若しくは多数の者に対する提供」とした。
　　　　「提供」とは、当該児童ポルノ又は電磁的記録その他の記録を相手
　　　方において利用しうべき状態に置く法律上・事実上の一切の行為をいう。
　　　　「公然と陳列した」とは、児童ポルノの内容を不特定又は多数の者
　　　が認識できる状態に置くことをいい、児童ポルノの内容を特段の行為
　　　を要することなく直ちに認識できる状態にすることを要しない。ま
　　　た、自ら児童ポルノを設置・管理している必要はなく、児童ポルノ画
　　　像を掲載しているウェブサイトのＵＲＬを紹介する行為もこれに当た
　　　る（最決平成24.7.9）。
　　　　平成26年の改正では、2条3項3号の「児童ポルノ」の定義が「衣
　　　服の全部又は一部を着けない児童の姿態であって、殊更に児童の性的
　　　な部位（性器若しくはその周辺部、臀部又は胸部をいう。）が露出さ
　　　れ又は強調されているものであり、かつ、性欲を興奮させ又は刺激す
　　　るもの」（下線は改正箇所）と改められたほか、自己の性的好奇心を
　　　満たす目的で、児童ポルノを所持し、又は児童ポルノに係る電磁的記
　　　録を保管した者（自己の意思に基づいて所持又は保管するに至った者
　　　であり、かつ、当該者であることが明らかに認められる者に限る。）
　　　（7条1項）、ひそかに児童ポルノに係る児童の姿態を写真、電磁的記

録に係る記録媒体その他の物に描写することにより、当該児童に係る
児童ポルノを製造した者（7条5項）をも処罰対象とする罰則規定が
新設された。

第33 不正アクセス行為の禁止等に関する法律違反

■11条、3条 （不正アクセス行為）

　被疑者は、他人の識別符号を使用して不正アクセス行為をしようと考え、法定の除外事由がないのに、令和○年○月○日午前○時○分頃、岐阜県○○市○○町○丁目○番○号被疑者方において、インターネット利用者を対象とするオークションサービス「インターネットオークション」を開設するアクセス管理者である株式会社Aが、同市○○町○丁目○番○号同社内に設置したアクセス制御機能を有する特定電子計算機である認証サーバコンピュータに、前記被疑者方に設置されたパーソナルコンピュータから、電気通信回線を通じて、当該アクセス制御機能に係る前記「インターネットオークション」会員のBを利用権者として付された識別符号であるＩＤ「Ｂ１２３４」及びパスワード「１２３４」を入力して、前記特定電子計算機を作動させ、前記アクセス制御機能により制限されている特定利用をし得る状態にさせ、もって不正アクセス行為をしたものである。

　（留意点）　3条で禁止される「不正アクセス行為」といえるためには、事業用であるか非事業用であるか、当該コンピュータが接続されているネットワークがオープンであるかクローズドであるかを問わず、ネットワークに接続されており、かつ、アクセス制御機能による利用制限が行われているコンピュータを対象とするものでなければならない。

　　なお、平成24年の改正により、いわゆる目的犯（不正アクセス行為の用に供する目的）として「他人の識別符号を取得する行為（4条）」「不正に取得された他人の識別符号を保管する行為（6条）」が禁止・処罰されることとなった。また、アクセス管理者そのものであると偽ったり、アクセス管理者であるかのような紛らわしい表示を用いることにより、利用権者にアクセス管理者であると誤認させて、識別符号の入力を求める、いわゆるフィッシング行為が禁止・処罰されることとなった（7条）。

第34　民事執行法違反

■213条1項5号　（財産開示期日に正当な理由なく不出頭）

　被疑者は、○○地方裁判所を執行裁判所、○○株式会社を申立人とする財産開示事件の開示義務者であるが、同裁判所から令和○年○月○日午後○時○分に岐阜県○○市○○町○丁目○番○号同裁判所民事第○部第○審尋室で開始される財産開示期日に出頭すべき旨の呼出しを受けたのに、正当な理由なく、同財産開示期日に出頭しなかったものである。

（留意点）　かつては、財産開示手続において、開示義務者（債務者など）が、正当な理由なく、呼出しを受けた財産開示期日（債務者に財産状況を陳述させる期日）に出頭しなかった場合は、30万円以下の過料に止まっていたのが、債務者の財産状況の調査に関する制度の実効性の向上を図るため、令和元年の民事執行法の改正（令和2年4月1日施行）により、6か月の以下の懲役又は50万円の以下の罰金に処するとして刑事罰が導入された。

第3章　警　備

第1　出入国管理及び難民認定法違反

■3条、70条1項1号　（密入国）

> 　被疑者は、A国籍を有する外国人であるが、有効な旅券又は乗員手帳を所持しないで、令和○年○月○日頃、福井県○○市○○町○丁目○番○号付近海岸で漁船に上陸して本邦に入国したものである。

■9条7項、70条1項2号　（無証印上陸）

> 　被疑者は、A国籍を有する外国人で同国発行の有効な旅券を所持しているものであるが、令和○年○月○日、○○県○○市○○空港において、○○航空の旅客機で同空港に到着したものであるところ、その旅券に同空港入国審査官の上陸許可の証印を受けないで、同空港からその域外に出て、不法に本邦に上陸したものである。

■70条1項2号　（無許可上陸）

> 　被疑者は、A国籍を有する外国人で同国の船舶○○号に乗船していたものであるが、令和○年○月○日、同船が○○県○○市の○○港に入港の際、入国審査官の許可を受けないで、同船より同港埠頭に上陸し、もって不法に本邦に上陸したものである。

■19条1項、70条1項4号　（在留資格外活動）

　被疑者は、A国籍を有する外国人で、在留資格は「短期滞在」とその旅券に記載を受けているものであるが、在留資格の変更を受けないで、令和○年○月○日、Bとの間で劇場出演の契約を締結した上、同日から同年○月○日までの間、石川県○○市○○町○丁目○番○号のC劇場において、歌手として出演し、もって当該在留資格以外の在留資格に属するものの行うべき活動を専ら明らかに行ったものである。

■70条1項5号　（不法残留）

　被疑者は、A国籍を有する外国人であるが、在留期間が令和○年○月○日までであったにもかかわらず、同日までに出国せず、前記期間を経過した同年○月○日までの間、富山県○○市内に居住し、もって在留期間の更新又は変更を受けないで在留期間を経過して不法に本邦に残留したものである。

■70条1項7号　（期間外残留）

　被疑者は、A国籍を有する外国人で令和○年○月○日○○県○○市の○○港に入港した同国船舶第○○号の船員であるが、入国審査官から同月○日午後○時までを期間とする寄港地上陸の許可を受けて同港に上陸したものであるが、前記期間内に帰船せず、同年○月○日まで○○県内のホテルを転々とし、もって寄港地上陸許可書に記載された期間を経過して不法に本邦に残留したものである。

■70条2項、1項1号、3条1項2号 （平成11年改正法施行後に不法入国、不法在留ともに処罰する場合）

> 被疑者は、A国籍を有する外国人であるが、入国審査官から上陸の許可等を受けないで本邦に上陸する目的で、令和○年○月○日、B連邦から航空機で○○県○○市所在の○○空港に到着し、その頃同所に上陸した後引き続き令和○年○月○日まで○○県内に居住するなどし、もって本邦に不法に入国し、上陸した後引き続き不法に在留したものである。

> (留意点)　本罪の主体は、不法入国者又は不法上陸者である。不法入国罪、不法上陸罪について公訴時効（3年）が完成している場合であっても、本罪の主体となる。

■25条2項、71条 （外国人の密出国）

> 被疑者は、A国籍を有する外国人であるが、有効な旅券もなく、乗員でもないのに、本邦外の地域であるB国に向けて出国する目的で、令和○年○月○日、○○県○○市の○○港から漁船第○○丸に乗船してB国に向けて出港し、もって不法に本邦から出国したものである。

■60条2項、71条 （日本人の密出国）

> 被疑者は、A国籍を有する外国人であるが、有効な旅券に出国の確認を受けないで、令和○年○月○日、○○県○○市の○○港からB国貨物船○○号に乗船して本邦以外の地域であるA国に向けて出港し、もって不法に本邦から出国したものである。

■73条の２第１項１号　（不法就労助長　その１）

被疑者は、山口県○○市○○町○丁目○番○号において喫茶店「Ａ」を経営し、同店のホステスとして使用する外国人女性に不特定多数の遊客を相手方として接客させることを業としていたものであるが、前記事業活動に関し、令和○年○月○日頃から同年○月○日頃までの間、前記喫茶店「Ａ」において、短期滞在の在留資格で本邦に在留し出入国在留管理庁長官の資格外活動許可を受けていないＢ国籍を有する外国人であるＣ（当時○○歳）にホステスとして報酬を受ける活動に従事させ、もって事業活動に関し、外国人に不法就労活動をさせたものである。

(留意点)　出入国管理及び難民認定法及び法務省設置法の一部を改正する法律（平成30年法律第102号。平成31年４月１日施行）により、出入国在留管理庁が設置され、同庁の長は出入国在留管理庁長官とされた。

■73条の２第１項１号　（不法就労助長　その２（両罰規定））

被疑者株式会社Ａは、岡山県○○市○○町○丁目○番○号に本店を置き、ビル等の清掃及び管理業務等を目的とする株式会社であって、被疑者Ｂは、同会社の代表取締役であり、同会社の業務全般を統括するものであるが、被疑者Ｂは、同会社取締役Ｃと共謀の上、同会社の業務に関し、別紙一覧表記載のとおり、令和○年○月○日頃から同年○月○日頃までの間、同市○○町○丁目○番○号Ｄビルほか○○か所において、在留資格の更新又は変更を受けないで在留期間を経過して本邦に在留するＥ国籍を有する外国人Ｆほか○名に清掃作業等を行わせて報酬を受ける活動に従事させ、もって事業活動に関し、外国人に不法就労活動をさせたものである。
（一覧表略）

■73条の2第1項2号　（不法就労助長　その3）

> 被疑者両名は、共謀の上、令和○年○月○日頃から同月○日頃までの間、短期滞在の在留資格で本邦に在留し出入国在留管理庁長官の資格外活動許可を受けていないA国籍を有する外国人であるB（当時○○歳）を鳥取県○○市○○町○丁目○番○号スナック「C」等においてホステス兼売春婦として稼働させるために鳥取県○○市○○町○丁目○番○号被疑者方に居住させ、もって外国人に不法就労活動をさせるためにこれを自己の支配下に置いたものである。

■74条2項、1項　（営利目的で集団密航者を入国させる行為）

> 被疑者は、A船籍の貨物船B号の機関長であったものであるが、Cらと共謀の上、営利の目的で、令和○年○月○日（現地時間）から同月○日（同）までの間、D共和国E港において、いずれも同国の国籍を有し、入国審査官から上陸の許可等を受けないで本邦に上陸する目的を有するFら○名の集団密航者を、順次、同港に停泊中の同船に乗船させて、被疑者の使用する船室等に潜伏させ、自己の管理下に置いた上、同船が航行して、同月○日午前○時○分（日本時間）頃、北緯○○度○○分、東経○○度○○分付近の本邦領海内に到達するまで、前記集団密航者を乗船させ、もって自己の管理下にある集団密航者を本邦に入らせたものである。

（留意点）　「自己の支配又は管理の下にある」とは、指示・従属関係又はそれに至らない管理関係により、集団密航者の意思・行動に影響を及ぼすことができる状態にあることをいう。

　　　　　本罪の実行行為は、あくまでも、本邦に入らせ、又は上陸させる行為であって、その行為の時点で集団密航者を自己の支配又は管理の下に置いている状態があれば足りる（東京高判平成21.12.2）。

■23条1項、76条1号　（旅券等不携帯）

> 　被疑者は、A国籍を有する外国人であるが、法定の除外事由がないのに、令和○年○月○日午後○時○分頃、島根県○○市○○町○丁目○番○号先路上において、旅券を携帯していなかったものである。

> (留意点)　在留カードの交付を受けている外国人が同カードを携帯する場合は、旅券等の携帯義務は免除されている（23条1項ただし書）。また、16歳未満の外国人も旅券等の携帯義務はない（23条5項）。

■19条の7第1項、71条の2第1号　（虚偽届出）

> 　被疑者は、A国籍を有する外国人で、出入国在留管理庁長官から中長期在留者として在留カードの交付を受けているものであるが、令和○年○月○日、島根県○○市○○町○丁目○番○号所在の同市役所において、同市役所係員に対し、自己の住居を届け出るに当たり、真実は同市○○町○丁目○番○号に居住しているのに、「現在の住居地」欄に「○○市○○町○丁目○番○号」旨記載した内容虚偽の住居地届出書を在留カードとともに提出してこれを受理させ、もって同市長を経由して出入国在留管理庁長官に対し、住居地の届出に関し虚偽の届出をしたものである。

■19条の7第1項、71条の5第1号　（届出不履行）

> 　被疑者は、A国籍を有する外国人であり、出入国在留管理庁長官から中長期在留者として在留カードの交付を受けて、令和○年○月○日頃、福岡県○○市○○町○丁目○番○号に住居を定めたものであるが、その日から○○日以内に○○市長に対し、在留カードを提示した上、同市長を経由して出入国在留管理庁長官に対し、その住居地を届け出なければならないのに、令和○年○月○日まで、その届出をしなかったものである。

■19条の9第1項、71条の5第2号　（住居地変更届出義務違反）

　被疑者は、Ａ国籍を有する外国人で、出入国在留管理庁長官から中長期在留者として在留カードの交付を受けているものであるが、令和○年○月○日頃、その住居地を福岡県○○市○○町○丁目○番○号から○○県○○市○○町○丁目○番○号に変更したのであるから、住居地に移転した日から○○日以内に、新住居地の○○市長に対し、在留カードを提出した上、同市長を経由して、出入国在留管理庁長官に対し、その新住居を届けなければならないのに、これを怠り、同年○月○日までの間、その届出をしないで同所に居住し、もって前記規定の期間を超えて住居地変更の届出をしなかったものである。

■73条の3第1項　（在留カードの偽造）

　被疑者は、窃取に係るＡの在留カードを改変して在留カードを偽造しようと考え、令和○年○月○日頃、佐賀県○○市○○町○丁目○番○号被疑者方において、行使の目的をもって、前記窃取に係るＢ国出入国在留管理庁長官作成に係る同人の記名押印のある在留カードの写真欄に貼付されていた前記Ａの顔写真の上に自己の顔写真を接着剤で貼り付けた上、これをスキャナーで読み取りプラスチックカードに圧着させるなどし、もって自己が前記在留カードの交付を受けたＡであるかのような外観を呈するＢ国出入国在留管理庁長官作成名義の在留カード○枚を偽造したものである。

　(留意点)　外国人登録証明書の偽造等の罪は、従来、有印公文書偽造等罪が適用されていたが、平成24年7月施行の改正入管法により、本法第73条の3第1項（在留カードの偽造・変造罪）で処罰されることとなった。

■73条の3第2項　（偽造在留カードの行使）

被疑者は、令和○年○月○日頃、長崎県○○市○○町○丁目○番○号付近路上において、A警察署所属の警察官Bから挙動不審者として職務質問を受けた際、同警察官に対し、Cの顔写真が印刷され、Dの氏名等が印字され、かつ、出入国在留管理庁長官の公印を模した印影が表出された出入国在留管理庁長官作成名義の偽造の在留カード○枚を、あたかも真正に成立したもののように装って提示して行使したものである。

■73条の6第1項第3号　（自己名義の在留カードの提供）

被疑者は、A国籍を有する外国人で、出入国在留管理庁長官から中長期在留者として在留カードの交付を受けているものであるが、令和○年○月○日頃、長崎県○○市○○町○丁目○番○号被疑者方において、行使の目的をもって、Bに対し、前記在留カード1枚を代金○円で売却し、もって自己名義の在留カードを提供したものである。

■23条2項、75条の3　（不携帯）

被疑者は、A国籍を有する外国人で、出入国在留管理庁長官から中長期在留者として在留カードの交付を受けているものであるが、法定の除外事由がないのに、令和○年○月○日午後○時頃、大分県○○市○○町○丁目○番○号先路上において、在留カードを携帯していなかったものである。

■23条3項、75条の2第2号 （提示拒否）

被疑者は、A国籍を有する外国人で、出入国在留管理庁長官から中長期在留者として在留カードの交付を受けているものであるが、令和〇年〇月〇日午後〇時〇分頃、大分県〇〇市〇〇町〇丁目〇番〇号先路上において、警視庁B警察署巡査部長Cからその職務の執行に当たり在留カードの提示を求められたのに、これを拒んだものである。

第2　国家公務員法違反

■100条、109条12号　（秘密を漏らす行為）

　被疑者は、財務事務官として令和○年○月からA国税局B税務署直税課に勤務し所得税○係員として所得税課税事務に従事していたものであるが、令和○年○月○日、○○県○○市○○町○丁目○番○号C興業株式会社において、Dに対し、以前被疑者が同税務署長より職務上配付を受けていたA国税局作成の秘密文書である「平成○年分営業庶業等所得標準率表」○冊を閲覧させ、もって職務上知り得た秘密を漏らしたものである。

第4章　交　通

第1　道路交通法違反

■6条2項、120条1項1号　（警察官等の交通規制に対する不服従）

　被疑者は、令和○年○月○日午後○時頃、鹿児島県○○市○○町○丁目
○番○号先路上において、A警察署警察官Bが、被疑者に対し、同付近道
路の車両の通行が著しく停滞したことにより同混雑の緩和を図るため、被
疑者運転の普通乗用自動車を後退させることを命じたにもかかわらず、同
命令に従わず、同自動車を運転し進行させたものである。

(留意点)　規制が、その必要性を満たし、かつ、被疑者の確知できる方法でな
　　　　されたことにつき、証拠の確保に十分留意しなければならない。

■6条4項、119条1項1号　（警察官等の交通規制に対する不服従）

　被疑者は、令和○年○月○日午後○時○分頃、鹿児島県○○市○○町○
丁目○番○号先路上において、A警察署警察官Bが、被疑者に対し、同市
○○町○丁目○番○号C方の火災発生により、同所付近道路の交通の危険
を防止する緊急の必要から、被疑者運転の普通貨物自動車を、同市○○町
○丁目○番○号方向へ進行させることを禁止したにもかかわらず、同禁止
に従わず、同自動車を同方向へ運転し進行させたものである。

■7条、119条1項2号、令2条1項　（信号機の信号等の無視）

　被疑者は、令和○年○月○日午前○時頃、宮崎県○○市○○町○丁目○
番○号先道路において、同所に設置されている信号機の表示する「止ま
れ」の信号に従わないで、普通乗用自動車を運転通行したものである。

(留意点)　本条は「警察官の手信号」に従わない行為をも処罰の対象とする。
その場合場所の記載の後「某警察署警察官何某の『止まれ』の手信号
に従わないで」と記載すれば足り、過失の場合もこれに準じ、信号機
を手信号に置き替える方法をとればよい。

■7条、119条3項、令2条1項　（過失による信号機の信号等の無視）

　被疑者は、令和○年○月○日午後○時頃、信号機の設置してある宮崎県
○○市○○町○丁目○番○号先道路の交差点において、同信号機の表示す
る信号に注意して運転すべき注意義務を怠り、上記信号機が「止まれ」の
信号を表示しているのに気付かず、これに従わないで、大型貨物自動車を
運転したものである。

■8条1項、119条1項2号　（通行禁止区域の通行）

　被疑者は、令和○年○月○日午後○時頃、○○県公安委員会が道路標識
によって自動車の通行を禁止した場所である沖縄県○○市○○町○丁目○
番○号先道路において、営業用乗用自動車を運転したものである。

(留意点)　道路標識は、車両の運転者等が、いかなる車両のいかなる通行を禁
止するのかが容易に判断できる方法で設置されていなければならない
（最決昭和48.2.12等）。

■8条1項、119条1項2号　（一方通行違反）

　被疑者は、令和○年○月○日午後○時頃、○○県公安委員会が道路標識
によって午前○時から午後○時までの間一方通行の場所と指定した場所で
ある宮城県○○市○○町○丁目○番○号先道路において、一方通行の出口
方向から入口方向に向かい、普通貨物自動車を運転し通行したものであ
る。

■10条2項、15条、121条1項7号 （歩行者の歩道通行の指示に不服
従）

被疑者は、法定の除外事由がないのに、令和○年○月○日午前○時頃、
歩道と車道の区別のある道路である宮城県○○市○○町○丁目○番○号先
道路において、車道を通行していたため、A警察署警察官Bから、歩道を
通行するよう指示されたのに、その指示に従わず、同付近から同市○○町
○丁目○番○号先まで、約○○メートルの間、車道を通行したものであ
る。

(留意点) 法10条、12条、13条に規定のある歩行者の通行方法違反は、警察官
の指示に従わないことが要件となるので、注意を要する。

■12条1項、15条、121条1項7号 （歩行者が横断歩道通行の指示に不
服従）

被疑者は、令和○年○月○日午前○時頃、付近に横断歩道のある福島県
○○市○○町○丁目○番○号先道路において、道路を横断しようとした
際、A警察署警察官Bから、横断歩道によって道路を横断するよう指示さ
れたにもかかわらず、その指示に従わず、直近の横断歩道から約○○メー
トル離れた車道を横断通行したものである。

■17条4項、119条1項6号 （車両の右側通行）

被疑者は、令和○年○月○日午後○時頃、福島県○○市○○町○丁目○
番○号先道路（幅員約○○メートル）において、普通乗用自動車を運転し
通行するに当たり、法定の除外事由がないのに、前記道路の中央から、同
車体左側が約○メートル右側に位置する道路上を、約○○メートルにわた
り、右側通行したものである。

(留意点) 単に右側を通行したと記載するだけでは足りず、通行位置・通行距

　離を具体的に記載すべきである。

　　右側通行が許される場合は、法17条5項に規定がある。

■20条の2第1項、120条1項3号　（路線バス等優先通行帯の通行）

　被疑者は、令和○年○月○日午前○時○分頃、路線バス等の優先通行帯であることが道路標識等により表示された車両通行帯が設けられている山形県○○市○○町○丁目○番○号先道路を、普通乗用自動車を運転し通行するに当たり、法定の除外事由がないのに、後方から路線バス等が接近してきたとき、交通混雑のため、同通行帯から出ることができない場合であるにもかかわらず、同通行帯に進入して約○○メートルの間、同自動車を運転通行し、路線バス等約○○台の正常な運行に支障を及ぼしたものである。

■22条1項、118条1項1号、令11条　（法定速度違反）

　被疑者は、令和○年○月○日午後○時頃、山形県○○市○○町○丁目○番○号先道路において、法定の最高速度である○○キロメートル毎時を超える約○○キロメートル毎時の速度で、普通乗用自動車を運転したものである。

■22条1項、118条3項、令11条　（過失による法定速度違反）

　被疑者は、令和○年○月○日午後○時頃、岩手県○○市○○町○丁目○番○号先道路において、法定の最高速度である○○キロメートル毎時を超えない速度で普通乗用自動車を運転しなければならない注意義務があるのにこれを怠り、漫然と前記最高速度を超える約○○キロメートル毎時の速度で、前記自動車を運転したものである。

■22条1項、118条1項1号　（指定速度違反）

　被疑者は、令和○年○月○日午後○時頃、○○県公安委員会が道路標識によって、最高速度を○○キロメートル毎時と指定した岩手県○○市○○町○丁目○番○号先道路において、前記最高速度を超える約○○キロメートル毎時の速度で、普通乗用自動車を運転したものである。

■24条、117条の2の2第1項8号ロ　（妨害運転（急ブレーキ禁止違反））

　被疑者は、A運転の普通乗用自動車の通行を妨害する目的で、令和○年○月○日午後○時○分頃から同日午後○時○分頃までの間、秋田県○○市○○町○丁目○番○号高速自動車国道第一B自動車道上り線○○キロポスト付近道路から○○市○○町○丁目○番○号同自動車道上り線○○キロポスト付近道路までの間において、中型貨物自動車を運転し、追越車線を時速○○キロメートルで進行する前記A運転車両をその左側から追い越した上、危険を防止するためやむを得ない場合でないのに速度を急激に減ずることとなるような急ブレーキをかけ、もって同車に道路における交通の危険を生じさせるおそれのある方法による運転をしたものである。

■26条、117条の2の2第1項8号ハ　（妨害運転（車間距離の不保持））

　被疑者は、A運転の普通乗用自動車の通行を妨害する目的で、令和○年○月○日午後○時○分頃から同日午後○時○分頃までの間、秋田県○○市○○町○丁目○番○号付近道路から○○市○○町○丁目○番○号付近道路までの間において、中型貨物自動車を運転し、同一進路を進行中のA運転車両の後方を進行する際、同車との車間距離を約○メートルないし約○メートルにして、時速約○○ないし約○○キロメートルで走行するなどし、同車が急に停止したときにおいてもこれに追突するのを避けることが

できるため必要な距離を保たず、もって同車等に道路における危険を生じ
させるおそれのある方法により、車間距離を保持しなかったものである。

■26条、120条1項2号　（車間距離の不保持）

　被疑者は、令和○年○月○日午前○時頃、青森県○○市○○町○丁目○
番○号付近道路において、普通貨物自動車を運転し、時速約○○キロメー
トルで、同一進路を進行中のA運転の普通乗用自動車の直後を進行するに
際し、同車との距離約○メートルを保ったのみで前車が急停車したときに
おいてもこれに追突するのを避けることが出来るため必要な距離を保たな
かったものである。

■26条の2第2項、117条の2の2第1項8号ニ　（妨害運転（進路変更
　違反））

　被疑者は、A運転の普通乗用自動車の通行を妨害する目的で、中型貨物
自動車を運転し、令和○年○月○日午後○時○分頃、青森県○○市○○町
○丁目○番○号付近の片側○車線道路の第○車線を進行中、進路を変更し
た場合にその変更した後の進路と同一の進路を後方から進行してくる前記
A運転車両の速度又は方向を急に変更させることとなるおそれがあるの
に、第○車線を時速約○○キロメートルで進行中の同車と約○メートルに
接近した状態から同車の前方に進路を変更し、もって同車に道路における
危険を生じさせるおそれのある方法による運転をしたものである。

■26条の2第2項、120条1項2号　（進路変更違反）

　被疑者は、令和○年○月○日午後○時頃、北海道○○市○○町○丁目○
番○号先道路において、普通乗用自動車を運転中進路を変更するに当た

り、その変更した後の進路と同一の進路を後方から進行してくるＡ運転の普通貨物自動車の速度を急に変更させることとなるおそれがあるのに、前記Ａ運転の車両の進路前方に、進路を変更したものである。

> (留意点) 法26条の２第２項の「速度又は方向を急に変更させることとなるおそれがあるとき」とは、具体的には追突・接触を回避するため急ブレーキ又は急転把をしなければならないおそれのある場合をいう。

■28条１項、119条１項６号 （追越し方法違反）

被疑者は、令和○年○月○日午前○時頃、北海道○○市○○町○丁目○番○号先道路において、営業用乗用自動車を運転して前方のＡ運転の普通乗用自動車を追い越すに際し、法定の除外事由がないのに、同車の左側を通行して追い越したものである。

> (留意点) 左側を追い越さなければならない場合は、法28条２項に規定がある。

■30条、119条１項５号 （道路標識により追越しを禁止された場所での追越し）

被疑者は、令和○年○月○日午後○時頃、○○県公安委員会が道路標識により追越し禁止の場所と指定した香川県○○市○○町○丁目○番○号先道路において、普通乗用自動車を運転中、自車の前方を同一方向に進行中のＡ運転の大型貨物自動車を追い越すため、右側に進路を変更し、同車の右側方を通過したものである。

> (留意点) 「追越し」の定義は、法２条１項21号に規定があり、進路変更を伴わない追抜きとは異なるので注意を要する。

■30条、119条1項5号　（追越し禁止場所である交差点での追越し）

被疑者は、令和○年○月○日午前○時頃、徳島県○○市○○町○丁目○番○号先交差点を普通乗用車を運転し、同交差点東方から同西方へ通行しようとした際、被疑者運転車両の通行道路が交差道路に対し優先道路ではないのに、自車の前方を同一方向に進行中のA運転の普通貨物自動車を追い越すため、同交差点手前約○○メートル付近から、右側に進路を変更し、同交差点内で、その右側方を通過したものである。

■32条、120条1項2号　（割込み）

被疑者は、令和○年○月○日午前○時頃、徳島県○○市○○町○丁目○番○号先道路において、普通乗用自動車を運転中、同付近交差点手前で同交差点に設置された信号機の表示する「止まれ」の信号に従い停止しようとして徐行しているA運転の普通乗用車に右後方より追い付いた際、同車の右側方を通過してその前方に割り込んだものである。

(留意点)　割込みとは、前方にある車両等の狭い間隙にしいて進入することである。

■33条1項、119条1項5号　（踏切直前での一時不停止）

被疑者は、令和○年○月○日午後○時頃、信号機の設置されていない高知県○○市○○町○丁目○番○号先A急行線踏切を、普通乗用自動車を運転し通過しようとした際、同踏切直前で停止し、かつ、安全を確認した後でなければ進行してはならないのに、停止せず進行して、同踏切を通過したものである。

(留意点)　信号機の表示する信号に従う場合を除き、たとえ踏切付近における見通しが極めて良好であって、かつ、左右の安全を確認しえた場合でも、一時停止の義務を免れるものではない。

■34条1項、121条1項8号 （左折方法違反）

被疑者は、令和○年○月○日午前○時頃、愛媛県○○市○○町○丁目○番○号先交差点において、普通貨物自動車を運転し左折するに際し、あらかじめその前からできる限り道路の左側端に寄り、かつ、できる限りこれに沿って徐行しなければならないのに、これをせず、道路中央付近からいきなり左折進行したものである。

（留意点） 左折・右折いずれの場合にも法53条1項により合図を必要とされており、合図違反については別個に罰則が設けられている。合図をしたことにより法34条の刑責を免れるものではない。

■34条2項、121条1項8号 （右折方法違反）

被疑者は、令和○年○月○日午前○時頃、愛媛県○○市○○町○丁目○番○号先交差点において、普通貨物自動車を運転し右折するに際し、あらかじめその前からできる限り道路の中央に寄り、かつ、交差点の中心の直近の内側を徐行しなければならないのに、これをせず、道路左側端付近からいきなり右折進行したものである。

■36条1項、120条1項2号 （交差点における左方優先順位無視）

被疑者は、令和○年○月○日午後○時頃、普通乗用自動車を運転し、東京都○○区○○町○丁目○番○号先の交通整理の行われていない交差点に入ろうとした際、法定の除外事由がないのに、交差道路左方から進行してきたA運転の普通乗用自動車の進行を妨害したものである。

（留意点） 法36条1項は、交通整理の行われていない交差点における左方優先の原則を明示したものである。

■36条2項、119条1項6号　（交差点における広い道路通行車両の進行妨害）

　被疑者は、令和○年○月○日午後○時頃、普通乗用自動車を運転し、神奈川県○○市○○町○丁目○番○号先の交通整理の行われていない交差点に入ろうとした際、被疑者の通行する道路が優先道路ではなく、同道路より交差道路の幅員が明らかに広い場合であるから同交差道路の通行する車両の進行妨害をしてはならないのに、折から同交差道路を右方から進行してきたA運転の大型貨物自動車の進行を妨害したものである。

■36条3項、119条1項6号　（優先道路との交差点を通行するに際し徐行義務違反）

　被疑者は、令和○年○月○日午後○時頃、普通乗用自動車を運転し、神奈川県○○市○○町○丁目○番○号先の交通整理の行われていない交差点に入ろうとした際、被疑者の通行する道路が優先道路ではなく、交差道路が優先道路である場合であるのに、徐行せず、約○○キロメートル毎時の速度で同交差点を進行したものである。

　(留意点)　「徐行」とは「直ちに停止することができるような速度で進行すること」と定義されるが、犯罪事実には、具体的な進行速度を記載すべきであろう。

■42条1号、119条1項5号　（徐行義務違反）

　被疑者は、令和○年○月○日午後○時頃、埼玉県○○市○○町○丁目○番○号先の交通整理の行われていない左右の見通しがきかない交差点において、普通貨物自動車を運転し通行するに際し、被疑者の通行する道路が優先道路ではないのに、徐行せず、約○○キロメートル毎時の速度で進行したものである。

■43条、119条1項5号　（一時停止標識無視）

被疑者は、令和○年○月○日午前○時頃、○○県公安委員会が道路標識により一時停止すべき場所として指定したところの交通整理の行われていない埼玉県○○市○○町○丁目○番○号先交差点において、普通乗用自動車を運転し同交差点に入るに際し、一時停止しなかったものである。

■44条1項2号、119条の3第1項1号　（駐停車禁止場所における駐車違反）

被疑者は、法定の除外事由がないのに、令和○年○月○日午後○時頃、千葉県○○市○○町○丁目○番○号先交差点の西北角から約○メートル北側の路上において、普通貨物自動車を約○○分間にわたり駐車させたものである。

(留意点)　駐停車の位置・時間を明確に記載すべきである。

■45条1項、119条の3第1項1号　（駐車禁止場所における駐車違反）

被疑者は、令和○年○月○日午後○時頃、○○県公安委員会が道路標識により駐車を禁止する場所として指定した千葉県○○市○○町○丁目○番○号先道路において、Ａ警察署長の許可を得ないで、普通乗用自動車を約○時間にわたり駐車させたものである。

■53条1項、120条1項6号、令21条1項　（左折合図不履行）

　被疑者は、令和○年○月○日午後○時頃、茨城県○○市○○町○丁目○番○号先交差点において、大型貨物自動車を運転し左折するに際し、左折しようとする○○メートル手前の地点から、腕又は方向指示器により法定の合図をしなかったものである。

■53条1項、120条1項6号、令21条1項　（停止合図不履行）

　被疑者は、令和○年○月○日午前○時頃、茨城県○○市○○町○丁目○番○号先道路において、運転中の普通乗用自動車を停止させるに際し、腕又は制動灯により法定の合図をしなかったものである。

■57条1項、120条2項2号、令22条1号　（定員外乗車運転）

　被疑者は、令和○年○月○日午前○時頃から同日午前○時頃までの間、栃木県○○市○○町○丁目○番○号先道路から同県○○市○○町○丁目○番○号先道路に至る路上において、自動車検査証に記載された乗車定員○名である普通乗用自動車に、前記定員を○名超える○名を乗車させ、これを運転したものである。

（留意点）　両罰規定による業務主の責任については、従業者の選任監督義務を怠った過失が事業主の犯罪を構成し、事業主において、右の注意を尽したことの証明がなされない限り、右注意義務を怠ったことが推定される（最判昭和32.11.27等）。

　一般的記載方法については、第1編第2、1、(1)Aを参照のこと。

■57条1項、118条2項1号、123条、令22条2号　（積載重量制限違反——両罰規定を適用）

被疑者A運送株式会社（代表取締役B）は自動車運送業を営むもの、同Cは同会社に雇われ自動車運転の業務に従事するものであるが、法定の除外事由がないのに、被疑者Cが同社の業務に関し、令和○年○月○日午後○時頃、群馬県○○市○○町○丁目○番○号先道路において、自動車検査証に記載された最大積載重量○○キログラムを超える○○キログラムの鋼材を積載して、普通貨物自動車を運転したものである。

■62条、119条2項2号　（整備不良車両の運転）

被疑者は、令和○年○月○日午前○時頃、群馬県○○市○○町○丁目○番○号先路上において、法令の定める保安基準に適合せず、方向指示機能を欠いた方向指示器の装置され、交通の危険を生じさせるおそれのある大型貨物自動車であることを知りながら、同自動車を運転したものである。

■63条7項、121条1項10号　（確認を受けず整備不良車両の標章を除去）

被疑者は、令和○年○月○日午後○時頃、静岡県○○市○○町○丁目○番○号先路上で、A警察署警察官Bから、自己が運転使用中の普通乗用自動車の制動装置を整備すべき旨の整備通告書を交付され、かつ、同自動車前面ガラス窓に「故障」と記した所定の標章を張り付けられたものであるが、同年○月○日午後○時頃、同市○○町○丁目○番○号被疑者方敷地内車庫において、同車両の必要な整備がなされたことにつき、最寄りの警察署長等の確認を得ないで、前記標章を同車両から取り除いたものである。

■64条１項、117条の２の２第１項１号　（無免許運転）

> 　被疑者は、公安委員会の運転免許を受けないで、令和○年○月○日午前○時頃、山梨県○○市○○町○丁目○番○号先道路において、普通貨物自動車を運転したものである。

（留意点）　「運転」とは、単にエンジンを始動させただけでは足りず、いわゆる発進操作の完了を必要とする（最判昭和48. 4 .10）。

■64条３項、117条の３の２第１号、刑法62条１項　（無免許運転幇助）

> 　被疑者は、Ａが公安委員会の運転免許を受けていないことを知りながら、同人が令和○年○月○日午後○時頃、山梨県○○市○○町○丁目○番○号先道路において、普通乗用自動車を運転するに際し、同車助手席に同乗した上、前記Ａに対し、運転方法を教示して運転を指導し、もって前記無免許運転行為を容易にさせこれを幇助したものである。

■64条３項、117条の３の２第１号、刑法61条１項　（無免許運転教唆）

> 　被疑者は、Ａが公安委員会の運転免許を受けていないことを知りながら、令和○年○月○日午前○時頃、長野県○○市○○町○丁目○番○号被疑者方において、前記Ａに対し、自動車の運転をすすめてその決意をさせ、よって、同人に、その頃から同日午前○時○分頃までの間、同所付近道路から同市○○町○丁目○番○号先道路に至るまでの道路上において、普通乗用自動車を運転させ、もって前記無免許運転行為を教唆したものである。

（留意点）　教唆犯の要件として、正犯に犯罪の決意をさせ、それにより、犯罪を実行せしめたことを要する。これら要件は、十分な捜査と共に、犯罪事実には、必ず記載しなければならない。

■65条1項、117条の2第1項1号 （酒酔い運転）

> 被疑者は、酒気を帯び、アルコールの影響により正常な運転ができない
> おそれがある状態で、令和○年○月○日午後○時頃、長野県○○市○○町
> ○丁目○番○号先道路において、普通乗用自動車を運転したものである。

(留意点) 酒酔い運転の罪の犯意は、飲酒によりアルコールを自己の身体に保
有しながら車両等の運転をすることの認識があれば足り、そのアル
コールの影響により正常な運転ができないおそれのある状態に達して
いることまで認識している必要はない（最判昭和46.12.23）。

■65条1項、117条の2の2第1項3号、令44条の3 （酒気帯び運転）

> 被疑者は、酒気を帯び、呼気1リットルにつき○ミリグラム以上のアル
> コールを身体に保有する状態で、令和○年○月○日午後○時頃、新潟県○
> ○市○○町○丁目○番○号先道路において、普通乗用自動車を運転したも
> のである。

■65条2項、117条の2第1項2号 （酒酔い運転者に対する車両等の提供）

> 被疑者は、Aが酒気を帯びており、かつ、酒気を帯びて車両等を運転す
> ることとなるおそれがあることを知りながら、令和○年○月○日午後○時
> 頃、新潟県○○市○○町○丁目○番付近路上において、同人に対し、自己
> 所有の普通乗用自動車を提供し、同人において、酒気を帯び、アルコール
> の影響により正常な運転ができないおそれがある状態で、同日午後○時
> 頃、同県同市○○町○番○号先道路において、前記車両を運転したもので
> ある。

(留意点) 本罪成立のためには、車両等の提供を受けた者が実際に酒酔いの状

態で車両等を運転したことが必要であり、その点も犯罪事実に記載しなければならない。

なお、本罪が成立する場合は、刑法の教唆・幇助は適用されない。

■65条2項、117条の2の2第1項4号、令44条の3　（酒気帯び運転者に対する車両等の提供）

> 被疑者は、Aが酒気を帯びており、かつ、酒気を帯びて車両等を運転することとなるおそれがあることを知りながら、令和○年○月○日午後○時頃、大阪府○○市○○町○丁目○番付近路上において、同人に対し、自己所有の普通乗用自動車を提供し、同人において、酒気を帯び、呼気1リットルにつき○ミリグラム以上のアルコールを身体に保有する状態で、同日午後○時頃、同府同市○○町○番○号先道路において、前記車両を運転したものである。

　（留意点）　本罪成立のためには、車両等の提供を受けた者が実際に酒気帯びの状態で車両等を運転したことが必要であり、その点も犯罪事実に記載しなければならない。

■65条3項、117条の2の2第1項5号　（酒酔い運転者に対する酒類の提供）

> 被疑者は、大阪府○○市○○町○丁目○番において飲食店「○○」を営む者であるが、同店客であるAが酒気を帯びて車両等を運転することとなるおそれがあることを知りながら、令和○年○月○日午後○時頃から同日午後○時頃までの間、前記飲食店「○○」店内において、同人に対し、ビール等の酒類を提供し、同人において、酒気を帯び、アルコールの影響により正常な運転ができないおそれがある状態で、同日午後○時○分頃、同府同市○○町○丁目○番先道路において、普通乗用自動車を運転したものである。

（留意点）　65条2項、117条の2第1項2号（酒酔い運転者に対する車両等の提供）参照。

■65条3項、117条の3の2第2号、令44条の3　（酒気帯び運転者に対する酒類の提供）

　被疑者は、京都府○○市○○町○丁目○番において飲食店「○○」を営む者であるが、同店客であるAが酒気を帯びて車両等を運転することとなるおそれがあることを知りながら、令和○年○月○日午後○時頃から同日午後○時頃までの間、前記飲食店「○○」店内において、同人に対し、ビール等の酒類を提供し、同人において、酒気を帯び、呼気1リットルにつき○ミリグラム以上のアルコールを身体に保有する状態で、同日午後○時○分頃、同府同市○○町○丁目○番先道路において、普通乗用自動車を運転したものである。

（留意点）　65条2項、117条の2の2第1項4号、令44条の3（酒気帯び運転者に対する車両等の提供）参照。

■65条4項、117条の2の2第1項6号　（酒酔い状態であることを知りながら要求・依頼しての同乗行為）

　被疑者は、Aが酒気を帯び、アルコールの影響により正常な運転ができないおそれがある状態にあることを知りながら、令和○年○月○日午後○時頃、京都府○○市○○町○番○号付近道路において、同人に対し、「帰るんだったら一緒に乗せてって。」などと言い、普通乗用自動車を運転して自己を運送することを依頼し、同人が運転する同普通乗用自動車の助手席に乗り込み、同人が同日午後○時○分頃、同府同市○○町○番○号付近道路において、酒気を帯び、アルコールの影響により正常な運転ができないおそれがある状態で運転する同普通乗用自動車に同乗したものである。

■65条4項、117条の3の2第3号、令44条の3　（酒気帯び運転者に対する要求・依頼しての同乗行為）

　被疑者は、Aが酒気を帯びていることを知りながら、令和○年○月○日午後○時頃、兵庫県○○市○○町○番○号付近道路において、同人に対し、「帰るんだったら一緒に乗せてって。」などと言い、普通乗用自動車を運転して自己を運送することを依頼し、同人が運転する同普通乗用自動車の助手席に乗り込み、同人が同日午後○時○分頃、同県同市○○町○番○号付近道路において、酒気を帯び、呼気1リットルにつき○ミリグラム以上のアルコールを身体に保有する状態で運転する同普通乗用自動車に同乗したものである。

■67条3項、118条の2　（飲酒検知拒否）

　被疑者は、令和○年○月○日午後○時○分頃、兵庫県○○市○○町○丁目○番○号付近道路において普通乗用自動車（神戸○○あ○○号）を運転中、飲酒検問中の○○県警察第一交通機動隊司法警察員Aほか○名の警察官から停止を求められた際、顔色が赤く吐く息が酒気臭いことを指摘され降車を求められたのに降車しないため、引き続き酒気を帯びて同車を運転するおそれがあると認め、危険防止措置に関し、身体に保有しているアルコールの程度について調査するため、呼気採取検査用の風船を吹くよう再三説得し促したのに、これに応ぜず検査を拒んだものである。

留意点　「拒み」又は「妨げ」とは、不作為又は作為により、検査を受忍せず、若しくは検査の目的を達成させないことである。「拒む行為」には、風船を受け取らない、うがいをしない、風船は受け取ったがこれを膨らませない、風船は膨らませたがこれを提出しないなどの行為が考えられる。
　本罪の成立に当たっては、警察官による明確な呼気検査要求行為が前提となり、それを相手方が正しく理解しながらこれを拒否したことが必要となる。

■66条、117条の2の2第1項7号 （過労運転）

被疑者は、令和○年○月○日午前○時頃、奈良県○○市○○町○丁目○番○号先道路において、同月○日午前○時頃から睡眠と休養をとらないことによる睡眠不足と過労のため、正常な運転ができないおそれがある状態で、普通貨物自動車を運転したものである。

> (留意点) 本条の「薬物その他の理由により正常な運転ができないおそれがある状態」は、飲酒による場合を含まない（広島高判昭和43.2.27）。

■70条、119条1項14号 （安全運転義務違反）

被疑者は、令和○年○月○日午前○時頃、奈良県○○市○○町○丁目○番○号先道路において、普通乗用自動車を運転中、脇見をし、前方をよく注視しないで時速約○○キロメートルの速度で進行し、もって他人に危害を及ぼすような速度と方法で運転したものである。

> (留意点) 法70条の安全運転義務は、他の各条の具体的個別義務を補充する規定であり、各条の違反の罪が成立する場合、法70条違反の罪は成立しない。しかし、他の各条の罪のうち過失犯処罰規定を欠く罪の過失犯について、法70条違反の過失犯が成立する場合がある（最判昭和48.4.19）。

■70条、119条3項 （安全運転義務違反——過失）

被疑者は、令和○年○月○日午後○時頃、奈良県○○市○○町○丁目○番○号先道路において、普通貨物自動車を運転中、同付近道路は屈曲があり、自動車運転者としては前方の道路状況を注視し減速して運転すべき注意義務があるのに、これを怠り、過失により、前方道路状況を注視せず、漫然時速約○○キロメートルの過大な速度で運転を継続し、もって他人に危害を及ぼすような速度と方法で運転したものである。

■71条5号、120条1項10号　（運転者の遵守事項違反）

> 被疑者は、令和○年○月○日午後○時頃、滋賀県○○市○○町○丁目○番○号先道路において、自己が運転中の普通貨物自動車を停止させ同車から離れるに際し、原動機を止めず、かつ、ブレーキをかけることなく、同車が停止の状態を保つため必要な措置を講じなかったものである。

■71条1号、120条1項10号　（運転者の遵守事項違反）

> 被疑者は、令和○年○月○日午前○時頃、滋賀県○○市○○町○丁目○番○号先道路において、普通貨物自動車を運転中、同道路に水たまりのあることをその手前約○○メートル付近で発見したのであるから、徐行し汚水を飛散させ他人に迷惑を及ぼしてはならないのに、徐行することなく時速約○○キロメートルの速度で同水たまりの中を進行し、折から付近を歩行し通行中のAほか○名に汚水をはねかけ、もって他人に迷惑を及ぼすようなことをしたものである。

■72条1項前段、117条　（救護義務違反）

> 被告人は、令和○年○月○日午後○時頃、和歌山県○○市○○町○丁目○番○号先道路において、普通乗用自動車を運転中、通行人A（当時○○歳）に接触し、同人に加療約○か月間を要する右大腿骨骨折の傷害を負わせたのに、直ちに同車両の運転を停止して、同負傷者を救護する等法令の定める必要な措置を講じることなく、そのまま運転を継続したものである。

留意点　救護義務の内容は次のとおりである。すなわち「車両等の運転者が、いわゆる人身事故を発生させたときは、直ちに車両の運転を停止し十分に被害者の受傷の有無程度を確かめ、全く負傷していないことが明らかであるとか、負傷が軽微なため被害者が医師の診療を受ける

ことを拒絶する等の場合を除き、少なくとも被害者をして速やかに医師の診療を受けさせる等の措置は講ずべきであり、この措置をとらずに、運転者自身の判断で、負傷は軽微であるから救護の必要はないとしてその場を立ち去るがごときことは許されない。」（最判昭和45.4.10）

■72条1項後段、119条1項17号 （事故不申告）

> 被疑者は、令和○年○月○日午後○時頃、愛知県○○市○○町○丁目○番○号先道路において、普通貨物自動車を運転中、誤って、自車を道路左端の電柱に衝突させ、同電柱及び自車を損壊したのに、最寄りの警察署等の警察官に、前記交通事故の日時場所等法令に定める必要な事項を報告しなかったものである。

■76条3項、119条2項7号 （交通妨害となる道路上の物件放置）

> 被疑者は、令和○年○月○日午後○時頃、愛知県○○市○○町○丁目○番○号先道路上において、同道路側端から中央へ約○メートル突き出し、道路と平行に約○○メートルにわたり、太さ約○○センチ四方角、長さ約○メートルのコンクリート製標杭約○○本を置き、もって交通の妨害となるような方法で物件をみだりに道路に置いたものである。

■77条1項3号、119条2項7号 （道路使用許可を得ない露店営業）

> 被疑者は、A警察署長の許可を受けないで、令和○年○月○日午前○時頃から同日午後○時頃までの間、三重県○○市○○町○丁目○番○号先歩道上において、場所を移動しないで、陶器販売の露店を出したものである。

留意点　本罪は、道路使用の各場所ごとに、許可を要する（東京高判昭和41.

12.21)。

■95条 1 項、121条 1 項12号　（免許証不携帯）

<blockquote>

被疑者は、公安委員会から普通自動車の運転免許を受けたものであるが、令和〇年〇月〇日午後〇時頃、岐阜県〇〇市〇〇町〇丁目〇番〇号先道路において、前記運転免許証を携帯しないで、普通乗用自動車を運転したものである。

</blockquote>

■120条 1 項15号　（免許証の譲渡）

<blockquote>

被疑者は、〇〇県公安委員会から普通自動車運転免許証を受けているものであるが、令和〇年〇月〇日頃、岐阜県〇〇市〇〇町〇丁目〇番〇号被疑者方において、Aに対し、前記運転免許証を代金〇万円で売却して譲り渡したものである。

</blockquote>

第2　自動車の保管場所の確保等に関する法律違反

■11条1項、17条1項2号　（保管場所違反）

被疑者は、令和○年○月○日頃から同年○月○日頃までの間、福井県○○市○○町○丁目○番○号被疑者方前道路上を、被疑者所有の普通乗用自動車（福井○○あ○○号）の保管場所として使用したものである。

留意点　法5条（注　現11条）1項にいう「道路上の場所を自動車の保管場所として使用し」とは、自動車を運行する根拠地として使用する目的で、道路上の一定の場所を反覆又は継続して占拠することをいう（大阪高判昭和47.6.22）。

第3　道路運送法違反

■13条、98条6号、99条　（乗車拒否）

被疑者A交通株式会社は、国土交通大臣の許可を受け一般乗用旅客自動車運送事業を営むもの、被疑者Bは、前記会社の従業者で自動車運転者として旅客運送の業務に従事しているものであるが、被疑者Bにおいて、前記会社の業務に関し、法定の除外事由がないのに、令和○年○月○日午後○時頃、石川県○○市○○町○丁目○番○号先道路において、旅客Cから運送を申し込まれたのに、この引受けを拒絶したものである。

留意点　記載例は、両罰規定を適用した事例である（東京高判昭和43.6.5）。

■78条、97条1号　（自家用自動車を使用した有償運送）

被疑者は、法定の除外事由がないのに、令和○年○月○日午後○時頃、石川県○○市○○町○丁目○番○号先路上において、自己所有の自家用普通乗用自動車にAを、同所から同県○○市○○町○丁目○番○号所在前記A方まで、運賃を収受する目的で乗車させ、もって有償で前記自動車を運送の用に供したものである。

留意点　本法101条1項（注　現78条）は、憲法22条1項に違反しない（最判昭和38.12.4）。

406

■104条2号　（バスに対する投石）

　被疑者は、令和○年○月○日午後○時頃、富山県○○市○○町○丁目○番○号先道路において、同道路上を走行中の一般乗合旅客自動車運送事業者であるＡバス株式会社の従業員Ｂが運転する同社の事業用自動車に拳大の石数個を投げつけたものである。

第4　道路運送車両法違反

■4条、108条1号　（無登録自動車の運行）

被疑者は、法定の除外事由がないのに、令和○年○月○日午後○時頃、広島県○○市○○町○丁目○番○号先道路において、自動車登録ファイルに登録を受けていない普通乗用自動車を運転し、これを運行の用に供したものである。

（留意点）　法34条1項により、臨時運行の許可を受けた自動車は、法4条、66条1項の適用を受けない。

■66条1項、109条9号　（自動車検査証を備え付けないで運行）

被疑者は、法定の除外事由がないのに、令和○年○月○日午前○時頃、広島県○○市○○町○丁目○番○号先道路において、自動車検査証を備え付けないで、普通貨物自動車を運転し、これを運行の用に供したものである。

■66条1項、109条9号、自動車損害賠償保障法5条、86条の3第1項1号　（いわゆる無車検無保険車の運行）

被疑者は、法定の除外事由がないのに、令和○年○月○日午後○時○分頃、兵庫県○○市○○町○丁目○番○号付近道路において、国土交通大臣の委任を受けた最寄りの運輸監理部長又は運輸支局長の行う検査を受けておらず、有効な自動車検査証の交付を受けているものでなく、かつ、自動車損害賠償責任保険又は自動車損害賠償責任共済の契約がいずれも締結されていない普通（小型）自動車（車台番号○○○－○○○○）を運転して運行の用に供したものである。

(留意点) 　軽自動車の場合は、「被疑者は、法定の除外事由がないのに、令和
○年○月○日午後○時○分頃、兵庫県○○市○○町○丁目○番○号付
近道路において、<u>軽自動車検査協会</u>の行う検査を受けておらず、有効
な自動車検査証の交付を受けているものでなく、かつ、自動車損害賠
償責任保険又は自動車損害賠償責任共済の契約がいずれも締結されて
いない<u>検査対象軽自動車</u>（車台番号○○○－○○○○）を運転して運
行の用に供したものである。」となる。

第5　自動車の運転により人を死傷させる行為等の処罰に関する法律違反

■2条

〈アルコール又は薬物の影響〉（2条1号）

　被疑者は、令和○年○月○日午後○時○分頃、山口県○○市○○町○丁目○番○号付近道路において、運転開始前に飲んだ酒の影響により、前方注視及び運転操作が困難な状態で、普通乗用自動車を時速約○○キロメートルで走行させ、もってアルコールの影響により正常な運転が困難な状態で自車を走行させたことにより、その頃、同市○○町○丁目○番○号付近道路において、仮眠状態に陥り、自車を対向車線に進出させ、折から対向進行してきたA（当時○○歳）運転の普通乗用自動車前部に自車前部を衝突させ、よって、同人に脳挫傷等の傷害を負わせ、同月○日午前○時○分頃、同市○○町○丁目○番○号B救急病院において、同人を前記傷害により死亡させたものである。

留意点　従来の刑法208条の2には、飲酒等影響類型（1項前段）、高速度類型（1項後段）、無技能類型（1項後段）、妨害行為類型（2項前段）、赤信号無視類型（2項後段）の5つの類型の危険運転致死傷罪が規定されていたが、新法では、これら5つの類型を2条1号ないし5号〔現7号〕に列記する方式で移動させた。

　　また、新たに同条6号〔現8号〕として通行禁止道路進行類型の危険運転致死傷罪が追加された。

　　2条1号は、悪質・危険な故意の運転行為による死傷事故を故意犯としてとらえ、結果的加重犯の構成により重く処罰するものであるから、実行行為である「アルコール又は薬物の影響により正常な運転が困難な状態での走行」には故意を要する。

　　本類型の罪の成立には、酒や薬物の影響により現実に道路状況に応じた運転が困難な状態にあることが必要であり、単に飲酒運転で事故

を起こしただけでは足りない。

　運転困難な状態になったのがアルコールの影響であればよく、直接の過失が前方不注視であっても、飲酒のため前方を注視して危険を的確に把握して対処できない状態であれば本罪が成立する（最決平成23.10.31）。

　四輪の自動車のほかオートバイ、小型特殊自動車を含む。

　本罪が成立する場合、過失運転致死傷罪（5条）は成立しない。

　酒酔い運転や赤信号無視等本罪の構成要件に取り込まれている道路交通法違反は、別途成立しない。ただし、本罪の構成要件に取り込まれていない酒気帯び運転等の罪は別個に成立し、両者は併合罪となる。

〈進行の制御が困難な高速度での走行〉（2条2号）

　被疑者は、令和○年○月○日午後○時○分頃、山口県○○市○○町○丁目○番○号先の最高速度を時速○○キロメートルと指定されている右方に湾曲する道路において、その進行を制御することが困難な時速約○○キロメートルの高速度で普通乗用自動車を走行させたことにより、自車を道路の湾曲に応じて進行させることができず、前記湾曲部分で不用意に転把して走行の自由を失って自車を左前方に暴走させるなどして、自車前部を道路左側の電柱に激突させ、よって、その頃、同所において、自車の同乗者A（当時○○歳）を脳挫滅により死亡させたものである。

（留意点）　本罪は、単に速度違反で事故を起こしただけでは足りず、道路の湾曲や幅等の状況に応じて、現実に自車を制御することが困難な高速度で走行させる必要がある。

　本罪が成立するためには、被疑者が道路状況を認識していることを要することから、例えば、全く意外な所で道路が湾曲していて、そのために被疑者が被疑者車両の進行を制御することができなかった場合などは、本罪は成立しない。

　たとえ高速度で進行しても、例えば、直線道路で前方不注視により前車に追突したような場合には、進行の制御が困難な高速度には至っ

ていないので、本罪には該当しない。

〈技量未熟での走行〉（2条3号）

　被疑者は、令和○年○月○日午後○時○分頃、岡山県○○市○○町○丁目○番○号付近道路において、公安委員会の運転免許を受けず、かつ、車両の運転経験がなく、その進行を制御する技能を有しないで普通乗用自動車を時速約○○キロメートルで走行させたことにより、右に急転把したことに狼狽してさらにアクセルペダルを踏んで時速約○○キロメートルに加速させて自車を右前方に暴走させるなどして、自車を同所右側の歩道上に乗り上げさせ、自車前部を同歩道上を歩行中のA（当時○○歳）に衝突させて同歩道上に転倒させ、よって、同人に加療約○か月間を要する頭部外傷等の傷害を負わせたものである。

　留意点　本罪は、ハンドル、ブレーキ等の運転装置を操作する初歩的な技能がない者が自動車を走行させ、その結果死傷事故を起こした場合に成立する。

　　無免許が当然の前提となるが、無免許であっても、無免許運転の常習者等、一応車の運転操作ができる場合は、本罪には該当しない。

　　無免許運転に係る道路交通法違反罪は別途成立しない。

〈通行妨害目的での走行〉（2条4号）

　被疑者は、令和○年○月○日午後○時○分頃、普通乗用自動車を運転し、岡山県○○市○○町○丁目○番○号付近の片側2車線道路の第2車線をA市方面からB市方面に向かい、時速約○○キロメートルで進行中、自車に並行して第1車線を同一方向に進行する普通乗用自動車を運転していたC（当時○○歳）と目が合い、同人からにらみつけられたものと考えて憤激し、同車に幅寄せして同車の進行を妨害しようと考え、同車の通行を妨害する目的で、重大な交通の危険を生じさせる速度である時速約○○キロメートルの速度で自車を運転して左に急転把して、前記C運転車両の右側方から同車に著しく接近したことにより、それに驚いた同人に左に急転

把させ、同車を道路脇の街路樹に激突させ、よって、同人に全身打撲の傷
害を負わせ、同日午後○時○分頃、同県○○市○○町○丁目○番○号D救
急医療センターにおいて、同人を前記傷害により死亡させたものである。

（留意点）　本罪の成立には通行を妨害する目的が必要であり、相手方において
急な回避措置をとらせることについての未必的な認識・認容では足り
ない。

「重大な交通の危険を生じさせる速度」とは、大きな事故を生じさ
せる、又は、大きな事故を回避することが困難であると一般的に認め
られる速度をいい、通常、時速20ないし30キロメートルでもこれに当
たり得る。

パトカーの追跡をかわすことが主たる目的であっても、反対車線の
車両が間近に接近してきており、そのままの状態で走行を続ければ対
向する車両の通行を妨害することになるのが確実であることを認識し
ながら、先行車両を追い抜こうとして車体の半分を反対車線に進出さ
せた状態で走行を続けた場合には、「人又は車の通行を妨害する目的」
が認められる（東京高判平成25.2.22）。

〈赤信号殊更無視〉（2条7号）
被疑者は、令和○年○月○日午前○時○分頃、普通乗用自動車を運転
し、鳥取県○○市○○町○丁目○番○号先の信号機により交通整理の行わ
れている交差点をA方面からB方面に向かい時速約○○キロメートルで直
進するに当たり、対面信号機が赤色の灯火信号を表示しているのを同交差
点入口の停止線の手前約○○メートルの地点で認め、直ちに制動措置を講
じれば同停止線の手前で停止することができたにもかかわらず、直前に起
こした事故の発覚を恐れて逃走を考え、これを殊更に無視し、重大な交通
の危険を生じさせる速度である時速約○○キロメートルの速度で自車を運
転して同交差点内に進入したことにより、折から右方道路から信号に従っ
て同交差点内に右折進入してきたC（当時○○歳）運転の普通乗用自動車
左前部に自車右側部を衝突させ、よって、同人に加療約○か月間を要する

頭部打撲等の傷害を負わせたものである。

(留意点)　本罪が成立するためには、赤信号を殊更に無視したことを要し、赤
　　　　信号を看過した場合や停止線までの間に停止することが不可能又は困
　　　　難な地点に至って初めて赤信号に気付いた場合などは該当しない。

　　　　赤色信号であることの確定的な認識がない場合であっても、信号の
　　　　規制自体に従うつもりがないため、その表示を意に介することなく、
　　　　たとえ赤色信号であったとしてもこれを無視する意思で進行する行為
　　　　も本罪に当たる（最決平成20.10.16）。

　　　　赤信号無視に係る道路交通法違反罪は別途成立しない。

〈通行禁止道路進行〉（2条8号）

　被疑者は、令和○年○月○日午前○時○分頃、普通乗用自動車を運転
し、警察車両の追跡から逃げるため、島根県○○市○○町○丁目○番○号
先から同市○○町○丁目○番○号先の信号機により交通整理の行われてい
ない交差点に至るまでの間の道路標識等により自動車の通行につき一定の
方向にするものが禁止されている通行禁止道路を走行し、かつ、重大な交
通の危険を生じさせる速度である時速○○キロメートル以上の速度でA方
面からB方面へ向かい同交差点内に進入したことにより、同交差点内の同
市○○町○丁目○番○号先道路において、折から左方道路から進行してき
たC（当時○○歳）運転の普通乗用自動車右側面部に自車前部を衝突さ
せ、よって、同人に大動脈破裂による腹腔内出血の傷害を負わせ、同日午
前○時○分頃、同市○○町○丁目○番○号所在の市立D病院において、同
人を前記傷害により死亡させたものである。

(留意点)　「通行禁止道路」は、政令2条で、①車両通行止め道路、自転車及
　　　　び歩行者専用道路（1号）、②一方通行道路（逆走）（2号）、③高速
　　　　道路（自動車専用道路を含む）の中央から右側部分（逆走）（3号）、
　　　　④安全地帯及び道路の立入禁止部分（4号）が規定されている。

　　　　主観的要件として、「通行禁止道路」を進行した認識及び「重大な

交通の危険を生じさせる速度」で運転したことについての認識が必要
である。

■3条

〈薬物の影響により正常な運転に支障が生じる状態での運転〉（3条1項）

　被疑者は、令和○年○月○日午後○時○分頃、普通乗用自動車を運転
し、福岡県○○市○○町○丁目○番○号付近道路をA方面からB方面に向
かい時速約○○キロメートルで進行するに当たり、運転中に使用した
（S）−メチル＝2−［1−（5−フルオロペンチル）−1H−インダ
ゾール−3−カルボキサミド］−3−メチルブタノエート（通称5F−A
MB）及びN−（1−アミノ−3−メチル−1−オキソブタン−2−イ
ル）−1−（シクロヘキシルメチル）−1H−インダゾール−3−カルボ
キサミド（通称AB−CHMINACA）を含有する薬物（商品名が「総
統」のいわゆる危険ドラッグ）の影響により、前方注視及び運転操作に支
障が生じるおそれがある状態で同車を運転し、もって薬物の影響によりそ
の走行中に正常な運転に支障が生じるおそれがある状態で自動車を運転
し、よって、同日午後○時○分頃、同市○○町○丁目○番○号付近道路に
おいて、その影響により前方注視及び運転操作が困難な状態に陥り、その
頃、同市○○町○丁目○番○号先道路において、同所に設置された横断歩
道上を信号に従い横断していたC（当時○○歳）及びD（当時○○歳）に
自車前部を衝突させて同人らを路上に転倒させ、よって、前記Cに脳幹部
離断等の傷害を負わせ、即時同所において、同人を前記傷害により、前記
Dに頭蓋底骨骨折及び肋骨多発骨折等の傷害を負わせ、同日午後○時○分
頃、同市○○町○丁目○番○号E病院において、同人を前記傷害に基づく
出血性ショックにより、それぞれ死亡させたものである。

〈病気の影響下での運転〉（3条2項）

　被疑者は、………〈中略：3条1項の記載例を参照〉………に当たり、
てんかんの影響により、その走行中の発作によって意識障害に陥るおそれ
がある状態で自車を運転し、もって自動車の運転に支障を及ぼすおそれが

ある病気の影響により、その走行中に正常な運転に支障が生じるおそれが
ある状態で自車を運転し、よって、同日午後○時○分頃、同市○○町○丁
目○番○号付近道路において、てんかんの影響により意識喪失の状態に陥
り、その頃、………〈中略：3条1項の記載例を参照〉………、それぞれ
死亡させたものである。

■4条　（過失運転致死傷アルコール等影響発覚免脱）

〈さらにアルコール等を摂取する行為（追い飲み）〉
　被疑者は、令和○年○月○日午後○時頃、普通貨物自動車を運転し、佐
賀県○○市○○町○丁目○番○号先道路をA方面からB方面に向かい自車
の前方を同一方向へ進行するC（当時○○歳）運転の普通乗用自動車に追
従して進行するに当たり、運転開始前に飲んだ酒の影響により、前方注視
及び運転操作に支障がある状態で自車を運転し、その際、前方左右を注視
し、進路の安全を確認しながら進行すべき自動車運転上の注意義務がある
のにこれを怠り、脇見をして前方注視を怠ったまま漫然と進行した過失に
より、同車が一時停止したのを前方約○メートルの地点に認め、急制動の
措置をとったが間に合わず、同車後部に自車前部を衝突させて同人に加療
約○週間を要する頸椎捻挫等の傷害を負わせ、さらに、その頃、同所付近
において、その運転の時のアルコールの影響の有無又は程度が発覚するこ
とを免れる目的で、道路脇に設置されていた自動販売機から缶ビール○本
を購入した上、これらを摂取し、もってアルコールの影響の有無又は程度
が発覚することを免れるべき行為をしたものである。

〈その場を離れて身体に保有するアルコール等の濃度を減少させる行為〉
　被疑者は、………〈中略：前記（追い飲み）の記載例を参照〉………、
その頃、その運転の時のアルコールの影響の有無又は程度が発覚すること
を免れる目的で、同所から逃走して同日○時頃まで自宅で過ごすなどし、
もってその運転の時のアルコールの影響の有無又は程度が発覚することを

免れるべき行為をしたものである。

■5条　（過失運転致死傷）

　被疑者は、令和○年○月○日午後○時○分頃、長崎県○○市○○町○丁目○番○号先道路を普通乗用自動車を運転してA駅方面からB駅方面に向けて時速約○○キロメートルで進行中、自動車運転者としては絶えず前方を注視して進路の安全を確認すべき自動車運転上の注意義務があるのに、前方注視を怠り進路の安全を確認しないまま前記速度で進行した過失により、折から同所を右から左に横断を開始したC（当時○○歳）の発見が遅れて同人に自車を衝突させ、よって、同人を頭蓋骨骨折に基づく脳損傷によりその場で死亡するに至らしめたものである。

　被疑者は、令和○年○月○日午後○時○分頃、普通貨物自動車を運転して長崎県○○市○○町○丁目○番○号先道路をA市方面からB駅方面に向けて時速約○○キロメートルで進行中、右側車線に進路を変更して自車前方の車両を追い越そうとしたが、対向車両の有無を確認して右側車線の安全を確認してから進路を変更すべき自動車運転上の注意義務があるのに、その安全を確認しないまま進路を変更して追越しを開始した過失により、折からB駅方向から対向してきたC（当時○○歳）運転の普通乗用自動車に自車を衝突させ、よって、同人を頭蓋骨骨折による脳内出血によりその場で死亡するに至らしめ、同車の同乗者D（当時○○歳）に加療約○か月間を要する頸椎捻挫の傷害を負わせたものである。

　被疑者は、令和○年○月○日午後○時○分頃、普通乗用自動車を運転して長崎県○○市○○町○丁目○番○号先道路をA方面からB方面に向かって時速約○○キロメートルで進行して同所先の左右の見通しがきかず、かつ、交通整理の行われていない交差点に進入しようとしたが、一時停止し、又は最徐行して左右の安全を確認して事故の発生を未然に防止すべき自動車運転上の注意義務があるのに、時速約○○キロメートルに減速しただけで左右の安全を確認しないまま同交差点内に進入した過失により、左

方道路から同交差点内に進入してきたC（当時○○歳）運転の普通貨物自動車に自車を衝突させ、よって、同人に加療約○週間を要する頭部打撲の傷害を負わせたものである。

（留意点）　本罪は、従来の刑法211条2項の自動車運転過失致死傷罪を新法に移したものである。

■6条　（無免許運転による加重）

〈無免許過失運転致死（6条4項（5条の加重規定））〉

　被疑者は、公安委員会の運転免許を受けないで、令和○年○月○日午後○時○分頃、大分県○○市○○町○丁目○番○号付近道路において、普通乗用自動車を運転し、もって無免許運転をするとともに、その頃、同所先道路をA方面からB方面に向かい時速約○○キロメートルで進行中、対向車線上に停止して客を乗降させている路線バスを認め、その側方を進行するに当たり、同車の後方に対する見通しが悪く、しかも同車の後方には交通整理の行われていない交差点もあり、同車から降りた客や、その他の歩行者が同車の後方から同道路を横断しようとして自車の進路上に出てくることが予想される状況にあったから、一時停止又は徐行し、同路線バスの後方を横断する歩行者の有無に留意し、その安全を確認して進行すべき自動車運転上の注意義務があるのにこれを怠り、一時停止又は徐行せず、同車の後方を横断する歩行者の有無に留意せず、その安全を十分確認しないまま漫然前記速度で進行した過失により、折から同路線バスの後方を右方から左方に横断歩行中のD（当時○○歳）を直前に至って認めたが、回避措置を講じる間もなく、自車前部を同人に衝突させてボンネットに跳ね上げ、フロントガラスに衝突させて路上に転倒させ、よって、同人に頸椎骨折等の傷害を負わせ、同日午後○時○分頃、同市○○町○丁目○番○号所在のE病院において、同人を前記傷害による頸髄損傷により死亡させたものである。

〈無免許運転部分を末尾に記載する例〉

418

　被疑者は、令和○年○月○日午後○時○分頃、普通乗用自動車を運転し、大分県○○市○○町○丁目○番○号先道路をA方面からB方面に向かい時速約○○キロメートルで進行中、………〈中略：前記の記載例を参照〉………転倒させ、よって、同人に頸椎骨折等の傷害を負わせ、同日午後○時○分頃、同市○○町○丁目○番○号所在のC病院において、同人を前記傷害による頸髄損傷により死亡させるとともに、その際、公安委員会の運転免許を受けないで、前記普通乗用自動車を運転したものである。

　(留意点)　6条1項については、2条1号、2号及び4号から8号までの危険運転致傷罪を犯した者が、それぞれの「罪を犯した時」に無免許運転をしたものであることが必要である。

　　　　　6条2項から4項までについては、3条から5条までの罪を犯した時に無免許運転をしたものであることが必要である。

　　　　　本罪が成立する場合、死傷の結果を生じさせた機会の無免許運転罪は、本罪と別個には成立しない。

特別法関係索引

あ　行

医薬品、医療機器等の品質、
有効性及び安全性の確保等に
関する法律（旧薬事法）…………… 340
　医薬品の無許可製造…………… 340
　医薬品の無許可販売…………… 341
　医療機器の無許可製造………… 340
　指定薬物の所持………………… 342
　不良医薬品の販売・陳列……… 342
　無許可製造にかかる医薬品
　の販売・貯蔵…………………… 341
インターネット異性紹介事業
を利用して児童を誘引する行
為の規制等に関する法律………… 336

か　行

海洋汚染等及び海上災害の防
止に関する法律…………………… 354
　油記録簿の不備………………… 354
　船舶からの油の排出…………… 354
覚醒剤取締法……………………… 280
　営利目的……………………… 282
　覚醒剤原料の所持……………… 283
　覚醒剤の営利目的輸入………… 281
　使用……………………………… 282
　所持……………………………… 281

　製造……………………………… 280
　製造（営利目的）……………… 280
　譲受け…………………………… 282
　譲渡し…………………………… 282
　輸入（営利目的）……………… 280
貸金業法…………………………… 348
　取立て行為の規制……………… 348
　無登録貸金業…………………… 348
火薬類取締法……………………… 300
　不法な実包所持………………… 301
　無許可製造……………………… 300
　無許可製造業…………………… 300
　無許可の譲受…………………… 300
競馬法……………………………… 331
　勝馬投票類似行為……………… 331
　のみ行為………………………… 331
軽犯罪法…………………………… 302
建築基準法………………………… 352
　建築主事の確認を受けない
　建築……………………………… 352
公衆に著しく迷惑をかける暴
力的不良行為等の防止に関す
る条例……………………………… 312
公職選挙法………………………… 258
　戸別訪問………………………… 259
　事前運動………………………… 258
　自由妨害………………………… 258
　新聞紙の頒布方法の違反……… 262
　選挙運動者の供応……………… 260

選挙運動者の現金供与…………… 259
選挙運動者の現金の受供与…… 260
選挙運動者の受供応…………… 260
選挙運動用電子メールの送
信制限違反……………………… 262
選挙運動用電子メールの表
示義務違反……………………… 263
総括主宰者の買収資金交付…… 261
買収資金の交付………………… 261
法定外選挙運動文書の頒布…… 262
公職にある者等のあっせん行
為による利得等の処罰に関す
る法律…………………………… 265
供与……………………………… 265
収受……………………………… 265
国際的な協力の下に規制薬物
に係る不正行為を助長する行
為等の防止を図るための麻薬
及び向精神薬取締法等の特例
等に関する法律(麻薬特例法)…… 286
業として行う覚醒剤の譲渡
し、8条2項との混合型…… 286
薬物犯罪収益仮装・隠匿……… 287
国家公務員法…………………… 381
秘密を漏らす行為……………… 381
古物営業法……………………… 318
相手方不確認…………………… 318
帳簿不記載……………………… 319
無許可営業……………………… 318

さ　行

酒に酔つて公衆に迷惑をかけ
る行為の防止等に関する法律…… 306
警察官の制止に従わない酩
酊者………………………… 306
公共の場所における酩酊者…… 306
私事性的画像記録の提供等に
よる被害の防止に関する法律…… 363
自然公園法……………………… 273
国立公園特別地域における
木竹の伐採……………… 273
児童買春、児童ポルノに係る
行為等の規制及び処罰並びに
児童の保護等に関する法律……… 365
児童買春………………………… 365
児童買春勧誘…………………… 366
児童買春周旋…………………… 366
児童ポルノ提供等……………… 367
自動車の運転により人を死傷
させる行為等の処罰に関する
法律……………………………… 409
過失運転致死傷アルコール
等影響発覚免脱…………… 415
過失運転致死傷………………… 416
無免許運転による加重………… 417
自動車の保管場所の確保等に
関する法律……………………… 404
保管場所違反…………………… 404
児童福祉法……………………… 332

銃砲刀剣類所持等取締法…………… 294
　許可証、年少射撃資格認定
　証及び登録証不携帯による
　銃砲の携帯………………… 299
　拳銃等の所持………………… 294
　所持の態様についての制限
　違反………………………… 298
　組織による拳銃の所持………… 295
　団体の不正権益を維持する
　目的での拳銃の所持………… 296
　適合実包と共にする携帯……… 294
　適合実包と共にする保管……… 294
　日本刀・あいくちの所持……… 297
　刃体の長さが6センチメー
　トルを超える刃物の携帯……… 298
　発射………………………… 297
　模造拳銃の所持……………… 299
出資の受入れ、預り金及び金
利等の取締りに関する法律……… 347
　預り金の禁止………………… 347
　高金利の取得………………… 347
出入国管理及び難民認定法……… 372
　営利目的で集団密航者を入
　国させる行為………………… 376
　外国人の密出国……………… 374
　期間外残留………………… 373
　偽造在留カードの行使………… 379
　虚偽届出…………………… 377
　在留カードの偽造…………… 378
　在留資格外活動……………… 373
　自己名義の在留カードの提
　供…………………………… 379

住居地変更届出義務違反……… 378
提示拒否…………………… 380
届出不履行………………… 377
日本人の密出国……………… 374
不携帯……………………… 379
不法残留…………………… 373
不法就労助長……………… 375・376
不法就労助長（両罰規定）…… 375
平成11年改正法施行後に不
法入国、不法在留ともに処
罰する場合………………… 374
密入国……………………… 372
無許可上陸………………… 372
無証印上陸………………… 372
旅券等不携帯……………… 377
商標法…………………………… 357
　類似商標を付した物の販売
　譲渡目的所持………………… 357
職業安定法……………………… 330
　売春婦等のあっせん………… 330
　有料職業紹介事業…………… 330
森林法…………………………… 270
　森林失火…………………… 270
　森林窃盗…………………… 270
　保安林における森林窃盗……… 270
水産資源保護法………………… 274
　さけの採捕………………… 274
水質汚濁防止法………………… 353
ストーカー行為等の規制等に
関する法律……………………… 358
　禁止命令違反……………… 362
　ストーカー行為…………… 358

政治資金規正法·················· 264
　会計帳簿不備·················· 264
　会計報告書不提出·············· 264
性的な姿態を撮影する行為等
の処罰及び押収物に記録され
た性的な姿態の影像に係る電
磁的記録の消去等に関する法
律·························· 308
組織的な犯罪の処罰及び犯罪
収益の規制等に関する法律
（組織的犯罪処罰法）·········· 289
　組織的な詐欺·················· 289
　犯罪収益等隠匿················ 290

た　行

大麻取締法······················ 284
　大麻の栽培···················· 284
　大麻の所持···················· 284
宅地建物取引業法················ 350
　業務に関し重要事項の不告知··· 351
　無免許営業···················· 350
　名義貸し······················ 350
鳥獣の保護及び管理並びに狩
猟の適正化に関する法律·········· 345
　違法捕獲鳥獣等の譲受け········ 346
　特定猟具使用禁止区域内で
　の捕獲························ 346
　狩猟期間外の捕獲·············· 345
　狩猟鳥獣以外の鳥獣の捕獲····· 345
　無登録捕獲···················· 345
著作権法························ 356

海賊版の販売···················· 356
電波法·························· 277
　無免許での無線局の開設········ 277
盗犯等ノ防止及処分ニ関スル
法律·························· 255
　常習強盗傷人·················· 257
　常習特殊窃盗·················· 255
　常習累犯窃盗·················· 256
動物の愛護及び管理に関する
法律·························· 344
　愛護動物の遺棄················ 344
　愛護動物の傷害················ 344
道路運送車両法·················· 407
　いわゆる無車検無保険車の
　運行························ 407
　自動車検査証を備え付けな
　いで運行···················· 407
　無登録自動車の運行············ 407
道路運送法······················ 405
　自家用自動車を使用した有
　償運送························ 405
　乗車拒否······················ 405
　バスに対する投石·············· 406
道路交通法······················ 382
　安全運転義務違反·············· 400
　一時停止標識無視·············· 392
　一方通行違反·················· 383
　飲酒検知拒否·················· 399
　右折方法違反·················· 390
　運転者の遵守事項違反·········· 401
　追越し禁止場所である交差
　点での追越し·················· 389

追越し方法違反······················ 388
確認を受けず整備不良車両
の標章を除去······················ 394
過失による信号機の信号等
の無視······························ 383
過失による法定速度違反········· 385
過労運転····························· 400
救護義務違反························ 401
警察官等の交通規制に対す
る不服従···························· 382
交差点における左方優先順
位無視······························ 390
交差点における広い道路通
行車両の進行妨害················· 391
交通妨害となる道路上の物
件放置······························ 402
酒酔い運転··························· 396
酒酔い運転者に対する酒類
の提供······························ 397
酒酔い運転者に対する車両
等の提供···························· 396
酒酔い状態であることを知
りながら要求・依頼しての
同乗行為···························· 398
左折合図不履行····················· 393
左折方法違反························· 390
事故不申告··························· 402
指定速度違反························· 386
車間距離の不保持·················· 387
車両の右側通行····················· 384
酒気帯び運転························ 396
酒気帯び運転者に対する酒

類の提供···························· 398
酒気帯び運転者に対する車
両等の提供·························· 397
酒気帯び運転者に対する要
求・依頼しての同乗行為········ 399
徐行義務違反························ 391
信号機の信号等の無視··········· 382
進路変更違反························ 387
整備不良車両の運転··············· 394
積載重量制限違反·················· 394
駐車禁止場所における駐車
違反································· 392
駐停車禁止場所における駐
車違反······························ 392
通行禁止区域の通行··············· 383
定員外乗車運転····················· 393
停止合図不履行····················· 393
道路使用許可を得ない露店
営業································· 402
道路標識により追越しを禁
止された場所での追越し········ 388
踏切直前での一時不停止········ 389
法定速度違反························ 385
歩行者が横断歩道通行の指
示に不服従·························· 384
歩行者の歩道通行の指示に
不服従······························ 384
妨害運転（急ブレーキ禁止
違反）······························ 386
妨害運転（車間距離の不保
持）································· 386
妨害運転（進路変更違反）······ 387

無免許運転……………………… 395

無免許運転教唆………………… 395

無免許運転幇助………………… 395

免許証の譲渡…………………… 403

免許証不携帯…………………… 403

優先道路との交差点を通行
するに際し徐行義務違反……… 391

路線バス等優先通行帯の通行… 385

割込み…………………………… 389

特殊開錠用具の所持の禁止等
に関する法律…………………… 307

毒物及び劇物取締法…………… 285

シンナーの所持………………… 285

な 行

20歳未満ノ者ノ飲酒ノ禁止ニ
関スル法律……………………… 339

20歳未満ノ者ノ喫煙ノ禁止ニ
関スル法律……………………… 338

入札談合等関与行為の排除及
び防止並びに職員による入札
等の公正を害すべき行為の処
罰に関する法律………………… 267

秘密事項の漏洩………………… 267

農地法…………………………… 272

転用目的による無許可の権
利移動…………………………… 272

無許可転用……………………… 272

は 行

廃棄物の処理及び清掃に関す
る法律…………………………… 355

一般廃棄物の投棄……………… 355

無許可で産業廃棄物処分業
を行った場合…………………… 355

配偶者からの暴力の防止及び
被害者の保護等に関する法律…… 364

売春防止法……………………… 322

勧誘等…………………………… 322

管理売春………………………… 328

業としての場所提供…………… 327

困惑による売春………………… 324

資金等の提供…………………… 328

周旋のための勧誘……………… 323

親族関係利用による売春……… 324

親族関係利用の対償の要求…… 326

対償の収受……………………… 325

売春契約………………………… 327

売春の周旋……………………… 323

場所提供………………………… 327

暴行、脅迫による売春強制…… 325

前貸等…………………………… 326

両罰規定………………………… 329

爆発物取締罰則………………… 343

爆発物の使用…………………… 343

犯罪による収益の移転防止に
関する法律（犯罪収益移転防
止法）…………………………… 292

風俗営業等の規制及び業務の

適正化等に関する法律…………… 320
　　客引行為……………………… 321
　　年少者酒類等提供…………… 321
　　年少従業者接待禁止………… 321
　　無許可営業…………………… 320
　　名義貸し……………………… 320
不正アクセス行為の禁止等に
関する法律……………………… 370
　　不正アクセス行為…………… 370
不正競争防止法………………… 349
　　営業秘密の領得……………… 349
弁護士法………………………… 275
　　非弁護士の法律事務などの
　　取扱い……………………… 275
暴力行為等処罰ニ関スル法律…… 252
　　加重傷害…………………… 253
　　共同脅迫…………………… 252
　　共同暴行…………………… 252
　　強談威迫…………………… 254
　　示兇器脅迫………………… 252
　　常習傷害…………………… 253
　　常習暴行…………………… 253
　　団体仮装脅迫……………… 252
補助金等に係る予算の執行の
適正化に関する法律…………… 269
　　偽りその他不正の手段によ
　　る補助金の不正受給・補助
　　金等不正受交付罪………… 269

ま　行

麻薬及び向精神薬取締法………… 278

受施用………………………… 278
営利目的の場合……………… 279
施用…………………………… 278
所持…………………………… 278
中毒症状を緩和するための
施用…………………………… 279
譲渡し、譲受け……………… 279
民事執行法……………………… 371
財産開示期日に正当な理由
なく不出頭…………………… 371

や　行

有線電気通信法………………… 276
損壊等の行為………………… 276

著者
　土　本　武　司
　　元最高検察庁検事、筑波大学名誉教授、法学博士
改訂増補
　岡　本　貴　幸
　　福岡高等検察庁刑事部長　　※役職は執筆時点のもの

10−2訂版

刑　法
特別法　犯罪事実記載例集

昭和51年10月25日　初　版　発　行　平成17年3月10日　七　訂　版　発　行
昭和60年5月15日　改訂(二訂)版発行　平成20年9月5日　八　訂　版　発　行
平成4年3月10日　改訂(三訂)版発行　平成29年3月10日　九　訂　版　発　行
平成8年8月10日　四　訂　版　発　行　令和5年8月10日　10　訂　版　発　行
平成13年7月10日　五　訂　版　発　行　令和6年4月25日　10−2訂版発行
平成14年7月15日　六　訂　版　発　行　令和6年9月10日　10−2訂版2刷発行

　　　　著　者　土　本　武　司
　　　　　　　　岡　本　貴　幸
　　　発行者　星　沢　卓　也
　　　発行所　東京法令出版株式会社

112-0002　東京都文京区小石川5丁目17番3号　03(5803)3304
534-0024　大阪市都島区東野田町1丁目17番12号　06(6355)5226
062-0902　札幌市豊平区豊平2条5丁目1番27号　011(822)8811
980-0012　仙台市青葉区錦1丁目1番10号　022(216)5871
460-0003　名古屋市中区錦1丁目6番34号　052(218)5552
730-0005　広島市中区西白島町11番9号　082(212)0888
810-0011　福岡市中央区高砂2丁目13番22号　092(533)1588
380-8688　長野市南千歳町1005番地
　　　　　〔営業〕TEL 026(224)5411　FAX 026(224)5419
　　　　　〔編集〕TEL 026(224)5412　FAX 026(224)5439
　　　　　https://www.tokyo-horei.co.jp/